HACKERS IELTS Listening  **100% 활용법**

교재 MP3

교재 MP3를 통해 시험에 나오는 영국식/미국식/호주식 발음에 모두 대비할 수 있습니다.

이용방법

해커스인강 사이트(HackersIngang.com) 접속 ▶
상단 메뉴 [IELTS → MP3/자료 → 문제풀이 MP3]
클릭하여 이용하기

QR코드로 교재 MP3 바로가기 ➔

IELTS 리딩/리스닝 실전문제

무료 제공되는 리딩/리스닝 실전문제를 풀고
복습하면서 실력을 키울 수 있습니다.

이용방법

고우해커스 사이트(goHackers.com) 접속 ▶
상단 메뉴 [IELTS → IELTS 리딩/리스닝 풀기] 클릭하여
이용하기

리스닝 실전문제 바로 풀어보기 ➔

들으면서 외우는 단어암기자료

교재에 수록된 리스닝 주제별 필수 어휘를 언제
어디서나 들으면서 완벽하게 학습할 수 있습니다.

이용방법

해커스인강 사이트(HackersIngang.com) 접속 ▶
상단 메뉴 [IELTS → MP3/자료 → 무료 MP3/자료]
클릭하여 이용하기

받아쓰기 워크북

교재의 지문을 듣고 받아쓰기 해보면서 실력도
키우고 리스닝 주관식 문제에도 대비할 수 있습니다.

이용방법

해커스인강 사이트(HackersIngang.com) 접속 ▶
상단 메뉴 [IELTS → MP3/자료 → 무료 MP3/자료]
클릭하여 이용하기

IELTS 라이팅/스피킹 첨삭 게시판

라이팅/스피킹 무료 첨삭 게시판을 통해 자신의
답안 및 답변을 첨삭받고 보완할 수 있습니다.

이용방법

고우해커스 사이트(goHackers.com) 접속 ▶
상단 메뉴 [IELTS → 라이팅 게시판 또는 스피킹 게시판]
클릭하여 이용하기

라이팅 첨삭 게시판 바로가기 ➔

HACKERS
IELTS Listening으로
목표 점수 달성!

HACKERS IELTS
Listening

해커스 어학연구소

HACKERS IELTS LISTENING

goHackers.com
학습자료 제공·유학정보 공유

IELTS 최신 출제 경향을 반영한
『HACKERS IELTS Listening』을 내면서

―――――――――○―――――――――

IELTS 시험은 더 넓은 세상을 향해 꿈을 펼치려는 학습자들이 거쳐 가는 관문으로서, 지금 이 순간에도 많은 학습자들이 IELTS 시험 대비에 소중한 시간과 노력을 투자하고 있습니다. <HACKERS IELTS>는 IELTS 학습자들에게 목표 달성을 위한 가장 올바른 방향을 제시하고자 『HACKERS IELTS Listening』을 출간하게 되었습니다.

유형별 학습을 통한 고득점 달성!

학습자들이 실제 시험에서 출제되는 문제를 유형별로 체계적으로 학습함으로써 보다 수준 높은 듣기 실력을 쌓을 수 있도록 구성하였습니다. 또한, 다양한 문제에 대한 유형별 풀이 전략을 제공하였습니다.

최신 경향을 반영한 IELTS 문제로 완벽한 실전 대비 가능!

IELTS 리스닝의 최신 경향을 반영한 문제를 수록하였으며, 실제 시험과 동일한 구성의 Actual Test를 통해 실전에 철저히 대비할 수 있도록 하였습니다.

높은 목표 점수 달성을 위한 특별한 자료!

주관식 답안을 작성하는 방법에 대한 Q&A, 미국 영어와 영국 영어의 차이, IELTS 리스닝의 주제별 필수 어휘를 수록하고, 주제별 필수 어휘의 단어암기 자료와 교재에 수록된 지문의 받아쓰기 워크북을 제공하여 학습자들이 높은 목표 점수를 달성할 수 있도록 하였습니다.

『HACKERS IELTS Listening』이 여러분의 IELTS 목표 점수 달성에 확실한 해결책이 되고 영어 실력 향상, 나아가 **여러분의 꿈을 향한 길**에 믿음직한 동반자가 되기를 소망합니다.

HACKERS IELTS LISTENING

---○---

CONTENTS

---○---

goHackers.com 학습자료 제공·유학정보 공유

TOPIC LIST

다음의 TOPIC LIST는 교재에 수록된 모든 지문을 주제별로 구분하여 목록으로 구성한 것이다.

교재에 수록된 모든 지문은 실제 IELTS Listening 시험의 주제별 출제 경향을 충실히 반영하여 구성되었다. 따라서 교재를 처음부터 끝까지 학습하면서 많이 출제되는 주제가 무엇인지, 자신이 취약한 주제가 무엇인지 파악할 수 있다. 특히 취약하다고 생각되는 주제들을 골라 다시 한 번 풀어보고, 해당 주제의 단어를 외워서 취약점을 보완한다.

PART 3	Anthropology·Archaeology	Ch 7 HP 12-15	Ch 7 HT 1-10
	Biology	Ch 4 HP 9-13	Ch 5 HT 1-10
	Business	Ch 1 HT 11-20 Ch 3 HP 9-13	Ch 2 HP 14-18
	Education	Ch 4 HP 5-8	
	Engineering	Ch 1 HP 17-20	
	Theatre	Ch 7 HP 8-11	
	Geology	AT 21-30	
	Linguistics	Ch 4 HP 14-17	Ch 5 HP 8-12
	Psychology	DT 21-30	Ch 1 HP 12-16
PART 4	Biology	Ch 5 HP 13-17	AT 31-40
	Business	Ch 4 HT 1-10	
	Chemistry	Ch 2 HT 11-20	
	Food·Nutrition	Ch 1 HP 21-25	Ch 3 HT 1-10
	History	DT 31-40	Ch 3 HP 14-19
	Geology	Ch 4 HP 18-21	
	Medical science	Ch 2 HP 19-22	
	Psychology	Ch 2 HP 23-28	
	Technology	Ch 4 HP 22-25	

* DT: Diagnostic Test   HP: Hackers Practice   HT: Hackers Test   AT: Actual Test

HACKERS IELTS Listening으로
고득점이 가능한 이유!

01 전략적인 학습으로 아이엘츠 리스닝 정복!

최신 출제 경향 완벽 반영 및 TOPIC LIST

이 책은 IELTS 리스닝의 최신 출제 경향을 철저히 분석하여 모든 지문과 문제에 반영하였다. 또한, 교재에 수록된 모든 지문의 TOPIC을 목록으로 제공하여 학습자가 취약한 주제를 골라 공부하는 등 다양하게 활용할 수 있도록 하였다.

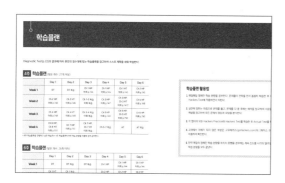

Diagnostic Test 및 4주/6주 학습플랜

실제 IELTS 리스닝 시험의 구성 및 난이도와 유사하게 제작된 Diagnostic Test를 통해 학습자가 자신의 실력을 스스로 점검할 수 있도록 하였으며, 이에 따라 수준에 맞는 학습플랜을 활용하여 효과적으로 학습할 수 있도록 4주/6주 학습플랜을 제시하였다.

02 단계적인 학습으로 실력 다지기!

학습자가 단계별 학습을 통해 각 챕터의 문제 유형을 확실하게 체득할 수 있도록 구성하였다.

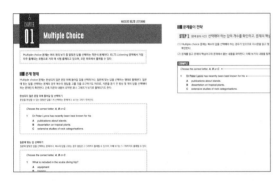

문제 형태 & 문제풀이 전략

문제에 대하여 간략히 소개하고 실제 시험에서는 어떤 형태로 출제되는지 제시하였다. 또한, 각 문제 유형마다 가장 효과적인 전략을 제공하고 적용 사례를 보여주어 실제 문제 풀이에 쉽게 활용할 수 있다.

Hackers Practice & Hackers Test

앞서 배운 문제 유형과 문제풀이 전략을 실제 문제 유형과 유사한 다양한 길이의 연습 문제에 적용하여 풀어봄으로써 유형별 집중 학습이 가능하며, 실제 시험에 대한 적응력을 키울 수 있다.

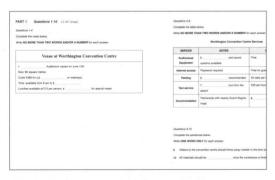

Actual Test

실제 시험과 유사한 구성과 난이도로 제작된 문제를 제공하여, 실제 시험을 보기 전 자신의 실력을 측정하고, IELTS Listening 학습을 효과적으로 마무리할 수 있다.

부록

각 챕터의 모든 지문을 학습한 후 주관식 답안 관련 Q&A 및 **미국 영어와 영국 영어의 차이**를 숙지하여 실제 시험에서의 실수를 줄이고, **리스닝 주제별 필수 어휘**를 통해 취약한 부분의 어휘를 효율적으로 학습할 수 있다.

03 정확한 해석 및 해설과 정답의 단서로 실력 UP!

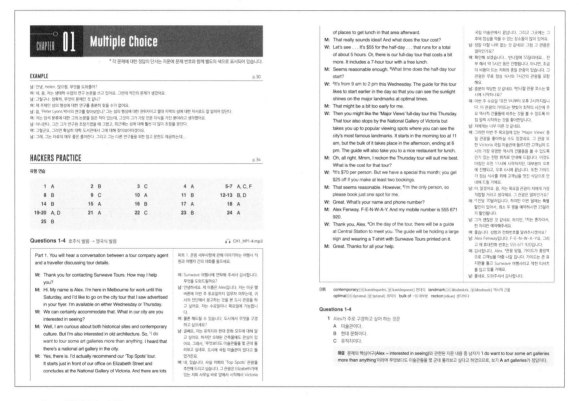

스크립트, 해석 및 어휘

교재에 수록된 **모든 지문과 문제의 매끄러운 해석과 중요 어휘를 제공**하여 학습자가 보다 정확하게 지문의 흐름을 이해하고 어휘 실력까지 함께 향상할 수 있도록 하였다.

정답의 단서 및 해설

교재에 수록된 **모든 문제에 대한 정답의 단서를 상세한 해설과 함께 제공**하여 문제에 대한 이해뿐만 아니라 문제 풀이 방법과 전략을 익힐 수 있도록 하였다.

04 해커스만의 다양한 학습 자료 제공!

단어암기 자료 및 받아쓰기 워크북

해커스인강 사이트(HackersIngang.com)에서는 **리스닝 주제별 필수 어휘의 단어암기 자료와 교재에 수록된 지문의 받아쓰기 워크북**을 다운로드 받을 수 있다. 학습자 스스로 어휘와 지문을 반복해서 듣고 받아쓰며 취약한 부분을 집중적으로 학습할 수 있다.

해커스인강(HackersIngang.com)

해커스인강 사이트에서는 **본 교재에 대한 유료 동영상 강의를 수강**할 수 있다. 스타 선생님의 노하우, 점수 공략 비법을 들으며 IELTS 리스닝의 최신 경향 및 문제 유형별 전략에 대해 상세히 학습할 수 있다.

고우해커스(goHackers.com)

온라인 토론과 정보 공유의 장인 고우해커스 사이트에서 다른 학습자들과 함께 **교재 내용에 대하여 서로 의견을 교류**하고 문제를 토론할 수 있으며, 다양한 무료 학습자료와 IELTS 시험 및 유학에 대한 풍부한 정보도 얻을 수 있다.

IELTS 소개

■ IELTS란?

IELTS(International English Language Testing System)는 영어를 사용하는 곳에서 일을 하거나 공부를 하고 싶어 하는 사람들의 언어 능력을 측정하는 시험이다. Listening, Reading, Writing, Speaking 영역으로 구성되어 있으며 시험 시간은 약 2시간 55분이다. IELTS의 점수는 1.0부터 9.0까지의 Band라는 단위로 평가된다. 총점은 네 영역 점수의 평균 점수로 낸다.

시험은 두 가지 종류가 있는데, 대학교나 그 이상의 교육 기관으로의 유학 준비를 위한 Academic Module과 영국, 캐나다, 호주로의 이민, 취업, 직업 연수 등을 위한 General Training Module이 있다. Listening과 Speaking 영역의 경우 각 모듈별 문제가 같지만, Reading과 Writing 영역은 모듈별 시험 내용이 다르다.

■ IELTS 구성

시험 영역	출제 지문 및 문항 수	시험 시간	특징
Listening	4개 지문 출제 총 40문항 (지문당 10문항)	30분 (답안 작성 시간 10분 별도)	– 영국식, 호주식, 미국식 등의 발음이 출제 – 10분의 답안 작성 시간이 별도로 주어짐 – 객관식, 주관식, 빈칸 완성, 표 완성 등의 문제가 출제됨
Reading	3개 지문 출제 총 40문항 (지문당 13-14문항)	60분	– 길이가 길고 다양한 구조의 지문 출제 – 객관식, 주관식, 빈칸 완성, 표 완성 등의 문제가 출제됨
	* Academic Module은 저널, 신문기사 등과 같이 학술적인 내용의 지문 위주로 출제되며, General Training Module은 사용설명서, 잡지기사 등과 같이 일상생활과 관련된 지문 위주로 출제됩니다.		
Writing	Task 1: 1문항 Task 2: 1문항	60분	– Task 간의 시간 구분 없이 시험이 진행됨 – Task 1보다 Task 2의 배점이 높음
	* Academic Module의 Task 1은 그래프, 표 등 시각자료를 보고 요약문 쓰기가 과제로 출제되며, General Training Module의 Task 1은 부탁, 초대 등 주어진 목적에 맞게 편지 쓰기가 과제로 출제됩니다. Task 2는 에세이 쓰기 과제가 동일한 형식으로 출제됩니다.		
Speaking	3개 Part로 구성 Part 1: 10-15문항 Part 2: 1문항 Part 3: 4-6문항	11-14분	– 시험관과 1:1 인터뷰 형식으로 진행됨 – 모든 시험 내용이 녹음됨
	약 2시간 55분		

■ IELTS 관련 제반 사항

실시일	· Paper-based IELTS는 매달 4회, Computer-delivered IELTS는 매주 최대 6회 시험이 있음
시험 장소	· Paper-based IELTS와 Computer-delivered IELTS는 영국 문화원 또는 IDP 주관 공식 지정 장소에서 치러짐
접수 방법	· Paper-based IELTS는 인터넷 또는 현장(IDP 공식 접수처) 접수 가능 · Computer-delivered IELTS는 인터넷 접수만 가능
시험 당일 준비물	· 신분 확인은 여권으로만 진행되므로 여권 필수 지참 (IDP 이외 경로로 시험을 접수한 경우, 여권 사본도 지참) · Paper-based IELTS로 등록한 경우, 필기구(연필/샤프, 지우개) 지참

성적 및 리포팅	· 성적 발표 소요 기간:
	  – Paper-based IELTS는 응시일로부터 13일째 되는 날
	  – Computer-delivered IELTS는 응시일로부터 1~2일 사이
	· 성적표는 온라인으로 조회 가능하며, 방문 수령(휴일/공휴일 제외) 혹은 우편 수령 가능
	· 재채점: 시험 응시일로부터 6주 이내에 4개 영역 중 원하는 영역에 대한 재채점 신청 가능
	· IELTS One Skill Retake: Computer-delivered IELTS 응시일로부터 60일 이내에 4개 영역 중 한 영역만 선택해 재시험 신청 가능
	· 리포팅: 전자 성적표를 해외 기관에 보내는 것은 무료
	· 성적표 재발급: 출력된 성적표는 시험일로부터 일부 기간만 재발급 가능하며, 일부 부수까지만 무료로 발급할 수 있음
	
	*재채점, IELTS One Skill Retake, 성적표 재발급에 대한 기한 및 비용 등과 같은 세부 규정은 시험 접수한 기관 홈페이지에서 확인

■ 시험장 Tips

· 입실 시 소지품을 모두 보관소에 맡긴다. 시험실에 들고 가는 필기구와 물병 등에 글씨가 쓰여 있는 경우 수거될 수 있다.
· 입실 전 본인 확인을 위한 사진 촬영과 지문 확인 시간이 있다.
· 감독관의 안내는 영어로 이루어진다.
· 필기 시험은 별도의 쉬는 시간 없이 이어서 진행된다. Paper-based IELTS와 Computer-delivered IELTS 시험 도중에 화장실에 가야 할 경우 손을 들어 의사를 표시하면, 감독관의 동행하에 화장실을 갈 수 있다.

■ IELTS Band Score

IELTS 시험은 Band Score로 수험자의 영어 실력을 평가한다. 각 Band Score에 대한 설명은 다음과 같다.

Band score	숙련도	설명
9	Expert user	완전한 구사력을 갖추고 있고, 영어 사용이 적절하며, 정확하고, 유창하며 완벽한 이해를 보이는 경우
8	Very good user	약간의 부정확성과 부적절한 사용을 보이지만 완전한 구사력을 갖추고 있으며, 낯선 상황에서 잘못 이해할 수는 있으나 복잡하고 상세한 주장을 잘 다루는 경우
7	Good user	구사력을 갖추고 있으며 일부 상황에서 때때로 부정확성, 부적절한 사용, 착오를 보이지만, 전반적으로 복잡한 표현을 잘 다루고 상세한 주장을 이해하는 경우
6	Competent user	부정확성, 부적절한 사용, 착오를 보이지만, 효과적인 구사력을 갖추고 있으며 익숙한 상황에서 상당히 복잡한 표현을 이해하고 사용할 수 있는 경우
5	Modest user	부분적인 구사력을 갖추고 있으며 대부분의 상황에서 전반적인 의미를 이해하지만, 실수를 할 가능성이 높으며 자신의 분야에서는 기본적인 의사소통을 하는 경우
4	Limited user	기본적인 구사력이 익숙한 상황에만 한정되어 있고, 이해와 표현에 있어 자주 문제가 있으며 복잡한 표현을 할 수 없는 경우
3	Extremely limited user	매우 익숙한 상황에서 전반적인 의미만을 전달하고 이해하며, 의사소통에 있어 빈번한 실패를 겪는 경우
2	Intermittent user	영어를 이해하는 것을 매우 어려워하는 경우
1	Non-user	일부 단어를 제외하고 영어를 사용할 수 없는 경우
0	Did not attempt the test	시험 응시자가 문제를 풀지 않은 경우

■ IELTS Band Score 계산법

IELTS 점수는 각 영역에 대한 Band Score가 나오고, 모든 영역의 평균인 Overall 점수가 계산되어 나온다. IELTS 점수를 영어 실력 평가의 기준으로 적용하는 기관들은 각 영역의 개별 점수와 Overall 점수에 대한 다른 정책을 가지고 있으므로, IELTS를 준비하는 목적에 맞게 전략적으로 시험 대비를 해야 한다. 네 영역 중 자신 있는 영역에서 고득점을 받으면 상대적으로 취약한 영역의 점수를 보완할 수 있다는 장점이 있다. 하지만, 영역별 점수의 변동 폭이 크면 Overall 점수에도 영향이 있으므로 각 영역 중 한 영역만 대비해서는 고득점을 받기 어렵다.

아래는 Band Score 계산의 예이다. 네 영역 평균 점수의 소수점에 따라 반올림이 되어, Overall Band Score가 나온다.

	Listening	Reading	Writing	Speaking	네 영역 평균	Overall Band Score
응시자 A	5.5	5.5	4.0	6.0	5.25	5.5
응시자 B	5.0	4.5	5.0	5.0	4.875	5.0
응시자 C	7.5	7.5	6.5	7.0	7.125	7.0

IELTS Listening 소개 및 학습전략

IELTS Listening 영역은 총 4개의 Part로 구성되어 있으며, Part 별로 10문항씩 총 40문항이 출제된다. 또한 영국식, 호주식, 미국식 등의 발음이 출제되어 학습자의 다양한 듣기 실력을 측정한다. 시험은 30분간 진행되며 답안을 답안지에 옮겨쓸 수 있는 시간이 추가로 10분 주어진다.

■ IELTS Listening 구성

구성	소개	지문 수	문항 수
PART 1	일상 주제에 대한 두 명의 대화		
PART 2	일상 주제에 대한 독백	각 1지문	각 10문항
PART 3	전문적 주제에 대한 2~4명의 대화		
PART 4	전문적/학술적 주제에 대한 독백		
답안 작성 시간 10분			

■ IELTS Listening 특이사항

· Part 1~3은 지문이 두 구간으로 나뉘어 재생되며, 각 구간의 음성이 시작하기 전에 문제를 분석할 수 있는 시간이 총 두 번 주어진다. Part 4는 지문이 한 번에 재생되며, 음성이 시작하기 전에 문제를 분석할 수 있는 시간이 총 한 번 주어진다.

· 각 Part가 끝나면 작성한 답안을 확인할 수 있는 30초의 시간이 주어진다.

· 모든 Part가 끝나면 시험지에 작성한 답안을 답안지에 옮겨 쓸 수 있는 10분의 시간이 주어진다.

· Paper-based IELTS는 Listening 시험이 고사장에 따라 중앙방송 또는 개별 헤드폰으로 진행되며, Computer-delivered IELTS는 개별 헤드폰을 사용한다.

▓ IELTS Listening 문제 유형 소개

문제 유형	유형 소개
Multiple Choice	여러 개의 보기 중 알맞은 답을 선택하는 선다형 유형
Note/Form Completion	제시된 노트나 양식의 빈칸에 들어갈 답을 주관식으로 작성하는 유형
Table Completion	제시된 표의 빈칸에 들어갈 답을 주관식으로 작성하는 유형
Sentence/Summary/ Flow-chart/Diagram Completion	제시된 문장/요약문/순서도/다이어그램의 빈칸에 들어갈 답을 주관식으로 작성하거나, 주어진 보기 중 선택하는 유형
Matching	문제와 관련된 정보를 여러 개의 보기로 구성된 리스트에서 선택하는 유형
Map/Plan/Diagram Labelling	제시된 지도/평면도/다이어그램의 빈칸에 들어갈 답을 주관식으로 작성하거나, 주어진 보기 중 선택하는 유형
Short Answer	주어진 질문에 알맞은 답을 주관식으로 작성하는 유형

▓ IELTS Listening 학습전략

1. 정확한 영어 발음 및 억양을 익힌다.

정확한 영어 듣기를 위해서는 원어민의 발음 및 억양과 말하는 속도에 익숙해져야 한다. 원어민의 음성을 자주 들으면서 다양한 발음 및 억양을 정확하게 익히도록 한다. 특히 IELTS Listening 영역에서는 지문의 절반 이상이 영국식 발음으로 출제되므로, 영국 영어의 발음 및 억양에 익숙해지도록 한다.

2. 어휘력을 기른다.

모르는 단어는 잘 들리지 않으므로, 평소에 교재에 수록된 단어를 비롯하여 다양한 빈출 어휘를 외워두도록 한다. 단어를 외울 때에는 철자와 뜻뿐만 아니라 정확한 발음까지 함께 익혀두는 것이 중요하다.

3. Paraphrasing 연습을 한다.

시험에 출제되는 문제들은 지문 속 내용을 paraphrasing하는 경우가 많으므로, 교재에 수록된 지문들을 활용하여 paraphrasing 연습을 한다. 이때 단순히 어휘만 동의어로 바꾸어 쓰는 것이 아니라 문장 구조까지 바꾸어서 표현해 보도록 한다.

4. Dictation 연습을 한다.

IELTS Listening에서는 지문에서 들은 내용을 주관식으로 작성하는 문제가 출제되므로, 지문을 반복해서 들으며 정확하게 받아쓰는 연습을 해보는 것이 좋다. 또한 영어 문장을 계속해서 받아쓰다 보면 자신이 영어 듣기에서 어느 부분에 취약한지, 어떤 단어가 잘 들리지 않는지를 쉽게 파악할 수 있다.

학습플랜

Diagnostic Test(p.22)의 결과에 따라 본인의 점수대에 맞는 학습플랜을 참고하여 스스로 계획을 세워 학습한다.

4주 학습플랜 (맞은 개수: 27개 이상)

	Day 1	Day 2	Day 3	Day 4	Day 5	Day 6
Week 1	DT	DT 복습	Ch 1 HP 어휘 p.144	Ch 1 HP 어휘 p.144	Ch 1 HT 어휘 p.145	Ch 2 HP 어휘 p.145
Week 2	Ch 2 HP 어휘 p.146	Ch 2 HT 어휘 p.146	Ch 1-2 복습 어휘 복습	Ch 3 HP 어휘 p.147	Ch 3 HP, Ch 3 HT 어휘 p.147	Ch 4 HP 어휘 p.148
Week 3	Ch 4 HP 어휘 p.148	Ch 4 HT 어휘 p.149	Ch 3-4 복습 어휘 복습	Ch 5 HP 어휘 p.149	Ch 5 HP, Ch 5 HT 어휘 p.150	Ch 6 HP 어휘 p.150
Week 4	Ch 6 HP, Ch 6 HT 어휘 p.151	Ch 7 HP 어휘 p.151	Ch 7 HP, Ch 7 HT 어휘 복습	Ch 5-7 복습	AT	AT 복습

* 8주 학습플랜을 진행하고 싶은 학습자는 4주 학습플랜의 하루 학습 분량을 이틀에 걸쳐 공부한다.

6주 학습플랜 (맞은 개수: 26개 이하)

	Day 1	Day 2	Day 3	Day 4	Day 5	Day 6
Week 1	DT	DT 복습	DT 복습	Ch 1 HP	Ch 1 HP 어휘 p.144	Ch 1 HP 어휘 p.144
Week 2	Ch 1 HT 어휘 p.145	Ch 1 복습 어휘 복습	Ch 2 HP	Ch 2 HP 어휘 p.145	Ch 2 HP 어휘 p.146	Ch 2 HT 어휘 p.146
Week 3	Ch 2 복습 어휘 복습	Ch 3 HP	Ch 3 HP 어휘 p.147	Ch 3 HT 어휘 p.147	Ch 3 복습 어휘 복습	Ch 4 HP
Week 4	Ch 4 HP 어휘 p.148	Ch 4 HP 어휘 p.148	Ch 4 HT 어휘 p.149	Ch 4 복습 어휘 복습	Ch 5 HP	Ch 5 HP 어휘 p.149
Week 5	Ch 5 HT 어휘 p.150	Ch 5 복습 어휘 복습	Ch 6 HP	Ch 6 HP 어휘 p.150	Ch 6 HT 어휘 p.151	Ch 6 복습 어휘 복습
Week 6	Ch 7 HP 어휘 p.151	Ch 7 HP 어휘 복습	Ch 7 HT	AT	AT 복습	AT 복습

* DT: Diagnostic Test   HP: Hackers Practice   HT: Hackers Test   AT: Actual Test

학습플랜 활용법

1. 매일매일 정해진 학습 분량을 공부한다. 문제풀이 전략을 먼저 꼼꼼히 학습한 후 이를 Hackers Practice와 Hackers Test에 적용하면서 익힌다.

2. 실전에 임하는 마음으로 문제를 풀고, 문제를 다 푼 후에는 해석을 참고하여 지문을 정독하고 정답의 단서와 해설을 참고하여 모든 문제의 정답과 오답을 분석한다.

3. 각 챕터의 모든 Hackers Practice와 Hackers Test를 학습한 후 Actual Test를 학습하여 마무리한다.

4. 교재에서 이해가 되지 않은 부분은 고우해커스(goHackers.com)의 [해커스 Books > 리스닝 Q&A]를 이용하여 확인한다.

5. 만약 매일의 정해진 학습 분량을 마치지 못했을 경우에는 계속 진도를 나가되 일주일이 지나기 전에 해당 주의 학습 분량을 모두 끝낸다.

HACKERS
IELTS
LISTENING

goHackers.com

학습자료 제공·유학정보 공유

DIAGNOSTIC TEST

* Answer sheet는 교재 마지막 페이지(p.153)에 수록되어 있습니다.

Complete the notes below.

*Write **ONE WORD AND/OR A NUMBER** for each answer.*

KINGS PLACE TENNIS COURTS

Facilities

- Has **1** .... indoor courts for tennis
- Pro shop sells rackets and **2** ....

Class Details

- Complete beginner lessons are **3** .... a week
- Beginner Class 2 is once weekly
- Intermediate learners participate in a competition for **4** ....
- Can play a game with the instructor to check their **5** ....

Comprehensive Package

- Includes **6** .... booking of courts
- Member discounts at pro-shop and on lessons offered
- Cost – **7** £ .... per month for first-time members

Learner Package

- Includes access to all tennis courts
- Members can use the **8** .... for an additional fee
- Get **9** .... off of classes

Signing up

- Must **10** .... Daniel back to confirm the trial

---

PART 2   Questions 11-20   🎧 DT11-20.mp3

Questions 11 and 12

*Choose **TWO** letters, **A-E**.*

11-12   Which **TWO** characteristics of the dinosaur exhibits does the speaker highlight?

    A   bone displays

    B   posted drawings

    C   interactive activities

    D   re-creations of creatures

    E   explanatory timelines

Questions 13-16

*Choose the correct letter, **A**, **B** or **C**.*

13   What is special about the Under the Sea exhibit?

    A   It shows how dolphins swim by using models.

    B   It contains a life-size display of a blue whale.

    C   It compares the evolution of fish and other species.

14   What aspect of sharks does the model display in the shark area focus on?

    A   their nature as hunters

    B   how they raise infants

    C   their cycle of life

15   The plant life exhibits allow visitors to view displays of

    A   gardening mechanisms.

    B   flora from diverse environments.

    C   rare wildflower seeds.

16   At the Activity zone, human development is depicted through

    A   movie screenings.

    B   three-dimensional presentations.

    C   staged demonstrations.

Label the plan below.

*Write the correct letter, **A-G**, next to Questions 17-20.*

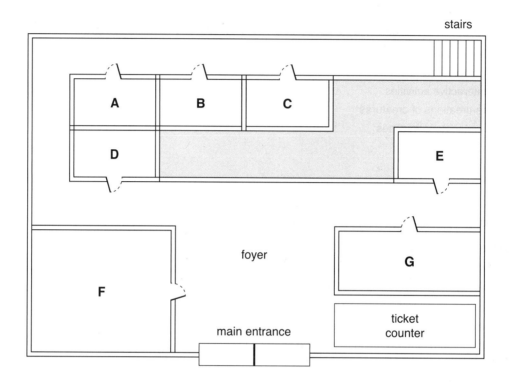

17   Information centre   ....

18   Cloakroom   ....

19   Children's activity area   ....

20   Gift shop   ....

PART 3

Questions 21-30 🎧 DT21-30.mp3

Questions 21-24

What effect does art therapy have on the following age groups?

*Choose **FOUR** answers from the box and write the correct letter, **A-E**, next to Questions 21-24.*

Effects of Art Therapy

A	assists in motor skill development
B	enhances recall ability
C	enables better expression of feelings
D	helps people recover from traumatic events
E	slows the mental effects of aging

Age Groups

21 Preschool children   ....

22 Adolescents   ....

23 Adults   ....

24 Senior citizens   ....

Questions 25-30

*Choose the correct letter, **A**, **B**, or **C**.*

25 Who will the students conduct interviews with as part of their research?

   A   patients of art therapists
   B   psychology experts
   C   website journalists

26 What is Raymond worried about?

   A   There are not many studies that focus on multiple age ranges.
   B   There is little material written on the selected topic.
   C   There may be insufficient time to write about all the collected data.

27 According to the professor, the students could study preschool children and senior citizens because

   A   there is not enough material on people of other ages.
   B   similar therapies have been used for both groups.
   C   there is a word limit for the project.

28 How do senior citizens tend to react when asked to express themselves through art?

   A   They draw things that they see around them.
   B   They are hesitant and don't know what to draw.
   C   They take to it very quickly.

29 Group sessions for both seniors and preschoolers resulted in

   A   more physical activity.
   B   less social interaction.
   C   improved mental functions.

30 How does art therapy that includes music help patients?

   A   It allows them to express personal feelings.
   B   It allows them to relax.
   C   It provides them with a sense of unity.

Questions 31-40

Complete the notes below.

*Write **ONE WORD ONLY** for each answer.*

HISTORY AND DEVELOPMENT OF RAILWAYS

Railway development in Great Britain

The first locomotive invented by Richard Trevithick was not a **31** .... success.

Large-scale rail construction began in the UK in the 1830s due to industrialisation.

Industrial areas needed **32** .... to port cities, which trains provided cheaply and quickly.

Global expansion of railway systems

Global railway construction allowed **33** .... trade to grow rapidly.

Rapid railway development occurred in North America in the 19th century.

34 .... discovered in the West provided further motivation for building railroads across the continent.

Historic occasions affecting railways

Introduced in 1912, diesel fuel allowed locomotives to transport larger weights much faster.

Extremely long journeys could now be made in a few **35** ....

Railways were military **36** .... during the two world wars and were rebuilt afterward.

Reasons for growth in train transport

37 .... needed a more efficient way of moving their goods during periods of industrialisation.

Railways also allowed some Europeans to manage their **38** ....

Current trains and railway systems

The fuels used for trains are now **39** .... and better for the environment.

The rapid improvement of **40** .... railway networks in several continents made rail highly popular.

Trains may become more popular because they are fast, efficient, and affordable.

정답·스크립트·해석 ·해설 p.158

CHAPTER
01

Multiple Choice

> Multiple choice 문제는 여러 개의 보기 중 알맞은 답을 선택하는 객관식 문제이다. IELTS Listening 영역에서 가장
> 자주 출제되는 유형으로 거의 매 시험 출제되고 있으며, 모든 파트에서 출제될 수 있다.

■ 문제 형태

Multiple choice 문제는 완성되지 않은 문장 뒤에 들어갈 답을 선택하거나, 질문에 맞는 답을 선택하는 형태로 출제된다. 질문
에 맞는 답을 선택하는 문제의 경우 복수의 정답을 고를 것을 요구하기도 하므로, 지문을 듣기 전 항상 몇 개의 답을 선택해야
하는 문제인지 확인한다. 간혹 지문의 내용이 요약된 표나 그래프가 보기로 출제되기도 한다.

완성되지 않은 문장 뒤에 들어갈 답 선택하기
문장을 완성할 수 있는 알맞은 답을 1개 선택하는 문제이다. 보기는 3개가 주어진다.

---

*Choose the correct letter, **A**, **B** or **C**.*

1　Dr Peter Lyons has recently been best known for his

　　A　publications about islands.
　　B　dissertation on tropical plants.
　　C　extensive studies of rock categorisations.

질문에 맞는 답 선택하기
질문에 알맞은 답을 선택하는 문제이다. 복수의 답을 고르는 경우 정답은 2-3개까지 출제될 수 있으며, 이때 보기는 5-7개까지도 출제될 수 있다.

---

*Choose the correct letter, **A**, **B** or **C**.*

1　What is included in the scuba diving trip?

　　A　equipment
　　B　training
　　C　an offshore dive

*Choose **TWO** letters, **A-E**.*

2-3　Which **TWO** topics does Michael want to include in his presentation?

　　A　geographical features
　　B　historical context
　　　　　⋮
　　E　political significance

■ 문제풀이 전략

> **STEP 1** [문제 분석 시간] 선택해야 하는 답의 개수를 확인하고, 문제의 핵심어구와 내용을 파악한다.

(1) Multiple choice 문제는 복수의 답을 선택해야 하는 경우가 있으므로 지시문을 읽고 몇 개의 답을 선택하는 문제인지 미리 확인한다.

(2) 문제를 읽고 문제의 핵심어구와 문제에서 묻는 내용을 파악한다. 이때 보기의 내용을 함께 파악해 두는 것이 좋다.

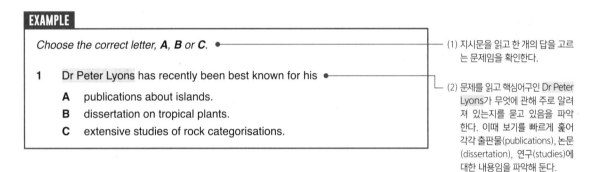

EXAMPLE

*Choose the correct letter, **A**, **B** or **C**.* ●——————————————— (1) 지시문을 읽고 한 개의 답을 고르는 문제임을 확인한다.

1 Dr Peter Lyons has recently been best known for his ●
    A   publications about islands.
    B   dissertation on tropical plants.
    C   extensive studies of rock categorisations.

(2) 문제를 읽고 핵심어구인 Dr Peter Lyons가 무엇에 관해 주로 알려져 있는지를 묻고 있음을 파악한다. 이때 보기를 빠르게 훑어 각각 출판물(publications), 논문(dissertation), 연구(studies)에 대한 내용임을 파악해 둔다.

문제의 핵심어구가 그대로 언급되거나 paraphrasing된 부분의 주변을 주의 깊게 듣고, 정답의 단서를 파악한다.

EXAMPLE 🎧 CH1_EX.mp3

M: Hello, Helen. Please have a seat. Can I help you with something?

W: Yes, well, I'm working on my research paper for my ecology class. But I've run into a bit of trouble.

M: I see. What seems to be the problem, exactly?

W: I can't find sufficient research about my topic – island formation.

M: Well, have you looked up any research from Dr Peter Lyons? [1]He's an authority on island formations and is well-known for his books on tropical islands too.

W: I've read his dissertation on rock categorisations, and I thought that was the field where he had the most expertise.

M: No, that was in his early years as a researcher, recently he's focused far more on islands.

W: I see, I'll definitely look him up in the university library then.

M: Yes, he's a great source. And he also provides references for other studies on . . .

---

*Choose the correct letter, **A**, **B** or **C**.*

1 Dr Peter Lyons has recently been best known for his

   A publications about islands.

   B dissertation on tropical plants.

   C extensive studies of rock categorisations.

지문 해석 p.174

> 문제의 핵심어구인 Dr Peter Lyons 가 언급된 주변을 주의 깊게 듣고, 'He's ~ well-known for his books on tropical islands too.' 와 'recently he's focused far more on islands'라는 정답의 단서를 파악한다.

☑ **TIPS**

1. Multiple choice 문제에서는 간혹 화자가 다음에 할 일을 묻는 문제가 출제되기도 한다. 주로 마지막 문제로 출제되므로 지문의 마지막 부분에서 will, be going to 등의 미래 시제나 now, next, after, before 등의 미래를 나타내는 표현이 포함된 문장을 주의 깊게 듣는다.

2. Multiple choice 문제에서는 간혹 지문 전반을 들으며 복수의 답을 선택해야 하는 문제가 출제되기도 한다. 이때 지문에서 보기의 핵심어구가 그대로 언급되거나 paraphrasing된 부분의 주변을 주의 깊게 듣고 정답의 단서를 파악해야 한다.

지문에 언급된 정답의 단서가 그대로 등장하거나, 적절하게 paraphrasing된 보기를 정답으로 선택한다. 답안을 작성한 후에는 선택한 답을 답안지에 바르게 작성했는지 확인한다.

EXAMPLE

*Choose the correct letter, **A**, **B** or **C**.*

1   Dr Peter Lyons has recently been best known for his

   A   publications about islands.

   B   dissertation on tropical plants.

   C   extensive studies of rock categorisations.

정답의 단서에서 'He's ~ well-known for his books on tropical islands too.'(그는 열대 지역의 섬에 대한 저서로도 잘 알려져 있단다)와 'recently he's focused far more on islands'(최근에는 섬에 대해 훨씬 더 많이 초점을 둔단다)라고 하였으므로, his books on tropical islands를 publications about islands(섬에 관한 출판물)로 paraphrasing한 보기 A가 정답이다.

🔍 오답 확인하기

지문에 등장한 단어를 그대로 사용하거나, 표현의 일부를 사용한 오답

B는 지문의 'dissertation'과 'tropical'을 그대로 언급해 혼동하기 쉽지만, 지문에서 열대식물에 대한 내용은 언급하지 않았으므로 오답이다.

지문에서 언급했지만 부정한 내용을 사용한 오답

C는 지문에서 'I've read his dissertation on rock categorisations ~ I thought that was the field where he had the most expertise.'(저는 암석 분류에 대한 그의 논문을 읽은 적이 있는데, 그것이 그가 가장 전문 지식을 가진 분야라고 생각했어요.)라고 언급해 혼동하기 쉽지만, 다음 문장에서 'No, that was in his early years as a researcher'(아니란다, 그건 그가 연구원 초창기였을 때 그랬지)라며 부정하고 있으므로 오답이다.

☑️ TIPS

복수의 답을 고르는 문제의 경우, 각각의 정답은 한 개의 문제로 취급된다. 그러므로 답안지에 답안을 작성할 때는 문제 한 칸에 한 개의 정답만을 작성하도록 한다. 한 문제의 정답 칸에 여러 개의 답을 작성할 경우 오답 처리되므로 주의해야 한다.

HACKERS PRACTICE

음성을 듣고 문장을 알맞게 paraphrasing한 보기를 골라보세요.

01 **A** They will stop by an attraction.
　　　B They will read a historical text.

02 **A** A painting will be put on display.
　　　B A space is under construction.

03 **A** Entries must be submitted by a certain date.
　　　B They will give you a hand on a weekday.

04 **A** They gather at the base of a mountain.
　　　B They go on a seasonal outing.

05 **A** He is unfamiliar with a university department.
　　　B He is unsure about registration fee payments.

06 **A** It splits a body of water.
　　　B It is at the centre of a river.

정답

01 **A** They will stop by an attraction. ← 🎧 All of us will go and look around the very old opera venue.
02 **B** A space is under construction. ← 🎧 The central art gallery is currently being renovated.
03 **A** Entries must be submitted by a certain date.
　　　← 🎧 The deadline for handing in the entrance form is the first Monday of next month.
04 **B** They go on a seasonal outing. ← 🎧 Everyone from our club goes on a hike together in the mountains each autumn.
05 **A** He is unfamiliar with a university department. ← 🎧 I'm afraid I'm not entirely sure what the office of the registrar is.
06 **A** It splits a body of water. ← 🎧 The island breaks the bay up into two main sections.

07 **A** There are tips for proper exercise training.
    B There are restrictions on certain foods.

08 **A** It is a practice that is performed in hospitals worldwide.
    B It is a method that produces positive results.

09 **A** The device produces little trash.
    B The machine makes miniature models.

10 **A** It is vital that humpbacks communicate periodically.
    B It is through singing that humpbacks interact.

11 **A** The firms have come up with additional tactics which could increase revenues.
    B A new approach to marketing will lead to widespread changes within the company.

12 **A** Aeroplane engineering was not a significant career in the 1900s.
    B Aircrafts were improved thanks to her work in the 1900s.

정답

07 B There are restrictions on certain foods. ← 🎧 Nutritionists create menu plans with limits on daily fat and calorie levels.

08 B It is a method that produces positive results. ← 🎧 Art therapy is proven effective among mental patients.

09 A The device produces little trash. ← 🎧 We are making a machine that generates a very small amount of rubbish material.

10 B It is through singing that humpbacks interact.
    ← 🎧 Humpback whales can communicate by singing, sometimes for periods of up to 24 hours.

11 A The firms have come up with additional tactics which could increase revenues.
    ← 🎧 The companies have created a series of new business strategies which involve using innovative marketing plans to increase sales.

12 B Aircrafts were improved thanks to her work in the 1900s.
    ← 🎧 E. Lilian Todd was an aviation pioneer who was responsible for important progress in aircraft design in the early years of the 20th century.

Questions 1-4 🎧 CH1_HP1-4.mp3

*Choose the correct letter, **A**, **B** or **C**.*

1 Alex is mostly interested in seeing

    A art galleries.

    B contemporary culture.

    C historical sites.

2 The 'Top Spots' half-day tour begins at

    A 7 am.

    B 9 am.

    C 2 pm.

3 How much will Alex have to pay for his tour?

    A $25

    B $45

    C $70

4 What will the guide for the Thursday tour be doing at Central Station?

    A displaying a company sign

    B distributing apparel to participants

    C collecting payments from participants

Questions 5-7 🎧 CH1_HP5-7.mp3

*Choose **THREE** letters, **A-G**.*

5-7 Which **THREE** things does the speaker say travellers should make sure to do when making payments overseas?

A   take advantage of tax refunds

B   get the correct change

C   pay with money rather than cards

D   avoid counterfeit cash

E   pay credit card fees

F   get a good exchange rate

G   pay traveller taxes

Questions 8-11

*Choose the correct letter, **A**, **B** or **C**.*

Devils Tower National Monument

8 Guests can inquire about routes at the

    A visitor centre.

    B climbing office.

    C gift shop.

9 Devils Tower was made a national monument because of its importance to

    A previous explorers.

    B rock climbers.

    C native people.

10 According to the speaker, why was the formation called Devils Tower?

    A Its name was misinterpreted.

    B Its summit is difficult to reach.

    C Its trails can be dangerous.

11 Visitors are not allowed to

    A bring food into the park.

    B give food to wildlife.

    C leave the marked trails.

Choose **TWO** letters, **A-E**.

Psychology Study Abroad Programme

12-13   Which **TWO** aspects of the programme was Laura particularly positive about?

    A   the application process

    B   the quality of the lectures

    C   the advice on her thesis

    D   the expertise of the professors

    E   the field trips

Choose the correct letter, **A**, **B** or **C**.

14   Laura says that the psychometrics course

    A   involved difficult topics.

    B   was not too complex.

    C   was for advanced students.

15   Why does Laura recommend the adult counselling course to John?

    A   It is the focus of John's study.

    B   It is highly praised by the school.

    C   It involves fewer assignments.

16   How does the psychology course differ in Singapore compared to the UK?

    A   There is less data to learn.

    B   The course is less theoretical.

    C   They have to learn statistics.

Questions 17-20   🎧 CH1_HP17-20.mp3

*Choose the correct letter, **A**, **B**, or **C**.*

17 Alice's biometric access system will

    A use drivers' thumbprints to open car locks.

    B scan the driver's eyes to unlock the car.

    C turn on the ignition when someone sits in the car.

18 The sponsorship from the university includes

    A financial support.

    B personal advising.

    C laboratory training.

*Choose **TWO** letters, **A-E**.*

19-20 Which **TWO** characteristics of the proposal have specific requirements?

    A length

    B punctuation

    C file format

    D graphics

    E references

Questions 21-25   🎧 CH1_HP21-25.mp3

*Choose the correct letter, **A**, **B**, or **C**.*

21 One result of high sugar consumption is that

   A it can cause diabetes.

   B it can lead to other more serious addictions.

   C it is a direct cause for increases in heart rates.

22 Why is honey a good alternative to refined sugar?

   A It tastes the same in drinks.

   B It has fewer calories than sugar.

   C It is more easily processed by the body.

23 The speaker says people don't realise

   A how much water should be consumed in a day.

   B how much sugar a soft drink contains.

   C how many vitamins are in herbal tea.

24 Products which are said to be fat-free should be avoided because

   A they often contain extra sugar.

   B they do not list every ingredient.

   C they are made with sugar substitutes.

25 According to the speaker, people should eat fruits and vegetables because

   A they are a sugarless alternative.

   B they can satisfy the desire for sweetness.

   C they are a natural way to diet.

정답·스크립트·해석·해설 p.174

PART 2   *Questions 1-10*   CH1_HT1-10.mp3

Questions 1 and 2

*Choose **TWO** letters, **A-E**.*

1-2 Which **TWO** sports will have national matches played at the Brighton Sports Complex?

    A   football

    B   volleyball

    C   tennis

    D   swimming

    E   basketball

Questions 3-5

Complete the notes below.

*Write **NO MORE THAN TWO WORDS** for each answer.*

Brighton Sports Complex: Dining Facilities

- promote healthy habits by not giving licences to **3** .... dining establishments

- ingredients are from **4** .... areas

- open at the same time as the rest of the complex

- located on the **5** .... floor

---

Questions 6-10

*Choose the correct letter, **A**, **B**, or **C**.*

6 To become a Brighton Sports Complex member, people should

    A complete a registration document.

    B submit payment at a reception desk.

    C present a credit card for deposit.

7 People who wish to use the swimming pool at the complex must

    A leave their ID card at an office.

    B check availability online.

    C pay an additional yearly charge.

8 What will all visitors be able to use for free?

    A a parking facility

    B a personal locker

    C the Wi-Fi

9 Why will it be difficult to park on Millers Road this weekend?

    A A route has been closed for repairs.

    B A car park will undergo maintenance.

    C A private event is occurring in the complex.

10 Attendees of the grand opening can receive

    A a paid parking pass.

    B apparel for free.

    C protective gear with a logo.

PART 3   *Questions 11-20*   🎧 CH1_HT11-20.mp3

Questions 11 and 12

*Choose **TWO** letters, **A-E**.*

11-12   Which **TWO** tasks have the students already completed?

A   an outline for the assignment's structure
B   the central part of the document
C   the introduction to their report
D   data gathering on globalised businesses
E   a summary of their research methodology

Questions 13 and 14

*Choose **TWO** letters, **A-E**.*

13-14   Which **TWO** effects did Burger King's approach have when it launched restaurants in India?

A   positive opinion of the brand around India
B   stores spread throughout the region
C   certain products put off consumers
D   enhanced image in neighbouring countries
E   its menu was seen as inappropriate

Questions 15 and 16

*Choose **TWO** letters, **A-E**.*

15-16   Which **TWO** elements of its ads did a Swedish vodka company change for each region?

A   the type of graphics used
B   the language of promotional material
C   the size of printed advertisements
D   the colours used in materials
E   the brand names of products

*Choose the correct letter, **A**, **B**, or **C**.*

17 The advertisements shown for Calvin Klein caused problems because

    A   they were considered not contemporary enough.

    B   they focused too much on younger consumers.

    C   they were deemed inappropriate by some consumers.

18 A design feature that Calvin Klein introduced in its 2013 line was

    A   new and brighter colours.

    B   clothes tailored to each age group.

    C   aspects of traditional outfits.

19 How will the students include graphs in their report?

    A   in an appendix at the end

    B   in a separate printed leaflet

    C   inserted throughout the text

20 What will the students probably do next?

    A   find images to use for their assignment

    B   go to a library to check out reference books

    C   create their own marketing plan

정답·스크립트·해석·해설 p.187

CH 01

Multiple Choice HACKERS **IELTS** LISTENING

CHAPTER 02

Note/Form Completion

Note/Form completion 문제는 제시된 노트나 양식의 빈칸을 채워 완성하는 문제이다. IELTS Listening 영역에서 가장 자주 출제되는 유형으로, 거의 매 시험 출제되고 있다. Note completion 문제는 파트 2, 4에서 주로 출제되며, Form completion 문제는 파트 1에서 주로 출제된다.

■ 문제 형태

Note/Form completion 문제는 제시된 노트나 양식의 빈칸에 들어갈 답을 적는 주관식 형태로 출제된다. 이때 몇 단어 혹은 숫자로 답안을 작성해야 하는지 반드시 확인한다.

Note completion

노트는 지문의 내용을 요약하여 정리한 형태로, 하나의 큰 제목과 여러 개의 소제목이 있는 형태로 자주 출제된다.

Complete the notes below.

*Write **ONE WORD ONLY** for the answer.*

Crisis management

Introduction
Crisis management is used to keep consumer faith in products.

Quick response
– The company's response must be swift to ensure **1** ....

Form completion

양식은 지문에 등장한 정보를 양식으로 정리한 형태로, 주로 개인정보 등이 포함된 신청서의 형태로 자주 출제된다.

Complete the form below.

*Write **ONE WORD AND/OR A NUMBER** for each answer.*

Membership Form

Name: Cynthia **1** ....

Date of birth: 29 October, 1990

Address: 2 .... Highland Park Avenue

Phone: 0151 541 1570

■ 문제풀이 전략

STEP 1 [문제 분석 시간] 답안 작성 조건을 확인하고, 문제의 핵심 내용을 파악한다.

(1) 지시문을 읽고 몇 단어 혹은 숫자로 답안을 작성해야 하는지 확인한다.

(2) 제시된 노트나 양식의 전체적인 내용을 빠르게 파악한다. 소제목이 주어지는 경우, 소제목을 먼저 읽고 지문에서 관련 내용이 언급될 때 주의 깊게 들을 수 있도록 한다.

(3) 문제의 핵심어구와 빈칸 주변 내용을 통해 빈칸에 어떤 내용이 들어가야 하는지 파악한다. 이때, 빈칸 앞뒤를 확인하여 문법에 맞는 품사 등을 예상한다.

EXAMPLE

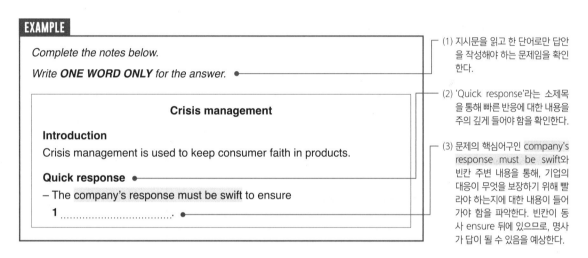

Complete the notes below.

*Write **ONE WORD ONLY** for the answer.*

Crisis management

Introduction
Crisis management is used to keep consumer faith in products.

Quick response
– The company's response must be swift to ensure
  1 ....

(1) 지시문을 읽고 한 단어로만 답안을 작성해야 하는 문제임을 확인한다.

(2) 'Quick response'라는 소제목을 통해 빠른 반응에 대한 내용을 주의 깊게 들어야 함을 확인한다.

(3) 문제의 핵심어구인 company's response must be swift와 빈칸 주변 내용을 통해, 기업의 대응이 무엇을 보장하기 위해 빨라야 하는지에 대한 내용이 들어가야 함을 파악한다. 빈칸이 동사 ensure 뒤에 있으므로, 명사가 답이 될 수 있음을 예상한다.

✅ TIPS

· **ONE WORD ONLY**: 한 단어로만 답안을 작성한다.
  ex) images (○), clear images (×)

· **ONE WORD AND/OR A NUMBER**: 한 단어 / 한 단어와 숫자 하나 / 숫자 하나로 답안을 작성한다.
  ex) images (○), 2 images (○), 2nd (○), clear images (×)

· **NO MORE THAN TWO WORDS**: 두 단어 이내로 답안을 작성한다.
  ex) images (○), clear images (○), 2 clear images (×)

· **NO MORE THAN TWO WORDS AND/OR A NUMBER**: 두 단어 이내 / 한 단어와 숫자 하나 / 두 단어와 숫자 하나 / 숫자 하나로 답안을 작성한다.
  ex) images (○), clear images (○), 2 (○), 2nd (○), 2 images (○), 2 clear images (○)

문제의 핵심어구가 그대로 언급되거나 paraphrasing된 부분의 주변을 주의 깊게 듣고, 정답의 단서를 파악한다. 지문에 소제목이 언급되는 경우에는, 소제목을 듣고 정답과 관련된 내용이 곧 등장할 것임을 예상할 수 있다.

EXAMPLE 🎧 CH2_EX.mp3

So, let's discuss what companies can do if there is an issue regarding products. Crisis management is the answer, and that's what we will look at today. When companies don't deal with issues it can cause consumers to reject them. We will discuss what businesses can do to restore consumer faith in their products. The most important aspect of crisis management is a quick response; the company must identify the causes of problems and deal with them rapidly. [1]This will ensure the perception of stability is maintained and the company is seen to be reliable and dependable, which will have a calming effect on both consumers and stock holders. However, it is vital to remember . . .

> 소제목 Quick response가 언급되면 정답과 관련된 내용이 곧 등장할 것임을 예상할 수 있다. 문제의 핵심어구인 company's response must be swift가 paraphrasing된 the company must ~ deal with them rapidly가 언급된 주변을 주의 깊게 듣고, 'This will ensure the perception of stability is maintained'라는 정답의 단서를 파악한다.

Complete the notes below.

*Write **ONE WORD ONLY** for the answer.*

Crisis management

Introduction

Crisis management is used to keep consumer faith in products.

Quick response

– The company's response must be swift to ensure

   1 ....

지문 해석 p.197

정답의 단서에서 문맥상 빈칸에 들어가기에 알맞은 단어를 답안 작성 조건에 맞게 작성한다. 답안을 작성한 후에는 철자가 올바르게 쓰였는지, 완성된 문장이 문법적으로 오류가 없는지 확인한다.

EXAMPLE

Complete the notes below.

*Write **ONE WORD ONLY** for the answer.*

Crisis management

Introduction

Crisis management is used to keep consumer faith in products.

Quick response

– The company's response must be swift to ensure

   1 ....stability.............

정답의 단서인 'This will ensure the perception of stability is maintained'를 통해 기업의 빠른 대응이 안정감에 대한 인식이 지속되도록 보장함을 확인하고, 답안 작성 조건에 맞게 한 단어인 stability를 정답으로 작성한다.

✅ TIPS

1. Note/Form completion 문제의 정답은 주로 명사로 출제되지만, 간혹 동사 혹은 형용사로 출제되는 경우도 있다. 명사로 출제되는 경우 단·복수를, 동사로 출제되는 경우 시제와 단·복수를 잘 확인하도록 한다.

2. 주관식 답안 작성 방법에 대해 학습자들이 가장 궁금해하는 내용은 136페이지의 주관식 답안 관련 Q&A에 정리되어 있다. 상세한 설명과 예시를 통해 주관식 답안 작성 시 주의해야 할 사항을 완벽히 파악하도록 한다.

HACKERS **PRACTICE**

음성을 듣고, 문장을 빈칸에 받아 써 보세요. 음성은 두 번 들려줍니다.

01 Her name is Brenda ....

02 Your new student ID number is ....

03 The seminar will be held in ....

04 You can .... campus clubs at the ....

05 We'll e-mail you a .... after ....

06 Freud noted love and .... as being the most ....
....

07 .... was sold to one of its ....
for approximately .... dollars.

08 All participants must reserve .... and pay ....
by credit card.

정답

01 Her name is Brenda <u>Schneider. S-C-H-N-E-I-D-E-R</u>.
02 Your new student ID number is <u>0-1-2-P-Q-G</u>.
03 The seminar will be held in <u>lecture hall 127B</u>.
04 You can <u>sign up for</u> campus clubs at the <u>library information counter</u>.
05 We'll e-mail you a <u>curriculum outline</u> after <u>the consultation</u>.
06 Freud noted love and <u>belonging</u> as being the most <u>difficult human needs to obtain</u>.
07 <u>A new technology company</u> was sold to one of its <u>larger competitors</u> for approximately <u>176.9 billion</u> dollars.
08 All participants must reserve <u>their spots in advance</u> and pay <u>online</u> by credit card.

09 In the study, participants .... to various ....

10 The textbook highlights that .... should identify ....

11 The council holds meetings .... to discuss ....

12 .... will be available from ....

13 .... might also protect the grey wolf species.

14 Baroque columns were often designed to be .... in ....
....

15 Penicillin can .... the spread of illness by disrupting ....
....

16 This flowering plant has .... all over its body as a means of ....
.... and other ....

정답

09 In the study, participants <u>were asked for their reactions</u> to various <u>images</u>.
10 The textbook highlights that <u>managers</u> should identify <u>specialised worker skills</u>.
11 The council holds meetings <u>twice a week</u> to discuss <u>ideas for town improvements</u>.
12 <u>Tickets for the university game</u> will be available from <u>the 10th of October</u>.
13 <u>Stricter regulations on hunting and fishing</u> might also protect the grey wolf species.
14 Baroque columns were often designed to be <u>curved or spiraled</u> in <u>overall appearance</u>.
15 Penicillin can <u>reduce</u> the spread of illness by disrupting <u>the duplication of harmful bacteria</u>.
16 This flowering plant has <u>developed thorns</u> all over its body as a means of <u>defence from insects</u> and other <u>predators</u>.

Questions 1-4 🎧 CH2_HP1-4.mp3

Complete the form below.

*Write **ONE WORD AND/OR A NUMBER** for each answer.*

Children's Art Course Enrolment Form

Personal Details

Name of parent: Pablo **1** ....

Age of child: **2** .... years old

Enrolment Information

Course: Introduction to Art

Cost: **3** £ .... per month with a full year enrolment

Starting date: **4** ....

Payment method: credit card

Questions 5-9   🎧 CH2_HP5-9.mp3

Complete the notes below.

*Write **NO MORE THAN TWO WORDS AND/OR A NUMBER** for each answer.*

MEDICAL INSURANCE INQUIRY

Client Name: Adam Harker

Address: #48, **5** .... Street, Liverpool

Postal Code: **6** ....

Phone: 0151 555 0143

Notes:

• 27 years old, not **7** .... for a student policy

• Most likely to sign up for the **8** ....

• Might stay in Spain for up to **9** ....

Complete the notes below.

*Write **ONE WORD ONLY** for each answer.*

Renovation of Queen's Theatre

History

· Shut down in 1972 due to low **10** ....

· The Auckland Theatre Association got a renovation **11** .... in 1998

· Additional financing came from an unknown donor

On the reopening date

· The theatre will host a celebratory performance on **12** ....

· **13** .... ahead of time is suggested

---

Questions 14-18　🎧 CH2_HP14-18.mp3

Complete the notes below.

*Write **ONE WORD ONLY** for each answer.*

Female Executives Presentation Plan

Introduction

- Explanation of primary focus of the case study
- Research done in one city to determine if **14** .... factors have an effect on results

Research method

- Hand out sample **15** .... and explain research method

Presentation of Research Data

- The **16** .... of female executives and their colleagues on their roles

Analysis and Discussion

- Present data showing that female executives are seen to have **17** .... roles
- Include tangible examples of gender bias and social stigma faced by women in the workplace
- Discussion of ideas for creating **18** .... in places of employment

---

Complete the notes below.

Write **NO MORE THAN TWO WORDS AND/OR A NUMBER** *for each answer.*

Human Longevity Research

Nature Factors

• scientists searching for longevity gene

   – discovered protein that may reduce the speed of the **19** .... process

   – critics find study defects : longer lives for humans are not necessarily indicated from a

     molecular-level **20** ....

Nurture Factors

• scientists found behavioural factors

• 80-year study on longevity tracked environmental and behavioural factors of

  21 .... subjects

   – personality and relationships can help estimate the length of life

   – longer lifespan for careful and determined subjects

   – longer lifespan for those who are **22** ....

Complete the notes below.

Write **NO MORE THAN THREE WORDS** for each answer.

Meditation:
Studies on Beneficial Results

Measurement of meditation's effects on the brain

– Scientific studies focus on **23** .... changes in brain activity or more permanent

changes.

– EEG is good at measuring the **24** .... of brain activity.

– Neuroimaging tracks blood flow around the brain.

Recent studies on benefits of meditation

• State changes

   – Meditators in Vipassana and Zen meditation experience greater control of their

     25 ....

   – Antoine Lutz noticed **26** .... activity in the parts of the brain connected to

     emotion.

• Longer-term trait changes

   – Meditation defends against the natural reduction of **27** .... caused by the ageing

     process.

   – It has several clinical applications.

   – It has physiological applications when used in **28** ...., particularly yoga.

정답·스크립트·해석·해설 p.197

PART 1   *Questions 1-10*   🎧 CH2_HT1-10.mp3

Questions 1-2

*Choose the correct letter, **A**, **B**, or **C**.*

1   Exbury Gardens is a 10-minute walk from

    A   a main gate

    B   a camping site

    C   a bus stop

2   What does the man plan to do with his friends?

    A   visit a nearby garden

    B   go on a hike

    C   rent a boat

Questions 3-10

Complete the form below.

*Write **NO MORE THAN TWO WORDS AND/OR A NUMBER** for each answer.*

New Forest Campgrounds - Booking Form

Name: Ken White

Address: 43 **3** .... Street, Bracknell

Contact number: **4** ....

Reservation details

Day/Date of Arrival: Saturday, October 4th

Duration of stay: **5** ....

Time of Arrival: **6** ....

Space: 27 located in lot D

Number of guests: **7** ....

Payment details

Fee for Space rental: **8** £ ....

Payment method: **9** ....

Extra charges: £5 for a **10** ....

Questions 11-15

*Choose the correct letter, **A**, **B**, or **C**.*

11   Which topics does the speaker say he will talk about first?

    A   how to limit the dioxins we consume

    B   the origin and effects of dioxins

    C   why people in the US don't know about dioxins

12   The 'Dirty Dozen' is a group of chemicals which is very

    A   dangerous to the environment.

    B   instrumental in harming food production.

    C   common in nature.

13   Dioxins can be created by a number of human activities including

    A   the use of chemical pesticides on farms.

    B   the burning of trash.

    C   the burying garbage.

14   Most of human exposure to dioxins

    A   is from the food they consume.

    B   comes from contaminated soil.

    C   results from handling pesticides and herbicides.

15   High levels of dioxins in poultry

    A   were traced back to Belgium.

    B   were caused by the food given to animals.

    C   were the result of hazardous waste.

Complete the notes below.

Write **ONE WORD ONLY** for each answer.

Dioxins

Exposure to Dioxins:

- **16** .... functions can be impacted by short-term exposure

- Long-term exposure can damage the **17** .... system and reproductive functions

- Study revealed that a group exposed to dioxins from a factory had diabetes rates higher than the **18** .... average

- Can lead to heart problems later in life

How to reduce exposure:

- Meat and **19** .... should be consumed in smaller quantities

- Consume less fish from certain areas

- Avoid contact with toxic chemicals produced by factories

- **20** .... can stop the creation of dioxins through restrictions

---

정답·스크립트·해석·해설 p.209

CHAPTER

03 Table Completion

Table completion 문제는 제시된 표의 빈칸을 채워 완성하는 문제이다. IELTS Listening 영역에서 자주 출제되는 유형으로 거의 매 시험 출제되고 있으며, 모든 파트에서 출제될 수 있다.

■ 문제 형태

Table completion 문제는 제시된 표의 빈칸에 들어갈 답을 적는 주관식 형태로 출제된다. 이때 몇 단어 혹은 숫자로 답안을 작성해야 하는지 반드시 확인한다.

Complete the table below.

*Write **NO MORE THAN TWO WORDS** for the answer.*

Attraction(s)	Characteristics	Cost
Roller coaster	100 metres high	£20: **1** .... £30: students
Zoo	Plants and animals from local area	Free

STEP 1 [문제 분석 시간] 답안 작성 조건을 확인하고, 문제의 핵심 내용을 파악한다.

(1) 지시문을 읽고 몇 단어 혹은 숫자로 답안을 작성해야 하는지 확인한다.

(2) 문제의 첫 열, 첫 행, 빈칸 주변 내용과 문제의 핵심어구를 통해, 문제가 무엇에 대한 내용인지 파악한다. 이때 빈칸 앞뒤를 확인하여 문법에 맞는 품사 등을 예상한다.

EXAMPLE

Complete the table below.

*Write **NO MORE THAN TWO WORDS** for the answer.* ●

Attraction(s)	Characteristics	Cost
Roller coaster	100 metres high	£20: 1 .... ● £30: students
Zoo	Plants and animals from local area	Free

(1) 지시문을 읽고 두 단어 이내로 답안을 작성해야 하는 문제임을 확인한다.

(2) 문제의 첫 열(Roller coaster), 첫 행(Cost), 빈칸 주변 내용 (£30: students)과 문제의 핵심 어구인 £20를 통해, 문제가 롤러코스터의 가격인 20파운드가 누구를 대상으로 하는지에 대한 내용임을 파악한다. 빈칸이 가격에 해당하는 대상을 묻고 있으므로 명사가 답이 될 수 있음을 예상한다.

⊘ TIPS

1. 문제에 핵심어구가 없는 경우, 문제의 첫 열, 첫 행과 빈칸 주변 내용을 통해 문제가 무엇에 대한 내용인지 예측한다.

2. Table completion 문제는 항상 왼쪽에서 오른쪽 방향으로 문제가 출제된다. 따라서 표에 제시된 정보를 읽고 정답과 관련된 내용이 언제 등장할 것인지 미리 예측하며 듣는 것이 좋다.

STEP 2 [지문 듣는 시간!] 문제의 핵심 내용과 관련된 부분을 주의 깊게 듣는다.

(1) 첫 열과 첫 행의 내용이 지문에 언급되면 정답과 관련된 내용이 곧 등장할 것임을 예상할 수 있다.

(2) 빈칸 주변 내용 혹은 문제의 핵심어구가 그대로 언급되거나 paraphrasing된 부분의 주변을 주의 깊게 듣고, 정답의 단서를 파악한다.

EXAMPLE 🎧 CH3_EX.mp3

Next, the Lawson Amusement Park will be opening this October. The rides section will feature a 100-metre-high roller coaster. You can buy the tickets in the local leisure centre. ¹The tickets for senior citizens are £20, which is half the price of standard tickets. Students will also get £10 off. The zoo will feature local flora and fauna and is free for all visitors. You can also purchase food, snacks, and souvenirs or even bring your own meals and visit the park's picnic area.

> (1) 첫 행의 내용인 Roller coaster가 언급되면 정답과 관련된 내용이 곧 등장할 것임을 예상할 수 있다.
>
> (2) 문제의 핵심어구인 £20가 언급된 주변을 주의 깊게 듣고, 'The tickets for senior citizens are £20'라는 정답의 단서를 파악한다.

Complete the table below.

*Write **NO MORE THAN TWO WORDS** for the answer.*

Attraction(s)	Characteristics	Cost
Roller coaster	100 metres high	£20: 1 .... £30: students
Zoo	Plants and animals from local area	Free

지문 해석 p.218

정답의 단서에서 문맥상 빈칸에 들어가기에 알맞은 단어를 답안 작성 조건에 맞게 작성한다. 답안을 작성한 후에는 철자가 올바르게 쓰였는지, 완성된 내용이 문법적으로 오류가 없는지 확인한다.

EXAMPLE

Complete the table below.

*Write **NO MORE THAN TWO WORDS** for the answer.*

Attraction(s)	Characteristics	Cost
Roller coaster	100 metres high	£20: **1** ___senior citizens___ £30: students
Zoo	Plants and animals from local area	Free

> 정답의 단서인 'The tickets for senior citizens are £20'를 통해 20파운드의 입장권은 노인을 대상으로 하고 있음을 확인하고, 답안 작성 조건에 맞게 두 단어인 senior citizens를 정답으로 작성한다.

✔ **TIPS**

1. Table completion 문제의 정답은 주로 명사로 출제되지만, 간혹 동사 혹은 형용사로 출제되는 경우도 있다. 명사로 출제되는 경우 단·복수를, 동사로 출제되는 경우 시제와 단·복수를 잘 확인하도록 한다.

2. 주관식 답안 작성 방법에 대해 학습자들이 가장 궁금해하는 내용은 136페이지의 주관식 답안 관련 Q&A에 정리되어 있다. 상세한 설명과 예시를 통해 주관식 답안 작성 시 주의해야 할 사항을 완벽히 파악하도록 한다.

CH 03

Table Completion HACKERS **IELTS** LISTENING

HACKERS **PRACTICE**

DICTATION 연습   🎧 CH3_HP_Dictation.mp3

음성을 듣고, 문장을 빈칸에 받아 써 보세요. 음성은 두 번 들려줍니다.

01 My license plate number is ....

02 The group will meet at ....

03 The first session is ....

04 The hotel has a ....

05 Our .... centre has .... and Pilates classes

....

06 .... carbohydrate intake and .... might lead

to heart disease.

07 Customers can submit .... by making a ....

....

08 Attendees of the play are entitled to a .... at our canteen for which

they will ....

┌──────┐
│ 정답 │
└──────┘

01 My license plate number is PD06SMR.
02 The group will meet at Hyacinth Street. H-Y-A-C-I-N-T-H.
03 The first session is on May 29th.
04 The hotel has a beach yoga class every morning.
05 Our health care centre has regular yoga and Pilates classes which you can join.
06 Excessive carbohydrate intake and minimal physical exercise might lead to heart disease.
07 Customers can submit personalised complaints by making a post on an online forum.
08 Attendees of the play are entitled to a complimentary meal at our canteen for which they will get a coupon with their tickets.

09 There are places .... in front of the ....

10 I'm sorry but we only .... from .... at this time.

11 You should change the .... so as not to ....

12 We will set off in the early morning on .... through ....

13 There will be .... to try some ....
including pottery and flower arranging at the ....

14 .... of Belgium .... marks the .... of
World War I.

15 The optimisation of the .... has had a hugely ....,
increasing our ....

16 This pass includes .... and viewing of ....
playing today.

정답

09 There are places <u>to park</u> in front of the <u>hospital and behind the gym</u>.
10 I'm sorry but we only <u>take payments</u> from <u>credit cards</u> at this time.
11 You should change the <u>order of the chapters</u> so as not to <u>confuse readers</u>.
12 We will set off in the early morning on <u>our two-kilometre walk</u> through <u>the mountains</u>.
13 There will be <u>an opportunity</u> to try some <u>traditional Japanese crafts</u> including pottery and flower arranging at the <u>heritage site</u>.
14 <u>Germany's invasion</u> of Belgium <u>in 1914</u> marks the <u>true beginning</u> of World War I.
15 The optimisation of the <u>supply chain</u> has had a hugely <u>positive effect on efficiency</u>, increasing our <u>export capacity by 10.5%</u>.
16 This pass includes <u>entry to the museum</u> and viewing of <u>an informative movie</u> playing today.

Questions 1-4   🎧 CH3_HP1-4.mp3

Complete the table below.

*Write **ONE WORD ONLY** for each answer.*

Location	Accommodation	Residence Name	Other Details
Canton Road	One **1** .... room	West Gate House	• £120 per week • 10 minutes walk from campus • Shared kitchen and **2** ....
3 .... Street	One shared room	Strand House	• £130 per week • Breakfast and lunch included • 10 minutes by **4** ....

Questions 5-8 🎧 CH3_HP5-8.mp3

Complete the table below.

Write ONE WORD AND/OR A NUMBER for each answer.

Leeds Arts Centre – Upcoming Performances

Performer	Date	Seats	Cost
5 .... Symphony Orchestra	October 3rd	Only 6 .... level balcony back row seats	£50
Royal Ballet Company	7	Mezzanine section	£120
Claudia Vento and the Leeds Boys Choir	December 12th	All seating types available	8 ....

Questions 9-13 🎧 CH3_HP9-13.mp3

Complete the table below.

Write **NO MORE THAN TWO WORDS** *for each answer.*

Project Status Record:
Aiko Watanabe, Gary Marks

Topic	Research Completed	Further Suggestions
Flextime	– led to less fatigue and illness and increased 9 .... – allows employees to have better 10 .... balance	– Add information on how flextime helps 11 ....
Flexplace	– has become more 12 .... due to wireless Internet access and laptop affordability	– Do interviews with company 13 .... about flexplace programmes

Complete the table below.

Write **NO MORE THAN THREE WORDS AND/OR A NUMBER** for each answer.

History of Mining in Australia

Dates	Events
1700s	• There was little industry and farming in Australia when it was first **14** .... by the British.
1800s	• **15** .... was the first metal of value found. • **16** .... in the 1850s caused a population boom and economic change.
1900s	• 1950s – Iron ore from Pilbara was used as a source of **17** .... • 1990s – There was a **18** .... in trade towards Asia.
2000s	• The proportion of Australian iron ore exports going to China increased to **19** ....

정답·스크립트·해석·해설 p.218

PART 4   *Questions 1-10*   🎧 CH3_HT1-10.mp3

Questions 1-7

Complete the table below.

Write ONE WORD AND/OR A NUMBER for each answer.

World Health Organization
Global Food Safety Standards

STANDARDS	DETAILS
First standard Prevent human, pet, and pest bacterial contamination in food	• Restaurants must follow updated sanitation and extermination standards. • Restaurant workers must stick to **1** .... to avoid bacterial contamination of food.
Second standard Ensure there's a **2** .... between uncooked and cooked ingredients	• E-coli and salmonella are some of the most harmful bacteria. • Any establishment storing food constantly evaluates its food storage standards.
Third standard Cook food at proper times and temperatures	• Dr Dawen Sun found that most food-borne bacteria **3** .... at a temperature of 60 degrees Centigrade. • Bacteria growth in animal products kept in 'danger zone' will **4** .... after 20 minutes.
Fourth standard Store food at appropriate temperatures	• USDA – food in 30+ degrees Centigrade temperature should be stored for one hour or less. • Industrial refrigerators should go through **5** .... twice each year.
Fifth standard Use safe and drinkable water	• **6** .... system designs were greatly improved. • The water quality is **7** .... better than in 2014.

Questions 8-10

Choose **THREE** letters, **A-G**.

8-10   Which **THREE** food standards does the UK need to work on more?

    A   Standard of service in restaurants

    B   Shipping food safely to other destinations

    C   Providing information for diners with restricted diets

    D   Informing customers of the ingredients of food

    E   Listing of the specific ingredient amounts

    F   Providing a calorie count for menu items

    G   Reducing amounts of fat and sugar in foods

CHAPTER 04
Sentence/Summary/Flow-chart/Diagram Completion

Sentence/Summary/Flow-chart/Diagram completion 문제는 제시된 문장/요약문/순서도/다이어그램의 빈칸을 채우는 문제이다. IELTS Listening 영역에서 매 시험 출제되지는 않지만 자주 출제되고 있으며, 모든 파트에서 골고루 출제된다.

■ 문제 형태

Sentence/Summary/Flow-chart/Diagram completion 문제는 주로 제시된 문장/요약문/순서도/다이어그램의 빈칸에 들어갈 답을 작성하는 주관식 형태로 출제되며, 주어진 여러 보기 중 빈칸에 들어갈 답을 선택하는 형태로 출제되기도 한다. 주관식으로 답을 작성해야 하는 경우, 몇 단어 혹은 숫자로 답안을 작성해야 하는지 반드시 확인한다.

Sentence completion

문장의 빈칸을 완성하는 형태로 출제된다.

Complete the sentence below.

*Write **ONE WORD ONLY** for the answer.*

1   Climate change is having a dramatic effect on .... and wildlife in the Arctic.

Summary completion

요약문은 지문에 등장한 특정 내용을 요약하여 글로 정리한 형태로, 주로 제목이 함께 주어진다.

Complete the summary below.

*Write **NO MORE THAN THREE WORDS AND/OR A NUMBER** for each answer.*

Arrival of European Colonists in the Americas

The first Europeans to arrive in the New World were **1** .... and Templar Knights. But extensive **2** .... only started after the arrival of explorers like Christopher Columbus, and later John Cabot in North America and Pedro Álvares Cabral in Brazil. This prompted competing European nations to undertake their own trips to obtain **3** .... in this vast land.

Flow-chart completion

순서도는 지문에 등장한 특정 순서나 절차 등을 요약하여 정리한 형태로, 주로 위에서 아래로 흐르는 형태로 출제된다.

Complete the flow-chart below.

*Write **ONE WORD ONLY** for each answer.*

The Glass Making Process

Sand, lime and **1** .... are heated in a furnace until the mixture melts.

⬇

The resulting liquid is poured into a tin bath through a **2** ....

⬇

The tin bath has an atmosphere of nitrogen and hydrogen to stop **3** ....

⬇

The glass flows onto the tin **4** .... forming a smooth pane.

⬇

The glass is rolled off the tin and placed in a **5** .... to cool.

Diagram completion

다이어그램은 지문에 등장한 기기의 작동 과정이나 현상을 그림으로 나타낸 형태로, 이를 설명하는 내용의 빈칸을 완성하는 형태로 출제된다.

Complete the diagram below.

*Write **NO MORE THAN TWO WORDS** for each answer.*

How Hot Springs Work

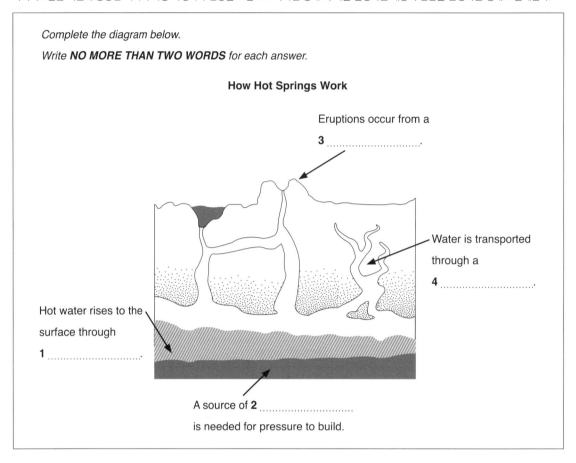

Eruptions occur from a

3 ....

Water is transported

through a

4 ....

Hot water rises to the

surface through

1 ....

A source of **2** ....

is needed for pressure to build.

■ 문제풀이 전략

STEP 1 [문제 분석 시간] 답안 작성 조건을 확인하고, 문제의 핵심어구와 내용을 파악한다.

(1) 지시문을 읽고 몇 단어 혹은 숫자로 답안을 작성해야 하는지 확인한다.

(2) 문제의 핵심어구와 빈칸 주변 내용을 통해 빈칸에 어떤 내용이 들어가야 하는지 파악한다. 이때, 빈칸 앞뒤를 확인하여 문법적으로 올바른 품사 등을 예상한다. 단, 요약문/순서도/다이어그램에서는 제목과 내용을 읽고 전체 흐름을 먼저 파악한다.

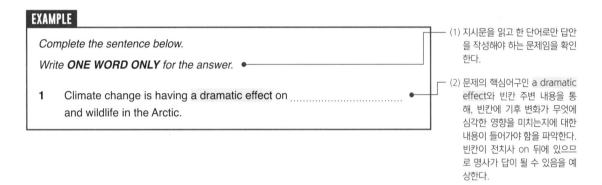

EXAMPLE

Complete the sentence below.

*Write **ONE WORD ONLY** for the answer.*

1   Climate change is having a dramatic effect on .... and wildlife in the Arctic.

(1) 지시문을 읽고 한 단어로만 답안을 작성해야 하는 문제임을 확인한다.

(2) 문제의 핵심어구인 a dramatic effect와 빈칸 주변 내용을 통해, 빈칸에 기후 변화가 무엇에 심각한 영향을 미치는지에 대한 내용이 들어가야 함을 파악한다. 빈칸이 전치사 on 뒤에 있으므로 명사가 답이 될 수 있음을 예상한다.

문제의 핵심어구가 그대로 언급되거나 paraphrasing된 부분의 주변을 주의 깊게 듣고, 정답의 단서를 파악한다.

EXAMPLE 🎧 CH4_EX.mp3

Firstly, CO2 emissions are the main cause of climate change in the Arctic. [1]Changes to weather and temperature have a profound effect. They can ●─── 문제의 핵심어구인 a dramatic effect가 a profound effect로 paraphrasing된 주변을 주의 깊게 듣고, 'Changes to weather and temperature ~ can destroy habitats'라는 정답의 단서를 파악한다.
destroy habitats, which has a devastating impact on local wildlife. The only
way to halt or reverse these effects on the Arctic is by reducing the amount of
CO2 we put into the atmosphere.

Complete the sentence below.

*Write **ONE WORD ONLY** for the answer.*

1   Climate change is having a dramatic effect on ....
     and wildlife in the Arctic.

지문 해석 p.231

정답의 단서에서 문맥상 빈칸에 들어가기에 알맞은 단어를 답안 작성 조건에 맞게 작성한다. 답안을 작성한 후에는 철자가 올바르게 쓰였는지, 완성된 문장이 문법적으로 오류가 없는지 확인한다.

EXAMPLE

Complete the sentence below.

*Write **ONE WORD ONLY** for the answer.*

1   Climate change is having a dramatic effect on .... habitats .... and wildlife in the Arctic.

정답의 단서인 'Changes to weather and temperature ~ can destroy habitats'를 통해 기후와 온도의 변화는 서식지를 파괴할 수 있음을 확인하고, 답안 작성 조건에 맞게 한 단어인 habitats를 정답으로 작성한다.

✅ TIPS

1. Sentence/Summary/Flow-chart/Diagram completion의 주관식 문제에서 정답은 주로 명사로 출제되지만, 간혹 동사, 형용사, 혹은 부사로 출제되는 경우도 있으므로 빈칸에 들어갈 단어의 품사를 반드시 확인한다. 명사로 출제되는 경우, 단·복수를, 동사로 출제되는 경우, 시제와 단·복수를 잘 확인하도록 한다.

2. 주관식 답안 작성 방법에 대해 학습자들이 가장 궁금해하는 내용은 136페이지의 주관식 답안 관련 Q&A에 정리되어 있다. 상세한 설명과 예시를 통해 주관식 답안 작성 시 주의해야 할 사항을 완벽히 파악하도록 한다.

HACKERS **PRACTICE**

음성을 듣고, 문장을 빈칸에 받아 써 보세요. 음성은 두 번 들려줍니다.

01   We have an .... which includes ....

02   The price for the tour is .... and .... will be ....

03   The view of .... is great.

04   The train will .... and our bus is at ....

05   You might want to incorporate .... from .... in your report.

06   In ego depletion, an individual exercises ....

07   Installing .... on your house can ....

by more than ....

08   A successful company must .... as often as possible to make

....

| 정답 |

01 We have an <u>outdoor picnic area</u> which includes <u>barbecue facilities</u>.
02 The price for the tour is <u>$40</u> and <u>adding lunch</u> will be <u>$20 extra</u>.
03 The view of <u>Tower Bridge from the river</u> is great.
04 The train will <u>arrive at 3.30 pm</u> and our bus is at <u>4.00 pm</u>.
05 You might want to incorporate <u>survey results</u> from <u>educational studies</u> in your report.
06 In ego depletion, an individual exercises <u>self-control to suppress desires</u>.
07 Installing <u>solar panels</u> on your house can <u>decrease your electricity bills</u> by more than <u>half</u>.
08 A successful company must <u>analyse its performance</u> as often as possible to make <u>adjustments for the future</u>.

09 The Maori people perform .... to the ....

10 The cylinders on the machine roll the ....

11 On average, ... in the United States earn ....

12 The clownfish and the sea anemone .... with ....

13 .... per night can improve the brain's ....

14 The Central Plateau is a .... covering ....

15 The Socratic method is a way of facilitating .... among

....

16 The geologist Charles Lyell was a .... in the study of ....

who has shaped our .... of geology.

정답

09 The Maori people perform <u>dances</u> to the <u>rhythmic movements of a ball on string</u>.

10 The cylinders on the machine roll the <u>recycled materials into a sheet</u>.

11 On average, <u>women</u> in the United States earn <u>78.6% of what men do</u>.

12 The clownfish and the sea anemone <u>help one another</u> with <u>basic survival needs</u>.

13 <u>Eight hours of sleep</u> per night can improve the brain's <u>retention of memory</u>.

14 The Central Plateau is a <u>flat stretch</u> covering <u>northern Mexico</u>.

15 The Socratic method is a way of facilitating <u>cooperative communication</u> among <u>students and teachers</u>.

16 The geologist Charles Lyell was a <u>pioneer</u> in the study of <u>the causes of earthquakes</u> who has shaped our <u>contemporary view</u> of geology.

Questions 1-4   🎧 CH4_HP1-4.mp3

Complete the flow-chart below.

*Choose **FOUR** answers from the box and write the correct letter, **A-G**, next to Questions 1-4.*

A	estimate
B	office
C	website
D	receipts
E	documents
F	equipment
G	plan

Registration Process for Annual Charity Bicycle Tour

Register for the event on the charity's **1** ....

⬇

Provide an **2** .... on the form

⬇

Get sponsors willing to donate funds if you complete the tour

⬇

Bring bicycle and necessary **3** .... to the event on
June 12th

⬇

Gather donations from sponsors after finishing the tour

⬇

Distribute **4** .... to donors for tax reasons

Questions 5-8 🎧 CH4_HP5-8.mp3

Complete the summary below.

Write **NO MORE THAN TWO WORDS AND/OR A NUMBER** *for each answer.*

The decline in outdoor play

The amount that children play outdoors is steadily declining with **5** .... less use of playgrounds than ten years ago. People at **6** .... will be given a survey to discover why outdoor play is decreasing. The increasing amount of exposure to media seems to play a role. The effect of more **7** .... studying, and a general lack of green spaces for children to use could be causes for this decline. It is also possible that parents are more wary of letting children play alone **8** .... without supervision.

Questions 9-13 🎧 CH4_HP9-13.mp3

Complete the flow-chart below.

*Write **ONE WORD ONLY** for each answer.*

The Process of Cleaning Moray Eels by Wrasse Fish

```
┌─────────────────────────────────────────────────────────┐
│  Wrasse fish get together 9 .......................... the reef and wait  │
│                    for other fish.                       │
└─────────────────────────────────────────────────────────┘
                            ⬇
┌─────────────────────────────────────────────────────────┐
│  Wrasse fish come towards the moray eels when they are   │
│              10 ............................              │
└─────────────────────────────────────────────────────────┘
                            ⬇
┌─────────────────────────────────────────────────────────┐
│  The cleaner fish eat parasites and 11 ............................ from  │
│                  the eels' gills.                        │
└─────────────────────────────────────────────────────────┘
                            ⬇
┌─────────────────────────────────────────────────────────┐
│  Dead 12 ............................ are picked off the eels by the wrasse  │
│                      fish.                               │
└─────────────────────────────────────────────────────────┘
                            ⬇
┌─────────────────────────────────────────────────────────┐
│  The eels allow the wrasse fish to clean the interiors of their  │
│              13 ............................              │
└─────────────────────────────────────────────────────────┘
```

Questions 14-17   🎧 CH4_HP14-17.mp3

Complete the sentences below.

Write **ONE WORD AND/OR A NUMBER** *for each answer.*

14   Tom is mostly interested in taking a .... literature course.

15   Students are required to take .... introductory modules during the first year.

16   .... literature is one example of a prior optional module topic.

17   The modules influence students' decisions about .... for dissertations in the final year.

Questions 18-21   🎧 CH4_HP18-21.mp3

Complete the sentences below.

*Write **NO MORE THAN TWO WORDS AND/OR A NUMBER** for each answer.*

Advantages of Living near Live Volcanoes

18   People's reasons for living near volcanoes reveal how volcanoes influence the ....

19   Fossil fuels make up only .... % of Iceland's total energy usage.

20   Accumulated volcanic ash is .... into soil for farming.

21   Volcanoes are also attractions that can generate a lot of ....

Complete the diagram below.

*Write **ONE WORD AND/OR A NUMBER** for each answer.*

THE COMPOSTING PROCESS

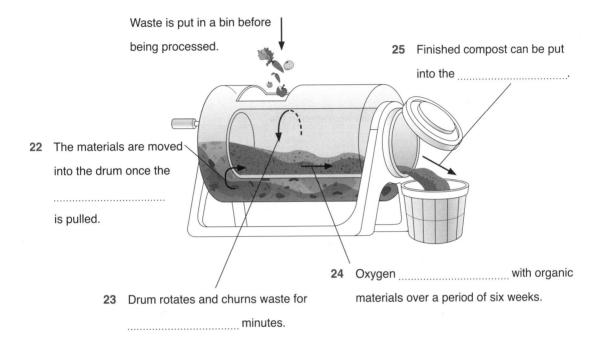

Waste is put in a bin before being processed.

25 Finished compost can be put into the ....

22 The materials are moved into the drum once the .... is pulled.

24 Oxygen .... with organic materials over a period of six weeks.

23 Drum rotates and churns waste for .... minutes.

정답·스크립트·해석·해설 p.231

PART 4   *Questions 1-10*   ⌒ CH4_HT1-10.mp3

Questions 1-4

Complete the sentences below.

*Write **ONE WORD ONLY** for each answer.*

1   The company from the case study produced smartphones with irresponsive ....

2   The company promised complimentary upgrades to the .... model the year after the defective line was launched.

3   A product problem can be an .... to reinforce customer ties to a company.

4   Showing .... for consumer is a vital technique for customer service professionals.

Questions 5-10

Complete the notes below.

*Write **NO MORE THAN TWO WORDS** for each answer.*

SERVICE RECOVERY PARADOX

Perceived value of service recovery

• Customer needs are **5** .... to each individual's wants.

• Some of the case study company's customers viewed the upgrade as sufficient; others did not.

Customer dissatisfaction

• Every business works to reduce the number of unsatisfied customers.

• Customer dissatisfaction is always subjective, and there is no definitive **6** .... to this issue.

• The company had **7** .... from consumers following the service recovery, revealing its capacity to keep customer dissatisfaction levels low.

Customer trust

• A strong asset for a company is **8** ....

Changing behaviour

• Customers may switch to **9** .... firms when service has failed.

Exceptions to the service recovery paradox

• The service recovery paradox is not **10** .... in all situations.

• It does not work when poor-quality products come out frequently.

정답·스크립트·해석·해설 p.242

Matching

Matching 문제는 각각의 문제와 관련된 정보를 여러 개의 보기로 구성된 리스트에서 선택하는 객관식 문제이다. IELTS Listening 영역에서 매 시험 출제되지는 않지만 자주 출제되고 있으며, 파트 2, 3에서 주로 출제된다.

■■ 문제 형태

Matching 문제는 각각의 문제와 관련된 정보를 여러 개의 보기로 구성된 리스트에서 선택하는 형태로 출제된다. 문제의 개수와 리스트의 보기 개수가 항상 일치하지는 않는다. 이런 경우 보기가 정답으로 사용되지 않거나 한 번 이상 정답으로 사용될 수 있다.

Which description best fits the following exhibits?

*Choose **THREE** answers from the box and write the correct letter, **A**, **B** or **C**, next to Questions 1-3.*

> **Descriptions**
>
> **A**   It can get crowded.
> **B**   It is temporarily inaccessible.
> **C**   It features wildlife from different continents.

Exhibits

1   mineral and gemstones   ....

2   human evolution exhibit   ....

3   insect collection   ....

■ 문제풀이 전략

(1) 지시문을 읽고 문제에서 요구하는 것을 파악한다. 이때 보기 리스트와 문제의 제목을 통해 정보 간의 관계를 정확하게 확인한다.

(2) 보기 리스트에서 각각의 주된 내용을 파악하고 문제의 대상을 확인한다.

EXAMPLE

Which description best fits the following exhibits? ●

*Choose your answer from the box and write the correct letter, **A**, **B** or **C**, next to Question 1.*

Descriptions ●

A It can get crowded.

B It is temporarily inaccessible.

C It features wildlife from different continents.

Exhibits

1   mineral and gemstones ....●

---

(1) 지시문을 읽고 각 전시에 대해 가장 알맞은 설명을 선택하는 문제임을 파악하고, '설명'은 보기 리스트에 '전시'는 문제로 주어졌음을 확인한다.

(2) 보기 리스트에서 각각의 주된 내용인 crowded(붐빔), temporarily inaccessible(일시적으로 이용할 수 없음), features wildlife(야생 동물을 포함함)를 파악하고, 문제인 mineral and gemstones를 확인한다.

문제가 그대로 언급되거나 paraphrasing된 부분의 주변을 주의 깊게 듣고, 정답의 단서를 파악한다.

EXAMPLE 🎧 CH5_EX.mp3

Thanks for visiting the Museum of Natural History. We will head first to our popular dinosaur exhibit space. It does tend to attract a lot of people, so please stay with the group. Unfortunately, ¹our precious mineral and gemstone exhibit is closed this week for maintenance. After this, we will check out the museum's indoor garden, where you can see rare plants from around the globe. The garden has actually been used for several . . .

> 문제인 mineral and gemstones 가 언급된 주변을 주의 깊게 듣고, 'our precious mineral and gemstone exhibit is closed this week for maintenance'라는 정답의 단서를 파악한다.

Which description best fits the following exhibits?

*Choose your answer from the box and write the correct letter, **A**, **B** or **C**, next to Question 1.*

Descriptions

A   It can get crowded.
B   It is temporarily inaccessible.
C   It features wildlife from different continents.

Exhibits

1   mineral and gemstones ....

지문 해석 p.246

☑ **TIPS**

보기 리스트에 이름, 장소 등의 대상이 등장하고 문제에 설명이 등장하는 경우, 지문에서 보기가 그대로 언급되거나 paraphrasing된 부분의 주변을 주의 깊게 듣고 이에 해당하는 설명이 있는 문제에 답을 작성한다.

지문에서 언급된 정답의 단서가 그대로 등장하거나 적절하게 paraphrasing된 보기를 정답으로 선택한다. 답안을 작성한 후에는 선택한 답을 답안지에 바르게 작성했는지 확인한다.

EXAMPLE

Which description best fits the following exhibits?

*Choose your answer from the box and write the correct letter, **A**, **B** or **C**, next to Question 1.*

Descriptions

A   It can get crowded.

B   It is temporarily inaccessible. ●

C   It features wildlife from different continents.

Exhibits

1   mineral and gemstones ....B.....................

정답의 단서에서 'our precious mineral and gemstone exhibit is closed this week for maintenance' 라며 귀중한 광물 및 원석 전시는 이번 주에 유지 보수를 위해 폐쇄되어 있다고 하였으므로, 'closed this week'를 'temporarily inaccessible' 로 paraphrasing한 보기 B가 정답이다.

HACKERS **PRACTICE**

음성을 듣고 문장을 알맞게 paraphrasing한 보기를 골라보세요.

01   **A**   There will be a list of available prizes.
         B   There will be free restaurant vouchers.

02   **A**   Some sections are restricted.
         B   Some doors were repainted.

03   **A**   There are periodic charges for the club.
         B   There are monthly member events at the club.

04   **A**   The event is for museum members only.
         B   This place has numerous works of art.

05   **A**   It is a body part that used to be functional.
         B   It is a gland that worked in support of other organs.

06   **A**   They need contracts from an employer.
         B   They must be certified in a locale.

정답

01 **B** There will be free restaurant vouchers. ← 🎧 You'll be awarded with discount coupons for local dining establishments.

02 **A** Some sections are restricted. ← 🎧 Visitors are not allowed to enter any of the red entrance ways.

03 **A** There are periodic charges for the club. ← 🎧 The membership fees for the club are paid each month.

04 **B** This place has numerous works of art. ← 🎧 There are many famous paintings on the walls of this institution.

05 **A** It is a body part that used to be functional. ← 🎧 The appendix was a working human organ at one time.

06 **B** They must be certified in a locale. ← 🎧 You need to hold licensure in your region of employment.

07 **A** Obtaining recent sources is important.
  B Citing researchers from a variety of fields is important.

08 **A** It is essential to be a student if you want to enter the canteen.
  B It is possible to have food if you are a club member.

09 **A** They will sign some travel documents.
  B They will receive some directories.

10 **A** She can access consumer bases immediately.
  B She has achieved her targets in identifying her audience.

11 **A** This is a home that they share with many plants.
  B This led them to move to a more diversely populated habitat.

12 **A** The reduced water level in the Aral Sea had adverse effects on wildlife.
  B There has been a significant impact on the exchange of goods in the Aral Sea region.

정답

07 **A** Obtaining recent sources is important. ← 🎧 It's important that your research citations be no more than five years old.

08 **B** It is possible to have food if you are a club member.
  ← 🎧 The lunch cafeteria is available for anyone in the student club to use for free if they present some identification.

09 **B** They will receive some directories.
  ← 🎧 Tourist maps will be given to everyone using the leisure centre and will show the facilities of the local area.

10 **A** She can access consumer bases immediately.
  ← 🎧 Social media sites have allowed entrepreneurs like Perla Kline to reach target audiences in a mere instant.

11 **A** This is a home that they share with many plants.
  ← 🎧 This species of lizard lives in the thick undergrowth of the Amazon rainforest which it shares with an array of plants.

12 **B** There has been a significant impact on the exchange of goods in the Aral Sea region.
  ← 🎧 The reduction of water levels in the Aral Sea has had a detrimental effect on commerce among towns and cities.

Questions 1-3 🎧 CH5_HP1-3.mp3

Which description matches each neighbourhood mentioned by the radio anchor?

*Choose **THREE** answers from the box and write the correct letter, **A-E**, next to Questions 1-3.*

Descriptions

A has many grocery stores in the area

B has a market that will benefit from the urban plan

C has a botanical garden featuring woodland wildflowers

D is expected to be another source of food for residents

E has many residents already gardening

Neighbourhoods

1 West End ....

2 Mount Pleasant ....

3 East Hastings ....

Questions 4-7 🎧 CH5_HP4-7.mp3

Who are each resort's facilities geared towards?

*Write the correct letter, **A**, **B** or **C**, next to Questions 4-7.*

A	primarily for adults
B	primarily for children
C	for both adults and children

Resorts

4   Blue Sands Resort   ....

5   Shores Resort   ....

6   Happyland Hotel and Resort   ....

7   Zone-Fun Beach Resort   ....

Questions 8-12   ∩ CH5_HP8-12.mp3

What does Melissa decide about each of the following endangered languages in her project?

*Write the correct letter, **A**, **B** or **C**, next to Questions 8-12.*

> **A**   She will use it.
> **B**   She may use it.
> **C**   She won't use it.

Languages

8   Cherokee   ....

9   Pawnee   ....

10   Kashaya   ....

11   Menominee   ....

12   Algonquin   ....

Which behavioural trait does the professor identify for each type of primate?

*Choose **FIVE** answers from the box and write the correct letter, **A-F**, next to Questions 13-17.*

```
┌─────────────────────────────────┐
│           Primates              │
│                                 │
│   A   chimpanzees               │
│   B   squirrel monkeys          │
│   C   orangutans                │
│   D   baboons                   │
│   E   bonobos                   │
│   F   macaques                  │
└─────────────────────────────────┘
```

Traits

13   use stones as tools   ....

14   utilise grass to capture insects   ....

15   sleep among tree branches   ....

16   get together in nests for warmth   ....

17   keep warm in hot springs   ....

정답·스크립트·해석·해설 p.246

PART 3   *Questions 1-10*   ⌒ CH5_HT1-10.mp3

Questions 1-6

Which comment is made by the students about the following field trip events?

*Choose **SIX** answers from the box and write the correct letter, **A-G**, next to Questions 1-6.*

<table>
<tr><td colspan="2" align="center">Comments</td></tr>
<tr><td>A</td><td>had explanations about equipment</td></tr>
<tr><td>B</td><td>involved an introduction of the centre's staff</td></tr>
<tr><td>C</td><td>included descriptions of current studies</td></tr>
<tr><td>D</td><td>had too many technical terms</td></tr>
<tr><td>E</td><td>lacking in clarity</td></tr>
<tr><td>F</td><td>included details about ancient grains</td></tr>
<tr><td>G</td><td>had no opportunity for inquiries</td></tr>
</table>

Field Trip Events

1   Introduction to the centre's activities   ....

2   Director of research's talk   ....

3   Guided tour of laboratory facilities   ....

4   Outdoor visit to cultivation areas   ....

5   Genetics researcher's talk   ....

6   Conclusion of the field trip   ....

Questions 7-10

*Choose the correct letter, **A**, **B** or **C**.*

7   For what reason did the students choose one plant variety as a presentation topic?

    A   They were uninterested in other ancient plants.

    B   They need a specific topic because of the time limit.

    C   They already have done research on the topic.

8   What will be included in the presentation?

    A   study statistics on cultivation processes

    B   a description of pest resistance in plants

    C   a showing of samples of actual specimens

9   The guide explained that ancient grains

    A   are difficult to genetically modify.

    B   are more challenging to produce than current plants.

    C   grow more slowly than contemporary ones.

10   What will the students most likely do next?

    A   take some photographs of plants

    B   return to the laboratory facility

    C   review some notations and recordings

CH
05

Matching

정답·스크립트·해석·해설 p.253

CHAPTER

06 Map/Plan/Diagram Labelling

> Map/Plan/Diagram Labelling 문제는 지도/평면도/기계 등의 시각 자료에서 특정 대상의 위치나 명칭 등을 선택하거나 완성하는 문제이다. IELTS Listening 영역에서 간혹 출제되고 있으며, 파트 2에서 주로 출제된다.

■ 문제 형태

Map/Plan/Diagram labelling 문제는 지도/평면도/기계 등의 시각 자료에서 특정 대상의 위치나 명칭을 보기에서 선택하는 형태로 출제되며, 간혹 빈칸에 들어갈 답을 작성하는 주관식 형태로 출제되기도 한다. 주관식 형태로 출제되는 경우, 몇 단어로 답안을 작성해야 하는지 반드시 확인한다.

Map/Plan labelling

Map labelling 문제에는 건물, 길 등의 위치가 포함된 지도가 출제되며, Plan labelling 문제에는 건물의 평면 상태를 나타내는 평면도가 출제된다.

> *Label the map below.*
>
> *Write the correct letter, **A-E**, next to Question 1.*
>
>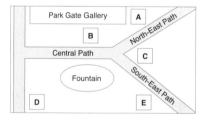
>
> **1**   Garden centre   ....

Diagram labelling

Diagram labelling 문제에는 부품 등의 명칭이 포함된 기계가 출제된다.

> *Label the diagram below.*
>
> *Choose **THREE** answers from the box and write the correct letter, **A-E**, next to Questions 1-3.*
>
> | | |
> |---|---|
> | **A** | Audio out |
> | **B** | Component video out |
> | **E** | HDMI in |
>
>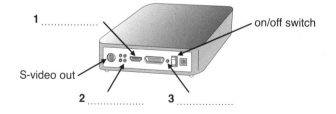

■ 문제풀이 전략

STEP 1 [문제 분석 시간] 지시문을 확인하고, 시각 자료와 문제를 파악한다.

(1) 지시문을 읽고 어떤 형태로 답을 작성하는 문제인지 확인한다. 주관식 형태로 출제되는 경우, 몇 단어 혹은 숫자로 답안을 작성해야 하는지 확인한다.

(2) 지도/평면도/기계 등의 시각 자료에 이미 주어져 있는 장소나 부품 등의 위치와 명칭 혹은 형태를 파악하고, 문제를 확인한다. 보기 리스트가 주어지는 경우, 보기 리스트의 내용을 함께 파악해 둔다.

EXAMPLE

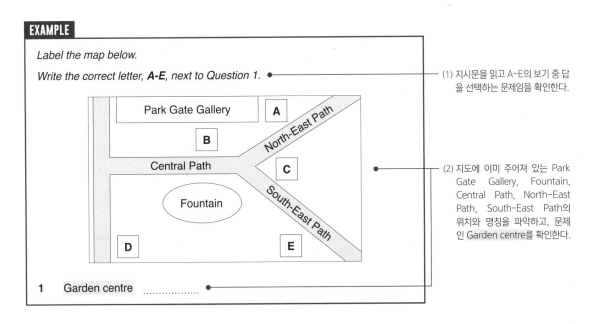

Label the map below.

Write the correct letter, **A-E**, next to Question 1.

(1) 지시문을 읽고 A-E의 보기 중 답을 선택하는 문제임을 확인한다.

(2) 지도에 이미 주어져 있는 Park Gate Gallery, Fountain, Central Path, North-East Path, South-East Path의 위치와 명칭을 파악하고, 문제인 Garden centre를 확인한다.

1   Garden centre   ....

✅ TIPS

Map/Plan labelling 문제에서 지도에 현재 위치(You are here)가 표시되는 경우, 현재 위치를 기준으로 설명이 주어질 수 있으므로 미리 확인해야 한다.

문제 또는 시각 자료에 이미 주어져 있는 명칭이 그대로 언급되거나 paraphrasing된 부분의 주변을 주의 깊게 듣고 정답의 단서를 파악한다. 간혹 시각 자료에 이미 주어져 있는 명칭이 언급되지 않는 문제가 출제되기도 하므로, 이런 경우 문제의 위치나 형태의 설명을 듣고 정답의 단서를 파악한다.

EXAMPLE 🎧 CH6_EX.mp3

I'd like to introduce our planned layout for the improved park, which will be finished next year. As you can see, we will make some substantial changes, including the addition of several new features. These include a beautiful fountain in the middle of the park and the newly built Park Gate Gallery at the northern end. [1]There will also be a garden centre to the east of Park Gate Gallery. It will feature a wide variety of flowers, house plants and gardening equipment, as well as seeds. If you follow the path from the garden centre towards the fountain, you will come to a fork in the path.

> 문제인 Garden centre가 그대로 언급된 주변을 주의 깊게 듣고, 'There will also be a garden centre to the east of Park Gate Gallery.'라는 정답의 단서를 파악한다.

Label the map below.

*Write the correct letter, **A-E**, next to Question 1.*

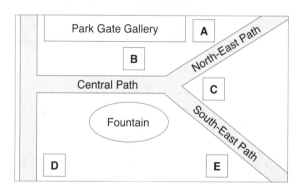

1   Garden centre   ....

지문 해석 p.259

✅ TIPS

지도/평면도/기계에 대한 설명이 등장할 때, 아래의 위치·방향·형태 관련 표현을 알아두면 문제에서 묻는 위치를 파악하는 데 도움이 된다.

위치	below	~의 아래에	at the end of	~의 끝에
	behind	~의 뒤에	at the other end of	~의 다른 한쪽 끝에
	in the middle of	~의 중앙에	at the junction of	~의 교차점에
	in front of/ahead of	~의 앞에	at the corner of	~의 모퉁이에
	east/west of	~의 동/서쪽에	on the other side of	~의 반대편에
	south/north of	~의 남/북쪽에	on the right-hand side of	~의 오른편에
방향	go across/over	~을 건너다	go along	~을 끼고 가다
	go through	~을 통과하다	go past	~을 지나가다
형태	rectangular/square	직사각형의/정사각형의	circular/round	원형의

지문에서 언급된 정답의 단서가 시각 자료에서 알맞게 표시된 보기를 선택한다. 보기 리스트가 주어진 경우에는 문제의 명칭을 올바르게 나타낸 보기를 선택하고, 주관식 형태로 출제된 경우에는 문제의 명칭을 철자에 맞게 작성한다.

EXAMPLE

Label the map below.

*Write the correct letter, **A-E**, next to Question 1.*

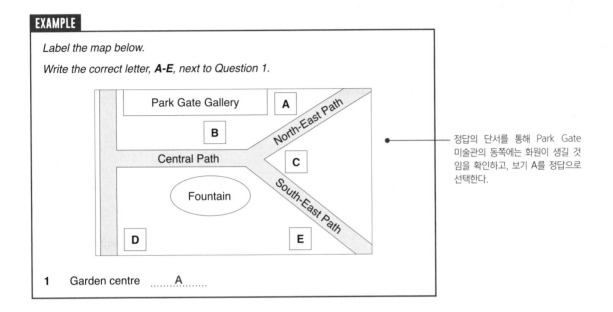

정답의 단서를 통해 Park Gate 미술관의 동쪽에는 화원이 생길 것임을 확인하고, 보기 A를 정답으로 선택한다.

1   Garden centre   ....A........

🎧 CH6_HP_Dictation.mp3

음성을 듣고, 문장을 빈칸에 받아 써 보세요. 음성은 두 번 들려줍니다.

01 You should .... the circulation desk ....

02 Displays of the human skeletal system are set up ....

03 Pull the lever ....

04 .... of the canvas are red highlights in his hair.

05 .... is now .... of Cedar and Thayer Streets.

06 You'll find the tourist information office at .... before the ....
....

07 .... the main corridor for the exit and .... for the
....

08 At the .... of the park there is a .... with seating
on all sides.

정답

01 You should <u>stop by</u> the circulation desk <u>opposite the media room</u>.
02 Displays of the human skeletal system are set up <u>round the second corner</u>.
03 Pull the lever <u>below the button</u>.
04 <u>On the far right side</u> of the canvas are red highlights in his hair.
05 <u>The theatre</u> is now <u>situated at the junction</u> of Cedar and Thayer Streets.
06 You'll find the tourist information office at <u>the third door</u> before the <u>mall entrance</u>.
07 <u>Turn right into</u> the main corridor for the exit and <u>left</u> for the <u>cloakroom</u>.
08 At the <u>northern end</u> of the park there is a <u>circular stage area</u> with seating on all sides.

09 The botanical garden is .... paths.

10 Our park's fastest rollercoaster is ....

11 The restrooms are just on .... , ...

12 .... is a top tourist attraction – ....

13 It's .... the gift shop in the ....

14 .... is directly .... the food stalls whilst the ticket office is ....

15 .... of the famous writer is .... the Strand and Duncannon Street.

16 The .... fountain is in the .... of the park, opposite ....

정답

09 The botanical garden is between the east and west paths.
10 Our park's fastest rollercoaster is immediately to your left.
11 The restrooms are just on your right, beside the kitchen.
12 To the north is a top tourist attraction – Wintergreen River.
13 It's adjacent to the gift shop in the lobby's southeastern corner.
14 The main stage is directly to the north of the food stalls whilst the ticket office is further east.
15 The statue of the famous writer is on the corner of the Strand and Duncannon Street.
16 The rectangular shaped fountain is in the northeastern corner of the park, opposite the children's playground.

Questions 1-4 🎧 CH6_HP1-4.mp3

Label the map below.

*Write the correct letter, **A-G,** next to Questions 1-4.*

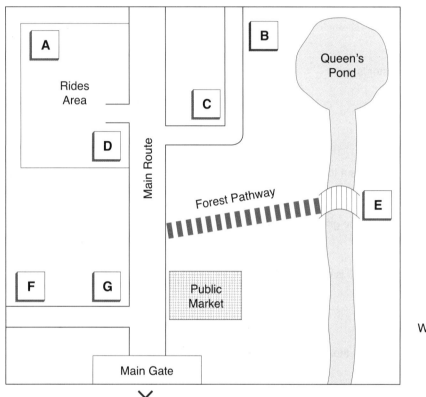

1   Main stage   ....

2   Castle Tower   ....

3   Miniature Village   ....

4   Fun Fortress Theatre ....

Questions 5-7 🎧 CH6_HP5-7.mp3

Label the map below.

*Write **NO MORE THAN TWO WORDS** for each answer.*

Hemsworth Wildlife Park Map

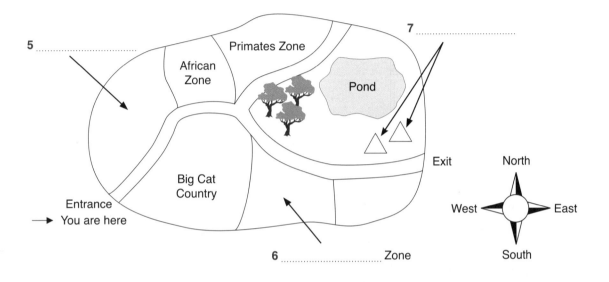

Questions 8-11 🎧 CH6_HP8-11.mp3

Label the plan below.

*Write the correct letter, **A-G**, next to Questions 8-11.*

Castle Hill Hotel Lobby

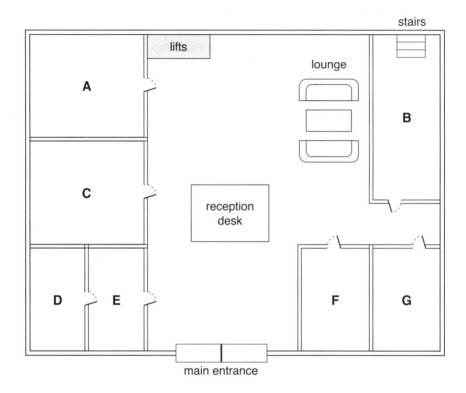

8   office of hotel manager   ....

9   hotel restaurant   ....

10   baggage storage   ....

11   event room   ....

🎧 CH6_HP12-14.mp3

Label the diagram below.

*Choose **THREE** answers from the box and write the correct letter, **A-E**, next to Questions 12-14.*

A	lock button
B	door lock light
C	time control
D	temperature control
E	start button

Washing Machine

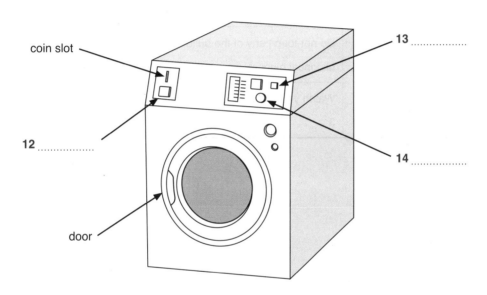

정답·스크립트·해석·해설 p.259

PART 2 *Questions 1-10* 🎧 CH6_HT1-10.mp3

Questions 1-3

Complete the table below.

*Write **ONE WORD ONLY** for each answer.*

Area in the Trentham Estate	Precaution
Gallery	Do not enter the areas with red **1** ....·
Trentham Hall	Do not touch any of the building **2** .... as they are historical pieces.
Clock Tower	Watch your step – the stairs are made of uneven **3** ....

Questions 4-6

*Choose the correct letter, **A**, **B**, or **C**.*

4   What was the Trentham Estate first utilised for?

    A   A residence for the royal family

    B   A monastery for training priests

    C   A church for the local community

5   What did Charles Barry do to the Trentham Estate in the 18th century?

    A   He demolished the greenhouse.

    B   He enlarged it.

    C   He damaged much of the structure's interior.

6   What led to the owner's destruction of the Trentham Estate?

    A   Pollution from a nearby factory

    B   Faults in the original building's construction

    C   Contamination from a nearby body of water

Questions 7-10

Label the map below.

*Write the correct letter, **A-H**, next to Questions 7-10.*

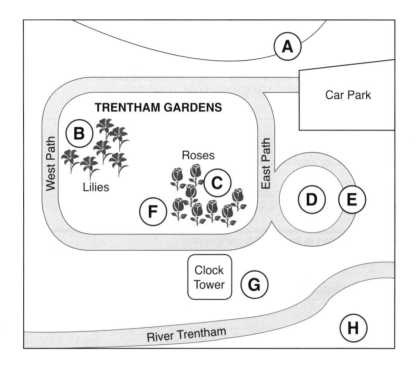

7   Fountain   ....

8   Fish pond   ....

9   Maze   ....

10   Monkey forest   ....

CHAPTER 07

Short Answer

Short answer 문제는 제시된 질문에 알맞은 답을 작성하는 주관식 문제이다. IELTS Listening 영역에서 간혹 출제되고 있다.

■■ 문제 형태

Short answer 문제는 How/What/Which/When/Where 등의 의문사를 사용한 질문에 알맞은 답을 작성하는 주관식 문제로 출제된다. 따라서 몇 단어 혹은 숫자로 답안을 작성해야 하는지 반드시 확인한다.

Answer the questions below.

*Write **ONE WORD ONLY** for each answer.*

1　What course does Carol recommend Ian take first?

....

2　What will Carol give Ian to improve his prospects?

....

3　Where does Carol suggest Ian think about working?

....

■ 문제풀이 전략

STEP 1 [문제 분석 시간] 답안 작성 조건을 확인하고, 질문의 내용과 핵심어구를 파악한다.

(1) 지시문을 읽고 몇 단어 혹은 숫자로 답안을 작성해야 하는지 확인한다.

(2) 제시된 질문의 의문사구와 핵심어구를 통해 질문에서 묻는 내용을 파악한다.

EXAMPLE

Answer the question below.

*Write **ONE WORD ONLY** for the answer.* ●

1　　What course does Carol recommend Ian take first? ●

　　.....................................

(1) 지시문을 읽고 한 단어로만 답안을 작성해야 하는 문제임을 확인한다.

(2) 의문사구 What course와 핵심어구인 Carol recommend를 통해, Carol이 추천하는 과목이 무엇인지를 묻고 있음을 파악한다.

질문의 핵심어구가 그대로 언급되거나 paraphrasing된 부분의 주변에서 정답의 단서를 주의 깊게 듣는다.

EXAMPLE 🎧 CH7_EX.mp3

> **M:** Thank you so much for your help with my essay, Carol. I was really struggling with that DNA section. I'm still not sure I quite understood all the details about DNA and RNA.
>
> **W:** No problem Ian, it's good to go over that material again. It is difficult but it's important that you fully understand it as a biology student. Have you thought about the next course you're going to take?
>
> **M:** Mm . . . maybe the introduction to human biology class, but a friend of mine said it was complicated. I was also considering animal and plant biology, although I'm not sure about that.
>
> **W:** Well, [1]I suggest starting with microbiology. You study very small organisms, which is helpful later when learning about animal and plant biology. You will also study bacteria and viruses which can be fascinating.
>
> _____
>
> *Answer the question below.*
>
> Write **ONE WORD ONLY** for the answer.
>
> **1** What course does Carol recommend Ian take first?
>
> ....
>
> 지문 해석 p.271

질문의 핵심어구인 Carol recommend 가 I suggest로 paraphrasing된 주변을 주의 깊게 듣고, 'I suggest starting with microbiology'라는 정답의 단서를 파악한다.

정답의 단서에서 질문에 맞는 알맞은 단어를 답안 작성 조건에 맞게 작성한다. 답안을 작성한 후에는 철자가 올바르게 쓰였는지 확인한다.

EXAMPLE

Answer the question below.

*Write **ONE WORD ONLY** for the answer.*

1   What course does Carol recommend Ian take first?
  ·········· microbiology ·········· ●

정답의 단서인 'I suggest starting with microbiology'를 통해 Carol은 미생물학으로 시작하는 것을 제안하고 있음을 확인하고, 답안 작성 조건에 맞게 한 단어인 microbiology를 정답으로 작성한다.

✅ **TIPS**

주관식 답안 작성 방법에 대해 학습자들이 가장 궁금해하는 내용은 136페이지의 주관식 답안 관련 Q&A에 정리되어 있다. 상세한 설명과 예시를 통해 주관식 답안 작성 시 주의해야 할 사항을 완벽히 파악하도록 한다.

HACKERS **PRACTICE**

DICTATION 연습 🎧 CH7_HP_Dictation.mp3

음성을 듣고, 문장을 빈칸에 받아 써 보세요. 음성은 두 번 들려줍니다.

01 The bus departs ....

02 Booking is available on ....

03 We have a meeting ....

04 All Kembert Heritage Museum tours begin in ....

05 The park .... acres .... the river.

06 This law firm .... who cannot afford ....
....

07 Monitor lizards .... during the Sahara Desert's
scorching midday.

08 .... left on campus for more than ....
.... will be ....

정답

01 The bus departs every 15 minutes.
02 Booking is available on October 26th.
03 We have a meeting every three days.
04 All Kembert Heritage Museum tours begin in Gallery A on the first floor.
05 The park stretches across 20 acres south of the river.
06 This law firm represents local children who cannot afford to pay legal costs.
07 Monitor lizards seek out cool and shaded areas during the Sahara Desert's scorching midday.
08 Vehicles left on campus for more than 48 hours without special approval will be towed.

09 A late charge of .... is assessed.

10 Hotel reservation .... can be ....

11 The tour's first stop is the ....

12 It's a good idea to .... for the interview.

13 There should be evidence .... in the form of ....

14 The manufacturer set a goal .... with a ....

....

15 Robert Ballard .... ,

most notably the RMS Titanic.

16 Motion-sensing lights .... to limit the ....

....

정답

09 A late charge of £1 for each day is assessed.

10 Hotel reservation cancellations can be requested over the phone.

11 The tour's first stop is the grand cathedral's front entrance.

12 It's a good idea to bring extra copies of your résumé for the interview.

13 There should be evidence for your initial thesis in the form of scientific data.

14 The manufacturer set a goal to conduct operations with a centralised management structure.

15 Robert Ballard specialises in the archaeological research of ships, most notably the RMS Titanic.

16 Motion-sensing lights turn on automatically to limit the unnecessary use of household electricity.

Questions 1-3 🎧 CH7_HP1-3.mp3

Answer the questions below.

*Write **NO MORE THAN TWO WORDS AND/OR A NUMBER** for each answer.*

1 How long does the coastal package last?

....

2 What does the hotel charge extra for?

....

3 How much is the total cost of the package?

....

Answer the questions below.

*Write **NO MORE THAN TWO WORDS AND/OR A NUMBER** for each answer.*

4   How long ago was the Pups for Pals shelter founded?

....

5   When will the shelter open a new branch?

....

6   Where can volunteers take the pets under the new programme?

....

7   How does the shelter pay for its expenses?

....

Answer the questions below.

*Write **ONE WORD AND/OR A NUMBER** for each answer.*

8   What type of play has Sarah chosen to direct?

    ....

9   How many years ago was *Dark Lady of the Sonnets* written?

    ....

10   How does Sarah describe the set she is going to build?

    ....

11   Which element of the old set is essential for Sarah?

    ....

Answer the questions below.

*Write **NO MORE THAN THREE WORDS AND/OR A NUMBER** for each answer.*

12   How does Alice describe the changes occurring within the tribes?

....

13   Which type of culture does the article focus on as a cause of the changes to tribal traditions?

....

14   What term does the author of the article use for the reason tribal lifestyles have changed?

....

15   What do Alice and Gordon agree to include?

....

정답·스크립트·해석·해설 p.271

HACKERS TEST

PART 3   *Questions 1-10*   🎧 CH7_HT1-10.mp3

Questions 1-2

Choose the correct letter, A, B or C.

1   At the dig, the students intend to find out more about

    A   how Beaker culture emerged in England.

    B   the types of bottles the Beaker people made.

    C   the daily activities of people in ancient England.

2   Archaeologists disagree over whether the Beaker people

    A   made the products that arrived in England 4,000 years ago.

    B   traded within England or with other countries.

    C   originated in England or in some foreign land.

Questions 3-5

Complete the sentences below.

*Write **ONE WORD ONLY** for each answer.*

3   Wesley hopes to find some clues about the Beaker culture's .... language on the dig.

4   Wesley is taking a linguistics course focusing on the origin of .... languages.

5   It is very difficult to know how Bronze Age people ....

Questions 6-10

Answer the questions below.

*Write **NO MORE THAN TWO WORDS** for each answer.*

6 What does Tara suggest Wesley should include about the archaeological record?

....

7 What did Tara's professor find in Wales?

....

8 Which part of his dissertation does Wesley want to redo?

....

9 Which place does Tara suggest Wesley visit to find more artefacts?

....

10 What will the team leader bring for the dig?

....

정답·스크립트·해석·해설 p.277

HACKERS
IELTS
LISTENING

goHackers.com
학습자료 제공·유학정보 공유

ACTUAL TEST

* Answer sheet는 교재 마지막 페이지(p.154)에 수록되어 있습니다.

Questions 1-4

Complete the notes below.

*Write **NO MORE THAN TWO WORDS AND/OR A NUMBER** for each answer.*

Venue at Worthington Convention Centre

1 .... Auditorium vacant on June 12th

Size: 80 square metres

Costs £480 for a **2** .... on weekdays

Time: available from 8 am to **3** ....

Lunches available at £15 per person, **4** .... for special meals

---

Questions 5-8

Complete the table below.

*Write **NO MORE THAN TWO WORDS AND/OR A NUMBER** for each answer.*

Worthington Convention Centre Services

SERVICE	NOTES	COST DETAILS
Audiovisual Equipment	5 .... and sound systems available	Free
Internet access	Password required	Free for guests
Parking	6 .... recommended	£5 daily per space
Taxi service	7 .... bus from the airport	£30 per hour
Accommodation	Partnership with nearby Grand Regina Hotel	8 .... off

Questions 9-10

Complete the sentences below.

*Write **ONE WORD ONLY** for each answer.*

9   Visitors to the convention centre should throw away rubbish in the bins located ....

10   All materials should be .... once the conference is finished.

Questions 11-16

*Choose the correct letter, **A**, **B**, or **C**.*

The Birmingham Asian Ceramics Exhibition

11 The exhibit spaces have been

    A arranged according to the eras in which they were made.

    B divided into three different zones in the venue.

    C categorised with other items from the same museum.

12 What can visitors do in the second interactive display?

    A Talk to expert potters about their work.

    B Paint an item and have it glazed.

    C Make a piece of pottery.

13 What is special about the Korean household items on display?

    A They are more than 1,000 years old.

    B They were used for serving tea.

    C They are decorated with particular patterns.

14 The Japanese ceramics exhibit features

    A displays of earthenware tools.

    B items used for eating and drinking.

    C guides available for translation.

15 Why are more pieces from China on display than other locations?

    A It copied designs from other regions.

    B Its ceramics were best preserved.

    C It was the most influential country in the ceramics trade.

16 Why is the Ming vase in the exhibition so famous?

    A It was owned by an emperor.

    B It was borrowed from a well-known museum.

    C It is the largest of its kind.

Questions 17-20

What does the speaker say about the works of the following artists?

Choose FOUR answers from the box and write the correct letter, A-E, next to questions 17-20.

Description of work
A makes green dishes in an old-fashioned style
B produces blue and white tea service items
C decorates items with flower patterns
D makes handmade sculptural items for outdoors
E creates large ceramic works

Artists

17   Kenichi Takagawa ....

18   Min Hee Jong ....

19   Lilian Wong ....

20   Wei Lin Shen ....

Complete the notes below.

*Write **NO MORE THAN TWO WORDS AND/OR A NUMBER** for each answer.*

GEOLOGY COURSE FIELD TRIP PLANS

Laxford Brae

- Layers of stones were found during the construction of a **21** ....
- Features evidence of layering and rock formation
- Remove any of the rocks is not allowed
- Can take some **22** .... of stone layers

Siccar Point

- Can see how **23** .... and complex rock structures were formed
- Need special **24** .... to take samples
- Has examples of all of the three **25** .... types of geological formation: erosion, deposit, and folding
- Some areas are not accessible for collectors
- Check **26** .... for information on collection guidelines

Project Plans

- Include data from James Hutton:
  - his findings on Siccar Point from the 1700s
  - how **27** .... were created by folding and deposition processes
- Put in findings from James Hall and John Playfair:
  - they helped in **28** .... Siccar Point
  - concentrated on formations made through erosion
- Use information from Iain Stewart's videos for a **29** .... viewpoint
- Submit plan summary for approval by **30** .... to the professor

---

Questions 31-35

*Choose the correct letter, **A**, **B** or **C**.*

BOWERBIRDS

31 Bowerbirds are different from other collector birds because

    A   they live high up in trees.

    B   they have a specific reason for their collections.

    C   they often build nests in gardens.

32 The structures built by male bowerbirds are

    A   always very strong structures.

    B   different from traditional birds' nests.

    C   sometimes difficult to recognise.

33 Why are platform bowers decorated so extravagantly?

    A   to make the platforms visible from above

    B   to compensate for their basic structure

    C   to demonstrate the hunting capacity of males

34 Maypole bowers have fewer decorations because of

    A   their impressive construction.

    B   their small scale.

    C   their hidden locations.

35 What is special about avenue bowers?

    A   they are taller than other types

    B   they often have gravel yards

    C   they are built in trees or shrubs

Questions 36-40

Complete the sentences below.

*Write **ONE WORD ONLY** for each answer.*

Bowerbird Mating Habits

36 The bowerbirds act in a .... way towards their bowers and can get aggressive towards other birds.

37 The purpose of the decorated bowers is to .... potential mates.

38 Males do a .... to persuade females to move in.

39 Females may choose attractive mates who have quite a .... bower with minimal decoration, while others choose less-attractive mates with fancy bowers.

40 Less-striking males sometimes end up without a mate when they don't put much .... into their bower decoration.

정답·스크립트·해석 ·해설 p.282

goHackers.com

학습자료 제공·유학정보 공유

HACKERS
IELTS
LISTENING

goHackers.com

학습자료 제공·유학정보 공유

HACKERS IELTS LISTENING

1. 리스닝 주관식 답안 관련 Q&A
2. 미국 영어와 영국 영어의 차이
3. 리스닝 주제별 필수 어휘

리스닝 주관식 답안 관련 Q&A에서는 주관식 답안을 작성하는 방법과 관련해 IELTS 리스닝 학습자들이 가장 자주 하는 질문과 그에 대한 답변을 정리하였습니다.

미국 영어와 영국 영어의 차이에서는 미국 영어와 영국 영어의 발음, 철자, 어휘의 차이에 대한 설명과 예시를 수록하였습니다.

리스닝 주제별 필수 어휘에서는 IELTS 리스닝의 빈출 어휘를 주제별로 정리하여 취약한 부분의 어휘를 집중적으로 학습할 수 있도록 하였습니다.

• 1. 리스닝 주관식 답안 관련 Q&A

IELTS Listening 영역에서는 주관식으로 문제가 출제되므로, 답안 작성 시 지시문의 답안 작성 조건을 지키며 철자·단복수 등에 유의해야 한다. 이러한 사항들이 틀리면 문제에 알맞는 답이라고 할지라도 오답 처리가 된다. 따라서 Listening 영역의 주관식 답안 작성과 관련하여 학습자들이 가장 많이 질문하는 내용들을 살펴보며 시험 시 주의해야 할 사항들을 확인한다.

Q 아이엘츠 시험에서 지문과 문제는 모두 영국 영어의 철자로 출제되던데, 답안을 작성할 때에도 꼭 영국식으로만 작성해야 하나요?

A 미국 영어와 영국 영어의 철자 모두 정답으로 인정되므로, 꼭 영국식으로 답을 작성할 필요는 없습니다.

ex) inquire (O) / enquire (O)

Q 답안을 작성할 때 복수로 적어야 하는지, 단수로 적어야 하는지 구별이 어려워요. 특히 '~s' 발음이 잘 들리지 않아요. 그런데도 단복수 여부를 정확히 적어야 할까요?

A 단복수만 틀려도 오답 처리가 되므로, 단복수를 명확히 구분해서 듣고 답을 작성해야 합니다. 듣는 것만으로 단복수 여부를 파악하기 힘든 경우, 문제의 빈칸 앞뒤를 통해 답의 단복수 여부를 확인하는 것도 도움이 됩니다. 예를 들어, 빈칸 앞에 a나 an이 있는 경우 정답을 단수 형태로, 빈칸 앞에 many, several 등의 복수 명사와 함께 쓰이는 표현이 있다면 복수 형태로 작성해야 합니다.

ex) Mayan civilisation serves as a valuable ___lesson___ for today's society. (O)

Q 사람 이름이나 요일이 정답인 경우가 종종 있던데, 이때 첫 글자를 꼭 대문자로 적어야 하나요?

A 아이엘츠 시험에서 정답으로 자주 출제되는 단어에는 사람 이름, 기업명, 주소와 같은 고유 명사나 우편번호, 월, 요일 등이 있습니다. 이 단어들의 경우 실제 시험에서 꼭 대문자를 사용하지 않아도 정답으로 인정되지만, 문법적으로 대문자 표기가 옳은 단어들에 대해 알아두고 대문자로 적는 습관을 기르는 것이 좋습니다.

ex) Clair Atkinson (O) / Samsung (O) / 24 Hampshire Avenue (O) / AH3 1BW (O) / July (O) / Monday (O)

＊samsumg, ah3 1bw 등으로 적어도 정답으로 인정되기도 하지만, 문법적으로 대문자 표기가 옳다면 대문자로 적는 것이 좋다.

Q 공부하다 보니 숫자는 아라비아 숫자와 영문 두 가지로 적을 수 있던데, 아라비아 숫자와 영문 모두 답으로 적어도 되나요?

A 지시문의 답안 작성 조건과 맞는다면, 아라비아 숫자와 영문 모두 정답으로 인정됩니다. 단, 답안 작성 조건과 맞지 않는다면, 내용상 맞는 답일지라도 오답 처리된다는 점에 유의하세요!

ex) *Write **ONE WORD AND/OR A NUMBER** for each answer.*

→ 4 days (O) / four days (X)

＊지시문에서 한 단어 그리고/또는 숫자 하나로 답을 작성하라고 하였으므로, 두 단어로 이루어진 four days는 답이 될 수 없다.

Q 날짜를 적어야 할 경우에는 어떻게 적는 게 정확할까요? 여러 가지 표현이 있는 것 같은데... 무엇이 맞는지 모르겠어요.

A 날짜 또한 지시문의 답안 작성 조건과 맞는다면 여러 가지 표기가 정답으로 인정됩니다.

ex) Write **ONE WORD AND/OR A NUMBER** for each answer.
→ 18 August (O) / 18th August (O) / 18th of August (X)
＊지시문에서 한 단어 그리고/또는 숫자 하나로 답을 작성하라고 하였으므로, 두 단어와 숫자 하나로 이루어진 18th of August는 답이 될 수 없다.

Q 금액이나 시간도 여러 가지 표현으로 적을 수 있는데, 모두 정답으로 인정되나요?

A 네, 금액이나 시간 또한 답안 작성 조건과 맞는다면 여러 가지 표기가 정답으로 인정됩니다.

ex) Write **NO MORE THAN THREE WORDS AND/OR A NUMBER** for each answer.
→ £ 30 (O) / 30 euro (O) / 30 euros (O) / thirty euro (O) / thirty euros (O)
→ half an hour (O) / 30 minutes (O)
＊지시문에서 세 단어 이내 그리고/또는 숫자 하나로 답을 작성하라고 하였으므로, 답안 작성 조건과 맞는 표현은 모두 답이 될 수 있다.

Q 전화번호나 카드번호 같은 번호에서 중간에 하이픈(-)이나 띄어쓰기를 꼭 넣어야 하나요?

A 하이픈이나 띄어쓰기는 사용하셔도 되고 사용하지 않으셔도 됩니다. 참고로, 전화번호와 카드번호는 여러 개의 숫자가 포함되지만 숫자 한 개로 취급된다는 점을 알아두세요!

ex) 01372051686 (O) / 01372 051686 (O) / 01372-051686 (O)

Q 지문에 나온 단어뿐 아니라, 지문에 등장하지 않은 동일한 의미의 단어도 정답으로 인정되는지 궁금해요.

A 지문에 등장하지 않은 동일한 의미의 단어도 정답으로 인정되므로, 안심하고 답으로 적으셔도 됩니다.

ex) booking (O) / reservation (O)

Q 하이픈(-)으로 연결된 단어의 경우, 한 단어로 보아야 하나요 두 단어로 보아야 하나요? 헷갈려요...

A 하이픈으로 연결된 단어는 한 단어로 취급됩니다.

ex) Write **ONE WORD ONLY** for each answer.
→ cutting-edge (O) / brand-new (O)
＊하이픈으로 연결된 cutting-edge와 brand-new는 두 단어가 아닌 한 단어로 취급되므로, 한 단어로만 답을 작성하라는 지시문의 답안 작성 조건에 맞는 정답이다.

• 2. 미국 영어와 영국 영어의 차이

미국 영어와 영국 영어의 발음 차이

IELTS Listening 영역에서는 영국, 호주, 뉴질랜드, 캐나다식 발음이 등장하므로, 미국식 발음에 익숙한 한국 학습자들은 비미국식 발음을 어렵게 느낄 수 있다. 호주와 뉴질랜드식 발음은 영국식 발음에 가까우며, 캐나다식 발음은 미국식 발음에 가깝다. 따라서 미국 영어와 영국 영어의 기본적인 발음 차이를 알아두고, 비교하며 듣는 연습을 하는 것이 좋다.

자음 발음 차이

🎧 미국영국_자음.mp3

영국 영어에서는 자음 /r/과 /t/를 미국 영어와 다르게 발음한다. 자음 발음의 차이는 미국 영어와 영국 영어에서 두드러진 차이를 보이는 요소이므로 꼭 알아두도록 한다. 미국식 발음과 영국식 발음의 차이에 유의하며 각 예문을 듣고 비교해보자. (미국식 발음 → 영국식 발음)

1 끝소리 /r/

우리가 흔히 듣는 미국 영어에서는 모음 뒤의 /r/을 항상 살려 발음한다. 반면 영국 영어에서는 첫소리 /r/을 제외한 끝소리 /r/을 대부분 발음하지 않는다.

	car	order	turn	weather
미국	[kɑːr]	[ɔ́ːrdər]	[təːrn]	[wéðər]
영국	[kɑː]	[ɔ́ːdə]	[təːn]	[wéðə]

ex) Public transportation is limited here, so it's best to rent a **car**.
　　A caterpillar will **turn** into a butterfly after around 12 months.

2 모음 사이에 오는 /t/

미국 영어에서는 모음과 모음 사이에 오는 /t/를 부드럽게 굴려 [d]와 [r]의 중간 소리로 발음한다. 반면 영국 영어에서는 [t] 소리를 그대로 발음한다.

	computer	matter	variety	water
미국	[kəmpjúːd*ər]	[mǽd*ər]	[vəráiəd*i]	[wɔ́ːd*ər]
영국	[kəmpjúːtə]	[mǽtə]	[vəráiəti]	[wɔːtə]

＊변화된 [t]를 편의상 [d*]로 표기하였으나, 정확한 [d] 발음과는 다른 [d]와 [r]의 중간 소리입니다.

ex) It is important that we address this **matter** in the meeting.
　　The lake was formed by **water** from the melting glaciers.

모음 발음 차이

🎧 미국영국_모음.mp3

영국 영어에서는 모음 /a/와 /u/를 미국 영어와 다르게 발음한다. 또한, 특정 어휘의 경우 모음 /i/와 /o/를 다르게 발음하기도 한다. 미국식 발음과 영국식 발음의 차이에 유의하며 각 예문을 듣고 비교해보자. (미국식 발음 → 영국식 발음)

1 /a/

미국 영어에서는 [æ]로 발음하지만, 영국 영어에서는 [ɑ]로 발음한다.

	ask	example	forecast	pass
미국	[æsk]	[igzǽmpl]	[fɔ́ːrkæst]	[pæs]
영국	[ɑːsk]	[igzɑ́ːmpl]	[fɔ́ːkɑːst]	[pɑːs]

ex) A good manager should create an environment where people can **ask** questions.
The economic **forecast** for the forthcoming quarter is unexpectedly good.

2 /i/

특정 어휘의 경우 미국 영어에서는 [i]로 발음하지만, 영국 영어에서는 [ai]로 발음한다.

	directory	either	neither	organisation
미국	[dirɛ́ktəri]	[íːðər]	[níːðər]	[ɔ̀rgənizéiʃən]
영국	[dairɛ́ktəri]	[áiðə]	[náiðə]	[ɔ̀ːgənaizéiʃən]

ex) You can **either** buy food from the canteen downstairs, or the café here.
The First World War began because **neither** side was willing to back down.

3 /o/

특정 어휘의 경우 미국 영어에서는 [ɑ]로 발음하지만, 영국 영어에서는 [ɔ]로 발음한다.

	bottom	not	popular	problem
미국	[bɑ́təm]	[nɑt]	[pɑ́pjulər]	[prɑ́bləm]
영국	[bɔ́təm]	[nɔt]	[pɔ́pjələ]	[prɔ́bləm]

ex) You'll see our lobby located at the **bottom** of the map.
This beach is the most **popular** attraction on the island.

4 /u/

미국 영어에서는 주로 [u] '우'로 발음하지만, 영국 영어에서는 [ju] '유'로 발음한다.

	newsletter	opportunity	student	tune
미국	[núːzletə]	[àpərtúːnəti]	[stúːdnt]	[tuːn]
영국	[njúːzlètə]	[ɔ̀pəwtjúːnəti]	[stjúːdnt]	[tjuːn]

ex) The position involved sending out **newsletters** to attract customers.
I had an **opportunity** to move to a bigger flat last year.

앞서 소개한 자음과 모음 발음 차이 외에도, 미국 영어와 영국 영어에서 차이를 보이는 발음들이 있다. 미국식 발음과 영국식 발음의 차이에 유의하여 각 예문을 듣고 비교해보자. (미국식 발음 → 영국식 발음)

1 모음 사이에 /nt/가 오는 경우

미국 영어에서는 모음과 모음 사이에 오는 /nt/는 [t] 소리를 생략하지만, 영국 영어에서는 [t] 소리를 살려 발음한다.

	advantage	international	internet	representative
미국	[ædvǽnidʒ]	[ìnərnǽʃənəl]	[ínərnet]	[rèprizénətiv]
영국	[ədvá:ntidʒ]	[ìntənǽʃənəl]	[íntənet]	[rèprizéntətiv]

ex) Its natural harbour has given this city a huge **advantage** over others.
   Representatives will give talks at the biology seminar.

2 [tn], [tli] 발음으로 끝나는 경우

미국 영어에서는 [tn]으로 끝나는 경우 [t] 소리를 발음하지 않고 한번 숨을 멈추었다가 [n]의 끝소리를 거의 '응' 혹은 '으'로 발음하며, [tli]로 끝나는 경우 [li]만 발음한다. 반면 영국 영어에서는 [t] 소리를 살려 발음한다.

	definitely	mountain	recently	rotten
미국	데피니(ㅌ)리	마운(ㅌ)은	리센ㅌ리	라(ㅌ)은
영국	[définətli]	[máuntin]	[rí:sntli]	[rɔ́tn]

ex) The novel is **definitely** one of the most popular for young readers.
   Our hiking trail will offer some great views of the **mountain**.

3 /rt/

미국 영어에서는 [t] 소리를 생략한다. 반면 영국 영어에서는 [t] 소리를 그대로 발음한다.

	article	property	reporter	shortage
미국	아r리클	프r퍼r리	뤼포어r러	쇼어r리지
영국	[á:tikl]	[prɔ́pəti]	[ripɔ́:tə]	[ʃɔ́:tidʒ]

ex) A newspaper **article** mentioned that this resort was one of the best.
   To be a **reporter** you should study journalism or English at university.

4 강세

미국 영어에서는 강세가 뒤에 오지만, 영국 영어에서는 앞에 오는 경우가 있다.

	baton	debris	frontier	garage
미국	[bætɑ́n]	[dəbrí:]	[frʌntíər]	[gərɑ́:dʒ]
영국	[bǽtɔn]	[débri:]	[frʌ́ntiə]	[gǽrɑ:ʒ]

ex) Please watch out for any **debris** near the pool as we pass by.

The building is not far from France's **frontier** with Germany.

5 마지막 음절의 모음

미국 영어에서는 발음하지만, 영국 영어에서는 생략하는 경우가 있다.

	contemporary	laboratory	necessary	obligatory
미국	[kəntémpərèri]	[lǽbərətɔ̀:ri]	[nésəsèri]	[əblígətɔ̀:ri]
영국	[kəntémpərəri]	[ləbɔ́rətəri]	[nésəseri]	[əblígətəri]

ex) This **contemporary** art museum is one of the best in the world.

Many question whether it is **necessary** to teach religion in school.

미국 영어와 영국 영어의 어휘와 철자 차이

IELTS Listening 영역에서는 영국 영어의 어휘와 철자가 지문과 문제에 출제된다. 미국 영어와 영국 영어에서 사용하는 어휘와 철자가 서로 다른 경우는 많지 않지만, 시험에 자주 등장하므로 꼭 알아두도록 한다.

어휘 차이

미국 영어와 영국 영어에서 사용되는 어휘가 다른 경우도 있다. 같은 어휘이지만 다른 의미로 쓰이는 경우도 있다.

1 동일한 뜻, 다른 어휘

	미국	영국
1층 / 2층	first floor / second floor	ground floor / first floor
가스레인지	stove	cooker
고속도로	highway, freeway	motorway
공립학교	public school	state school
구내 식당	cafeteria	canteen
대학교 1학년	freshman	first-year student
대학교 2학년	sophomore	second-year student
대학교 3학년	junior	third-year student
대학교 4학년	senior	fourth-year student
승강기	elevator	lift
쓰레기	trash	rubbish/litter
아파트	apartment	flat
영화	movie	film
영화관	theater	cinema
우편	mail	post
우편번호	zip code	postal code
일정표	schedule	timetable
정원	yard	garden
주차장	parking lot	car park
줄을 서다	stand in line	queue
지하철	subway	tube, underground
초등학교	elementary school	primary school
화장실	restroom	toilet
휴가	vacation	holiday

2 동일한 어휘, 다른 뜻

	미국	영국
football	미식 축구	축구
merchant	소매 상인	도매상, 무역상
pavement	포장도로	보도
pocketbook	핸드백	수첩
subway	지하철	지하도
vest	조끼	속옷

철자 차이

미국 영어와 영국 영어에서 사용되는 어휘와 의미는 같지만, 철자가 조금씩 다른 경우가 있다.

차이	의미	미국	영국
-ck/-k & -que	수표	check	cheque
	체크무늬	checker	chequer
-er & -re	영화관	theater	theatre
	중심	center	centre
-ll & -l	달성하다	fulfill	fulfil
	입학, 등록	enrollment	enrolment
-og & -ogue	독백	monolog	monologue
	목록	catalog	catalogue
-or & -our	색	color	colour
	행동	behavior	behaviour
-se & -ce	방어	defense	defence
	허가	license	licence
-ze & -se	인식하다	recognize	recognise
	준비하다	organize	organise
기타	계획표	program	programme
	쟁기	plow	plough

*해커스 동영상강의 포털 해커스 인강(HackersIngang.com)에서 단어암기자료를 무료로 다운로드할 수 있습니다.

1) 여행·여가

🎧 주제별 필수 어휘1.mp3

accommodation [圖əkàmədéiʃən, 圖əkɔ̀mədéiʃən] 숙박

all-inclusive [ɔ̀linklúːsiv] 모두를 포함한

assortment of ~의 여러 가지의

attendance [əténdəns] 관객 수, 참석자 수

classical [klǽsikəl] 고전의, 클래식의

coastal [圖kóustəl, 圖kɔ́ustəl] 해안의

complimentary [圖kàmpləméntəri, 圖kɔ̀mpliméntəri] 무료의

comprehensive [圖kàmprihénsiv, 圖kɔ̀mprihénsiv] 종합적인, 포괄적인

contemporary [圖kəntémpərèri, 圖kəntémpərəri] 현대의, 동시대의

divine [diváin] 썩 좋은, 신성한

en suite toilet 화장실이 딸려 있는

enactment [inǽktmənt] (연극 등의) 상연, 입법

favourable [féivərəbl] 우호적인, 호감을 갖게 하는

footpath [圖fútpæθ, 圖fútpɑːθ] 오솔길, 보도

free of charge 무료의, 공짜의

fret [fret] 초조해하다

gear [圖giər, 圖giə] 복장, 장비; 적합하게 하다

go for ~을 택하다

in advance 미리, 사전에

itinerary [圖aitínərèri, 圖aitínərəri] 여정, 일정표

magnificent [圖mægnífəsnt, 圖mægnífisnt] 멋진, 훌륭한

notable [圖nóutəbl, 圖nɔ́utəbl] 주목할 만한, 유명한

opt [圖ɑpt, 圖ɔpt] 선택하다, 채택하다

optimal [圖áptəməl, 圖ɔ́ptiməl] 최적의, 가장 바람직한

preschool [príːskùːl] 미취학의, 취학 전의

provincial [prəvínʃəl] 지방의, 시골의

rendition [rendíʃən] 공연, 연주

rock-climbing [圖rákklàimiŋ, 圖rɔ́kklàimiŋ] 암벽 등반

satisfactory [sæ̀tisfǽktəri] 만족스러운

souvenir [圖sùːvəníər, 圖sùːvəníə] 기념품, 선물

stroll [圖stroul, 圖strəul] 거닐기, 산책

stunning [stʌ́niŋ] 멋진

summit [sʌ́mit] 꼭대기, 지도자

symphony orchestra 교향악단

2) 편의 시설

🎧 주제별 필수 어휘2.mp3

accustomed to ~에 익숙한

appeal [əpíːl] 마음에 들다

appropriate [圖əpróupriət, 圖əpróupriət] 적당한, 적절한

availability [əvèiləbíləti] 이용 가능성

call for ~을 필요로 하다, ~을 요구하다

check-up [tʃékʌp] 건강 검진

cheque [tʃek] 수표

compulsory [kəmpʌ́lsəri] 필수의, 의무적인

coverage [kʌ́vəridʒ] 보장, 범위, 취재

detergent [圖ditɔ́ːrdʒənt, 圖ditɔ́ːdʒənt] 합성 세제

diagnose [圖dáiəgnòus, 圖dáiəgnəuz] (병을) 진단하다

enquire [圖inkwáiər, 圖inkwáiə] 문의하다, 조사하다

estimate [éstəmət] 추정치, 견적

fiddle [fídl] 만지다, 조작하다

furnished [圖fɔ́ːrniʃt, 圖fɔ́ːniʃt] 가구가 딸린

hire [圖haiər, 圖haiə] (요금을 내고) 빌리다, 고용하다

jot down 적다, 쓰다

off-putting [圖ɔ́ːfpùtiŋ, 圖ɔ́fpútiŋ] 불쾌한, 당황하게 하는

plan [plæn] 보험, 보험 제도, 계획

policy [圖páləsi, 圖pɔ́ləsi] 보험 정책, 방침

polish [圖páliʃ, 圖pɔ́liʃ] 닦다, 다듬다

postcode [圖póustkoud, 圖páustkəud] 우편 번호

precaution[prikɔ́:ʃən] 주의, 예방

refrain[rifréin] 삼가다, 자제하다

refer to ~을 언급하다, ~을 참고하다

returnable[⑩ritə́:rnəbl, ⑬ritə́:nəbl] 환불받을 수 있는

3) 관광지 소개

🎧 주제별 필수 어휘3.mp3

adjacent to ~에 가까운

landmark[⑩lǽndmà:rk, ⑬lǽndmɑ:k] 역사적 건물

adjoining[ədʒɔ́iniŋ] 인접한

loan[⑩loun, ⑬ləun] (미술관 등에 작품을) 대여하다; 대출

attraction[ətrǽkʃən] 볼거리, 명소

maze[meiz] 미로, 미궁

bank[bæŋk] 강의 양쪽 기슭, 둑, 제방

mezzanine[mézəni:n] 중이층, 무대 아래

breed[bri:d] 품종; 사육하다, 기르다

national monument 천연기념물

cattle[kǽtl] 소, 가축

nature reserve 자연 보호 지역

cloakroom[⑩klóukru:m, ⑬klɔ́ukru:m] 휴대품 보관소

navigable[nǽvigəbl] 배가 다닐 수 있는

costume[⑩kástju:m, ⑬kɔ́stju:m] 의상

open-air[⑩ðupənéər, ⑬ðupənéə] 야외의, 옥외의

craft[⑩kræft, ⑬krɑ:ft] 공예, 솜씨

panoramic[pænərǽmik] 전경이 보이는

date[deit] (사건·미술품에) 연대를 추정하다

picturesque[pìktʃərésk] 아름다운, 생생한

desert[⑩dézərt, ⑬dézət] 사막; 버리다

remains[riméinz] 유적, 유해

dredge[dredʒ] 건져 올리다

replica[réplikə] 모형, 복제

enclosure[⑩inklóuʒər, ⑬inklóuʒə] 우리, 울타리를 친 장소

ridge[ridʒ] 산등성이, 산맥

eye-catching[áikæ̀tʃiŋ] 근사한

span[spæn] 가로지르다, 이르다; 기간

foyer[⑩fɔ́iər, ⑬fɔ́iei] 로비

spectacular[⑩spektǽkjulər, ⑬spektǽkjələ] 장관; 멋진

hedge[hedʒ] 울타리; 둘러싸다

striking[stráikiŋ] 인상적인, 빼어난

holidaymaker[⑩hálideimèikər, ⑬hɔ́lədimèikə] 휴가객, 행락객

timeline[⑩táimlàin, ⑬táimlain] 연대표

imposing[⑩impóuziŋ, ⑬impɔ́uziŋ] 인상적인, 눈을 끄는

vessel[vésəl] 그릇, 용기, 혈관, 선박

ketch[ketʃ] 돛대가 두 개인 범선

wildlife[wáildlaif] 야생 동물

4) 시설·단체·방법 소개

🎧 주제별 필수 어휘4.mp3

abandoned[əbǽndənd] 유기된, 버려진

coordinator[⑩kouɔ́:rdənèitər, ⑬kəuɔ́:dineitə] 책임자, 조정자

acclaimed[əkléimd] 찬사를 받는, 칭송을 받는

corridor[⑩kɔ́:ridər, ⑬kɔ́ridɔ:] 복도

backmost[⑩bǽkmoust, ⑬bǽkməust] 맨 뒤의

council[káunsəl] 의회, 위원회

backstage[⑩bæ̀kstéidʒ, ⑬bækstéidʒ] 무대 뒤에 있는

deceptive[diséptiv] 속이는, 현혹시키는

commission[kəmíʃən] 수수료; 주문하다

donation[⑩dounéiʃən, ⑬dəunéiʃən] 기부금, 기증

committee[kəmíti] 위원회

engagement[ingéidʒmənt] 참여, 연대

conservation[⑩kànsərvéiʃən, ⑬kɔ̀nsəvéiʃən] 보존, 보호

furnace[⑩fə́:rnis, ⑬fə́:nis] 난로, 용광로

contractor[⑩kàntrǽktər, ⑬kəntrǽktə] 하청업자, 계약자

layout[léiaut] 배치

contribute[kəntríbju:t] 기여하다, 이바지하다

level[lévəl] 층, 높이

modernise [미 mάdərnàiz, 영 mɔ́dənaiz] 현대화되다

neighbouring [néibəriŋ] 인근의, 이웃한

off-limits [미 ɔ́ːflímits, 영 ɔ̀flímits] 출입 금지 구역의

overview [미 óuvərvjuː, 영 óuvəvjuː] 개관, 개요

patron [péitrən] 고객, 후원자

patronise [미 péitrənàiz, 영 pǽtrənaiz] 애용하다, 후원하다

placement [pléismənt] 배치, 고용

preserve [미 prizə́ːrv, 영 prizə́ːv] 보호 구역; 보존하다

public meeting 공청회

recommence [rìːkəméns] 재개하다, 다시 시작하다

refurbishment [미 riːfə́ːrbiʃmənt, 영 riːfə́ːbiʃmənt] 개장, 쇄신

restoration [rèstəréiʃən] 복원, 복구

revive [riváiv] 부활시키다, 소생시키다

sponsor [미 spánsər, 영 spɔ́nsə] 후원자

tournament [미 túərnəmənt, 영 túənəmənt] 토너먼트, 경기

trampolining [미 træmpəlíːniŋ, 영 trǽmpəliːniŋ] 트램펄린 경기

tune in 청취하다, 시청하다

up-to-date [ʌ̀ptədéit] 최신의, 현대적인

5) Biology · Earth science · Environmental science

🎧 주제별 필수 어휘5.mp3

biodegradable [미 bàioudigréidəbl, 영 bàiəudigréidəbl] 생분해성의

biodiversity [미 bàioudaivə́ːrsəti, 영 bàiəudaivə́ːsəti] 생물의 다양성

biometric [미 bàioumétrik, 영 bàiəumétrik] 생체 측정의

botanical [bətǽnikəl] 식물의

bower [미 báuər, 영 báuə] 은둔처, 나무 그늘

by-catch [báikætʃ] 의도하지 않은 어획물

endangered [미 indéindʒərd, 영 indéindʒəd] 멸종 위기의

eradication [미 irǽdəkéiʃən, 영 irǽdikéiʃən] 박멸, 근절

fauna [fɔ́ːnə] 동물(군)

flora [flɔ́ːrə] 식물(군)

forage [미 fɔ́ːridʒ, 영 fɔ́ridʒ] 먹이를 찾다, 채집하다

habitat [hǽbitæt] 서식지

herbicide [미 ə́ːrbəsàid, 영 hə́ːbisaid] 제초제

hibernation [미 hàibərnéiʃən, 영 hàibənéiʃən] 동면

infestation [ìnfestéiʃən] 습격, 만연

logging [미 lɔ́ːgiŋ, 영 lɔ́giŋ] 벌목

lush [lʌʃ] 푸르게 우거진

mammal [mǽməl] 포유류

symbiosis [미 sìmbióusis, 영 sìmbaióusis] 공생

mating [méitiŋ] 짝짓기, 교배

microbe [미 máikroub, 영 máikrəub] 미생물, 세균

microorganism [미 màikrouɔ́ːrgənìzm, 영 màikrəuɔ́ːgənizm] 미생물

migration [maigréiʃən] 이주, 이동

mould [미 mould, 영 məuld] 곰팡이, 형태; 형성하다

organic [미 ɔːrgǽnik, 영 ɔːgǽnik] 유기의, 유기적인, 생물의

overfishing [미 ðuvərfíʃiŋ, 영 ðuvəfíʃiŋ] (어류) 남획

parasite [미 pǽrəsàit, 영 pǽrəsait] 기생충

pesticide [미 péstisàid, 영 péstisaid] 살충제

plumage [plúːmidʒ] 깃털

primates [미 praiméitiːz, 영 práimeitz] 영장류

rainforest [미 réinfɔːrist, 영 réinfɔrist] 열대 우림

recyclable [rìːsáikləbl] 재활용품; 재활용 가능한

reef [riːf] 산호초, 암초

regenerative [미 ridʒénərèitiv, 영 ridʒénərətiv] 재생의

reproduction [rìːprədʌ́kʃn] 번식, 복제

specimen [미 spésəmən, 영 spésəmin] 표본, 종

sustainable [səstéinəbl] 지속 가능한

tundra [tʌ́ndrə] 툰드라 (고지에서 수목이 자라지 않는 동토대)

6) Business · Economics

🎧 주제별 필수 어휘6.mp3

accountancy [əkáuntənsi] 회계

accurate [미 ǽkjurət, 영 ǽkjərət] 정확한, 정밀한

achievement [ətʃíːvmənt] 성취, 업적

analysis [ənǽləsis] 분석

assessment[əsésmənt] 평가, 조사

asset[ǽset] 자산

balance[bǽləns] (결산) 차액, 균형

break-even point 손익 분기점

breakthrough[bréikθru:] 획기적 발전, 돌파구

capitalist[kǽpitlist] 자본주의적인; 자본주의자

collaborative[圖kəlǽbərèitiv, 圖kəlǽbərətiv] 합작의, 협력적인

currency[圖kə́:rənsi, 圖kʌ́rənsi] 통화, 통용

emerge[圖imə́:rdʒ, 圖imə́:dʒ] 나타나다, 떠오르다

equation[ikwéiʒən] 공식, 등식

equivalent[ikwívələnt] 동등한, 등가의

executive[圖igzékjutiv, 圖igzékjətiv] 관리의, 경영의

flexible[fléksəbl] 융통성 있는, 유연한

formula[圖fɔ́:rmjulə, 圖fɔ́:mjələ] 공식, 처방

importer[圖impɔ́:rtər, 圖impɔ́:tə] 수입국, 수입사

incentive[inséntiv] 유인책; 장려하는

input[圖ínpùt, 圖ínput] 입력, 투입

launch[lɔ:ntʃ] 개시하다, 시작하다

merger[圖mə́:rdʒər, 圖mə́:dʒə] 합병, 인수

nominate[圖nάmənèit, 圖nɔ́mineit] 추천하다, 지명하다

oversee[圖oùvərsí:, 圖əuvəsí:] 감독하다

predictive[pridíktiv] 예측의, 전조가 되는

prospector[圖prάspektər, 圖prəspéktə] 투기자

publicise[圖pʌ́bləsàiz, 圖pʌ́blisaiz] 홍보하다, 알리다

quota[圖kwóutə, 圖kwə́utə] 할당량, 물량

regulatory[圖régjulətɔ̀:ri, 圖règjəléitəri] 단속하는, 규정하는

statistics[stətístiks] 통계, 통계학

stay in business 영업을 계속하다, 사업을 유지하다

takeover[圖téikouvər, 圖téikəuvə] 기업 인수

transactional[圖trænsǽkʃənl, 圖trænzǽkʃənl] 업무상의, 거래의

transparency[圖trænspéərənsi, 圖trænspǽrənsi] 투명성, 투명도

work from home 재택근무하다

7) Anthropology · Archaeology · History

🎧 주제별 필수 어휘7.mp3

aftermath[圖ǽftərmæθ, 圖άːftəmæθ] 여파, 후유증

celadon[圖sélədàn, 圖sélədɔ́n] 청자

colonel[圖kə́:rnl, 圖kə́:nl] 대령

colonise[圖kάlənàiz, 圖kɔ́lənaiz] 식민지로 만들다

decline[dikláin] 감소하다, 쇠퇴하다

dig[dig] 발굴; 발굴하다, 파다

disrepair[圖disripɛ́ər, 圖dìsripéə] 황폐, 파손

earthenware[圖ə́:rθnwer, 圖ə́:θnweə] 질그릇

ethnography[圖eθnάgrəfi, 圖eθnɔ́grəfi] 민족지학

expansion[ikspǽnʃən] 확대, 확장

exploration[èkspləréiʃən] 탐사, 탐험

fortification[圖fɔ̀:rtəfikéiʃən, 圖fɔ̀:tifikéiʃən] 요새, 강화

glaze[gleiz] 유약을 바르다; 유약

inscription[inskrípʃən] 적힌 글, 새겨진 글

intact[intǽkt] 온전한, 손상되지 않은

investigation[圖invèstəgéiʃən, 圖invèstigéiʃən] 조사, 연구

lead to an expedition 탐험대를 인솔하다

locomotive[圖lòukəmóutiv, 圖lə̀ukəmə́utiv] 기관차

mandate[mǽndeit] 명령, 지령

monastery[圖mάnəstèri, 圖mɔ́nəstri] 수도원

pioneering[pàiəníəriŋ] 개척의, 선구적인

plough[plau] 갈다; 쟁기

pottery[圖pάtəri, 圖pɔ́təri] 도기(류)

prehistoric[圖prì:histɔ́:rik, 圖prì:histɔ́rik] 선사 시대의

raft[圖rǽft, 圖rάːft] 뗏목, 부표

stoneware[圖stóunwer, 圖stə́unweə] 사기 그릇

tablet[圖tǽblit, 圖tǽblət] 명판, 현판

territory[圖térətɔ̀:ri, 圖téritəri] 영토

thenceforth[圖ðènsfɔ́:rθ, 圖ðènsfɔ́:θ] 그때부터

theoretically[圖θì:ərétikəli, 圖θìərétikəli] 이론적으로는, 이론상

track down ~을 찾아내다

transcontinental[圖trænskὰːntənéntl, 圖trænskɔ̀ntinéntl] 대륙 횡단의

transcribe[trænskráib] 옮겨 쓰다, 번역하다

voyage[vɔ́iidʒ] 항해, 여행

8) Architecture · Technology

absorb [미æbsɔ́ːrb, 영əbzɔ́ːb] 흡수하다, 열중하다

accumulate [əkjúːmjulèit, əkjúːmjəleit] 쌓이다, 축적하다, 모으다

adjustable [ədʒʌ́stəbl] 조정할 수 있는, 순응할 수 있는

alter [미ɔ́ːltər, 영ɔ́ltə] 바꾸다, 변하다

amplify [미æmpləfài, 영æmplifai] 확대하다

canal [kənǽl] 운하

chamber [미tʃéimbər, 영tʃéimbə] 공간, 방

criterion [kraitíəriən] 기준, 평가

defective [diféktiv] 결함이 있는

demolition [dèməlíʃən] 철거, 폐지

demonstrate [미démənstrèit, 영démənstreit] 증명하다, 나타내다

depressurise [미diːpréʃəràiz, 영dìːpréʃəraiz] 기압을 내리다

electromagnetic [미ilèktroumægnétik, 영ilèktrəumægnétik] 전자기의

embed [imbéd] 내장하다

figure out 알아내다

fracture [미frǽktʃər, 영frǽktʃə] 균열, 손상

harness [미háːrnis, 영háːnəs] 동력화하다, 활용하다, 이용하다

hypothesis [미haipáθəsis, 영haipɔ́θəsis] 가설, 가정

ignition [igníʃən] 시동, 연소, 발화

illustrate [미íləstrèit, 영íləstreit] 설명하다, 예시하다

impact [ímpækt] 영향을 주다; 영향

incineration [insìnəréiʃən] 소각

incorporate [미inkɔ́ːrpərèit, 영inkɔ́ːpəreit] 포함하다; 법인의

intricately [íntrikətli] 복잡하게

irresponsive [미ìrispánsiv, 영ìrispɔ́nsiv] 응답하지 않는

likelihood [미láiklihùd, 영láiklihud] 가능성, 기회

nanotechnology [미nèinəteknálədʒi, 영nænəuteknɔ́lədʒi] 나노 기술

permanently [미pə́ːrmənəntli, 영pə́ːmənəntli] 영구적으로, 영원히

precision [prisíʒən] 정밀성, 정확성

prototype [미próutətaip, 영próutətaip] 시제품, 견본

raw material 원자재

remarkable [미rimáːrkəbl, 영rimáːkəbl] 놀라운, 주목할 만한

resilient [rizíljənt] 튼튼한, 끈질긴, 탄력 있는

retain [ritéin] 유지하다, 보유하다

retractable [ritrǽktəbl] 집어넣을 수 있는

scale [skeil] 규모, 척도, 비늘

scheme [skiːm] 설계, 계획

vibration [vaibréiʃən] 진동, 떨림

virtually [미və́ːrtʃuəli, 영və́ːtʃuəli] 사실상, 가상으로

vital [váitl] 중요한, 필수적인

9) Medical science · Psychology

affirmation [미æfərméiʃən, 영æfəméiʃən] 긍정, 확언

ailment [éilmənt] 질병

asthma [미æzmə, 영æsmə] 천식

awareness [미əwéərnəs, 영əwéənəs] 인식, 의식

chronic [미kránik, 영krɔ́nik] 만성의

cognitive [미kágnitiv, 영kɔ́gnətiv] 인지의, 인식의

confidence [미kánfədəns, 영kɔ́nfidəns] 신뢰, 확신

cortex [미kɔ́ːrteks, 영kɔ́ːteks] 대뇌 피질

dementia [diménʃə] 치매

diabetes [미dàiəbíːtəs, 영dàiəbíːtiːz] 당뇨병

disease [dizíːz] 질환, 질병

disorder [미disɔ́ːrdər, 영disɔ́ːdə] 장애, 무질서

electroencephalography [ilèktrəuenséfəlɔ́grɑːfi] 뇌파 검사

embryo [미émbriòu, 영émbriəu] 배아

grey matter 회백질, 지능, 지성

hand-eye coordination 손과 눈의 조정 작용

heredity [미hərédəti, 영hirédəti] 유전(적 특징)

impaired [impéərd] 손상된, 충분히 역할을 못 하는

life expectancy 기대 수명

lifespan [láifspæn] 수명

longevity [미lɑndʒévəti, 영lɔndʒévəti] 장수, 수명

metabolic [미mètəbálik, 영metəbɔ́lik] (신진) 대사의

motor skills 운동 능력

nervous system 신경계

notion [📖 nóuʃən, 🔊 nə́uʃən] 개념, 생각

obesity [📖 oubí:səti, 🔊 əubí:səti] 비만

optimistic [📖 àptəmístik, 🔊 ɔ̀ptimístik] 낙관적인, 긍정적인

perception [📖 pərsépʃən, 🔊 pəsépʃən] 인식, 자각, 지각

physiological [📖 fìziəládʒikəl, 🔊 fìziəlɔ́dʒikəl] 생리학적인

post-traumatic stress disorder 외상 후 스트레스 장애

predetermine [📖 prì:ditə́:rmin, 🔊 prì:ditə́:min] 예정하다, 미리 결정하다

psycholinguistics [📖 sàikouliŋgwístiks, 🔊 sàikəuliŋgwístiks] 언어심리학

psychometrics [📖 sàikəmétriks, 🔊 sàikəumétriks] 심리측정학

reckon [rékən] 생각하다, 간주하다

retinal [📖 rétənəl, 🔊 rétinəl] 망막의

stem cell 줄기 세포

subjective [səbdʒéktiv] 주관적인

vulnerable [vʌ́lnərəbl] 취약한, 영향 받기 쉬운

10) Education

🎧 주제별 필수 어휘10.mp3

administrator [📖 ədmínistrèitər, 🔊 ədmínistreitə] 행정관, 관리자

admission [📖 ædmíʃən, 🔊 ədmíʃən] 입장, 입학, 승인

appendix [əpéndiks] 부록, 부가물

aspiration [📖 æ̀spəréiʃən, 🔊 æ̀spiréiʃən] 열망, 포부

assignment [əsáinmənt] 과제, 임무

canteen [kæntí:n] 식당, 매점

circulate [📖 sə́:rkjulèit, 🔊 sə́:kjəleit] 배부하다

discipline [dísəplin] 규율, 훈련

dissertation [📖 dìsərtéiʃən, 🔊 dìsətéiʃən] 학위 논문

draft [📖 dræft, 🔊 drɑ:ft] 초안, 원고

eligible for ~을 할 수 있는, ~에 자격이 있는

enrol [📖 inróul, 🔊 inrə́ul] 등록시키다, 등록하다

entitle [intáitl] 자격을 주다, 제목을 붙이다

expertise [📖 èkspərtí:z, 🔊 èkspə:tí:z] 전문 지식

field trip 현장 학습

finding [fáindiŋ] 조사 결과, 발견물

footnote [📖 fútnout, 🔊 fútnəut] 각주

grant [📖 grænt, 🔊 grɑ:nt] 보조금; 수여하다

hall [hɔ:l] (대학의) 기숙사, 복도

prioritise [📖 praió:rətàiz, 🔊 praió́ritaiz] 우선시하다

queue [kju:] 줄; 줄을 서다

reference [réfərəns] 추천서, 참고

sampling [📖 sǽmpliŋ, 🔊 sá:mpliŋ] 표본 추출, 시식

specialism [spéʃəlìzm] 전문 분야, 전공 분야

survey [📖 sərvéi, 🔊 səvéi] 조사하다; 조사

tuition [tju:íʃən] 수업료, 수업

11) Chemistry · Geology

🎧 주제별 필수 어휘11.mp3

arsenic [📖 á:rsənik, 🔊 á:sənik] 비소

atom [ǽtəm] 원자

bronze [📖 brɑnz, 🔊 brɔnz] 청동

carbon [📖 ká:rbən, 🔊 ká:bən] 탄소

catalyst [kǽtəlist] 촉매제, 기폭제

chromate [📖 króumeit, 🔊 króumit] 크롬산염

combustion [kəmbʌ́stʃən] 연소, 불이 탐

composition [📖 kàmpəzíʃən, 🔊 kɔ̀mpəzíʃən] 구성(물)

compost [📖 kámpoust, 🔊 kɔ́mpɔst] 퇴비를 만들다; 퇴비

folding [📖 fóuldiŋ, 🔊 fə́uldiŋ] 습곡

compound [📖 kámpaund, 🔊 kɔ́mpaund] 복합체, 화합물

copper [📖 kápər, 🔊 kɔ́pə] 구리, 동

crust [krʌst] 지각

debris [📖 dəbrí:, 🔊 dəbrí:] 조각, 파편

deposit [📖 dipázit, 🔊 dipɔ́zit] 매장층, 보증금

dioxin [📖 daiáksən, 🔊 daiɔ́ksin] 다이옥신(독성이 강한 유기염소 화합물)

empirical [impírikəl] 실증적인, 경험에 의한

erosion [📖 iróuʒən, 🔊 irə́uʒən] 침식, 부식

filtration [filtréiʃən] 여과

potassium [pətǽsiəm] 칼륨

formation [미 fɔːrméiʃən, 영 fɔːméiʃən] 바위층, 형성

geothermal [미 dʒiːouθə́ːrməl, 영 dʒiːəuθə́ːməl] 지열의

geyser [미 gáizər, 영 gíːzə] 간헐천

iron ore 철광석

lead [led] 납

molecule [미 máləkjùːl, 영 mɔ́likjuːl] 분자

nitrogen [náitrədʒən] 질소

pollutant [pəlúːtənt] 오염 물질, 오염원

sediment [미 sédəmənt, 영 sédimənt] 퇴적물, 침전물

silt [silt] 구멍, 틈

silver nitrate 질산 은

smelt [smelt] 용해하다, 제련하다

sodium [미 sóudiəm, 영 sə́udiəm] 나트륨

spillage [spílidʒ] 배출(물), 엎지른 양

tin [tin] 양철, 주석

topsoil [미 tápsɔ̀il, 영 tɔ́psɔil] 표토

12) Linguistics · Art · Theatre

🎧 주제별 필수 어휘12.mp3

acoustic [əkúːstik] 소리의, 청각의

adolescent [æ̀dəlésnt] 청소년, 청년

artefact [미 áːrtəfækt, 영 áːtəfækt] 공예품, 인공 유물

audiovisual [미 ɔ̀ːdiouvíʒuəl, 영 ɔ̀ːdiəuvíʒuəl] 시청각의

ceramics [sərǽmiks] 도자기(류)

consonant [미 kánsənənt, 영 kɔ́nsənənt] 자음

dialect [미 dáiəlèkt, 영 dáiəlekt] 방언

diphthong [미 dífθɔ̀ːŋ, 영 dífθɔŋ] 이중 모음

domesticate [미 dəméstikèit, 영 dəméstikeit] 교화하다, 길들이다

endeavour [미 indévər, 영 endévə] 노력하다; 노력

epic [épik] 서사시

metaphor [미 métəfɔ̀ːr, 영 métəfɔː] 은유, 비유

motif [미 moutíːf, 영 məutíːf] 무늬, 동기, 주제

one-act play 단막극

phonetics [fənétiks] 음성 체계, 음성학

plaster [미 plǽstər, 영 pláːstə] 회반죽을 바르다

recognisable [미 rékəgnàizəbl, 영 rékəgnaizəbl] 알아볼 수 있는

relatively [rélətivli] 비교적, 상대적으로

renowned [rináund] 유명한, 명성 있는

nurture [미 nə́ːrtʃər, 영 nə́ːtʃə] 교육하다, 양육하다

speculation [미 spèkjuléiʃən, 영 spèkjəléiʃən] 심사 숙고, 견해

thematic [θimǽtik] 주제에 관한

troupe [truːp] 극단, 공연단

underlying [미 ʌ̀ndərláiiŋ, 영 ʌ̀ndəláiiŋ] 근원적인, 잠재적인

vice versa 반대로

vowel [váuəl] 모음

13) Food · Nutrition

🎧 주제별 필수 어휘13.mp3

abundance [əbʌ́ndəns] 풍부함

alternative [미 ɔːltə́ːrnətiv, 영 ɔltə́ːnətiv] 대체물, 대안; 대안적인

appetite [미 ǽpətàit, 영 ǽpətait] 입맛, 식욕

barley [미 báːrli, 영 báːli] 보리

bitterness [미 bítərnis, 영 bítənis] 쓴맛, 괴로움

bulk of ~의 대부분

cultivate [미 kʌ́ltəvèit, 영 kʌ́ltiveit] 재배하다, 양성하다

E-coli [미 iːkóulai, 영 iːkə́ulai] 대장균

glucose [미 glúːkous, 영 glúːkəus] 포도당

edible [édəbl] 먹을 수 있는, 식용의

enrichment [inrítʃmənt] 풍부

famine [fǽmin] 기근

fertility [미 fərtíləti, 영 fətíləti] 비옥도, 생산력

food poisoning 식중독

food-borne 음식을 통해 전파되는

fructose [미 frʌ́ktous, 영 frʌ́ktəus] 과당

germinate [미 dʒə́ːrmənèit, 영 dʒə́ːmineit] 발아하다

substitute [미 sʌ́bstətjùːt, 영 sʌ́bstitʃuːt] 대용 식품, 대체물

hygienic[영hàidʒiénik, 미haidʒíːnìk] 위생의, 건강에 좋은

intake[ínteik] 섭취(량)

produce[미prádjuːs, 영pródʒuːs] 농작물, 청과물; 생산하다

sanitation[sæ̀nitéiʃən] 위생 설비, 공중 위생

sucrose[미súːkrous, 영súːkrəus] 자당

sweetener[미swíːtnər, 영swíːtnə] 감미료

toxicity[미tɑksísəti, 영tɔksísiti] 유독성, 독성 효과

variety[vəráiəti] 다양성, 품종, 변종

14) Sociology

주제별 필수 어휘14.mp3

assert[미əsə́ːrt, 영əsə́ːt] 주장하다, 단언하다

coincide with ~과 부합하다

contend[kənténd] 상대하다, 싸우다

crucial to ~에 중대한

culprit[kʌ́lprit] 원인

disband[disbǽnd] 해체하다

discern[미disə́ːrn, 영disə́ːn] 알아차리다, 식별하다

discredit[diskrédit] 의심하다; 불신

discrepancy[diskrépənsi] 차이, 불일치

distortion[미distɔ́ːrʃən, 영distɔ́ːʃən] 왜곡, 곡해

eliminate[미ilímənèit, 영ilímineit] 배제하다, 없애다

embassy[émbəsi] 대사관

emigrate[미émigrèit, 영émigreit] 이민하다, 이주하다

extermination[미ikstə̀ːrmənéiʃən, 영ikstə̀ːminéiʃən] 박멸, 전멸

fraud[frɔːd] 사기, 조작

implication[ìmplikéiʃən] 의미, 영향

impose[미impóuz, 영impə́uz] 부과하다, 적용하다

initiative[미iníʃiətiv, 영iníʃətiv] 계획, 창시

insight[미ínsàit, 영ínsait] 통찰력, 식견

integrate[미íntəgrèit, 영íntigreit] 통합하다, 포함하다

interactive[ìntərǽktiv] 쌍방향의, 상호적인

motivation[미mòutəvéiʃən, 영mə̀utivéiʃən] 동기부여, 자극

parliament[미pɑ́ːrləmənt, 영pɑ́ːlimənt] 국회

perspective[미pərspéktiv, 영pəspéktiv] 관점, 견해

pertinent to ~과 관련된

petition[pətíʃən] 청원하다, 탄원하다

phenomenon[미finámənàn, 영fənɔ́minən] 현상, 사건

prevailing[privéiliŋ] 일반적인, 우세한, 유행하는

prompt[미prɑmpt, 영prɔmpt] (어떤 일이 일어나도록) 하다, 신속한

prone to ~의 경향이 있는, ~을 잘 하는

redevelopment[미rìːdivéləpmənt, 영ridivéləpmənt] 재개발

reliability[rilàiəbíləti] 신뢰성, 신뢰도

represent[rèprizént] 나타내다, 보여주다

stand for ~을 나타내다, ~을 대표하다

stigma[stígmə] 낙인, 오명

susceptible to ~의 영향을 받기 쉬운

tangible[tǽndʒəbl] 명백한, 확실한, 유형의

token[미tóukən, 영tə́ukən] 명목상의, 이름뿐인; 표시

underperform[미ʌ̀ndərpərfɔ́ːrm, 영ʌ̀ndəpəfɔ́ːm] 평균 이하로 행하다

withdrawal[wiðdrɔ́ːəl] 철수, 인출

IELTS LISTENING DIAGNOSTIC TEST ANSWER SHEET

Test Date (Shade ONE box for the day, ONE box for the month and ONE box for the year)

Day: 01 02 03 04 05 06 07 08 09 10 11 12 13 14 15 16 17 18 19 20 21 22 23 24 25 26 27 28 29 30 31

Month: 01 02 03 04 05 06 07 08 09 10 11 12   **Year** (last 2 digits): 17 18 19 20 21 22 23 24 25

Listening	Listening	Listening	Listening	Listening	Listening

1		21	
2		22	
3		23	
4		24	
5		25	
6		26	
7		27	
8		28	
9		29	
10		30	
11		31	
12		32	
13		33	
14		34	
15		35	
16		36	
17		37	
18		38	
19		39	
20		40	

Listening Total	

IELTS LISTENING ACTUAL TEST ANSWER SHEET

Test Date (Shade ONE box for the day, ONE box for the month and ONE box for the year)

Day: 01 02 03 04 05 06 07 08 09 10 11 12 13 14 15 16 17 18 19 20 21 22 23 24 25 26 27 28 29 30 31

Month: 01 02 03 04 05 06 07 08 09 10 11 12   **Year** (last 2 digits): 17 18 19 20 21 22 23 24 25

Listening		Listening		Listening	

1		**21**	
2		**22**	
3		**23**	
4		**24**	
5		**25**	
6		**26**	
7		**27**	
8		**28**	
9		**29**	
10		**30**	
11		**31**	
12		**32**	
13		**33**	
14		**34**	
15		**35**	
16		**36**	
17		**37**	
18		**38**	
19		**39**	
20		**40**	

Listening Total	

아이엘츠 유형별 공략으로 Overall 고득점 달성!

HACKERS IELTS
Listening

초판 17쇄 발행 2025년 1월 6일

초판 1쇄 발행 2017년 5월 29일

지은이	해커스 어학연구소
펴낸곳	(주)해커스 어학연구소
펴낸이	해커스 어학연구소 출판팀

주소	서울특별시 서초구 강남대로61길 23 (주)해커스 어학연구소
고객센터	02-537-5000
교재 관련 문의	publishing@hackers.com
동영상강의	HackersIngang.com

ISBN	978-89-6542-230-3 (13740)
Serial Number	01-17-01

외국어인강 1위,
해커스인강(HackersIngang.com)

해커스인강

1. 받아쓰기 워크북 및 들으면서 외우는 단어암기자료
2. 내 답안을 고득점 에세이로 만드는 **IELTS 라이팅 1:1 첨삭**
3. 해커스 스타강사의 **IELTS 인강**

전세계 유학정보의 중심,
고우해커스(goHackers.com)

고우해커스

1. **IELTS 라이팅/스피킹** 무료 첨삭 게시판
2. **IELTS 리딩/리스닝 실전문제** 등 다양한 IELTS 무료 학습 콘텐츠
3. **IELTS Q&A 게시판** 및 영국유학 Q&A 게시판

헤럴드 선정 2018 대학생 선호브랜드 대상 '대학생이 선정한 외국어인강' 부문 1위

너는 오르고, 나는 오르지 않았던 이유
너만 알았던 **그 비법**!

HACKERS
IELTS
Listening

정답 · 스크립트 · 해석 · 해설

해커스 어학연구소

HACKERS
IELTS
Listening

정답·스크립트·해석·해설

해커스 어학연구소

HACKERS
IELTS
LISTENING

goHackers.com

학습자료 제공·유학정보 공유

CONTENTS

* 각 문제에 대한 정답의 단서는 지문에 문제 번호와 함께 별도의 색으로 표시되어 있습니다.

1	2 / two	2	balls	3	twice	4	charity
5	level	6	priority	7	120	8	machines
9	10%	10	call	11	A	12	D
13	A	14	C	15	B	16	A
17	F	18	G	19	D	20	C
21	A	22	C	23	D	24	B
25	B	26	C	27	B	28	B
29	C	30	B	31	financial	32	connections
33	international	34	Gold	35	days	36	targets
37	Manufacturers	38	colonies	39	cleaner	40	advanced

Questions 1-10 영국식 발음 → 영국식 발음

🎧 DT1-10.mp3

Part 1. You will hear a conversation between a customer and a receptionist from a tennis facility about membership.

M: Good afternoon, King's Place Tennis Courts. How can I help you?

W: Hi. I play tennis and am interested to know more about your facilities, lessons, fees, and so on.

M: OK, that's great. Well, we are the biggest tennis facility in the local region, and we have two badminton courts as well.

W: I don't play badminton, so I'm more interested in your tennis facilities. How many courts do you have?

M: ¹In terms of tennis, we have 15 courts, most of them are outdoors, but we have two indoor courts too. We also have a few machines for practising returns, and a device for measuring the speed of your serve.

W: Oh, that's good. Also, I may need some equipment. Do you have a shop there? There are a few things I still need to buy.

M: We do. ²We have a pro shop where you can buy high-quality rackets and tennis balls.

W: That's good, as I do need to pick up some new balls. And could you tell me about the lessons? I don't have very much experience.

M: Well, if that's the case, we have a few classes that may be appropriate. ³There's one class for complete beginners which is once a week for two months . . . sorry, my mistake. It actually takes place twice a week, and involves working closely with our instructor.

파트 1. 회원권에 관한 고객과 테니스 시설의 접수원 간의 대화를 들으세요.

남: 안녕하세요, King's Place 테니스장입니다. 무엇을 도와드릴까요?

여: 안녕하세요. 저는 테니스를 치는데 귀하의 시설, 수업, 비용 등에 대해 더 알고 싶어서요.

남: 네, 좋습니다. 음, 저희는 지역에서 가장 큰 테니스 시설이고, 2개의 배드민턴 코트도 있습니다.

여: 저는 배드민턴은 하지 않아서, 귀하의 테니스 시설에 더 관심이 있어요. 몇 개의 코트가 있나요?

남: ¹테니스에 관해서는, 15개의 코트가 있고, 대부분 야외에 있지만, 2개의 실내 코트도 있습니다. 또한 되받아치기를 연습할 수 있는 기계 몇 대와, 고객님의 서브 속도를 측정하는 장치도 갖추고 있어요.

여: 오, 좋아요. 그리고 또, 저는 몇몇 장비가 필요할지도 몰라요. 거기에 가게가 있나요? 아직 사야 하는 것들이 몇 개 있어요.

남: 있습니다. ²고급 라켓과 테니스공을 구매하실 수 있는 프로 숍이 있어요.

여: 좋네요, 새 공을 몇 개 사야 해서요. 그리고 강좌에 관해 이야기해 주시겠어요? 저는 경험이 그렇게 많지 않아요.

남: 음, 그러신 경우라면, 적당할 수도 있는 몇몇 강좌가 있어요. ³완전한 초보자를 위한 강좌 하나가 2달 동안 일주일에 한 번씩 있어요... 죄송합니다, 실수네요. 사실 일주일에 두 번 진행되고, 강사와 긴밀하게 수업하는 것을 포함해요.

W: I wouldn't describe myself as an absolute beginner . . .

M: Well, the next level up would be the beginner 2 class. That's a bit less intense, only once a week, but the teachers work very closely with you. Then [4]there is the intermediate class, which is very popular and allows you to play full games in a charity tournament at the end.

W: Hmm . . . I'm not actually sure where I would fit in, to be honest. I've played in a competitive tournament but it was just a bit of fun.

M: Well, [5]you can meet with our instructor and he can play a game with you to determine your level.

W: OK, will do!

M: Now, what kind of membership are you interested in?

W: What's on offer? I want to play often, as I'm semi-retired and looking for a way to keep fit.

M: Our most comprehensive package may suit you then, as [6]it includes unlimited access to all facilities and priority bookings for tennis courts, while everyone else has to join a queue. You also get discounts on products in the pro shop and on tennis lessons.

W: Well, that does sound good. How much does that package cost?

M: That would be £130 per month, but [7]since you are joining for the first time, we can offer you £10 off to make it £120, and we can bring it down to £100 if you have a friend join.

W: Wonderful, although I don't have anyone I can think of to invite, so I'm still not sure I could afford that option. What are the cheaper packages?

M: I would recommend the learner package. [8]With this you will get access to all the tennis courts, but you have to pay extra to use the machines. You can use the changing rooms and the pro shop, of course, and [9]you will also get 10% off the classes, all for only £90 per month.

W: OK! Well, let's go for the learner package.

M: Great, and when would you like to come down for your trial with our instructor?

W: Would today work?

M: Let me see . . . No, our instructor is fully booked today. How about tomorrow at 11 am?

W: Can't do 11. It would have to be 12 at the earliest.

M: OK, we can fit you in then, [10]so just call back to confirm once you know for sure.

W: Of course.

M: You can ask for me, Daniel Eliot. When you come tomorrow, please bring some form of ID and . . .

여: 제가 완전히 초보자라고 생각하지는 않아요...

남: 음, 다음으로 높은 단계는 초보자 2 강좌예요. 그건 강도가 약간 덜 높고, 일주일에 단 한 번이지만, 강사들이 고객님과 매우 긴밀하게 수업해요. 그 다음으로는 [4]중급 강좌가 있는데, 그건 매우 인기 있는 수업이고 마지막에는 고객님이 자선 토너먼트에서 풀 게임을 하도록 해 드립니다.

여: 흠... 솔직히 말하면, 제가 어디에 맞을지 사실 확신을 못 하겠어요. 저는 경쟁하는 토너먼트에 참가한 적은 있지만 그건 그저 재미 삼아 한 거였어요.

남: 음, [5]저희 강사를 만나보실 수 있는데 그가 고객님의 수준을 알아보기 위해 경기를 한번 함께 해볼 수 있을 겁니다.

여: 네, 그럴게요!

남: 이제, 어떤 종류의 회원권에 관심이 있으신가요?

여: 어떤 것이 있나요? 저는 반쯤 퇴직했고 건강을 유지할 방법을 찾고 있어서, 경기를 자주 하고 싶어요.

남: 그럼 가장 종합적인 패키지가 고객님께 맞을지도 모르겠네요, [6]그건 모든 시설의 무제한 이용과 테니스 코트의 예약 우선권을 포함하는데, 다른 모든 사람들은 차례를 기다려야 하거든요. 또한 프로 숍의 상품들과 테니스 강좌에서 할인도 받으실 수 있어요.

여: 음, 좋은 것 같네요. 그 패키지는 얼마예요?

남: 한 달에 130파운드이지만, [7]처음 가입하시는 것이기 때문에, 120파운드로 10파운드를 할인해 드릴 수 있고, 친구분도 가입하시면 100파운드까지 할인해드릴 수 있어요.

여: 좋네요, 초대할 사람이 생각나지는 않아서, 그걸 선택할 여유가 될지 여전히 확실하지 않지만요. 더 저렴한 패키지들은 무엇인가요?

남: 학습자 패키지를 추천해 드리고 싶네요. [8]이것으로 고객님께서는 모든 테니스 코트를 이용하실 수 있지만, 기계를 사용하시려면 추가 비용을 지불하셔야 해요. 물론, 탈의실과 프로 숍을 이용하실 수 있고, [9]또한 강좌들에서 10% 할인을 받으실 수 있는데, 모두 해서 한 달에 단 90파운드에요.

여: 좋아요! 음, 학습자 패키지로 할게요.

남: 좋습니다, 그러면 언제 저희 강사와 함께 시범 경기를 하러 오시겠어요?

여: 오늘도 괜찮은가요?

남: 어디 보자... 아니요, 강사가 오늘은 완전히 예약되었네요. 내일 오전 11시는 어떠세요?

여: 11시는 안 돼요. 빨라도 12시여야 하는데요.

남: 네, 그럼 그때로 예약을 넣어드릴 수 있으니, [10]확실히 알게 되시면 그저 다시 전화해서 확정해주세요.

여: 물론이죠.

남: 저, Daniel Eliot을 찾으시면 됩니다. 내일 오실 때에는, 어떤 형태든 신분증을 지참해 주시고...

어휘   in terms of ~에 관해   equipment[ikwípmənt] 장비, 비품   appropriate[<ins>미</ins> əpróupriət, <ins>영</ins> əpróupriət] 적당한, 적절한
tournament[<ins>미</ins> túərnəmənt, <ins>영</ins> túənəmənt] 토너먼트, 경기   comprehensive[<ins>미</ins> kàmprihénsiv, <ins>영</ins> kɔ̀mprihénsiv] 종합적인, 포괄적인
queue[kju:] 줄   trial[tráiəl] 시범, (최종 결정을 내리기 전의) 시험

Questions 1-10

Kings Place 테니스장

시설
· 테니스를 위한 1 .... 실내 코트가 있다
· 프로 숍에서 라켓과 2 ....을 판매한다

수업 세부 사항
· 완전한 초보자 강좌는 일주일에 3 ....번이다
· 초보자 강좌 2는 매주 한 번이다
· 중급 학습자는 4 ....을 위한 경기에 참가한다
· 5 ....을 알아보기 위해 강사와 함께 경기를 한번 해 볼 수 있다

종합 패키지
· 코트 예약 6 ....을 포함한다
· 프로 숍과 수업에서 회원 할인이 제공된다
· 비용 – 처음 가입하는 회원들에게는 한 달에 7 .... 파운드이다

학습자 패키지
· 모든 코트의 이용권을 포함한다
· 회원들은 추가 비용으로 8 ....을 사용할 수 있다
· 강좌에서 9 .... 만큼 할인을 받는다

등록
· 시범 경기를 확정하기 위해 Daniel에게 다시 10 ....해야 한다

---

1   **해설** 문제의 핵심어구(indoor courts)가 언급된 지문 내용 중 남자가 'In terms of tennis, we have ~ two indoor courts too.'라며 테니스에 관해서는 2개의 실내 코트도 있다고 하였으므로, **2** 또는 **two**가 정답이다.

2   **해설** 문제의 핵심어구(Pro shop sells)와 관련된 지문 내용 중 남자가 'We have a pro shop where you can buy high-quality rackets and tennis balls.'라며 고급 라켓과 테니스공을 구매할 수 있는 프로 숍이 있다고 하였으므로, tennis balls가 답이 될 수 있다. 지시문에서 한 단어로 답을 작성하라고 하였으므로, **balls**가 정답이다.

3   **해설** 문제의 핵심어구(Complete beginner lessons)와 관련된 지문 내용 중 남자가 'There's one class for complete beginners which ~ takes place twice a week'라며 완전한 초보자를 위한 강좌 하나가 있다고 한 뒤 일주일에 두 번 진행된다고 하였으므로, **twice**가 정답이다.

4   **해설** 문제의 핵심어구(Intermediate learners)와 관련된 지문 내용 중 남자가 'there is the intermediate class, which ~ allows you to play full games in a charity tournament'라며 중급 강좌가 있는데 그건 고객이 자선 토너먼트에서 풀 게임을 하도록 해 준다고 하였으므로, **charity**가 정답이다. 'play ~ games in a ~ tournament'가 'participate in a competition' 으로 paraphrasing되었다.

5 **해설** 문제의 핵심어구(play a game with the instructor)와 관련된 지문 내용 중 남자가 'you can meet with our instructor and he can play a game with you to determine your level'이라며 그들의 강사를 만나볼 수 있는데 그가 수준을 알아보기 위해 경기를 한번 함께 해볼 수 있을 거라고 하였으므로, **level**이 정답이다.

6 **해설** 문제의 핵심어구(booking of courts)와 관련된 지문 내용 중 남자가 'it includes ~ priority bookings for tennis courts'라며 종합적인 패키지는 테니스 코트의 예약 우선권을 포함한다고 하였으므로, **priority**가 정답이다.

7 **해설** 문제의 핵심어구(Cost ~ for first-time members)와 관련된 지문 내용 중 남자가 'since you are joining for the first time, we can offer you £10 off to make it £120'라며 처음 가입하는 것이기 때문에 120파운드로 10파운드를 할인해 줄 수 있다고 하였으므로, **120**이 정답이다.

8 **해설** 문제의 핵심어구(use ~ for an additional fee)와 관련된 지문 내용 중 남자가 'With this ~ you have to pay extra to use the machines.'라며 학습자 패키지로 기계를 사용하려면 추가 비용을 지불해야 한다고 하였으므로, **machines**가 정답이다. 'pay extra'가 'for an additional fee'로 paraphrasing되었다.

9 **해설** 문제의 핵심어구(off of classes)와 관련된 지문 내용 중 남자가 'you will also get 10% off the classes'라며 또한 강좌들에서 10% 할인을 받을 수 있다고 하였으므로, **10%**가 정답이다.

10 **해설** 문제의 핵심어구(to confirm the trial)와 관련된 지문 내용 중 남자가 'so just call back to confirm once you know for sure'라며 시범 경기를 언제 할 수 있을지 확실히 알게 되면 그저 다시 전화해서 확정해달라고 하였으므로, **call**이 정답이다.

Questions 11-20 영국식 발음

🎧 DT11-20.mp3

Part 2. You will hear a guide at a natural history museum talking to a group of visitors.

Good morning, ladies and gentlemen. We're very happy to welcome you to the Museum of Natural History today. My name is Patrick, and I'll be your guide for today's tour. Before we get started, I'll first go over a few of the museum's highlights.

To start with, our dinosaur exhibits are some of the most popular in the museum. [11]These include actual skeletons and remains from these prehistoric animals. There are also numerous interactive displays which share information about the different dinosaur species. And [12]be sure not to miss the life-size replica models of the colossal tyrannosaurus and brontosaurus, on exhibit just beyond the prehistoric timeline display in the main foyer.

We have a few amazing displays about ocean life as well. Our life-size model of a blue whale is in the main courtyard and we have a spectacular Under the Sea room, which includes lots of models of fish and mammals. [13]Our dolphin display is possibly our most famous; it draws loads of people to see actual-size models of the creatures and learn about how they swim. We also have a display about fish evolution, which is especially interesting as it shows how they started as simple organisms and developed into complex

파트 2. 자연사 박물관에서 가이드가 단체 관광객들에게 이야기하는 것을 들으세요.

신사 숙녀 여러분, 좋은 아침입니다. 오늘 자연사 박물관에 오신 것을 진심으로 환영합니다. 제 이름은 Patrick이고, 오늘 관광에서 여러분의 가이드가 되어 드릴 거예요. 시작하기 전에, 먼저 박물관의 몇몇 주요한 볼거리들을 살펴보겠습니다.

우선, 저희의 공룡 전시들은 박물관에서 가장 인기 있는 것들 중 일부입니다. [11]이곳은 이 선사 시대 동물들의 실제 해골과 유해를 포함하고 있어요. 또한 서로 다른 공룡 종에 대한 정보를 공유하는 수많은 쌍방향 디스플레이도 있습니다. 그리고 메인 로비의 선사 시대 연대표 바로 뒤에 전시되어 있는, 거대한 [12]티라노사우루스와 브론토사우루스의 실물 크기 모형을 반드시 놓치지 않도록 하세요.

또한 저희는 해양 생물에 대해서도 몇 가지 놀라운 전시를 하고 있어요. 흰긴수염고래의 실물 크기 모형이 중앙 마당에 있으며 장관을 이루는 해저 관이 있는데, 이곳은 물고기와 포유류의 모형을 다수 포함하고 있습니다. [13]저희의 돌고래 전시가 아마도 가장 유명한 것일 텐데, 이곳은 수많은 사람을 끌어들이고 그들이 이 생물의 실제 크기 모형을 보고 그들이 어떻게 수영하는지를 배우게 합니다. 또한 물고기 진화에 관한 전시도 있는데, 이곳이 특히 흥미로운 것은 그들이 어떻게 단순한 생물에서 시작해 복잡한 종으로 진화했는

species. And [14]we have a very interesting display focusing on the life cycle of sharks. It shows how they develop from an embryo in an egg, until they are fully grown, and features models of infant sharks, adolescents, and fearsome adult hunters.

And then there is our plant life exhibit, which is contained in the museum's indoor botanical garden. [15]Colourful and rare species of plants, trees, and shrubs have been imported and put on display for you to view, including specimens from the Amazon rainforest and the tundra of Greenland. We are proud to house the country's rarest assortment of wildflowers, many of which you can grow yourself with seeds from our shop.

One special area of note is our Activity Zone, which has several interactive displays and activities. [16]You can watch a short film on the evolution of our human ancestors, showing how we evolved through time. And also check out our stage area, which hosts a variety of interesting presentations, demonstrations, and talks throughout the day. In addition, visit our 3-D Planetarium, where you can view incredible images of the stars and universe.

Now, I'd like to tell you a bit about the building before we get started. Where we're standing now is right outside the ground floor lobby, where you are welcome to purchase tickets for any of our special exhibits taking place today. The ticket counter is just to the right as you come in the main entrance. [17]Opposite the ticket counter, across the foyer, is the information centre. You can go there if you have any questions.

All of the exhibits and displays are located on the first and second floors of the museum. But we have a few other facilities situated on the ground floor here. While food and drink are not permitted in the exhibit areas, there is a café on this floor. [18]Just go straight through the main entrance, turn right down the corridor and it's on your left. If you want to leave your coats or other belongings somewhere while you look around the museum, you can visit the cloakroom, which is between the café and the ticket counter.

Now, [19]if you turn left from the main entrance and walk down the corridor past the information centre, before you come to a corner you will find our children's activity area, which has some toys and educational materials for your kids to play with. The gift shop, where visitors can buy souvenirs, is located down the corridor at the rear of the building. [20]From the foyer, head down the corridor on the left. Turn right when you pass the children's activity area and then take another right. Walk down the corridor, and the gift shop is the last

지를 보여주기 때문입니다. 그리고 [14]상어의 생애 주기에 초점을 맞추는 매우 흥미로운 전시가 있습니다. 이곳은 그들이 알속의 배아에서부터, 완전히 자랄 때까지 어떻게 성장하는지를 보여주고, 새끼 상어, 청소년, 그리고 다 자란 무시무시한 사냥꾼의 모형을 전시합니다.

그리고 다음으로 저희의 식물 전시가 있는데, 이 전시는 박물관의 실내 식물원 안에 있습니다. [15]아마존 열대 우림과 그린란드의 툰드라에서 온 표본을 포함해, 다채롭고 희귀한 식물, 나무, 그리고 관목 종들이 수입되어 여러분이 관람하실 수 있도록 전시되었습니다. 저희는 이 나라에서 가장 희귀한 여러 가지 야생화를 소장한 것을 자랑스럽게 여기며, 저희 가게의 씨앗으로 이 중 많은 것들을 여러분이 직접 재배하실 수 있습니다.

주목하셔야 할 한 가지 특별한 구역은 저희의 활동 구역으로, 이곳에는 여러 쌍방향 디스플레이와 활동들이 있습니다. [16]여러분은 인류 조상의 진화와 관련된 짧은 영화를 보실 수 있는데, 이는 우리가 시간이 흐르면서 어떻게 진화했는지를 보여줍니다. 그리고 여러 가지 흥미로운 발표, 설명, 그리고 강연이 온종일 열리는 저희의 공연 구역도 살펴보세요. 덧붙여, 별과 우주의 놀라운 이미지들을 볼 수 있는 3D 천체 투영관도 방문해 보세요.

이제, 시작하기 전에 건물에 대해 조금 이야기해 드리려고 합니다. 지금 우리가 서 있는 곳은 오늘 열리는 특별 전시회의 어떤 티켓이든 구입하실 수 있는 1층 로비의 바로 바깥이에요. 매표소는 정문으로 들어오시면 바로 오른쪽에 있습니다. [17]매표소 맞은편 로비 건너편에는 안내소가 있습니다. 무엇이든 질문이 있으시다면 거기에 가실 수 있어요.

모든 전시회와 전시들은 박물관의 1층과 2층에 있습니다. 그러나 여기 1층에는 몇 개의 다른 시설들이 자리 잡고 있어요. 전시 구역에서는 음식과 음료가 허용되지 않지만, 이 층에는 카페가 있습니다. [18]정문을 통과해 직진하셔서, 복도를 따라 오른쪽으로 돌면 여러분의 왼편에 있어요. 박물관을 둘러보시는 동안 외투 또는 다른 소지품을 어딘가에 두고 싶다면, 휴대품 보관소에 방문하실 수 있는데, 이곳은 카페와 매표소 사이에 있습니다.

이제, [19]정문에서 왼쪽으로 돌아서 안내소를 지나 복도를 따라 걸어가시면, 모퉁이에 닿기 전에 어린이 운동실을 찾으실 수 있는데, 여기에는 여러분의 아이들이 가지고 놀 수 있는 몇 가지 장난감과 교육 자료가 있습니다. 관람객들이 기념품을 구매할 수 있는 선물 가게는 건물 뒤쪽의 복도에 있습니다. [20]로비에서, 왼쪽에 있는 복도를 따라가세요. 어린이 운동실을 지날 때 오른쪽으로 도신 다음 한 번 더 오른쪽으로 꺾으세요. 복도를 따라 걸어가시면, 선물 가게는 계단까지 가기 전에 오른쪽에 있는 마지막 문입니다. 오늘 하루만, 선물 가게에서 참가하실 수 있는 추첨을 통해 공룡 티

door on the right before the stairs. For today only, we are giving away free dinosaur T-shirts in a raffle which you can enter at the gift shop.

All right. I think we're ready, so please follow me through these doors and get ready to marvel at the wonders of natural history.

셔츠를 무료로 드려요.

좋습니다. 준비가 되신 것 같으니, 이 문을 지나서 저를 따라오시고 자연사의 경이로움에 경탄할 준비를 해 주세요.

어휘 remains[riméinz] 유해 prehistoric[미 prì:histɔ́:rik, 영 prì:histɔ́rik] 선사 시대의 interactive[ìntərǽktiv] 쌍방향의 replica[réplikə] 모형
colossal[미 kəlásəl, 영 kəlɔ́səl] 거대한 foyer[미 fɔ́iər, 영 fɔ́iei] 로비 spectacular[미 spektǽkjulər, 영 spektǽkjələ] 장관을 이루는
embryo[미 émbriòu, 영 émbriəu] 배아 botanical[bətǽnikəl] 식물의 specimen[미 spésəmən, 영 spésəmin] 표본
tundra[tʌ́ndrə] 툰드라 (고지이기 때문에 수목이 자라지 않는 동토대) assortment of ~의 여러 가지의
planetarium[미 plæ̀nətɛ́əriəm, 영 plæ̀nitɛ́əriəm] 천체 투영관, 천문관 raffle[rǽfl] 추첨

Questions 11-12

11-12 공룡 전시에 대해 화자가 강조하는 두 가지 특징은 무엇인가?

A 유골 전시

B 게시된 그림

C 상호 작용 활동

D 생물의 재현

E 설명을 위한 연대표

해설 문제의 핵심어구(the dinosaur exhibits)와 관련된 지문 내용 중 'These include actual skeletons and remains from these prehistoric animals.'에서 공룡 전시는 이 선사 시대 동물들의 실제 해골과 유해를 포함하고 있다고 하였으므로, 보기 **A** bone displays가 정답이다.

또한 'be sure not to miss the life-size replica models of the ~ tyrannosaurus and brontosaurus'에서 티라노사우루스와 브론토사우루스의 실물 크기 모형을 반드시 놓치지 않도록 하라고 하였으므로, 보기 **D** re-creations of creatures가 정답이다. 'replica models'가 're-creations'로 paraphrasing되었다.

🔍 오답 확인하기
B는 지문에서 언급되지 않은 내용이므로 오답이다.
C는 지문의 'interactive activities'를 언급해 혼동하기 쉽지만, 공룡 전시가 아닌 활동 구역에 대한 내용이므로 오답이다.
E는 지문의 'timeline'을 그대로 언급해 혼동하기 쉽지만, 공룡 전시가 아닌 메인 로비에 대한 내용이므로 오답이다.

Questions 13-16

13 해저관 전시에 대해 특별한 것은 무엇인가?

A 모형을 이용해 돌고래가 어떻게 헤엄치는지 보여준다.

B 흰긴수염고래의 실물 크기 전시가 있다.

C 물고기와 다른 종의 진화를 비교한다.

해설 문제의 핵심어구(Under the Sea exhibit)와 관련된 지문 내용 중 'Our dolphin display is possibly our most famous; it draws loads of people to see actual-size models of the creatures and learn about how they swim.'에서 돌고래 전시가 아마도 가장 유명한 것일 텐데 이곳은 수많은 사람을 끌어들이고 그들이 이 생물의 실제 크기 모형을 보고 그들이 어떻게 수영하는지를 배우게 한다고 하였으므로, 보기 **A** It shows how dolphins swim by using models가 정답이다.

🔍 오답 확인하기
B는 지문의 'life-size'와 'blue whale'을 그대로 언급해 혼동하기 쉽지만, 해저 관이 아닌 중앙 마당에 대한 내용이므로 오답이다.
C는 지문의 'evolution'과 'fish'를 언급해 혼동하기 쉽지만, 지문에서 물고기와 다른 종의 진화를 비교한다는 내용은 언급하지 않았으므로 오답이다.

14 상어 구역의 모형 전시는 상어의 어떤 측면에 초점을 맞추는가?

    A 그들의 사냥꾼으로서의 본성

    B 그들이 새끼를 기르는 방법

    C 그들의 생애 주기

    해설 문제의 핵심어구(shark area focus on)와 관련된 지문 내용 중 'we have a very interesting display focusing on the life cycle of sharks. It shows how they develop from an embryo in an egg, until they are fully grown'에서 상어의 생애 주기에 초점을 맞추는 매우 흥미로운 전시가 있다고 한 뒤 이곳은 그들이 알 속의 배아에서부터 완전히 자랄 때까지 어떻게 성장하는지를 보여준다고 하였으므로, 보기 **C** their cycle of life가 정답이다.

    🔍 **오답 확인하기**
    A는 지문의 'hunters'를 언급해 혼동하기 쉽지만, 지문에서 그들의 사냥꾼으로서의 본성에 대한 내용은 언급하지 않았으므로 오답이다.
    B는 지문의 'infant'를 언급해 혼동하기 쉽지만, 지문에서 그들이 새끼를 기르는 방법에 대한 내용은 언급하지 않았으므로 오답이다.

15 식물 전시는 방문객들이 ―의 전시를 보게 해준다.

    A 원예 방법

    B 다양한 환경에서 온 식물군

    C 희귀한 야생화 씨앗

    해설 문제의 핵심어구(plant life exhibits)와 관련된 지문 내용 중 'Colourful and rare species of plants, trees, and shrubs have been ~ put on display for you to view, including specimens from the Amazon rainforest and the tundra of Greenland.'에서 아마존 열대 우림과 그린란드의 툰드라에서 온 표본을 포함해 다채롭고 희귀한 식물, 나무, 그리고 관목 종들이 관람할 수 있도록 전시되었다고 하였으므로, 보기 **B** flora from diverse environments가 정답이다. 'plants, trees, and shrubs'가 'flora'로 paraphrasing되었다.

    🔍 **오답 확인하기**
    A는 지문에 언급되지 않은 내용이므로 오답이다.
    C는 지문의 'wildflower'와 'seeds'를 언급해 혼동하기 쉽지만, 문제에서 묻는 식물 전시에서 볼 수 있는 것과 관련된 내용이 아니므로 오답이다.

16 활동 구역에서, 인류 진화는 ―을 통해 설명된다.

    A 영화 상영

    B 3차원 전시

    C 연단에서의 설명

    해설 문제의 핵심어구(human development is depicted)와 관련된 지문 내용 중 'You can watch a short film on the evolution of our human ancestors, showing how we evolved through time.'에서 인류 조상의 진화와 관련된 짧은 영화를 볼 수 있는데 이는 인류가 시간이 흐르면서 어떻게 진화했는지를 보여준다고 하였으므로, 보기 **A** movie screenings가 정답이다. 'film'이 'movie screenings'로 paraphrasing되었다.

    🔍 **오답 확인하기**
    B는 지문의 '3-D'와 'presentations'를 언급해 혼동하기 쉽지만, 지문에서 3차원 전시에 대한 내용은 언급하지 않았으므로 오답이다.
    C는 지문의 'demonstrations'를 언급해 혼동하기 쉽지만, 인류 진화의 설명이 아닌 공연 구역에 대한 내용이므로 오답이다.

Questions 17-20

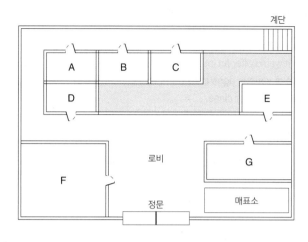

17 안내소 ....

해설 문제(Information centre)가 언급된 지문 내용 중 'Opposite the ticket counter, across the foyer, is the information centre.'에서 매표소 맞은편 로비 건너편에는 안내소가 있다고 하였으므로, 보기 **F**가 정답이다.

18 휴대품 보관소 ....

해설 문제(Cloakroom)가 언급된 지문 내용 중 'Just go straight through the main entrance, turn right down the corridor and it's on your left. ~ you can visit the cloakroom, which is between the café and the ticket counter.'에서 정문을 통과해 직진해서 복도를 따라 오른쪽으로 돌면 왼편에 카페가 있다고 한 뒤 휴대품 보관소에 방문할 수 있는데 이곳은 카페와 매표소 사이에 있다고 하였으므로, 보기 **G**가 정답이다.

19 어린이 운동실 ....

해설 문제(Children's activity area)가 언급된 지문 내용 중 'if you turn left from the main entrance and walk down the corridor past the information centre, before you come to a corner you will find our children's activity area'에서 정문에서 왼쪽으로 돌아서 안내소를 지나 복도를 따라 걸어가면 모퉁이에 닿기 전에 어린이 운동실을 찾을 수 있다고 하였으므로, 보기 **D**가 정답이다.

20 선물 가게 ....

해설 문제(Gift shop)가 언급된 지문 내용 중 'From the foyer, head down the corridor on the left. Turn right when you pass the children's activity area and then take another right. Walk down the corridor, and the gift shop is the last door on the right before the stairs.'에서 로비에서 왼쪽에 있는 복도를 따라가라며 어린이 운동실을 지날 때 오른쪽으로 돈 다음 한 번 더 오른쪽으로 꺾으라고 한 뒤 복도를 따라 걸어가면 선물 가게는 계단까지 가기 전에 오른쪽에 있는 마지막 문이라고 하였으므로, 보기 **C**가 정답이다.

Questions 21-30 미국식 발음 → 영국식 발음 → 영국식 발음   🎧 DT21-30.mp3

Part 3. You will hear a conversation between two students and a psychology professor about a research project.	파트 3. 연구 과제에 관한 두 학생과 심리학 교수 간의 대화를 들으세요.
M1: So, what have you come up with for your research project topic?	남1: 자, 너희가 연구 과제 주제에 대해 찾아낸 것은 어떤 것들이니?

M2: Well, Tracy and I have been thinking about focusing on the benefits of art therapy for different age groups.

M1: I see. Why did you choose that topic in particular?

W: Raymond and I thought it would offer an interesting perspective. Art therapy helps people of various ages in different ways. It might be good to explain that to our class.

M2: We've also discovered a large number of studies about art therapy sessions conducted with particular age groups. The topic would be easy to research as there are a lot of sources out there.

M1: Okay. That seems reasonable. So, what have you found out about the effects of art therapy on different age groups?

W: There is an interesting study about art therapy and preschool children. Creating art not only encourages them to be creative, but an extra benefit is that [21]it helps to develop their hand-eye coordination and other motor skills.

M2: Yes, and it also helps improve their attention span and cognitive ability.

M1: OK, that sounds interesting. What about the effects on other age groups?

W: [22]With adolescents, there is one study that reveals art therapy improves their ability to talk to people. Therapists working with teenagers suffering from depression found that [22]they were able to communicate the issues they faced through their art, which helped them express these feelings verbally.

M2: And there is lots of other research, too, which shows the benefits of art therapy for adults.

M1: What sort of benefits did you discover specifically?

W: We read a study on adults coping with post-traumatic stress disorder . . . or PTSD. [23]These people had all dealt with a serious trauma, and art therapy was a significant part of their healing process.

M2: [24]We also researched studies showing that art therapy improves the memory functions of senior citizens. If I remember correctly, doing artwork requires the use of both sides of the brain, which improves both short and long-term memory. Art therapy works really well for those losing their memories due to Alzheimer's or dementia.

M1: That's all excellent. It sounds like you're off to a good start. How are you collecting your data?

W: Mostly online journals and websites. However, [25]I have scheduled some interviews with a few psychologists to find out from them what they consider to be the greatest benefits

---

남2: 음, Tracy와 저는 서로 다른 연령대에서의 미술 치료의 이점에 초점을 맞추는 것을 생각하고 있었어요.

남1: 그렇구나. 왜 특히 그 주제를 고른 거니?

여 : Raymond와 저는 그것이 흥미로운 관점을 제공할지도 모른다고 생각했어요. 미술 치료는 다양한 연령대의 사람들에게 서로 다른 방식으로 도움을 줘요. 그걸 수업에서 설명하기 좋을 것 같아요.

남2: 저희는 특정한 연령대에서 진행된 미술 치료 세션에 관해 많은 연구를 발견했어요. 자료가 많으니 그 주제를 조사하기가 쉬울 것 같아요.

남1: 그래. 괜찮아 보이는구나. 그럼, 서로 다른 연령대에서 미술 치료의 효과에 대해 어떤 것들을 찾았니?

여 : 미취학 아동들과 미술 치료에 관한 흥미로운 연구가 있어요. 미술 작품을 만드는 것이 그들이 창의적일 수 있도록 북돋아 줄 뿐만 아니라, 한 가지 추가적인 이점은 [21]그것이 손과 눈의 조정 작용과 다른 운동 능력을 발달시키도록 도움을 준다는 거예요.

남2: 네, 그리고 그것은 또한 그들의 주의 지속 시간과 인지 능력을 증진하는 데에도 도움을 줘요.

남1: 그래, 흥미로운 것 같구나. 다른 연령대에서의 효과는 어떠니?

여 : [22]청소년들에 있어서는, 미술 치료가 사람들과 이야기하는 능력을 향상시킨다는 것을 보여주는 한 연구가 있어요. 우울증을 앓고 있는 십대들과 함께 일하는 치료사들은 [22]그들이 미술을 통해 자신들이 직면한 문제들을 소통할 수 있었고, 이는 그들이 이런 감정들을 구두로 표현하는 데에도 도움이 되었다는 것을 발견했어요.

남2: 그리고 다른 연구들도 많은데, 이들은 성인에게 있어 미술 치료의 이점을 보여줘요.

남1: 구체적으로 어떤 종류의 이점들을 발견했니?

여 : 저희는 외상 후 스트레스 장애… 혹은 PTSD에 대처하고 있는 성인들에 대한 연구를 읽어 보았어요. [23]이 사람들은 모두 심각한 트라우마에 대처했었고, 미술 치료는 그들의 치유 과정에서 중요한 부분이었어요.

남2: [24]미술 치료가 노인들의 기억력을 향상시킨다는 것을 보여주는 연구도 조사했어요. 제가 제대로 기억한다면, 미술 작품 활동은 뇌의 양쪽 부분을 모두 사용해야 하는데, 이는 단기와 장기 기억 모두를 향상시켜요. 미술 치료는 알츠하이머나 치매로 인해 기억을 잃어버리고 있는 사람들에게 아주 훌륭하게 작용해요.

남1: 모두 훌륭해. 너희가 순조롭게 출발하고 있는 것 같구나. 어떻게 자료를 수집하고 있니?

여 : 주로 온라인의 학술지와 웹사이트에서요. 하지만, [25]저는 몇몇 심리학자들에게서 그들이 생각하는 환자들을 위한 미술 치료의 가장 큰 이점이 무엇인지 알아보기 위해 인터뷰를 약속해 두

of art therapy for their patients.

M1: Excellent. It's important to get the perspective of art therapy practitioners, and you'll get lots of practical information conducting the interviews as well. I think you will have a wide range of materials available for your project. Now, do you have any concerns so far?

M2: It seems like there will be a lot of material to cover if we include data about each age group. ²⁶I'm not sure we'll be able to fit everything in considering the time we have left.

M1: That is quite true. Erm. . . in that case, there are some ways to narrow down your research. For example, ²⁷you may wish to compare the benefits of art therapy for preschool children to those experienced by senior citizens because the therapies provided to both age groups are fairly similar.

W: You mean in terms of the activities they do?

M1: Yes, often preschoolers and seniors are given sketchbooks and asked to draw how they feel that day. The younger patients take to drawing very quickly, but ²⁸the older ones can be reluctant and often struggle to come up with ideas. They are more likely to produce abstract expressions of how they feel, whereas preschoolers will often draw things they see around them.

W: Oh, yes, I also found that both age brackets participated in a lot of group therapy sessions. And the benefits were similar for patients from both groups. ²⁹The sessions included interacting socially with peers which, in both cases, stimulated better thought processing.

M1: That's an excellent point to include. And another method that is being used more frequently with both these age groups is art therapy sessions that incorporate music. Several studies have been done on that, and the results are very interesting.

M2: Oh, I've heard about that. There are several ways music is used. ³⁰One involves patients drawing or painting how the melody makes them feel, and it can be a very effective means of getting rid of tension. Yes, we should definitely look into that technique, Tracy.

W: Well, then let's look into the existing research on art therapy using music and start compiling some data.

M1: Great. It sounds like you're headed in the right direction. So, we should try to schedule our next . . .

있어요.

남1: 좋구나. 미술 치료를 실행하는 사람들의 관점을 아는 것은 중요하고, 또한 그 인터뷰를 진행하면서 실질적인 정보를 많이 얻을 수도 있을 거란다. 내 생각에는 너희의 프로젝트에 쓸 수 있는 광범위한 자료를 얻을 수 있을 거야. 자, 지금까지 어떤 걱정이라도 있니?

남2: 만약 저희가 각 연령대의 자료를 포함한다면 다뤄야 하는 자료가 많아질 것 같아요. ²⁶저희에게 남은 시간을 생각해보면 모든 것을 포함할 수 있을지 잘 모르겠어요.

남1: 그건 상당히 옳은 말이야. 음... 그런 경우라면, 너희의 연구 범위를 좁히는 몇 가지 방법이 있단다. 예를 들어, ²⁷미취학 아동에 대한 미술 치료의 이점과 노인들이 경험한 이점을 비교해 보는 것도 괜찮을 것인데 왜냐하면 두 연령대 모두에서 제공된 치료들이 상당히 비슷하기 때문이란다.

여: 그들이 하는 활동과 관련해서 말씀이신가요?

남1: 그래, 종종 미취학 아동들과 노인들은 스케치북을 받고 그들이 그날 느낀 것에 대해 그리도록 요청받는단다. 더 어린 환자들은 매우 빨리 그리기 시작하지만, ²⁸더 나이 든 사람들은 주저할 수도 있고 종종 아이디어를 생각해내는 것을 어려워할 수도 있어. 그들은 좀 더 자신들이 느끼는 것에 대해 추상적인 표현들을 만들어내는 반면, 미취학 아동들은 종종 그들이 주위에서 보는 것들을 그린단다.

여: 오, 맞아요, 저는 또한 두 연령층 모두 그룹 치료 세션에 많이 참여했다는 것도 발견했어요. 그리고 두 그룹 모두의 환자들에 있어서 이점이 비슷했어요. ²⁹이 세션들은 친구들과 사회적으로 상호작용하는 것을 포함했는데 이는 두 경우 모두 더 나은 사고 과정을 불러일으켰어요.

남1: 그건 포함하기 아주 좋은 요점이구나. 그리고 이 두 연령대 모두에서 더 자주 사용되는 또 다른 방법은 음악을 포함하는 미술 치료 세션이란다. 그것에 대해 여러 연구가 진행되었는데, 결과들이 상당히 흥미롭지.

남2: 오, 그것에 대해 들어 보았어요. 음악이 사용되는 여러 가지 방법들이 있죠. ³⁰한 가지는 환자들이 선율에서 느껴지는 것을 그리거나 색칠하는 것을 포함하고, 이것은 긴장을 없애는 데 매우 효과적인 방법이 될 수 있어요. 그래, 확실히 그 기법을 조사해 봐야겠어, Tracy.

여: 음, 그럼 음악을 사용하는 미술 치료에 대해 현존하는 연구를 조사해 보고 몇몇 자료를 편집하기 시작하도록 하자.

남1: 좋구나. 너희가 제대로 된 방향으로 나아가고 있는 것 같아. 그러면, 다음 약속을 잡아야 하는데...

어휘   perspective [미 pərspéktiv, 영 pəspéktiv] 관점, 견해   preschool [príːskuːl] 미취학의, 취학 전의
hand-eye coordination 손과 눈의 조정 작용   motor skills 운동 능력   cognitive [미 kágnitiv, 영 kɔ́gnətiv] 인지의, 인식의
adolescent [æ̀dəlésnt] 청소년, 청년   dementia [diménʃə] 치매   practitioner [미 præktíʃənər, 영 præktíʃənə] 실천하고 있는 사람
narrow down 범위를 좁히다   take to ~하기 시작하다   bracket [brǽkit] 계층, 괄호   compile [kəmpáil] 편집하다, 엮다

Questions 21-24

다음의 연령대에 대한 미술 치료의 효과는 무엇인가?

미술 치료의 효과

A 운동 능력 발달을 돕는다.
B 기억 능력을 향상시킨다.
C 감정을 더 잘 표현하도록 한다.
D 사람들이 충격적인 사건에서 회복되도록 돕는다.
E 노화에 따른 정신적 효과를 늦춘다.

연령대

21 미취학 아동 ....

22 청소년 ....

23 어른 ....

24 노인 ....

21 해설 문제(Preschool children)와 관련된 지문 내용 중 여자가 'it helps to develop their hand-eye coordination and other motor skills'라며 미술 작품을 만드는 것이 미취학 아동들의 손과 눈의 조정 작용과 다른 운동 능력을 발달시키도록 도움을 준다는 거라고 하였으므로, **A assists in motor skill development**가 정답이다. 'helps to develop'이 'assists ~ development'로 paraphrasing되었다.

22 해설 문제(Adolescents)가 언급된 지문 내용 중 여자가 'With adolescents, there is one study that reveals art therapy improves their ability to talk to people.'이라며 청소년들에 있어서는 미술 치료가 사람들과 이야기하는 능력을 향상시킨다는 것을 보여주는 한 연구가 있다고 한 뒤, 'they were able to communicate ~ through their art, which helped them express these feelings verbally'라며 우울증을 앓고 있는 십대들이 미술을 통해 소통할 수 있었고 이는 그들이 이런 감정들을 구두로 표현하는 데에도 도움이 되었다고 하였으므로, **C enables better expression of feelings**가 정답이다. 'helped them express ~ feelings'가 'enables better expression of feelings'로 paraphrasing되었다.

23 해설 문제(Adults)와 관련된 지문 내용 중 여자가 'These people had all dealt with a serious trauma, and art therapy was a significant part of their healing process'라며 연구에서의 성인들은 모두 심각한 트라우마에 대처했고 미술 치료는 그들의 치유 과정에서 중요한 부분이었다고 하였으므로, **D helps people recover from traumatic events**가 정답이다.

24 해설 문제(Senior citizens)가 언급된 지문 내용 중 남자2가 'We also researched studies showing that art therapy improves the memory functions of senior citizens.'라며 미술 치료가 노인들의 기억력을 향상시킨다는 것을 보여주는 연구도 조사했다고 하였으므로, **B enhances recall ability**가 정답이다. 'improves the memory functions'가 'enhances recall ability'로 paraphrasing되었다.

Questions 25-30

25 학생들은 조사의 한 부분으로 누구와 인터뷰를 진행할 것인가?
A 미술 치료사의 환자들
B 심리학 전문가들
C 웹사이트 기자들

해설 문제의 핵심어구(conduct interviews with)와 관련된 지문 내용 중 여자가 'I have scheduled some interviews with a few psychologists'라며 몇몇 심리학자들에게서 인터뷰를 약속해 두었다고 하였으므로, **B psychology experts**가 정답이다.

26 Raymond가 걱정하는 것은 무엇인가?

    A   여러 연령대에 초점을 맞추는 연구가 많지 않다.

    B   선택된 주제에 관해 쓰여진 자료가 거의 없다.

    C   수집한 모든 자료에 관해 쓸 수 있는 시간이 충분하지 않을지도 모른다.

해설 문제의 핵심어구(Raymond worried about)와 관련된 지문 내용 중 남자2가 'I'm not sure we'll be able to fit everything in considering the time we have left.'라며 남은 시간을 생각해보면 모든 것을 포함할 수 있을지 잘 모르겠다고 하였으므로, **C** There may be insufficient time to write about all the collected data가 정답이다.

🔍 오답 확인하기

A는 지문에서 'age group'으로 등장해 혼동하기 쉽지만, 지문에서 여러 연령대에 초점을 맞추는 연구가 많지 않다는 내용은 언급하지 않았으므로 오답이다.

B는 지문의 'It seems like there will be a lot of material to cover'와 반대되는 내용이므로 오답이다.

27 교수에 따르면, 학생들은 −하기 때문에 미취학 아동과 노인을 조사할 수도 있다.

    A   다른 연령의 사람들에 관한 자료가 충분하지 않기 때문

    B   두 그룹 모두에서 비슷한 치료가 사용되었기 때문

    C   프로젝트에 단어 제한이 있기 때문

해설 문제의 핵심어구(study preschool children and senior citizens)와 관련된 지문 내용 중 남자 1이 'you may wish to compare the benefits of art therapy for preschool children to those experienced by senior citizens because the therapies provided to both age groups are fairly similar'라며 미취학 아동에 대한 미술 치료의 이점과 노인들이 경험한 이점을 비교해 보는 것도 괜찮을 것인데 왜냐하면 두 연령대 모두에서 제공된 치료들이 상당히 비슷하기 때문이라고 하였으므로, **B** similar therapies have been used for both groups가 정답이다.

🔍 오답 확인하기

A는 지문의 'materials'를 언급해 혼동하기 쉽지만 지문에서 다른 연령의 사람들에 관한 자료가 충분하지 않다는 내용은 언급하지 않았으므로 오답이다.

C는 지문에 언급되지 않은 내용이므로 오답이다.

28 노인들은 미술을 통해 그들 자신을 표현하라는 요청을 받았을 때 어떻게 반응하는 경향이 있는가?

    A   그들 주위에서 보는 것을 그린다.

    B   주저하며 무엇을 그려야 할지 모른다.

    C   매우 빠르게 그것을 시작한다.

해설 문제의 핵심어구(senior citizens ~ react)와 관련된 지문 내용 중 남자 1이 'the older ones can be reluctant and often struggle to come up with ideas'라며 더 나이 든 사람들은 주저할 수도 있고 종종 아이디어를 생각해내는 것을 어려워할 수도 있다고 하였으므로, **B** They are hesitant and don't know what to draw가 정답이다. 'reluctant and ~ struggle to come up with ideas'가 'hesitant and don't know what to draw'로 paraphrasing되었다.

🔍 오답 확인하기

A, C는 지문의 'draw things they see around', 'take to ~ quickly'를 그대로 언급해 혼동하기 쉽지만, 노인이 아닌 미취학 아동에 대한 내용이므로 오답이다.

29 노인과 미취학 아동 모두에서 그룹 세션은 -이라는 결과로 이어졌다.

    A 더 많은 신체적 활동

    B 더 적은 사회적 상호작용

    C 향상된 정신적 기능

> **해설** 문제의 핵심어구(Group sessions)가 언급된 지문 내용 중 여자가 'The sessions ~ stimulated better thought processing.'이라며 그룹 치료 세션들은 두 경우 모두 더 나은 사고 과정을 불러일으켰다고 하였으므로, **C improved mental functions**가 정답이다. 'better thought processing'이 'improved mental functions'로 paraphrasing되었다.
>
> 🔍 **오답 확인하기**
> A는 지문에서 언급되지 않은 내용이므로 오답이다.
> B는 지문에서 'interacting socially'로 등장해 혼동하기 쉽지만, 지문에서 더 적은 사회적 상호작용이라는 결과로 이어졌다는 내용은 언급하지 않았으므로 오답이다.

30 음악을 포함하는 미술 치료는 환자들에게 어떻게 도움을 주는가?

    A 그들이 개인적인 감정을 표현하도록 해 준다.

    B 그들이 진정하도록 해 준다.

    C 그들에게 일체감을 준다.

> **해설** 문제의 핵심어구(therapy that includes music)와 관련된 지문 내용 중 남자2가 'One ~ can be a very effective means of getting rid of tension.'이라며 음악이 사용되는 미술 치료의 한 가지는 긴장을 없애는 데 매우 효과적인 방법이 될 수 있다고 하였으므로, **B It allows them to relax**가 정답이다. 'getting rid of tension'이 'allows ~ to relax'로 paraphrasing되었다.

Questions 31-40 영국식 발음

🎧 DT31-40.mp3

Part 4. You will hear a lecture from a professor in a history class about the development of railways.	파트 4. 철도의 발달에 관한 역사 수업 교수의 강의를 들으세요.

Last time, I briefly introduced our next topic, which is the development of locomotives and their effect on history. We looked at the invention of the first locomotive by Richard Trevithick in 1804 in Wales. And I explained the basic concepts and designs of the first locomotives. Today, I'd like to move ahead and discuss the development of trains and railway systems thereafter.

[31]Trevithick's locomotive was not a financial success, unfortunately, but there was modest development of small rail systems in Great Britain after that. However, it wasn't until the early 1830s that large-scale railway construction began. And this was mainly due to industrialisation sweeping across Great Britain, which increased demand for faster and cheaper transport. [32]Centres of industry which contained new factories needed connections to port cities where manufactured products could be shipped abroad. Likewise, raw materials needed to be sent to manufacturing plants.

And [33]it wasn't just in the UK that railways were being built, but all around the world, and this caused international trade to grow at a rapid rate. The mid 1800s saw an explosion of railway construction on large landmasses. Continental Europe was also seeing an

지난 시간에, 저는 우리의 다음 주제인, 기관차의 발달과 그것들이 역사에 미친 영향을 짧게 소개했습니다. 1804년 웨일스에서 Richard Trevithick에 의한 최초의 기관차 발명에 대해 살펴보았죠. 그리고 최초의 기관차의 기본 구상과 디자인에 관해 설명했습니다. 오늘은, 나아가서 그 이후의 기차와 철도 시스템의 발달에 관해 이야기하고자 합니다.

유감스럽게도, [31]Trevithick의 기관차는 재정적으로 성공하지 못했지만, 그 후 영국에서 작게나마 철도 시스템이 소규모로 발달했어요. 하지만, 대규모 철도 건설은 1830년대 초반이 되어서야 시작했습니다. 그리고 이는 대부분 영국 전역을 휩쓴 산업화로 인한 것이었고, 이는 더 신속하고 저렴한 운송 수단에 대한 요구를 증가시켰죠. [32]새로운 공장들이 있던 산업의 중심지들은 제조된 제품들이 해외로 수송될 수 있는 항구 도시들로의 연결편이 필요했습니다. 마찬가지로, 원자재들은 제조 공장들로 보내져야 했습니다.

그리고 [33]철도가 지어지고 있던 곳은 영국뿐만이 아니라, 전 세계였고, 이것은 국제 무역이 빠른 속도로 성장하게 만들었습니다. 1800년대 중반에는 광대한 대륙에 걸쳐 철도 건설의 폭발적인 증가가 나타났어요. 유럽 대륙 또한 산업화의 수요로 인해 철로의 폭발적인 증가를 목격하고 있었습니다.

explosion of train rails because of the demands of industrialisation.

Rail transport spread around the globe quickly, notably in North America. In the US, some rail projects began in the early 1800s, but it was not until the Baltimore and Ohio Railroad in 1828 that a railroad fully connected cities in an entire region. It was also the first railway to be totally open to the public rather than for a limited clientele. Canada also joined in, and began building railways extensively in the 1850s. [34]The discovery of gold in the western part of North America offered an additional incentive, and by the end of the century, the US and Canada each had built transcontinental railways connecting the east and west coasts.

In the 20th century, there were several historic occasions that affected railway construction. Most early trains ran by coal-powered steam engines. But in 1912, the first diesel fuelled engine was introduced, which allowed for larger weights to be transported at faster speeds than ever. [35]Long-distance land trips which had previously taken weeks or even months could now be accomplished in just a matter of days. Railway construction continued at a fast rate, as demand was growing for both commercial transport and passenger transit.

The occurrence of World War I and World War II slowed down the growth of railway systems a bit, as [36]often they were military targets and required reconstruction after being destroyed or damaged during battles. But another period of rapid growth occurred in the 1950s as Europe and other parts of the world rebuilt following the aftermath of World War II. Following that, trains were the most popular method of land transportation until usage of automobiles and aircrafts became more widespread and popular.

So, why did train transport experience such rapid growth and success within such a relatively short period of time? Before locomotives, land transport was primarily limited to wagons pulled by animals. Travel times were incredibly long, making trade rather expensive and difficult. So, world trade . . . even trade within the United Kingdom . . . was limited. Industrialisation drove the development of railways as the period demanded larger quantities of materials and a better way to transport products. [37]Manufacturers insisted on having a way to transport their goods more rapidly and cheaply to consumers or centres of commerce. And because of that, consumers started seeing a drop in the cost of manufactured products.

Another reason rail systems grew so quickly, for Europeans and the British in particular, is that [38]they allowed countries to have greater control of their colonies around the world. Soldiers and military equipment could easily and quickly be moved to wherever they were

---

철도 교통은 전 세계로, 특히 북아메리카 대륙에서 빠르게 퍼져 나갔습니다. 미국에서, 몇몇 철도 프로젝트는 1800년도 초반에 시작되었지만, 1828년 볼티모어-오하이오 철도 이후에야 비로소 철도가 전 지역의 도시들을 완전히 연결했습니다. 그것은 또한 제한된 고객을 대신에 완전히 공공에 개방된 첫 번째 철도이기도 했죠. 캐나다도 합세했고, 1850년대에 광범위하게 철도를 건설하기 시작합니다. [34]북아메리카 서쪽 지역에서 금이 발견된 것은 추가적인 유인책을 제공했고, 그 세기가 끝날 무렵에는, 미국과 캐나다가 각각 동부 해안과 서부 해안을 잇는 대륙 횡단 철도를 건설했습니다.

20세기에는, 철도 건설에 영향을 미친 여러 역사적 사건들이 있었어요. 대부분의 초창기 기차들은 석탄을 동력으로 하는 증기 엔진으로 작동했었죠. 하지만 1912년에, 최초의 디젤 동력 엔진이 도입되었고, 이는 더 큰 무게가 그 어느 때보다 더 빠른 속도로 수송될 수 있도록 했습니다. [35]이전에는 몇 주 혹은 심지어 몇 달이 걸렸던 내륙 장거리 이동은 이제 단 며칠 만에 완료될 수 있었어요. 상업적 수송과 여객 운송 모두에서 수요가 증가하고 있었으므로, 철도 건설은 빠른 속도로 계속되었습니다.

세계 1차 대전과 세계 2차 대전의 발발은 철도 시스템의 성장을 약간 늦췄는데, 이는 [36]많은 경우 철도 시스템이 군사적인 공격 목표였으며 전투 중에 파괴되거나 훼손되어 재건이 필요했기 때문입니다. 하지만 세계 2차대전의 여파를 지나 유럽과 세계의 다른 지역들이 재건되면서 1950년대에 또 다른 급격한 성장기가 발생했죠. 그 후, 기차는 자동차와 비행기가 더 광범위하고 대중적으로 이용되기 전까지 가장 대중적인 육상 운송 수단이었습니다.

그래서, 기차 운송은 왜 이렇게 상대적으로 짧은 기간 안에 이토록 빠른 성장과 성공을 겪었을까요? 기관차 이전에, 육상 운송은 주로 동물이 끄는 마차들로 제한되어 있었습니다. 이동 시간은 믿기 어려울 정도로 길었고, 이는 무역을 다소 비싸고 어렵게 만들었죠. 그래서, 세계 무역... 심지어 영국 내에서의 무역도... 제한적이었습니다. 산업화는 철도의 발전에 동력을 제공했는데 이는 그 시대가 더 많은 양의 원료와 제품을 수송하는 더 나은 방법을 요구했기 때문이었어요. [37]제조업자들은 그들의 제품을 더욱 빠르고 저렴하게 소비자나 상업의 중심지로 수송할 방법이 있어야 한다고 주장했습니다. 그리고 그로 인해, 소비자들은 제조된 제품의 비용이 하락하는 것을 목격하기 시작했어요.

유럽인들과 특히 영국인들에게 있어서, 철도 시스템이 이렇게 빠르게 성장했던 또 다른 이유는, [38]그것들이 이 나라들로 하여금 세계 곳곳에 있는 식민지를 더 잘 통제할 수 있도록 했기 때문입니다. 군인들

needed. Needed supplies were easily transported across great distances to more remote areas. Were it not for rail systems, control of foreign territories would have been impossible.

And these days the popularity of passenger trains continues to grow, and they have become even more innovative and cost efficient. ³⁹Cleaner fuels are being used, and with the development of electric trains, railway systems are more environmentally friendly. These days we have very sleek and modern trains in many countries that travel at speeds of up to 430 kilometres per hour. And now we are seeing the further construction of electromagnetic train systems, which run on perfectly clean energy. ⁴⁰Rapid development of advanced railway systems in East Asia and continental Europe have made trains the most popular method of travel in those regions. Many believe that trains will become the most popular form of transport in the future, as they are fast, efficient, and affordable.

Now, before I talk about some of the positive and negative historical consequences of railway development, I would like to briefly . . .

과 군사 장비가 어딘지 필요한 곳으로 쉽고 빠르게 옮겨질 수 있었죠. 필요한 물자들은 먼 거리를 가로질러 더 외진 지역으로 쉽게 수송되었어요. 철도 시스템이 아니었다면, 외국 영토에 대한 통제는 불가능했을지도 모릅니다.

그리고 오늘날 여객 기차의 대중성은 지속적으로 성장해, 한층 더 혁신적이고 비용 효율적이 되었습니다. ³⁹더 깨끗한 연료가 사용되고 있고, 전기 기차의 발달로, 철도 시스템은 더 환경친화적이 되었어요. 요즘에는 많은 나라들에 시간당 430킬로미터까지의 속도로 운행하는 매우 날렵하고 현대적인 기차들이 있죠. 그리고 이제 우리는 더 많은 전자기 기차 시스템의 건설을 목격하고 있고, 이들은 온전히 청정에너지로 작동합니다. ⁴⁰동아시아와 유럽 대륙에서의 선진 철도 시스템의 빠른 발달은 그 지역들에서 기차를 가장 대중적인 이동 수단으로 만들었죠. 많은 사람들이 기차가 빠르고, 효율적이며, 가격이 알맞기 때문에, 미래에 가장 대중적인 형태의 운송 수단이 될 것이라고 믿습니다.

이제, 철도 발달의 몇몇 긍정적이거나 부정적인 역사적 결과에 관해 이야기하기 전에, 짧게...

어휘   locomotive[미] lòukəmóutiv, [영] lə̀ukəmóutiv] 기관차   modest[미 mɑ́dist, [영] mɔ́dist] 소규모의   landmass[lǽndmæs] 광대한 토지
notably[미] nóutəbli, [영] nə́utəbli] 특히, 명백히   incentive[inséntiv] 유인책
transcontinental[[미] træ̀nskà:ntənéntl, [영] træ̀nskɔ̀ntinéntl] 대륙 횡단의   aftermath[미 ǽftərmæθ, [영] ɑ́:ftəmæθ] 여파
automobile[[미] ɔ́:təmóubi:l, [영] ɔ́:təməbi:l] 자동차   wagon[wǽgən] 마차   sleek[sli:k] 날렵한

Questions 31-40

철도의 역사와 발달

영국에서의 철도 발달
Richard Trevithick에 의해 발명된 최초의 기관차는 **31** .... 성공은 거두지 못했다.
대규모의 철도 건설은 1830년대 영국에서 산업화로 인해 시작되었다.
산업 지역들은 항구 도시들로의 **32** ....이 필요했으며, 기차는 이를 저렴하고 신속하게 제공했다.

철도 시스템의 세계적인 팽창
세계적인 철도 건설은 **33** .... 무역이 빠르게 성장하도록 하였다.
19세기에 북미에서 철도가 빠르게 발달했다.
서부에서 발견된 **34** ....은 대륙을 가로지르는 철도를 건설하는 데 추가적인 동기 부여를 제공했다.

철도에 영향을 미친 역사적 사건들
1912년에 도입되면서, 디젤 연료는 기관차들이 더 큰 무게를 훨씬 더 빨리 수송하도록 하였다.
매우 긴 여행들이 이제 몇 **35** ....만에 수행될 수 있었다.
철도는 두 번의 세계 대전 동안 군대의 **36** ....이었으며 후에 재건되었다.

기차 운송 성장의 이유들
산업화 시대 동안 **37** ....은 그들의 물품을 옮길 더 효율적인 방법을 필요로 했다.
철도는 또한 일부 유럽인들이 그들의 **38** ....을 관리할 수 있도록 하였다.

현재의 기차와 철도 시스템
기차에 사용되는 연료는 이제 **39** ....하며 자연에 더 나은 것이다.

여러 대륙에서 40 .... 철도망의 빠른 발달은 철도를 매우 대중적이게 만들었다.
기차는 빠르고, 효율적이고, 가격이 알맞기 때문에 더 대중적이 될지도 모른다.

31 해설 문제의 핵심어구(The first locomotive ~ by Richard Trevithick)와 관련된 지문 내용 중 'Trevithick's locomotive was not a financial success'에서 Trevithick의 기관차는 재정적으로 성공하지 못했다고 하였으므로, **financial**이 정답이다.

32 해설 문제의 핵심어구(Industrial areas needed)와 관련된 지문 내용 중 'Centres of industry which contained new factories needed connections to port cities'에서 새로운 공장들이 있던 산업의 중심지들은 항구 도시들로의 연결편이 필요했다고 하였으므로, **connections**가 정답이다.

33 해설 문제의 핵심어구(~ trade to grow rapidly)와 관련된 지문 내용 중 'it wasn't just in the UK that railways were being built, but all around the world, and this caused international trade to grow at a rapid rate'에서 철도가 지어지고 있었던 곳은 영국뿐만이 아니라 전 세계였고 이는 국제 무역이 빠른 속도로 성장하게 만들었다고 하였으므로, **international**이 정답이다. 'at a rapid rate'이 'rapidly'로 paraphrasing되었다.

34 해설 문제의 핵심어구(~ discovered in the West)와 관련된 지문 내용 중 'The discovery of gold in the western part of North America offered an additional incentive'에서 북아메리카 서쪽 지역에서 금이 발견된 것은 추가적인 유인책을 제공했다고 하였으므로, **Gold**가 정답이다. 'offered an additional incentive'가 'provided further motivation'으로 paraphrasing되었다.

35 해설 문제의 핵심어구(Extremely long journeys)와 관련된 지문 내용 중 'Long-distance land trips ~ could now be accomplished in just a matter of days.'에서 내륙 장거리 이동은 이제 단 며칠 만에 완료될 수 있었다고 하였으므로, **days**가 정답이다. 'Long-distance land trips which had ~ taken weeks or even months'가 'extremely long journeys'로 paraphrasing되었다.

36 해설 문제의 핵심어구(during the two world wars)와 관련된 지문 내용 중 'often they were military targets and required reconstruction after being destroyed or damaged during battles'에서 많은 경우 철도 시스템이 군사적인 공격 목표였으며 전투 중에 파괴되거나 훼손되어 재건이 필요했다고 하였으므로, **targets**가 정답이다.

37 해설 문제의 핵심어구(more efficient way of moving their goods)와 관련된 지문 내용 중 'Manufacturers insisted on having a way to transport their goods more rapidly and cheaply'에서 제조업자들은 그들의 제품을 더욱 빠르고 저렴하게 수송할 방법이 있어야 한다고 주장했다고 하였으므로, **Manufacturers**가 정답이다.

38 해설 문제의 핵심어구(allowed some Europeans to manage)와 관련된 지문 내용 중 'they allowed countries to have greater control of their colonies around the world'에서 철도 시스템이 유럽과 영국으로 하여금 세계 곳곳에 있는 식민지를 더 잘 통제할 수 있도록 했다고 하였으므로, colonies around the world가 답이 될 수 있다. 지시문에서 한 단어만으로 답을 작성하라고 하였으므로, **colonies**가 정답이다. 'have ~ control of'가 'manage'로 paraphrasing되었다.

39 해설 문제의 핵심어구(The fuels used for trains)와 관련된 지문 내용 중 'Cleaner fuels are being used, ~ railway systems are more environmentally friendly.'에서 더 깨끗한 연료가 사용되고 있고 더 환경친화적인 철도 시스템이 되었다고 하였으므로, **cleaner**가 정답이다. 'more environmentally friendly'가 'better for the environment'로 paraphrasing 되었다.

40 해설 문제의 핵심어구(made rail highly popular)와 관련된 지문 내용 중 'Rapid development of advanced railway systems in East Asia and continental Europe have made trains the most popular method of travel in those regions.'에서 동아시아와 유럽 대륙에서의 선진 철도 시스템의 빠른 발달은 그 지역들에서 기차를 가장 대중적인 이동 수단으로 만들었다고 하였으므로, **advanced**가 정답이다.

* 각 문제에 대한 정답의 단서는 지문에 문제 번호와 함께 별도의 색으로 표시되어 있습니다.

EXAMPLE

p.30

남: 안녕, Helen. 앉으렴. 무엇을 도와줄까?
여: 네, 음, 저는 생태학 수업의 연구 논문을 쓰고 있어요. 그런데 약간의 문제가 생겼어요.
남: 그렇구나. 정확히, 무엇이 문제인 것 같니?
여: 제 주제인 섬의 형성에 대한 연구를 충분히 찾을 수가 없어요.
남: 음, [1]Peter Lyons 박사의 연구를 찾아보았니? 그는 섬의 형성에 대한 권위자이고 열대 지역의 섬에 대한 저서로도 잘 알려져 있단다.
여: 저는 암석 분류에 대한 그의 논문을 읽은 적이 있는데, 그것이 그가 가장 전문 지식을 가진 분야라고 생각했어요.
남: 아니란다, 그건 그가 연구원 초창기였을 때 그랬고, 최근에는 섬에 대해 훨씬 더 많이 초점을 둔단다.
여: 그렇군요, 그러면 확실히 대학 도서관에서 그에 대해 찾아보아야겠어요.
남: 그래, 그는 자료의 매우 좋은 출처란다. 그리고 그는 다른 연구들을 위한 참고 문헌도 제공하는데...

HACKERS PRACTICE

p.34

유형 연습

1 A	2 B	3 C	4 A	5-7 A, C, F
8 B	9 C	10 A	11 B	12-13 B, D
14 B	15 A	16 B	17 A	18 A
19-20 A, D	21 A	22 C	23 B	24 A
25 B				

Questions 1-4 호주식 발음 → 영국식 발음

🎧 CH1_HP1-4.mp3

Part 1. You will hear a conversation between a tour company agent and a traveller discussing tour details.

W: Thank you for contacting Sunwave Tours. How may I help you?

M: Hi. My name is Alex. I'm here in Melbourne for work until this Saturday, and I'd like to go on the city tour that I saw advertised in your flyer. I'm available on either Wednesday or Thursday.

W: We can certainly accommodate that. What in our city are you interested in seeing?

M: Well, I am curious about both historical sites and contemporary culture. But I'm also interested in old architecture. So, [1]I do want to tour some art galleries more than anything. I heard that there's a national art gallery in the city.

W: Yes, there is. I'd actually recommend our 'Top Spots' tour. It starts just in front of our office on Elizabeth Street and concludes at the National Gallery of Victoria. And there are lots

파트 1. 관광 세부사항에 관해 이야기하는 여행사 직원과 여행자 간의 대화를 들으세요.

여: Sunwave 여행사에 연락해 주셔서 감사합니다. 무엇을 도와드릴까요?

남: 안녕하세요. 제 이름은 Alex입니다. 저는 이곳 멜버른에 이번 주 토요일까지 업무차 머무는데, 귀사의 전단에서 광고하는 것을 본 도시 관광을 하고 싶어요. 저는 수요일이나 목요일에 가능합니다.

여: 물론 해드릴 수 있습니다. 도시에서 무엇을 구경하고 싶으세요?

남: 글쎄요, 저는 유적지와 현대 문화 모두에 대해 알고 싶어요. 하지만 오래된 건축물에도 관심이 있어요. 그래서, [1]무엇보다도 미술관들을 몇 군데 둘러보고 싶어요. 도시에 국립 미술관이 있다고 들었거든요.

여: 네, 있습니다. 사실 저희의 'Top Spots' 관광을 추천해 드리고 싶습니다. 그 관광은 Elizabeth가에 있는 저희 사무실 바로 앞에서 시작해서 Victoria of places to get lunch in that area afterward.

M: That really sounds ideal! And what does the tour cost?

W: Let's see . . . It's $55 for the half-day . . . that runs for a total of about 5 hours. Or, there is our full-day tour that costs a bit more. It includes a 7-hour tour with a free lunch.

M: Seems reasonable enough. ²What time does the half-day tour start?

W: ²It's from 9 am to 2 pm this Wednesday. The guide for this tour likes to start earlier in the day so that you can see the sunlight shines on the major landmarks at optimal times.

M: That might be a bit too early for me.

W: Then you might like the 'Major Views' full-day tour this Thursday. That tour also stops by the National Gallery of Victoria but takes you up to popular viewing spots where you can see the city's most famous landmarks. It starts in the morning too at 11 am, but the bulk of it takes place in the afternoon, ending at 6 pm. The guide will also take you to a nice restaurant for lunch.

M: Oh, all right. Mmm, I reckon the Thursday tour will suit me best. What is the cost for that tour?

W: ³It's $70 per person. But we have a special this month; you get $25 off if you make at least two bookings.

M: That seems reasonable. However, ³I'm the only person, so please book just one spot for me.

W: Great. What's your name and phone number?

M: Alex Fenway. F-E-N-W-A-Y. And my mobile number is 555 671 920.

W: Thank you, Alex. ⁴On the day of the tour, there will be a guide at Central Station to meet you. The guide will be holding a large sign and wearing a T-shirt with Sunwave Tours printed on it.

M: Great. Thanks for all your help.

국립 미술관에서 끝납니다. 그리고 그곳에는 그 후에 점심을 먹을 수 있는 장소들이 많이 있어요.

남: 정말 더할 나위 없는 것 같네요! 그럼 그 관광은 얼마인가요?

여: 확인해 보겠습니다... 반나절에 55달러네요... 전부 해서 약 5시간 동안 진행됩니다. 아니면, 조금 더 비용이 드는 저희의 종일 관광이 있습니다. 그 관광은 무료 점심 식사와 7시간의 관광을 포함해요.

남: 충분히 적당한 것 같네요. ²반나절 관광 코스는 몇 시에 시작하나요?

여: 이번 주 수요일 ²오전 9시부터 오후 2시까지입니다. 이 관광의 가이드는 햇빛이 최적의 시간에 주요 역사적 건물들에 비추는 것을 볼 수 있도록 아침 일찍 시작하는 것을 좋아한답니다.

남: 저에게는 너무 이른 것 같네요.

여: 그러면 이번 주 목요일에 있는 'Major Views' 종일 관광을 좋아하실 수도 있겠네요. 그 관광 또한 Victoria 국립 미술관에 들르지만 고객님이 도시의 가장 유명한 역사적 건물들을 볼 수 있도록 인기 있는 전망 위치로 안내해 드립니다. 이것도 아침인 오전 11시에 시작하지만, 대부분이 오후에 진행되고, 오후 6시에 끝납니다. 또한 가이드가 점심 식사를 위해 고객님을 멋진 식당으로 안내해 드릴 거예요.

남: 아, 알겠어요. 음, 저는 목요일 관광이 저에게 가장 적합할 거라고 생각해요. 그 관광은 얼마인가요?

여: ³1인당 70달러입니다. 하지만 이번 달에는 특별 할인이 있어서, 최소 두 명을 예약하시면 25달러가 할인됩니다.

남: 그거 괜찮은 것 같네요. 하지만, ³저는 혼자라서, 한 자리만 예약해주세요.

여: 좋습니다. 성함과 전화번호를 알려주시겠어요?

남: Alex Fenway입니다. F-E-N-W-A-Y요. 그리고 제 휴대전화 번호는 555 671 920입니다.

여: 감사합니다, Alex. ⁴관광 당일, 가이드가 중앙역으로 고객님을 마중 나갈 겁니다. 가이드는 큰 표지판을 들고 Sunwave 여행사라고 적힌 티셔츠를 입고 있을 거예요.

남: 좋네요. 도와주셔서 감사합니다.

어휘　contemporary [미 kəntémpərèri, 영 kəntémpərəri] 현대의　landmark [미 lǽndmàːrk, 영 lǽndmɑːk] 역사적 건물
optimal [미 ɑ́ptəməl, 영 ɔ́ptiməl] 최적의　bulk of ~의 대부분　reckon [rékən] 생각하다

Questions 1-4

1 Alex가 주로 구경하고 싶어 하는 것은

A 미술관이다.

B 현대 문화이다.

C 유적지이다.

해설 문제의 핵심어구(Alex ~ interested in seeing)와 관련된 지문 내용 중 남자가 'I do want to tour some art galleries more than anything'이라며 무엇보다도 미술관들을 몇 군데 둘러보고 싶다고 하였으므로, 보기 A art galleries가 정답이다.

B, C는 지문의 'contemporary culture', 'historical sites'를 그대로 언급해 혼동하기 쉽지만, 문제에서 묻는 Alex가 주로 구경하고 싶어 하는 것이 아니므로 오답이다.

2 'Top Spots' 반나절 관광은 −에 시작한다.

A 오전 7시

B 오전 9시

C 오후 2시

해설 문제의 핵심어구('Top Spots' half-day tour)와 관련된 지문 내용 중 남자가 'What time does the half-day tour start?'에서 반나절 관광 코스는 몇 시에 시작하는지 묻자 여자가 'It's from 9 am to 2 pm'에서 오전 9시부터 오후 2시까지라고 하였으므로, 보기 **B** 9 am이 정답이다.

3 Alex는 관광을 위해 얼마를 지불해야 할 것인가?

A 25달러

B 45달러

C 70달러

해설 문제의 핵심어구(Alex ~ pay for his tour)와 관련된 지문 내용 중 여자가 'It's $70 per person. ~ you get $25 off if you make at least two bookings.'라며 1인당 70달러이며 최소 두 명을 예약하면 25달러가 할인된다고 하자 남자가 'I'm the only person, so please book just one spot for me'라며 자신은 혼자라서 한 자리만 예약해 달라고 하였으므로, 보기 **C** $70가 정답이다.

A는 지문의 '$25'를 그대로 언급해 혼동하기 쉽지만, 문제에서 묻는 Alex가 지불해야 하는 금액이 아니므로 오답이다.
B는 지문에 언급되지 않은 내용이므로 오답이다.

4 목요일 관광의 가이드는 중앙역에서 무엇을 하고 있을 것인가?

A 회사 표지판을 보여주는 것

B 참여자들에게 옷을 나눠주는 것

C 참여자들에게 돈을 받는 것

해설 문제의 핵심어구(guide ~ be doing)와 관련된 지문 내용 중 여자가 'On the day of the tour, there will be a guide at Central Station to meet you. The guide will be holding a large sign'이라며 관광 당일 가이드가 중앙역으로 Alex를 마중 나갈 것이라고 한 뒤 가이드는 큰 표지판을 들고 있을 것이라고 하였으므로, 보기 **A** displaying a company sign이 정답이다.

Questions 5-7 영국식 발음

🎧 CH1_HP5-7.mp3

Part 2. You will hear a radio broadcast by an announcer about making purchases overseas. Good afternoon. Thanks for listening to today's broadcast of 'Smart Shopping'. As we head into the winter season, many of you will be travelling out of the country for your annual holidays. And while away, you're likely to buy some souvenirs to bring back with you. On today's programme, I'm going to give you some tips on what to be cautious of and how to make good purchases while abroad.	파트 2. 해외에서 물건을 구매하는 방법에 관한 진행자의 라디오 방송을 들으세요. 안녕하세요. 오늘 'Smart Shopping' 방송을 청취해 주셔서 감사합니다. 겨울철을 맞아, 여러분 대부분이 연례 휴가를 위해 해외로 여행을 가실 거예요. 그리고 떠나 계시는 동안, 여러분이 가져올 기념품 몇 개를 구매하실 수도 있을 겁니다. 오늘 프로그램에서, 저는 여러분에게 해외에 있는 동안 무엇에 주의를 기울여야 하는지 그리고 어떻게 저렴하게 구매할 수 있는지에

So, my first point is about payment. Tourists from the UK are mainly accustomed to pulling out a credit card and charging just about everything. Well, that's not such a good idea when overseas for two reasons. First, there is a lot of credit card fraud. Credit card usage is simply not secure. Secondly, the seller will have to charge you anywhere between 3 and 5% more in credit card fees that they must pay to credit card companies. So, [5]use cash if at all possible.

And that brings me to my next word of advice; check the exchange rates offered for your currency before making payments by cash or even credit cards. Some establishments offer poor rates, so [6]it is better to exchange your money in a bank which ensures better rates, and use local currency in those cases.

Also, [7]it is always a good idea to get tax refunds for your purchases when possible, as it can save you a lot of money. International travellers are often eligible for these refunds in many locations and won't have to pay taxes on the items they buy. Find out ahead of time what the minimum purchase amount is and what types of purchases are eligible. And don't forget to claim your refunds at your point of departure before checking in, as you may have to show the purchases to agents along with original receipts.

But there are many items that you are not permitted to transport on planes or trains. So, I also want to cover . . .

대해 몇 가지 조언을 드리려고 합니다.

자, 첫 번째는 지불 금액에 관한 것입니다. 영국의 관광객들은 신용카드를 꺼내 거의 모든 것을 사는 데 주로 익숙해져 있어요. 음, 그건 해외에 있을 때는 두 가지 이유에서 그다지 좋은 방법이 아니에요. 첫째로, 신용카드 사기가 많습니다. 신용카드의 사용은 결코 안전하지 않아요. 둘째로, 판매자들은 신용카드 회사에 지불해야 하는 3에서 5퍼센트 사이의 신용카드 수수료를 여러분에게 더 청구해야 할 겁니다. 따라서, [5]가능하다면 언제나 현금을 사용하세요.

그리고 제 다음 조언으로 넘어가게 되는군요. 현금이나 심지어 신용카드로도 결제를 하기 전에는 여러분의 통화에 제공되는 환율을 확인하세요. 일부 기관은 낮은 환율을 제공하므로, [6]더 나은 환율을 보장하는 은행에서 돈을 환전하시고, 이러한 경우에는 현지의 통화를 사용하는 것이 더 좋습니다.

또한, 가능하다면 [7]여러분이 구매한 것에 대해 세금 환급을 받는 것은 언제나 좋은 방법인데, 이는 많은 돈을 절약할 수 있게 해주기 때문입니다. 해외 여행객들은 보통 많은 곳에서 이러한 환급을 받을 수 있는 자격이 있으며 구매하는 물품에 세금을 낼 필요가 없을 겁니다. 최소 구매 금액이 얼마인지와 어떤 종류의 구매품목이 자격이 되는지를 미리 알아보세요. 그리고 구입한 것을 영수증 원본과 함께 직원에게 보여주어야 할지도 모르니, 탑승 절차를 밟기 전에 출발지에서 환급을 청구하는 것을 잊지 마세요.

그러나 비행기나 기차에서 수송이 허용되지 않는 물품들도 많이 있습니다. 따라서, 저는 또한 다루고 싶습니다...

어휘   cautious[kɔ́ːʃəs] 주의를 기울이는, 조심스러운   accustomed to ~에 익숙한   fraud[frɔːd] 사기   currency[미 kə́ːrənsi, 영 kʌ́rənsi] 통화, 통용   establishment[istǽbliʃmənt] 기관, 영업소   eligible for ~을 할 수 있는, ~에 자격이 있는

Questions 5-7

5-7 화자는 여행객들이 해외에서 구매를 할 때 확실히 해야 하는 것으로 어떤 **세 가지**를 말하는가?

A   세금 환급을 이용한다.

B   알맞은 거스름돈을 받는다.

C   카드보다 현금으로 지불한다.

D   위조 화폐를 피한다.

E   신용카드 수수료를 지불한다.

F   좋은 환율을 이용한다.

G   여행자 세금을 지불한다.

해설   지문 내용 중 'use cash if at all possible'에서 가능하다면 언제나 현금을 사용하라고 하였으므로, 보기 **C** pay with money rather than cards는 정답이다.
또한 지문 내용 중 'it is better to exchange your money in a bank which ensures better rates, and use local currency in those cases.'에서 더 나은 환율을 보장하는 은행에서 돈을 환전하고 이러한 경우에는 현지의 통화를 사용하는 것이 더 좋다고 하였으므로, 보기 **F** get a good exchange rate는 정답이다.
마지막으로 지문 내용 중 'it is always a good idea to get tax refunds for your purchases'에서 구매한 것에 대해 세금 환급을 받는 것은 언제나 좋은 방법이라고 하였으므로, 보기 **A** take advantage of tax refunds는 정답이다.

Questions 8-11 미국식 발음

🎧 CH1_HP8-11.mp3

Part 2. You will hear a tour guide talking to some visitors about a national monument.

Welcome, everyone, to Devils Tower National Monument. Not only can you view the famous Devils Tower rock formation, but ⁸there are lots of great routes for hiking and rock-climbing here in the park. If you are interested, you can ask about those activities at our climbing office. You'll find it conveniently located between our visitor centre and gift shop.

Now, Devils Tower is situated in the picturesque Black Hills here in Wyoming. The formation itself is very imposing, standing at 867 feet, or 265 metres, from the base to the summit. ⁹To local Native Americans, this is a significant site. Because of that and its striking beauty, Devils Tower was made an official national monument over a century ago. Since then, it has become a popular destination amongst rock climbers.

So ¹⁰how did the rock formation get its unusual name? You might think it's because it can be dangerous to hike up or climb. Actually, explorer Colonel Richard Irving led an expedition to the area in 1875. ¹⁰His interpreter is said to have made an error translating the native language, and said the unusual formation was named 'Bad God's Tower.' Irving took that to mean the Devil's Tower … but many native people say that the formation was probably originally called 'Bear Tower' or 'Bear's Lodge.'

Anyway, what are we all going to see and do at the park today? First, we are going to take a short hike up to a ridge that will offer you panoramic views of the tower and the park. The route we will be taking is called the Joyner Ridge Trail, and it is a marked loop that's a mile and a half long. Just a few safety reminders before we head out on the trail. First, please watch your step during our hike as the trail we are taking is unpaved. Also, please be reminded that food is only permitted in specified areas that are marked with signs, and ¹¹it is vital that you do not feed animals you may encounter in the park.

파트 2. 국립천연기념물에 관해 가이드가 방문객들에게 이야기하는 것을 들으세요.

여러분, Devils Tower 국립천연기념물에 오신 것을 환영합니다. 여러분은 유명한 Devils Tower 바위층을 둘러보실 수 있을 뿐만 아니라, ⁸여기 이 공원에는 도보 여행과 암벽 등반에 좋은 경로들도 많이 있어요. 관심이 있으시다면, 저희 등반 사무소에서 이러한 활동들에 대해 문의하실 수 있습니다. 그곳은 저희 관광 안내소와 기념품점 사이에 편리하게 위치해 있는 것을 보실 수 있습니다.

자, Devils Tower는 이곳 와이오밍 주의 아름다운 Black Hills에 자리 잡고 있어요. 바닥부터 꼭대기까지 867피트, 또는 265미터인 바위층의 모습은 그 자체로 매우 인상적입니다. ⁹현지 아메리카 원주민들에게, 이곳은 매우 중요한 장소예요. 그러한 이유와 이곳의 빼어난 장관으로 인해, Devils Tower는 100년도 더 전에 공식적인 국립천연기념물이 되었습니다. 그때부터, 이곳은 암벽 등반가들 사이에서 인기 있는 관광지가 되었죠.

그렇다면 ¹⁰어떻게 이 바위층이 특이한 이름을 갖게 되었을까요? 아마 도보 여행이나 등반을 하기에 위험할 수 있기 때문이라고 생각하실 수도 있습니다. 사실, 탐험가 Richard Irving 대령이 1875년에 이 지역으로 탐험대를 인솔했어요. ¹⁰그의 통역사가 원주민 언어를 통역하는 데 실수를 했다고 전해지며, 이 독특한 바위층이 'Bad God's Tower'로 불린다고 말했다고 합니다. Irving 대령은 그것을 악마의 탑이라는 의미로 받아들였죠... 하지만 많은 원주민들은 그 바위층이 아마 원래는 'Bear Tower'나 'Bear's Lodge'로 불렸을 것이라고 말합니다.

그건 그렇고, 우리 모두가 오늘 공원에서 보고 즐길 것들은 무엇일까요? 먼저, 우리는 타워와 공원의 전경이 보이는 산등성이로 짧은 도보 여행을 할 겁니다. 우리가 갈 길은 Joyner Ridge 산책로라고 불리며, 1마일 반 길이의 표시된 순환로예요. 산책로로 가기 전에 몇 가지 안전 수칙을 말씀드리겠습니다. 먼저, 우리가 이용할 산책로는 포장되어 있지 않으므로 등반 시 발 밑을 조심하시기 바랍니다. 또한, 음식은 표지판으로 표시된 특정 구역에서만 허용됨을 기억해 주시고, ¹¹공원에서 마주칠 수도 있는 동물들에게 먹이를 주지 않으시는 것이 매우 중요합니다.

| After our hike, I'll take you to the visitor centre where you can check out our displays and browse through souvenirs in our gift shop.

OK. So, could you all please come this way? | 도보 여행이 끝난 뒤에는, 전시를 살펴보고 기념품점에서 기념품을 둘러보실 수 있는 관광 안내소로 여러분을 모셔다드릴 것입니다.

네. 그럼, 모두 이쪽으로 오시겠어요? |

어휘   national monument 국립천연기념물   formation [미 fɔːrméiʃən, 영 fɔːméiʃən] 바위층
rock-climbing [미 rákklàimiŋ, 영 rɔ́kklàimiŋ] 암벽 등반   picturesque [pìktʃərésk] 아름다운   imposing [미 impóuziŋ, 영 impɔ́uziŋ] 인상적인
summit [sʌ́mit] 꼭대기   striking [stráikiŋ] 빼어난   lead to an expedition 탐험대를 인솔하다   ridge [ridʒ] 산등성이
panoramic [pæ̀nərǽmik] 전경이 보이는   vital [váitl] 중요한

Questions 8-11

Devils Tower 천연기념물

8 손님들은 경로에 대해 –에서 문의할 수 있다.

A 관광 안내소

B 등반 사무소

C 기념품점

> 해설 문제의 핵심어구(inquire about routes)와 관련된 지문 내용 중 'there are lots of great routes ~ in the park. If you are interested, you can ask about those activities at our climbing office.'에서 이 공원에는 좋은 경로들도 많이 있다고 한 뒤 관심이 있다면 등반 사무소에서 이러한 활동들에 대해 문의할 수 있다고 하였으므로, 보기 B climbing office가 정답이다.

9 Devils Tower는 –에게 있어 그것의 중요성으로 인해 국립천연기념물이 되었다.

A 과거의 탐험가들

B 암벽 등반가들

C 원주민들

> 해설 문제의 핵심어구(national monument because of ~ importance to)와 관련된 지문 내용 중 'To local Native Americans, this is a significant site. Because of that ~ Devils Tower was made an official national monument'에서 현지 아메리카 원주민들에게 이곳은 매우 중요한 장소라고 한 뒤 그러한 이유로 인해 Devils Tower는 공식적인 국립천연기념물이 되었다고 하였으므로, 보기 C native people이 정답이다.
>
> 🔍 오답 확인하기
> A는 지문의 'explorer'를 언급해 혼동하기 쉽지만, 지문에서 과거의 탐험가들에게 중요했다는 내용은 언급하지 않으므로 오답이다.
> B는 지문의 'rock climbers'를 그대로 언급해 혼동하기 쉽지만, 문제에서 묻는 국립천연기념물이 된 이유와 관련된 내용이 아니므로 오답이다.

10 화자에 따르면, 이 바위층은 왜 Devils Tower라고 불렸는가?

A 이름이 잘못 해석되었다.

B 정상에 도달하기가 어렵다.

C 산책로가 위험할 수 있다.

> 해설 문제의 핵심어구(why was the formation called)와 관련된 지문 내용 중 'how did the rock formation get its unusual name?'에서 어떻게 이 바위층이 특이한 이름을 갖게 되었는지 물은 뒤 'His interpreter is said to have made an error translating the native language'에서 그의 통역사가 원주민 언어를 통역하는 데 실수를 했다고 전해진다고 하였으므로, 보기 A Its name was misinterpreted가 정답이다. 'made an error translating'이 'misinterpreted'로 paraphrasing 되었다.

11 방문객들은 -하는 것이 허용되지 않는다.
  A 공원에 음식을 가져오는 것
  B 야생동물들에게 음식을 주는 것
  C 표시된 산책로를 떠나는 것

해설 문제의 핵심어구(not allowed to)와 관련된 지문 내용 중 'it is vital that you do not feed animals you may encounter in the park'에서 공원에서 마주칠 수도 있는 동물들에게 먹이를 주지 않는 것이 매우 중요하다고 하였으므로, 보기 B give food to wildlife가 정답이다. 'feed animals'가 'give food to wildlife'로 paraphrasing되었다.

🔍 오답 확인하기
A는 지문의 'food is only permitted in specified areas'와 반대되는 내용이므로 오답이다.
C는 지문에서 'marked loop'로 등장해 혼동하기 쉽지만, 지문에서 표시된 산책로를 떠나는 것은 허용되지 않는다는 내용은 언급하지 않았으므로 오답이다.

Questions 12-16 영국식 발음 → 영국식 발음 🎧 CH1_HP12-16.mp3

Part 3. You will hear a conversation between two students about studying abroad in Singapore.	파트 3. 싱가포르 해외 연수에 관한 두 학생 간의 대화를 들으세요.

M: Hello, Laura. Do you have a minute?

W: Sure, John. What's up?

M: I've been considering enrolling in the study abroad programme in Singapore for psychology that you completed last term. But I'm still unsure of some things.

W: What things in particular?

M: Well, I couldn't find much information on the application process. What was it like?

W: Actually, it was a bit too complicated. There are a lot of steps to complete.

M: I see. And [12]what did you think about the lectures there?

W: [12]They were excellent. I found all of them very informative and insightful.

M: And [13]the lecturers themselves?

W: [13]They are all experts in their areas. A few of them are even published authors. Especially the professor of my psychometrics course, he was terrific. It was because of him that I chose the topic of psychometrics for my senior year thesis.

M: Oh, that sounds rather challenging!

W: Not at all. [14]I was intimidated by the subject at first, but I didn't find it overly complicated as it was just an introductory course. I'd definitely recommend taking that one.

M: I see. Which other courses do you recommend?

남: 안녕, Laura. 잠시 시간 괜찮니?
여: 물론이지, John. 무슨 일이야?
남: 나는 지난 학기에 네가 수료한 심리학 싱가포르 해외 연수 프로그램에 등록하는 것을 생각하고 있었어. 그런데 아직 몇 가지에 대해 확신이 없어.
여: 특히 어떤 것들이니?
남: 글쎄, 지원 절차에 대해 정보를 많이 찾지 못했어. 그건 어땠니?
여: 사실, 조금 많이 복잡했어. 완료해야 할 절차가 많거든.
남: 그렇구나. 그럼 [12]그곳의 강의에 대해서는 어떻게 생각했니?
여: [12]훌륭했어. 나는 그것들 모두 매우 유익하고 유용하다고 생각했어.
남: 그럼 [13]교수님들은?
여: [13]그분들은 모두 자기 분야의 전문가이셔. 그분들 중 몇몇은 심지어 책을 출판한 저자이기도 해. 특히 내 심리측정학 강좌의 교수님은, 정말 훌륭하셨어. 나는 그분 덕분에 마지막 학년의 논문에서 심리측정학의 주제를 선택하게 됐어.
남: 오, 상당히 도전적으로 들리는데!
여: 전혀 그렇지 않아. [14]나는 처음에는 그 과목을 두려워했는데, 단지 입문 강좌였기 때문에 지나치게 어렵다고 생각하지는 않았어. 그 강좌를 수강하는 걸 정말 추천하고 싶어.
남: 알겠어. 네가 추천하는 다른 강좌들은 어떤 것들이니?

W: ¹⁵I know that you're focusing your studies on counselling, so you should take the adult counselling course that is offered as well.	**여:** ¹⁵네가 상담 연구에 중점을 두고 있다는 것을 알아, 그러니 거기서 제공되는 성인 상담 강좌도 들어 봐야 할 거야.
M: Yes, that would be good. Were there quite a lot of assignments or requirements for each class?	**남:** 응, 그거 좋겠다. 수업마다 상당히 많은 양의 과제나 요구 사항이 있었니?
W: A fair amount. But instead of a long final paper, most of the classes I took concluded with a final test.	**여:** 적당한 양이었어. 하지만 긴 기말 보고서 대신, 내가 수강했던 대부분의 수업은 기말시험으로 마무리됐어.
M: Hmm . . . That sounds tough. Are there many differences between studying there and in the UK?	**남:** 흠... 그거 힘든 것 같네. 그곳과 영국에서 공부하는 것 사이에 많은 차이점이 있니?
W: Definitely. The type of psychology they teach is very similar to statistics, lots of numbers, data and stuff like that. ¹⁶Far less of the theory and discussion we had in the UK and more science based work, so it's a different sort of challenge. But it appealed to me, that's why I chose psychometrics . . .	**여:** 그렇고말고. 그들이 가르치는 심리학의 유형은 통계학과 아주 유사해, 많은 숫자, 자료 그리고 그와 같은 것들 말이야. ¹⁶이론이나 토론은 우리가 영국에서 다뤘던 것보다 훨씬 적고 과학에 근거한 연구가 더 많아서, 이건 다른 종류의 도전이야. 하지만 나에겐 매력적이어서, 심리측정학을 선택했어...
M: Oh, that makes sense. I'm actually hoping to take some data analysis courses if I take part in the programme too. It would help with my minor in psycholinguistics.	**남:** 오, 이해가 되네. 나도 사실 그 프로그램에 참여하게 된다면 자료 분석 강좌 몇 개를 수강하고 싶어. 그건 내 부전공인 언어심리학에 도움이 될 거야.
W: Speaking of which, I have some information about data courses in Singapore. Let's head to . . .	**여:** 말이 나온 김에, 싱가포르의 자료 강좌에 대한 정보가 좀 있어. 가보자...

어휘   informative [미] infɔ́ːrmətiv, [영] infɔ́ːmətiv 유익한   insightful [미] ínsàitfəl, [영] ínsaitfəl 유용한, 통찰력 있는
psychometrics [sàikəumétriks] 심리측정학   intimidated [미] intímədèitid, [영] intímideitid 두려워하는   assignment [əsáinmənt] 과제, 임무
psycholinguistics [미] sàikouliŋgwístiks, [영] sàikəuliŋgwístiks 언어심리학   speaking of which 말이 나온 김에

Questions 12-16

심리학 해외 연수 프로그램

12-13 Laura는 프로그램의 어떤 **두 가지** 측면에 대해 특히 긍정적인가?

    A   등록 절차

    B   강의의 질

    C   그녀의 논문에 대한 조언

    D   교수들의 전문 지식

    E   현장 학습

> **해설**   문제의 핵심어구(Laura particularly positive about)와 관련된 지문 내용 중 남자가 'what did you think about the lectures there?'라며 그곳의 강의에 대해서는 어떻게 생각했는지를 묻자, 여자가 'They were excellent.'라며 훌륭했다고 하였으므로, 보기 **B** the quality of the lectures가 정답이다.
> 또한 남자가 'the lecturers themselves?'라며 교수님들에 대해 묻자, 여자가 'They are all experts in their areas.'라며 그들은 모두 자기 분야의 전문가라고 하였으므로, 보기 **D** the expertise of the professors가 정답이다.
>
> 🔍 **오답 확인하기**
> A는 지문의 'it was a bit too complicated'와 반대되는 내용이므로 오답이다.
> C는 지문의 'thesis'를 언급해 혼동하기 쉽지만, 지문에서 논문에 대한 조언이 좋았다는 내용은 언급하지 않았으므로 오답이다.
> E는 지문에서 언급되지 않은 내용이므로 오답이다.

14   Laura는 심리측정학 강좌가 −했다고 말한다.

    A   어려운 주제를 포함했다.

    B   너무 어렵지 않았다.

    C   상급 학생들을 위한 것이었다.

해설 문제의 핵심어구(Laura says ~ the psychometrics course)와 관련된 지문 내용 중 여자가 'I was intimidated by the subject at first, but I didn't find it overly complicated as it was just an introductory course.'라며 처음에는 심리측정학 과목을 두려워했는데 단지 입문 강좌였기 때문에 지나치게 어렵다고 생각하지는 않았다고 하였으므로, 보기 **B** was not too complex가 정답이다. 'didn't find it overly complicated'가 'not too complex'로 paraphrasing되었다.

🔍 **오답 확인하기**
A는 지문에서 여자가 'I was intimidated by the subject at first'라고 언급해 혼동하기 쉽지만 다음 문장에서 'but I didn't find it overly complicated'라며 부정하고 있으므로 오답이다.
C는 지문의 'it was just an introductory course'와 반대되는 내용이므로 오답이다.

15 Laura는 왜 John에게 성인 상담 강좌를 추천하는가?
   A   John의 연구의 중점이다.
   B   학교에서 적극 권장된다.
   C   과제가 더 적다.

해설 문제의 핵심어구(Laura recommend the adult counselling course)와 관련된 지문 내용 중 여자가 'I know that you're focusing your studies on counselling, so you should take the adult counselling course'라며 John이 상담 연구에 중점을 두고 있다는 것을 알고 있으며 그러니 성인 상담 강좌도 들어 봐야 할 거라고 하였으므로, 보기 **A** It is the focus of John's study가 정답이다.

🔍 **오답 확인하기**
B는 지문에 언급되지 않은 내용이므로 오답이다.
C는 지문의 'Were there quite a lot of assignments or requirements for each class?', 'A fair amount'와 반대되는 내용이므로 오답이다.

16 싱가포르의 심리학 강좌는 영국과 비교해서 어떻게 다른가?
   A   배워야 하는 정보가 더 적다.
   B   강좌가 덜 이론적이다.
   C   통계학을 배워야 한다.

해설 문제의 핵심어구(differ ~ compared to the UK)와 관련된 지문 내용 중 여자가 'Far less of the theory and discussion we had in the UK'라며 이론이나 토론은 영국에서 다뤘던 것보다 훨씬 적다고 하였으므로, 보기 **B** The course is less theoretical이 정답이다. 'less of the theory'가 'less theoretical'로 paraphrasing되었다.

🔍 **오답 확인하기**
A는 지문의 'The type of psychology they teach is ~ lots of numbers, data'와 반대되는 내용이므로 오답이다.
C는 지문의 'statistics'를 언급해 혼동하기 쉽지만, 지문에서 통계학을 배워야 한다는 내용은 언급하지 않으므로 오답이다.

Questions 17-20 미국식 발음 → 호주식 발음　　　　　🎧 CH1_HP17-20.mp3

Part 3. You will hear a student talking to a professor about a car technology competition. **W:** Erm . . . Professor Brown, I'm hoping to participate in the National Car Technology Competition. **M:** Certainly, Alice. The idea submission deadline is next Thursday, though. Do you already have an idea in mind? **W:** Oh, I have a couple of ideas. One is for a biometric access system. This would allow only particular users to unlock, start,	파트 3. 자동차 기술 대회에 관해 학생이 교수에게 이야기하는 것을 들으세요. 여: 음... Brown 교수님, 저는 전국 자동차 기술 대회에 참가하고 싶어요. 남: 물론이지, Alice. 그런데, 아이디어 제출 기한이 다음 주 목요일이란다. 이미 생각해놓은 아이디어가 있니? 여: 아, 몇 개의 아이디어가 있어요. 하나는 생체 측정 접근 시스템이에요. 센서를 사용해 오직 특정한

and drive the vehicle by using sensors.

M: Interesting idea. How would that work exactly?

W: Well, it would require the use of a scanner to access the vehicle and interior sensors to scan the eyes of drivers for retinal confirmation. [17]Drivers would place a thumb on the outdoor scanner to unlock the vehicle, and the retinal sensor would allow them to turn on the ignition.

M: That might be complicated, do you have any ideas on how that sensor might work?

W: I was thinking about embedding it in the rear view mirror. The driver would simply look into the mirror, and the sensor would scan their retina. If the person is authorised to use the vehicle, the ignition would automatically turn on.

M: Sounds impressive. I think you should go ahead with that idea. Is there anything else you need help with?

W: Well, actually, the entrance fee is higher than I expected.

M: Oh, [18]there actually is a sponsorship from the university that you may be eligible for – and as far as I know, you'll be able to do that – then the cost of $200 for entering the competition would be lifted. And of course, you'd be able to use materials for the project at our lab facilities. You can pick up a form to apply for the sponsorship at the academic office.

W: Excellent! And what is required for the application?

M: [19]You'll first need to submit a proposal no longer than one page to the dean of the engineering college by this Wednesday. If he thinks your idea is intriguing enough, then he'll meet with you in person to discuss some additional details about it.

W: All right. I suppose I ought to get started on typing my proposal, then.

M: Oh, and for your reference, [20]the proposal must include a rough design or sketch of your idea; otherwise the dean won't accept it. It's a very particular requirement, but it's because he prefers to look at papers with graphical information. The proposal can be structured as you like and in any file format. And you can list references any way you want as well.

W: That's exactly what I was going to enquire about next. Actually, would you have some time to meet either today or Tuesday to provide me with some guidance on how to draft the proposal?

M: Certainly. I'll be available at my office after 4 pm this Tuesday. See you then?

W: Great, I'll come by your office at 4:30 on Tuesday. Thanks.

사용자들만 자동차의 문을 열고, 시작하고, 운행할 수 있도록 하는 거예요.

남: 흥미로운 아이디어구나. 정확히 어떻게 작동하는 거니?

여: 음, 자동차에 접근하기 위해 스캐너를 사용하는 것과 망막 확인을 위해 내부 센서가 운전자들의 눈을 스캔하는 것이 필요할 거예요. [17]운전자들은 외부 스캐너에 엄지를 대서 자동차의 문을 열고, 망막 센서가 그들이 시동을 걸 수 있도록 하는 거죠.

남: 그건 복잡할 수도 있겠구나, 그 센서가 어떻게 작동할지에 대한 어떤 아이디어라도 있니?

여: 저는 그걸 백미러에 내장하는 것을 생각하고 있었어요. 운전자는 단순히 거울을 들여다보기만 하면 될 것이고, 센서가 그들의 망막을 스캔할 거예요. 만약 그 사람이 자동차를 사용하도록 승인된다면, 시동이 자동으로 걸리고요.

남: 인상적인 것 같구나. 그 아이디어로 진행하면 될 것 같아. 다른 건 뭐 도움이 필요한 것이 있니?

여: 음, 사실, 참가비가 제가 예상했던 것보다 더 비싸요.

남: 오, [18]사실 네가 자격이 될 수도 있는 대학의 후원이 있는데, 내가 보기에는, 네가 그걸 진행할 수 있을 것 같단다, 그러면 대회에 참가하는 데 드는 200달러의 비용이 덜어질 거란다. 그리고 물론, 우리 실험실 시설에서 프로젝트를 위한 자재들을 사용할 수 있을 거야. 교무처에서 이 후원에 지원하기 위한 양식을 가져갈 수 있단다.

여: 좋네요! 그럼 지원하기 위해 필요한 요건은 무엇인가요?

남: [19]먼저 이번 주 수요일까지 공과대학 학장님에게 한 페이지 이내로 제안서를 제출해야 한단다. 만일 네 아이디어가 충분히 흥미롭다고 생각하신다면, 그때 그것에 대해 추가적인 세부사항을 이야기하기 위해 너를 직접 만나실 거야.

여: 알겠습니다. 그렇다면, 저는 제안서를 작성하기 시작해야 할 것 같네요.

남: 아, 그리고 참고로, [20]제안서는 네 아이디어에 대한 대략적인 디자인이나 밑그림을 포함해야 하고, 그렇지 않으면 학장님이 받아 주지 않으실 거야. 매우 까다로운 요구 사항이지만, 그분이 문서들을 시각 정보와 함께 보는 것을 선호하시기 때문이란다. 제안서는 네가 선호하는 대로 구성될 수 있고 어떤 파일 형식이어도 괜찮아. 그리고 참고 자료도 네가 원하는 어떤 방식으로든 작성할 수 있단다.

여: 그게 정확히 제가 다음으로 질문드리려고 했던 거네요. 사실, 오늘이나 화요일에 저를 만나서 제안서 초안을 작성하는 방법을 좀 지도해주실 시간이 있으세요?

남: 물론이지. 나는 이번 주 화요일은 오후 4시 이후에 사무실에 있을 예정이란다. 그때 보는 건 어떠니?

여: 좋아요, 제가 교수님 사무실로 화요일 4시 30분에 오겠습니다. 감사합니다.

어휘 **biometric**[圓 bàiɑumétrik, 圆 bàiɑumétrik] 생체 측정의 **retinal**[圓 rétənəl, 圆 rétinəl] 망막의 **embed**[imbéd] 내장하다
ignition[igníʃən] 시동 **reference**[réfərəns] 참고 자료 **guidance**[gáidns] 지도

Questions 17-20

17 Alice의 생체 측정 접근 시스템은
   A 차의 잠금을 열기 위해 운전자들의 엄지손가락 지문을 사용할 것이다.
   B 잠긴 차를 해제하기 위해 운전자들의 눈을 스캔할 것이다.
   C 누군가 차 안에 앉으면 시동을 걸 것이다.

> **해설** 문제의 핵심어구(biometric access system)와 관련된 지문 내용 중 여자가 'Drivers would place a thumb on the outdoor scanner to unlock the vehicle'이라며 운전자들은 외부 스캐너에 엄지를 대서 자동차의 문을 연다고 하였으므로, **A** use drivers' thumbprints to open car locks가 정답이다. 'unlock the vehicle'이 'open car locks'로 paraphrasing 되었다.

18 대학의 후원은 –을 포함한다.
   A 재정적 지원
   B 개인적인 조언
   C 실험실 교육

> **해설** 문제의 핵심어구(sponsorship)가 언급된 지문 내용 중 남자가 'there actually is a sponsorship from the university ~ the cost of $200 for entering the competition would be lifted'라며 대학의 후원이 있으며 대회에 참가하는 데 드는 200 달러의 비용이 덜어질 거라고 하였으므로, 보기 **A** financial support가 정답이다.
>
> 🔍 **오답 확인하기**
> B는 지문의 'provide ~ some guidance'로 등장해 혼동하기 쉽지만 문제에서 묻는 대학의 후원이 포함하는 것과 관련된 내용이 아니므로 오답이다.
> C는 지문의 lab을 언급해 혼동하기 쉽지만, 지문에서 실험실 교육에 대한 내용은 언급하지 않으므로 오답이다.

19-20 제안서에는 어떤 **두 가지** 사항의 특정한 요건이 있는가?
   A 길이
   B 구두법
   C 파일 양식
   D 시각 자료
   E 참고 자료

> **해설** 문제의 핵심어구(specific requirements)와 관련된 지문 내용 중 남자가 'You'll ~ need to submit a proposal no longer than one page'라며 한 페이지 이내로 제안서를 제출해야 한다고 하였으므로, 보기 **A** length가 정답이다.
> 또한 남자가 'the proposal must include a rough design or sketch of your idea; otherwise the dean won't accept it'이라며 제안서는 아이디어에 대한 대략적인 디자인이나 밑그림을 포함해야 하고 그렇지 않으면 학장이 받아 주지 않을 거라고 하였으므로, 보기 **D** graphics가 정답이다. 'design or sketch'가 'graphics'로 paraphrasing되었다.
>
> 🔍 **오답 확인하기**
> B는 지문에 언급되지 않은 내용이므로 오답이다.
> C, E는 지문의 'The proposal can be ~ in any file format', 'you can list references any way you want'와 반대되는 내용이므로 오답이다.

Part 4. You will hear a lecture by a dietary expert about the ways in which people can reduce their sugar intake.

So, as we discussed last time, sugar is the culprit for a variety of ailments. Not only is it an addictive substance, but [21]it is a direct cause for diabetes, the rates of which have never been higher. In addition to that, it also contributes to heart disease, obesity, and mood disorders. And those health issues are also rising at an alarming rate. The problem is that people are consuming more sugar than we even realise. So, how can we reduce our intake and avoid a variety of health issues?

Well, first, it is important to read through ingredients on manufactured products. And be aware that sugar has different names; sucrose, glucose, and fructose, just to name a few. So, when advising patients, it is naturally best to tell them to avoid products with added sugar. And use sweeteners that are as natural as possible and stay away from processed sugar. [22]Something like honey provides sweetness, and is better for digestion than refined sugar, as it allows nutrients to be absorbed more easily. It also contains fewer empty calories than sugar. If the taste of honey is too diverse and processed sugar is preferred, then it is better to use it in its raw state, such as brown sugar, while common white table sugar should be eliminated.

And it's also important to not drink sugars. [23]People don't realise the enormous sugar content in a soft drink, and even fruit juices have a very high concentration of sugar as well as high caloric intake. Water, of course, is the number one fluid we should consume. But I believe herbal teas are another great option, because they give you some flavour, and they can offer extra vitamins that are good for us.

[24]Another thing to avoid is manufactured food products that are labelled 'fat-free'. Often, to make up for the flavour from missing fat, sugar is added. Just for one example, it is better to use real cream in your coffee rather than a fat-free substitute. And likewise, urge people to avoid products that are said to be 'sugar-free' as they usually contain chemical sugar substitutes, which can actually be more harmful than processed sugar.

Most dietary experts agree that the best thing people can do is get the sweetness they want through natural sources, rather than sweets or sugarless alternatives with chemicals. [25]Get it through fruits and vegetables, above all. They are a much better source of natural sugar, and they also contain essential vitamins your body needs. [25]That's the best way to get the sweetness your appetite may want. But you can also eat yoghurt . . .

파트 4. 사람들이 설탕 섭취를 줄일 수 있는 방법에 관한 식이 요법 전문가의 강의를 들으세요.

자, 우리가 지난 시간에 이야기했던 것처럼, 설탕은 다양한 질병의 원인입니다. 그것은 중독성이 있는 물질일 뿐만 아니라, [21]당뇨병의 직접적인 원인인데, 발병률이 이렇게 높았던 적이 없었어요. 그 밖에도, 설탕은 심장 질환, 비만, 그리고 감정 장애의 원인이 되기도 합니다. 그리고 이러한 건강상의 문제들은 또한 급속도로 증가하고 있습니다. 문제는 사람들이 우리가 실감하는 것보다도 더 많은 설탕을 섭취하고 있다는 것입니다. 그렇다면 우리는 어떻게 섭취를 줄이고 각종 건강상의 문제를 피할 수 있을까요?

자, 첫째로, 제조품의 성분을 꼼꼼히 읽는 것이 중요합니다. 그리고 설탕에는 다른 이름들이 있음을 알아두어야 합니다. 몇 가지만 말하자면, 자당, 포도당, 그리고 과당 등이에요. 그러니, 환자들에게 권할 때에는, 설탕이 첨가된 제품들을 피하라고 말하는 것이 당연히 가장 좋습니다. 그리고 가능한 한 천연 감미료를 사용하고 가공된 설탕을 멀리해야 합니다. [22]꿀과 같은 것은 단맛을 제공하며, 영양소가 더 쉽게 흡수되도록 하므로, 정제된 설탕보다 소화에 더 좋습니다. 그것은 또한 설탕보다 더 적은 엠티 칼로리를 함유하고 있습니다. 꿀의 맛이 너무 다르고 가공된 설탕을 더 선호한다면, 흑설탕과 같이, 가공되지 않은 상태로 사용하는 것이 좋은 반면, 흔한 백설탕은 배제해야 합니다.

그리고 설탕을 마시지 않는 것 또한 중요합니다. [23]사람들은 청량음료 안의 엄청난 당도를 실감하지 못하는데, 심지어 과일 주스도 설탕 농도가 매우 높으며 칼로리 섭취량 역시 매우 높습니다. 물론, 물이 우리가 섭취해야 하는 가장 중요한 액체입니다. 하지만 저는 허브 차가 약간의 풍미를 주고, 우리 몸에 좋은 여분의 비타민을 제공할 수 있으므로, 또 다른 좋은 선택권이라고 생각합니다.

[24]피해야 할 또 다른 것은 '무지방'이라는 상표가 붙여진 제조 식품입니다. 종종, 결여된 지방의 맛을 대신하기 위해, 설탕이 추가됩니다. 한 가지 예를 들자면, 여러분의 커피에 무지방 대용 식품보다 진짜 크림을 사용하는 것이 더 좋습니다. 그리고 마찬가지로, 소위 '무설탕'이라고 불리는 제품들은 대개 화학 설탕 대체물을 함유하므로 이들을 피하도록 강조하세요, 이는 실제로 가공된 설탕보다 더 해로울 수 있습니다.

대부분의 식이 요법 전문가들은 단 음식이나 화학 물질이 있는 무가당 대체물 대신, 천연 공급원을 통해 원하는 단맛을 얻는 것이 사람들이 할 수 있는 최선이라는 것에 동의합니다. 무엇보다도, [25]과일과 채소를 통해 단맛을 얻으세요. 그것들은 천연 설탕의 훨씬 더 좋은 공급원이며, 여러분의 몸이 필요로 하는 필수 비타민 또한 함유하고 있습니다. [25]그것이 여러분의 입맛이 원하는 단맛을 얻는 가장 좋은 방법입니다. 하지만 여러분은 요구르트 또한 먹을 수 있고...

어휘　　**culprit**[kʌ́lprit] 원인　**ailment**[éilmənt] 질병　**diabetes**[미 dàiəbíːtis, 영 dàiəbíːtiːz] 당뇨병　**obesity**[미 oubíːsəti, 영 əubíːsəti] 비만
　　　　disorder[미 disɔ́ːrdər, 영 disɔ́ːdə] 장애　**intake**[ínteik] 섭취(량)　**sucrose**[미 súːkrous, 영 súːkrəus] 자당
　　　　glucose[미 glúːkous, 영 glúːkəus] 포도당　**fructose**[미 frʌ́ktous, 영 frʌ́ktəus] 과당　**sweetener**[미 swíːtnər, 영 swíːtnə] 감미료
　　　　eliminate[미 ilímənèit, 영 ilímineit] 배제하다, 없애다　**substitute**[미 sʌ́bstətjùːt, 영 sʌ́bstitʃuːt] 대용 식품, 대체물
　　　　alternative[미 ɔːltə́ːrnətiv, 영 ɔltə́ːnətiv] 대체물, 대안　**appetite**[미 ǽpətàit, 영 ǽpətait] 입맛, 식욕

Questions 21-25

21 높은 설탕 소비의 한 가지 결과는 –이다.

　A　당뇨병을 야기하는 것

　B　더 심각한 다른 중독으로 이어질 수 있는 것

　C　심박 수 증가의 직접적인 원인인 것

> **해설** 문제의 핵심어구(result of high sugar consumption)와 관련된 지문 내용 중 'it is a direct cause for diabetes, the rates of which have never been higher'에서 설탕은 당뇨병의 직접적인 원인인데 발병률이 이렇게 높았던 적이 없었다고 하였으므로, 보기 **A** it can cause diabetes가 정답이다.
>
> 🔍 **오답 확인하기**
> B는 지문에 언급되지 않은 내용이므로 오답이다.
> C는 지문의 'heart'를 언급해 혼동하기 쉽지만, 지문에서 심박 수 증가에 대한 내용은 언급하지 않으므로 오답이다.

22 꿀은 왜 정제된 설탕의 좋은 대체물인가?

　A　음료에서 같은 맛을 낸다.

　B　설탕보다 칼로리가 더 적다.

　C　몸에서 더 쉽게 처리된다.

> **해설** 문제의 핵심어구(honey a good alternative)와 관련된 지문 내용 중 'Something like honey ~ is better for digestion than refined sugar, as it allows nutrients to be absorbed more easily.'에서 꿀과 같은 것은 영양소가 더 쉽게 흡수되도록 하므로 정제된 설탕보다 소화에 더 좋다고 하였으므로, 보기 **C** It is more easily processed by the body가 정답이다. 'allows nutrients to be absorbed'가 'processed by the body'로 paraphrasing되었다.
>
> 🔍 **오답 확인하기**
> A는 지문에서 언급되지 않은 내용이므로 오답이다.
> B는 지문의 'calories'와 'sugar'를 언급해 혼동하기 쉽지만, 지문에서 설탕보다 칼로리가 적다는 내용은 언급하지 않으므로 오답이다.

23 화자는 사람들이 –을 실감하지 못한다고 말한다.

　A　하루에 물을 얼마나 마셔야 하는지

　B　청량음료가 얼마나 많은 설탕을 함유하는지

　C　허브 차에 얼마나 많은 비타민이 있는지

> **해설** 문제의 핵심어구(people don't realise)가 언급된 지문 내용 중 'People don't realise the enormous sugar content in a soft drink'에서 사람들은 청량음료 안의 엄청난 당도를 실감하지 못한다고 하였으므로, 보기 **B** how much sugar a soft drink contains가 정답이다.
>
> 🔍 **오답 확인하기**
> A는 지문의 'water'와 'consume'을 언급해 혼동하기 쉽지만, 하루에 물을 얼마나 마셔야 하는지에 대한 내용은 언급되지 않았으므로 오답이다.
> C는 지문의 'vitamins'와 'herbal tea'를 언급해 혼동하기 쉽지만, 문제에서 묻는 사람들이 실감하지 못하는 것과 관련된 내용이 아니므로 오답이다.

24 무지방이라고 불리는 제품들은 -때문에 피해야 한다.
- A   종종 추가적인 설탕을 함유하고 있기 때문
- B   모든 성분을 열거하지 않기 때문
- C   설탕 대체물로 만들어지기 때문

해설 문제의 핵심어구(fat-free should be avoided)와 관련된 지문 내용 중 'Another thing to avoid is ~ food products that are labelled 'fat-free'. Often ~ sugar is added.'에서 피해야 할 또 다른 것은 '무지방'이라는 상표가 붙여진 제조 식품이라고 한 뒤 종종 설탕이 추가된다고 하였으므로, 보기 **A** they often contain extra sugar가 정답이다. 'sugar is added' 가 'contain extra sugar'로 paraphrasing되었다.

🔍 **오답 확인하기**
B는 지문에서 'read through ingredients'로 등장해 혼동하기 쉽지만, 지문에서 모든 성분을 열거해야 한다는 내용은 언급하지 않았으므로 오답이다.
C는 지문의 'contain ~ sugar substitutes'로 등장해 혼동하기 쉽지만, 문제에서 묻는 무지방 제품과 관련된 내용이 아니므로 오답이다.

25 화자에 따르면, 사람들은 -때문에 과일과 채소를 먹어야 한다.
- A   무가당 대체물이기 때문
- B   단맛에 대한 욕구를 충족시켜줄 수 있기 때문
- C   식단 조절을 하기 위한 자연스러운 방법이기 때문

해설 문제의 핵심어구(eat fruits and vegetables)와 관련된 지문 내용 중 'Get it through fruits and vegetables'에서 과일과 채소를 통해 단맛을 얻으라고 한 뒤, 'That's the best way to get the sweetness your appetite may want.' 에서 그것이 그들의 입맛이 원하는 단맛을 얻는 가장 좋은 방법이라고 하였으므로, 보기 **B** they can satisfy the desire for sweetness가 정답이다.

🔍 **오답 확인하기**
A는 지문의 'sugarless alternatives'를 언급해 혼동하기 쉽지만, 문제에서 묻는 과일과 채소를 먹어야 하는 이유와 관련된 내용이 아니므로 오답이다.
C는 지문의 'natural'을 언급해 혼동하기 쉽지만, 지문에서 식단 조절을 하기 위한 자연스러운 방법에 대한 내용은 언급하지 않으므로 오답이다.

HACKERS TEST

1-2	C, E	3	fast food / fast-food	4	local	5	ground
6	A	7	C	8	A	9	A
10	B	11-12	A, C	13-14	A, D	15-16	B, D
17	C	18	C	19	C	20	A

Questions 1-10 영국식 발음 → 영국식 발음

🎧 CH1_HT1-10.mp3

Part 2. You will hear the head of a development panel talk about a sports complex.

W: I'm pleased that you've all gathered here for this public meeting at Brighton City Hall today. I know that many of you are excited

파트 2. 스포츠 종합 운동장에 관해 개발 위원단장이 이야기하는 것을 들으세요.

여: 여러분께서 모두 오늘 이곳 Brighton 시청에서 열리는 이번 공청회에 와 주셔서 기쁩니다. 많은

CHAPTER 01 Multiple Choice   **187**

to hear details about this weekend's opening of the Brighton Sports Complex. So, I've asked Shane Downs, the head of the committee that has been overseeing the development of the complex, to share that information with you. Shane.

M: Thank you. As many of you are already aware, [1]the Brighton Sports Complex will be the largest athletics stadium our city has ever seen, serving primarily as the venue for national tennis matches. I am speaking today on behalf of the entire committee that helped get the project started. I'm happy to say to all city council members here with us today that we stayed well under our budget. The project was also finished by our completion deadline and will open as scheduled. Many of the council members already toured the facility and were very impressed with what they saw.

I guess now is a good time to talk about the various sports facilities that are housed in the complex. Not only does the complex house 22 tennis courts, but [2]it also has two full-size basketball courts. One will be indoors and available to use year-round. Furthermore, [2]it will be used for games played among regional and national teams. The complex also has a volleyball court, an indoor football field, a weight room, and an Olympic-size swimming pool. We are incredibly excited to welcome the citizens of Brighton to use these facilities. And soon, we will have more details about our plans for a yoga studio.

In addition to the exercise facilities, several dining establishments will also be available at the complex. Of course, [3]we want to encourage all of our citizens to lead a healthy lifestyle, so we did not grant retail licences to any fast food restaurants. Instead, there will be a selection of establishments selling salads, smoothies, and sandwiches made with organic ingredients. [4]All the ingredients are from local sources, giving the visitors to these establishments reassurance that they have not travelled long distances or been processed heavily. As with the rest of our facilities, they will be open from 6 am until 10 pm and both members and non-members can patronise any of [5]these establishments, which have been placed on the ground floor.

M: Okay, I'll quickly discuss the complex's membership programme. [6]Citizens will need to stop by the reception desk and fill out a registration form to become a member. They will then be presented with a membership card that can be used to access all of our facilities. That is, everywhere except the swimming

---

분들이 이번 주말의 Brighton 종합 운동장 개관식에 대한 상세한 설명을 듣고 싶어 하신다는 것을 압니다. 그래서, 저는 종합 운동장 개발을 감독해오신 Shane Downs 위원장에게 그 정보를 여러분과 공유할 것을 부탁했습니다. Shane.

남: 감사합니다. 많은 분들이 이미 알고 계시듯이, [1]Brighton 종합 운동장은 주로 국가 대표 테니스 경기를 위한 장소로 사용될 것이며, 우리 도시에서 보셨던 것 중 가장 큰 운동 경기장이 될 것입니다. 저는 오늘 이 프로젝트를 시작하는 데 도움을 주신 위원회 전체를 대표하여 이야기하고 있어요. 오늘 이곳에서 함께하고 계신 모든 시의회 의원분들께 우리가 예산을 초과하지 않았다고 말씀드리게 되어 기쁩니다. 또한 이 프로젝트는 완공 기한 내에 끝났으며 예정된 대로 개관할 것입니다. 많은 의원분들께서 이미 시설을 둘러보셨고 보시면서 깊은 감명을 받으셨습니다.

이제 종합 운동장 안에 수용된 다양한 스포츠 시설에 대해 말씀드리기 좋은 때인 것 같군요. 종합 운동장은 22개의 테니스 코트를 수용하고 있을 뿐만 아니라, [2]이곳에는 2개의 표준 규격 농구 경기장이 있습니다. 한 곳은 실내이며 1년 내내 이용 가능할 겁니다. 그뿐만 아니라, [2]이곳은 지역 및 국가 대표팀 간의 경기를 위해 사용될 것입니다. 종합 운동장에는 배구장, 실내 축구장, 역도 연습실, 그리고 올림픽 규격의 수영장 또한 있습니다. 저희는 Brighton 시민들이 이 시설들을 사용하도록 맞이하게 되어 매우 기쁩니다. 그리고 곧, 요가 교실을 위한 계획에 대해 더 많은 세부 정보를 드릴 것입니다.

운동 시설에 더해, 종합 운동장에서는 몇몇 음식점들 또한 이용하실 수 있을 것입니다. 물론, [3]모든 시민들께 건강한 생활 방식을 권장하고 싶어, 패스트푸드점에는 단 한 곳도 소매점 허가를 주지 않았습니다. 대신, 유기농 재료로 만들어진 샐러드, 스무디, 그리고 샌드위치를 판매하는 다양한 시설들이 있을 것입니다. [4]모든 재료들은 지역 공급자들로부터 오며, 이는 시설에 오는 손님들에게 그것들이 먼 거리를 이동하지 않았으며 많이 가공되지 않았다는 확신을 줄 거예요. 나머지 시설들과 마찬가지로, 이 시설들은 오전 6시부터 오후 10시까지 문을 열 것이며 회원과 비회원 모두 [5]이 시설들 중 무엇이든 애용할 수 있고, 이들은 모두 1층에 있습니다.

남: 그럼, 빠르게 종합 운동장의 회원 프로그램에 대해 말씀드리도록 하겠습니다. [6]회원이 되기 위해 시민들은 접수처에 들러서 등록 양식을 작성해야 할 것입니다. 그러고 나면 모든 시설을 이용하는 데 사용할 수 있는 회원 카드를 받을 거예요. 다시 말씀드리자면, 수영장을 제외한 모든 곳입니다.

pool. [7]There will be an additional £100 annual fee to use this facility, and members will be able to access the area with their cards. This annual fee will be in addition to the membership fee for overall general use of the complex. And patrons will also be able to rent out private lockers for reasonable rates, if they want to have their own. [8]We also have our own car park and will offer complimentary parking to all guests. And we will also have several event halls that members can hire for special events. All fees can be paid easily either in person at the reception desk or by credit card using our online payment system.

Oh, and finally, I'm sure most of you already know this, but [9]Millers Road – where Brighton Sports Complex is located – will be blocked off this weekend for street repairs. So, it'll be tough to park there. Instead, ample free parking is available in a large car park that has been constructed adjacent to the complex. [10]Join us at the grand opening this Saturday at 10 am and pick up a free T-shirt with our facility's logo on the front. The other committee members and I will expect to see you all there.

And now, I'll take any questions you might have . . .

[7]이 시설을 이용하기 위해서는 연 100파운드의 추가 비용이 있을 것이며, 회원들은 카드로 그 구역에 들어갈 수 있을 것입니다. 이 연회비는 종합 운동장 전체의 전반적인 이용에 따른 회비에 추가될 거예요. 그리고 고객들이 개인 사물함을 갖길 원한다면, 합리적인 가격에 개인 사물함 또한 대여할 수 있을 것입니다. [8]또한 저희에게는 자체 주차장이 있으며 모든 고객에게 무료 주차를 제공할 것입니다. 그리고 회원들이 특별 행사를 위해 요금을 내고 빌릴 수 있는 행사장도 몇 군데 있을 거예요. 모든 비용은 손쉽게 접수처에서 직접 지불하거나 온라인 결제 시스템을 이용하여 신용카드로도 지불할 수 있습니다.

아, 그리고 마지막으로, 여러분 대부분이 이미 아실 것이라고 확신합니다만, [9]Brighton 종합 운동장이 위치한 Millers로가 이번 주말에 도로 공사로 인해 폐쇄될 예정입니다. 따라서, 그곳에 주차하는 것은 어려울 수 있어요. 대신, 종합 운동장 가까운 곳에 지어진 큰 주차장에 충분한 무료 주차 공간이 확보되어 있습니다. [10]이번 주 토요일 오전 10시에 개관식에 참석하시고 앞면에 저희 시설의 로고가 새겨져 있는 무료 티셔츠를 받아가세요. 다른 위원분들과 저는 여러분 모두를 그곳에서 뵙기를 기대할 것입니다.

그럼 이제, 질문을 받도록 하겠습니다...

어휘   panel[pǽnl] 위원단   public meeting 공청회   committee[kəmíti] 위원회   oversee[미 òuvərsíː, 영 ə̀uvəsíː] 감독하다
reassurance[미 rìːəʃúrəns, 영 rìːəʃɔ́ːrəns] 확신   patronise[미 péitrənàiz, 영 pǽtrənaiz] 애용하다   patron[péitrən] 고객
complimentary[미 kàmpləméntəri, 영 kɔ̀mpliméntəri] 무료의   hire[미 haiər, 영 haiə] (요금을 내고) 빌리다   adjacent to ~에 가까운

Questions 1-2

1-2 Brighton 종합 경기장에서 어떤 **두 개**의 스포츠가 국가 대항전을 할 것인가?

A   축구

B   배구

C   테니스

D   수영

E   농구

> 해설 문제의 핵심어구(sports ~ have national matches)와 관련된 지문 내용 중 남자가 'the Brighton Sports Complex ~ serving primarily as the venue for national tennis matches'라며 Brighton 종합 운동장은 주로 국가 대표 테니스 경기를 위한 장소로 사용될 것이라고 하였으므로, 보기 **C** tennis가 정답이다.
> 또한 남자가 'it also has two full-size basketball courts'라며 종합 운동장에는 2개의 표준 규격 농구 경기장이 있다고 한 뒤, 'it will be used for games played among regional and national teams'라며 실내 농구 경기장은 지역 및 국가 대표팀 간의 경기를 위해 사용될 것이라고 하였으므로, 보기 **E** basketball이 정답이다.
>
> 🔍 오답 확인하기
> A, B, D는 지문의 'football', 'volleyball', 'swimming'을 언급해 혼동하기 쉽지만, 문제에서 묻는 국가 대항전과 관련된 내용이 아니므로 오답이다.

Questions 3-5

> ### Brighton 종합 운동장: 음식점
>
> · 3 .... 음식점에 허가를 주지 않음으로써 건강한 습관을 권장한다.
> · 재료들은 4 .... 구역으로부터 온다.
> · 종합 경기장의 다른 곳들과 같은 시간에 문을 연다.
> · 5 .... 층에 위치해 있다.

3 **해설** 문제의 핵심어구(not giving licenses)와 관련된 지문 내용 중 남자가 'we want to encourage all of our citizens to lead a healthy lifestyle, so we did not grant retail licences to any fast food restaurants'라며 모든 시민들에게 건강한 생활 방식을 권장하고 싶어 패스트푸드점에는 단 한 곳도 소매점 허가를 주지 않았다고 하였으므로, **fast food** 또는 **fast-food** 가 정답이다.

4 **해설** 문제의 핵심어구(ingredients are from)와 관련된 지문 내용 중 남자가 'All the ingredients are from local sources' 라며 모든 재료들은 지역 공급자들로부터 온다고 하였으므로, **local**이 정답이다.

5 **해설** 문제의 핵심어구(located on)와 관련된 지문 내용 중 남자가 'these establishments, which have been placed on the ground floor'라며 이 음식점들은 모두 1층에 있다고 하였으므로, **ground**가 정답이다.

Questions 6-10

6 Brighton 종합 운동장의 회원이 되기 위해, 사람들은 -해야 한다.
- A 등록 서류를 작성한다.
- B 접수처에서 지불금을 낸다.
- C 보증금을 위해 신용카드를 제시한다.

> **해설** 문제의 핵심어구(become a ~ member)와 관련된 지문 내용 중 남자가 'Citizens will need to stop by the reception desk and fill out a registration form to become a member.'라며 회원이 되기 위해 시민들은 접수처에 들러서 등록 양식을 작성해야 할 것이라고 하였으므로, 보기 **A** complete a registration document가 정답이다. 'fill out a ~ form'이 'complete a ~ document'로 paraphrasing되었다.
>
> 🔍 **오답 확인하기**
> B, C는 지문에서 'paid ~ at the reception desk'와 'paid ~ by credit card'로 등장해 혼동하기 쉽지만, 종합 운동장의 회원이 되기 위해 해야 하는 일이 아닌 시설을 이용하기 위해 비용을 지불하는 방법에 대한 내용이므로 오답이다.

7 종합 운동장에서 수영장을 이용하길 원하는 사람들은 반드시 -해야 한다.
- A 신분증을 사무소에 맡긴다.
- B 온라인으로 이용 가능 여부를 확인한다.
- C 추가 연회비를 지불한다.

> **해설** 문제의 핵심어구(use the swimming pool at the complex)와 관련된 지문 내용 중 남자가 'There will be an additional £100 annual fee to use this facility'라며 수영장을 이용하기 위해서는 연 100파운드의 추가 비용이 있을 것이라고 하였으므로, 보기 **C** pay an additional yearly charge가 정답이다. 'annual fee'가 'yearly charge'로 paraphrasing 되었다.
>
> 🔍 **오답 확인하기**
> A는 지문의 'card'를 언급해 혼동하기 쉽지만, 지문에서 신분증에 대한 내용은 언급하지 않았으므로 오답이다.
> B는 지문의 'online'을 언급해 혼동하기 쉽지만, 지문에서 온라인으로 이용 가능 여부를 확인한다는 내용은 언급하지 않았으므로 오답이다.

8 모든 방문객들은 무엇을 무료로 이용할 수 있을 것인가?

- A 주차 시설
- B 개인 사물함
- C 와이파이

해설 문제의 핵심어구(visitors be able to use for free)와 관련된 지문 내용 중 남자가 'We also have our own car park and will offer complimentary parking to all guests.'라며 그들에게는 자체 주차장이 있으며 모든 고객에게 무료 주차를 제공할 것이라고 하였으므로, 보기 **A** a parking facility가 정답이다.

🔍 **오답 확인하기**
B는 지문의 'patrons will also be able to rent out private lockers for reasonable rates'와 반대되는 내용이므로 오답이다.
C는 지문에서 언급되지 않은 내용이므로 오답이다.

9 이번 주말에 Millers로에 주차하는 것은 왜 어려울 것인가?

- A 복구 작업을 위해 길이 폐쇄되었다.
- B 주차장에서 보수 작업이 진행될 것이다.
- C 민간 행사가 종합 운동장에서 열릴 것이다.

해설 문제의 핵심어구(Millers Road)와 관련된 지문 내용 중 남자가 'Millers Road ~ will be blocked off this weekend for street repairs. So, it'll be tough to park there.'라며 Millers로가 이번 주말에 도로 공사로 인해 폐쇄될 예정이라고 한 뒤 따라서 그곳에 주차하는 것은 어려울 수 있다고 하였으므로, 보기 **A** A route has been closed for repairs가 정답이다. 'blocked off ~ for street repairs'가 'has been closed for repairs'로 paraphrasing되었다.

🔍 **오답 확인하기**
B는 지문의 'car park'를 언급해 혼동하기 쉽지만, 지문에서 주차장에서 보수 작업이 진행될 것이라는 내용은 언급하지 않았으므로 오답이다.
C는 지문에 언급되지 않은 내용이므로 오답이다.

10 개관식의 참석자들은 –을 받을 수 있다.

- A 요금이 지급된 주차권
- B 무료 옷
- C 로고가 새겨진 보호 장비

해설 문제의 핵심어구(Attendees of the grand opening)와 관련된 지문 내용 중 남자가 'Join us at the grand opening ~ and pick up a free T-shirt'라며 개관식에 참석하고 무료 티셔츠를 받아가라고 하였으므로, 보기 **B** apparel for free가 정답이다. 'a free T-shirt'가 'apparel for free'로 paraphrasing되었다.

🔍 **오답 확인하기**
A는 지문의 'free parking is available'과 반대되는 내용이므로 오답이다.
C는 지문에서 'our ~ logo on the front'로 등장해 혼동하기 쉽지만, 지문에서 보호 장비에 대한 내용은 언급하지 않았으므로 오답이다.

Questions 11-20 영국식 발음 → 영국식 발음 → 영국식 발음　　　🎧 CH1_HT11-20.mp3

Part 3. You will hear a conversation between two students and a professor talking about a project on globalised marketing in business.	파트 3. 기업의 세계화된 마케팅과 관련된 프로젝트에 관한 두 명의 학생과 교수님의 대화를 들으세요.
M1: Thanks for stopping by my office, Catherine and Matthew. So, how are you both doing on the project about globalised	남1: 내 사무실에 들러주어 고맙구나, Catherine과 Matthew야. 자, 너희 둘 모두 기업의 세계화

marketing in business?

M2: I think everything's going smoothly so far. [11/12]We have finished our outline for the structure of the report and I've just finished our introduction.

W: And I've been doing the research for the main body.

M2: Yes, we've started doing research online . . .

W: . . . about specific globalised companies.

M2: So when we finish that we can begin work on writing the main body of the report.

M1: Well, what companies have you focused on already, Catherine?

W: I've discovered some information about globalised fast food businesses. What's notable about these companies is how they've altered their product offerings to appeal to various markets worldwide.

M1: So, you've covered one aspect of marketing there – products. Have either of you researched any specific examples of that?

M2: I have. American fast food chain Burger King, for instance, has a menu primarily consisting of burgers containing beef. So, when the company launched in India, some changes needed to be made to its products in order to entice the local market, which is made up of many consumers who do not eat beef.

M1: And what impact did doing that have on the company?

W: Basically, [13]by giving attention to the concerns of individual consumers in India, consumers' perceptions of Burger King's products improved there significantly.

M1: I see.

W: [14]The company started to become more highly regarded in surrounding countries in South East Asia too. It was interesting to see how rapidly favourable news about a company spread like that.

M1: So, you've looked at the place aspect of marketing in your analysis of this fast food company as well. Markets react differently in different countries and regions. But your report should focus on all four marketing elements. So, Catherine, what about the other two?

W: Well, I also did some research on the promotion aspect for print advertising for the Swedish vodka company, Absolut. [15]This company decided to choose different ads for different regions and incorporate cultural slang into each area's advertisements.

M1: Very good. Other than the language, though, what else varied in the ads? Did Absolut modify its usual graphics, ad size? Or did it make any changes to its image branding?

W: Not those things specifically, but [16]other elements in print ads, such as colour, also varied in different regions.

된 마케팅에 관한 프로젝트는 어떻게 되어가고 있니?

남2: 모든 것이 아직까지는 순조로운 것 같아요. [11/12]저희는 보고서 구성에 대한 개요를 마무리했고 저는 막 서론을 끝마쳤어요.

여 : 그리고 저는 본론을 위한 조사를 하고 있었어요.

남2: 네, 저희는 온라인으로 조사를 시작했어요...

여 : 세계화된 특정 기업들에 대해서요.

남2: 그래서 저희가 그것을 마무리하면 보고서의 본문을 쓰기 시작할 수 있을 거예요.

남1: 음, 이미 초점을 맞춘 곳은 어떤 회사들이니, Catherine?

여 : 저는 세계화된 패스트푸드 기업들에 대한 정보를 좀 찾아보았어요. 이 기업들에 대해서 주목할 만한 점은 전 세계에 있는 다양한 시장의 관심을 끌기 위해 그들이 취급하는 제품을 변화시켰던 방법이에요.

남1: 그럼, 제품이라는 마케팅의 한 가지 측면을 다뤘구나. 너희 둘 중 그에 대한 특정 예시를 조사한 사람이 있니?

남2: 제가 했어요. 예를 들면, 미국의 패스트푸드 체인점인 Burger King에는 주로 쇠고기를 포함하는 햄버거들로 구성된 메뉴가 있어요. 그래서, 그 기업이 인도에 진출했을 때, 쇠고기를 먹지 않는 많은 소비자로 구성된 현지 시장을 유인하기 위해 제품에 몇 가지 변화를 필요로 했어요.

남1: 그럼 그렇게 해서 그 기업에는 어떤 영향을 미쳤니?

여 : 무엇보다도, [13]인도 소비자들의 우려에 관심을 가짐으로써, Burger King 제품에 대한 소비자들의 인식이 그곳에서 상당히 향상되었어요.

남1: 그렇구나.

여 : [14]이 기업은 동남아시아에 있는 주변 국가들에서도 더 높게 평가받기 시작했어요. 한 기업에 대한 우호적인 뉴스가 그처럼 얼마나 빠르게 퍼졌는지를 보는 것은 흥미로웠어요.

남1: 그러면, 이 패스트푸드 기업에 대한 분석에서 마케팅의 장소라는 측면 또한 살펴본 것이로구나. 시장은 각각 다른 국가와 지역에서 다르게 반응하지. 하지만 너희의 보고서는 네 가지 마케팅 요소 모두에 초점을 맞추어야 한단다. 그럼, Catherine, 다른 두 개는 어떠니?

여 : 음, 저는 또한 스웨덴의 보드카 기업인, Absolut의 인쇄 광고에서 홍보 측면에 대한 조사를 좀 했어요. [15]이 기업은 각기 다른 지역에 대해 각기 다른 광고를 선택하고 각 지역의 광고에 문화적 속어를 포함하기로 했어요.

남1: 아주 좋구나. 그런데, 언어 외에도, 그 광고에서 무엇이 달랐니? Absolut가 평소에 사용하는 시각 자료, 광고 크기를 수정했니? 아니면 이미지 브랜딩에서 어떤 변화를 줬니?

여 : 특별히 그런 것들은 아니에요, 하지만 [16]색감과 같은, 인쇄 광고의 다른 요소들 또한 각기 다른 지역에서 달랐어요.

M1: Sounds like you've made good progress.

M1: However, you'll still need to address the element of price. And I recommend digging more deeply into globalised marketing for corporations in industries other than food and beverages.

W: Matthew's got some interesting information about fashion companies, actually.

M1: Is that so, Matthew?

M2: Yeah. US clothing retail chain [17]Calvin Klein had some trouble when it ran commercials for a new clothing line, and many consumers in foreign markets found them highly inappropriate.

M1: How were the advertisements and products inappropriate, exactly?

M2: Well, it was a very contemporary styled campaign. But the general consumer response there was that the clothes were too revealing. And that response was from young and old consumers alike.

W: Yeah, it wasn't a good start for Calvin Klein's first globalisation effort.

M2: Unfortunately not. But [18]the company turned things around by designing a new line in spring 2013 that featured elements of traditional clothing from various countries, while maintaining the muted and simple colour scheme of their general clothing.

W: Yes, and they also changed their prices, so the new clothes were more affordable than the previous line. Our report will discuss price a bit in regard to Calvin Klein.

M1: Good. How did the marketing team decide on adjusting prices for each foreign market?

W: They naturally had to consider the break-even point for every product. And based on that, they could determine how much to set each product's profit margin at.

M1: Great. I'd like you to integrate those details into your report.

W: Absolutely. I've got notes on the equations from last week's class on profit margin analysis and have decided to include those too.

M2: Yeah, and we're working on creating some graphs that illustrate those equations as well.

M1: That's good because I don't want you to have an excessive amount of text in the report. So, could you tell me what you have in mind for the structure of the report?

M2: Yeah. We'll have an introduction followed by one section for each of the four aspects of marketing and then finally a conclusion. All of the formulas and graphics will be printed in an appendix at the end of the report.

M1: Ah, actually, [19]you should mix the visual materials in with the

---

남1: 꽤 훌륭한 진전을 보인 것 같구나.

남1: 하지만, 아직도 가격이라는 요소를 다룰 필요가 있겠구나. 그리고 나는 식품과 음료가 아닌 다른 산업에 있는 기업들의 세계화된 마케팅에 더 깊게 몰두할 것을 권한단다.

여 : 사실, Matthew가 패션 기업에 대한 흥미로운 정보를 조금 얻었어요.

남1: 그렇니, Matthew?

남2: 네. 미국의 의류 소매 체인인 [17]Calvin Klein은 새로운 의류 라인을 위한 광고를 게재했을 때 문제가 좀 있었는데, 외국 시장의 많은 소비자들이 그것이 매우 부적절하다고 생각했어요.

남1: 정확히, 광고와 제품들이 어떻게 부적절했니?

남2: 음, 그것은 매우 현대적인 스타일의 캠페인이었어요. 하지만 그곳에서의 일반 소비자의 반응은 옷들이 너무 노출이 심하다는 것이었어요. 그리고 그 반응은 젊은 소비자와 나이든 소비자들에게서 비슷하게 나타났어요.

여 : 네, 그것은 Calvin Klein의 첫 세계화 시도의 좋은 시작은 아니었어요.

남2: 유감스럽게도 아니었죠. 하지만 [18]그 회사는 여러 나라의 전통적인 요소를 특징으로 하는 반면, 그들의 일반적인 옷에서의 부드럽고 단순한 색채의 배합은 유지하는 2013년 봄 라인을 만듦으로써 상황을 호전시켰어요.

여 : 맞아요, 그리고 그들은 가격에도 변화를 줘서, 새로운 옷은 이전 라인보다 가격이 더 적당했어요. 저희 보고서는 Calvin Klein에 관해서 가격을 약간 이야기할 거예요.

남1: 좋구나. 마케팅 팀은 각각의 외국 시장에서 어떻게 가격을 조정하기로 결정했니?

여 : 그들은 물론 모든 제품에 대해 손익 분기점을 고려해야 했어요. 그리고 그에 기초해서, 각 제품의 이익률을 얼마로 잡아야 할지 결정할 수 있었어요.

남1: 훌륭하구나. 이러한 세부 사항들을 보고서에 통합했으면 좋겠구나.

여 : 물론이죠. 저는 지난주 이익률 분석에 대한 수업에서 공식을 필기한 것이 있고 그것들도 포함하기로 했어요.

남2: 네, 그리고 저희는 그 공식을 설명하는 몇몇 그래프들을 만드는 작업 또한 하고 있어요.

남1: 나는 너희들이 보고서에 너무 많은 양의 글자를 넣는 것을 원치 않으니 그건 좋구나. 자, 보고서의 구성을 어떻게 계획하고 있는지 말해주겠니?

남2: 네. 저희는 서론에 이어 마케팅의 네 가지 측면을 각각 한 부분으로 다룰 것이고 그 후에 마지막으로 결론이 있을 거예요. 모든 공식과 시각 자료들은 보고서 뒤의 부록으로 실릴 거예요.

남1: 아, 사실은, [19]시각 자료들을 본문에 함께 섞어야 한단다. 각각의 시각 자료에 각주를 추가하기만 하렴.

text. Just add footnotes for each graphic.

M2: I see. I'll adjust my outline, then. Thanks for your advice, Professor.

W: Yes, we appreciate it. ²⁰We're going to head to the library now to find some visual examples of globalised advertising. We thought it might be a good idea to include pictures of actual ads in the report.

M1: No problem. I'm looking forward to seeing your final draft submission next week.

남2: 알겠습니다. 그럼, 제가 개요를 수정할게요. 조언 감사합니다, 교수님.

여 : 네, 감사드려요. ²⁰저희는 이제 도서관으로 가서 세계화된 광고의 시각적인 예시를 좀 찾으려고요. 보고서에 실제 광고의 사진을 포함하는 것이 좋은 아이디어일 수 있다고 생각했거든요.

남1: 그럼. 다음 주에 너희들이 최종안을 제출하는 것을 보기를 기대하고 있으마.

어휘　notable[미 nóutəbl, 영 nə́utəbl] 주목할 만한　alter[미 ɔ́ːltər, 영 ɔ́ltə] 변하다　favourable[féivərəbl] 우호적인, 호감을 갖게 하는　incorporate[미 inkɔ́ːrpəreit, 영 inkɔ́ːpəreit] 포함하다　inappropriate[미 ìnəpróupriət, 영 ìnəprə́upriət] 부적절한　contemporary[미 kəntémpərèri, 영 kəntémpərəri] 현대적인　revealing[rivíːliŋ] 노출이 심한　break-even point 손익 분기점　integrate[미 íntəgrèit, 영 íntigreit] 통합하다　equation[ikwéiʒən] 공식, 등식　illustrate[미 íləstrèit, 영 íləstreit] 설명하다　formula[미 fɔ́ːrmjulə, 영 fɔ́ːmjələ] 공식　appendix[əpéndiks] 부록　footnote[미 fútnout, 영 fútnəut] 각주

Questions 11-20

11-12 학생들이 이미 완료한 두 가지 일은 무엇인가?

- A 과제의 구조를 위한 개요
- B 문서의 본론 부분
- C 보고서의 서론
- D 세계화된 기업에 대한 자료 수집
- E 조사 방법론에 대한 요약

해설　문제의 핵심어구(tasks the students ~ completed)와 관련된 지문 내용 중 남자2가 'We have finished our outline for the structure of the report and I've just finished our introduction.'이라며 그들은 보고서 구성에 대한 개요를 마무리했고 그는 막 서론을 끝마쳤다고 하였으므로 **A** an outline for the assignments' structure와 **C** the introduction to their report가 정답이다.

🔍 **오답 확인하기**
B, D는 지문에서 'research for the main body', 'research ~ about specific globalised companies'로 등장해 혼동하기 쉽지만, 문제에서 묻는 학생들이 완료한 일과 관련된 내용이 아닌 현재 하고 있는 일에 대한 내용이므로 오답이다.
E는 지문에서 언급된 내용이 아니므로 오답이다.

13-14 Burger King이 인도에서 매장을 열었을 때 Burger King의 접근법은 어떤 두 가지 영향을 미쳤는가?

- A 인도 주변에서 브랜드에 대한 긍정적인 의견
- B 상점들이 그 지역에 널리 퍼짐
- C 특정 제품들은 소비자들의 흥미를 잃게 만듦
- D 인접 국가들에서의 이미지 향상
- E 그것의 메뉴가 부적합하다고 생각됨

해설　문제의 핵심어구(Burger King's approach have ~ in India)와 관련된 지문 내용 중 여자가 'by giving attention to ~ consumers in India, consumers' perceptions of Burger King's products improved there significantly'라며 인도 소비자들에 관심을 가짐으로써 Burger King 제품에 대한 소비자들의 인식이 그곳에서 상당히 향상되었다고 하였으므로, 보기 **A** positive opinion of the brand around India가 정답이다.
또한 여자가 'The company started to become more highly regarded in surrounding countries'에서 Burger King은 주변 국가들에서도 더 높게 평가받기 시작했다고 하였으므로, 보기 **D** enhanced image in neighbouring countries가 정답이다. 'more highly regarded in surrounding countries'가 'enhanced image in neighbouring countries'로 paraphrasing되었다.

B는 지문에 언급되지 않은 내용이므로 오답이다.

C는 지문의 'consumers'를 언급해 혼동하기 쉽지만, 지문에서 Burger King의 제품들이 소비자들의 흥미를 잃게 만들었다는 내용은 언급하지 않았으므로 오답이다.

E는 지문의 'menu'를 언급해 혼동하기 쉽지만, 지문에서 Burger King의 접근법에서 메뉴가 부적합하다고 생각되었다는 내용은 언급하지 않았으므로 오답이다.

15-16 스웨덴의 보드카 회사가 각각의 지역에 따라 바꾼 광고의 요소는 무엇인가?

A 사용된 시각 자료의 종류

B 홍보 자료의 언어

C 인쇄 광고의 크기

D 자료에서 사용된 색상

E 제품의 브랜드명

해설 문제의 핵심어구(a Swedish vodka company)와 관련된 지문 내용 중 여자가 'This company decided to ~ incorporate cultural slang into each area's advertisements.'라며 스웨덴의 보드카 기업은 각 지역의 광고에 문화적 속어를 포함하기로 했다고 하였으므로, 보기 **B** the language of promotional material이 정답이다. 'advertisements'가 'promotional material'로 paraphrasing되었다.

또한 여자가 'other elements in print ads, such as colour, also varied in different regions'라며 색감과 같은 인쇄 광고의 다른 요소들 또한 각기 다른 지역에서 달랐다고 하였으므로, 보기 **D** the colours used in materials가 정답이다.

Q 오답 확인하기

A, C, E는 지문에서 남자가 'Did Absolut modify its usual graphics, ad size? Or did it make any changes to its image branding?'이라고 언급해 혼동하기 쉽지만, 다음 문장에서 여자가 'Not those things specifically'라며 부정하고 있으므로 오답이다.

17 Calvin Klein에서 보여진 광고는 –때문에 문제를 일으켰다.

A 충분히 현대적이지 않다고 간주되었기 때문에

B 젊은 소비자들에게 너무 초점을 맞추었기 때문에

C 일부 소비자들에게서 부적절하다고 여겨졌기 때문에

해설 문제의 핵심어구(advertisements shown for Calvin Klein)와 관련된 지문 내용 중 남자가 'Calvin Klein had some trouble when it ran commercials ~ many consumers in foreign markets found them highly inappropriate'라며 Calvin Klein은 광고를 게재했을 때 문제가 좀 있었는데 외국 시장의 많은 소비자들이 그것이 매우 부적절하다고 생각했다고 하였으므로, 보기 **C** they were deemed inappropriate by some consumers가 정답이다.

Q 오답 확인하기

A는 지문의 'it was a very contemporary styled campaign'과 반대되는 내용이므로 오답이다.

B는 지문의 'young ~ consumers'로 등장해 혼동하기 쉽지만, 지문에서 젊은 소비자들에게 너무 초점을 맞추었다는 내용은 언급하지 않았으므로 오답이다.

18 2013년 라인에서 Calvin Klein이 디자인의 특징으로 삼은 것은 –이다.

A 새롭고 더 밝은 색상

B 각각의 나이대에 맞춰진 옷

C 전통적인 의상의 측면

해설 문제의 핵심어구(2013 line)와 관련된 지문 내용 중 남자가 'the company turned things around by designing a new line in spring 2013 that featured elements of traditional clothing from various countries'라며 Calvin Klein은 여러 나라의 전통적인 요소를 특징으로 하는 2013년 봄 라인을 만듦으로써 상황을 호전시켰다고 하였으므로, **C** aspects of traditional outfits가 정답이다.

19 학생들은 그래프를 어떻게 보고서에 포함할 것인가?
   A 마지막의 부록에
   B 따로 인쇄된 리플렛에
   C 본문 내내 포함되도록

해설 문제의 핵심어구(include graphs)와 관련된 지문 내용 중 남자1이 'you should mix the visual materials in with the text'라며 시각 자료들은 본문에 함께 섞어야 한다고 하였으므로, **C** inserted throughout the text가 정답이다. 'mix ~ in'이 'inserted throughout'으로 paraphrasing되었다.

🔍 **오답 확인하기**
A는 지문에서 남자2가 'All of the formulas and graphics will be printed in an appendix at the end of the report'라고 언급해 혼동하기 쉽지만 다음 문장에서 남자1이 'actually, you should mix the visual materials in with the text'라며 부정적인 의견을 말하고 있으므로 오답이다.
B는 지문의 'printed'를 언급해 혼동하기 쉽지만, 지문에서 따로 인쇄된 리플렛에 포함한다는 내용은 언급하지 않으므로 오답이다.

20 학생들은 다음에 무엇을 할 것 같은가?
   A 과제를 위해 사용할 이미지를 찾는다.
   B 참고 서적을 빌리기 위해 도서관에 간다.
   C 그들 자신의 마케팅 계획을 만든다.

해설 지문 내용 중 여자가 'We're going to head to the library now to find some visual examples of globalised advertising.'이라며 이제 도서관으로 가서 세계화된 광고의 시각적인 예시를 좀 찾을 것이라고 하였으므로, 보기 **A** find images to use for their assignment가 정답이다.

🔍 **오답 확인하기**
B는 지문에서 'head to the library'로 등장해 혼동하기 쉽지만, 지문에서 참고 서적을 빌린다는 내용은 언급하지 않았으므로 오답이다.
C는 지문에 언급되지 않은 내용이므로 오답이다.

CHAPTER 02 Note/Form Completion

* 각 문제에 대한 정답의 단서는 지문에 문제 번호와 함께 별도의 색으로 표시되어 있습니다.

EXAMPLE

p.46

자, 제품과 관련된 문제가 있을 때 기업들이 무엇을 할 수 있는지 논의해봅시다. 위기 관리가 그 해답이며, 오늘 우리는 그것을 살펴볼 것입니다. 기업이 문제를 해결하지 않는 경우 이는 소비자들이 그들을 거부하게 만드는 원인이 될 수 있습니다. 우리는 기업이 그들의 제품에 대한 소비자의 신뢰를 되찾기 위해 무엇을 할 수 있는지에 대해 논의할 것입니다. 위기 관리의 가장 중요한 측면은 빠른 대응으로, 기업은 빠르게 문제의 원인을 확인하고 해결해야 합니다. [1] 이것은 안정감에 대한 인식이 지속되고 기업이 믿을만하고 신뢰할 수 있어 보이도록 보장할 것이고, 이는 소비자와 주주들 모두를 안정시키는 효과를 가질 것입니다. 하지만, 기억하는 것도 중요한데...

HACKERS PRACTICE

p.50

유형 연습

1 Marquez	**2** 10 / ten	**3** 120
4 February 2(nd)	**5** Bixteth	**6** L34EW
7 eligible	**8** regular plan	**9** 3 months / three months
10 attendance	**11** permit	**12** Saturday
13 Booking / Reservation	**14** cultural	**15** survey
16 viewpoint(s) / perception	**17** token	**18** equality
19 ageing / aging	**20** response	**21** 1,500
22 hard workers	**23** instant	**24** (the) duration
25 attention (levels)	**26** increased	**27** grey matter
28 exercise		

Questions 1-4 영국식 발음 → 미국식 발음

🎧 CH2_HP1-4.mp3

Part 1. You will hear a conversation between a customer and an agent at an art academy.

W: Hello. This is the Ridley Art Academy, come in . . . Can I help you with anything?

M: Yes, I just moved to town and am interested in enrolling my child in an art programme. So, I wanted to see what kinds of classes you offer.

W: Wonderful. We have several art courses for children. If you could give me a few pieces of information first, I'd appreciate it. [1]Could I get your name?

M: [1]Pablo Marquez. That's spelled M-A-R-Q-U-E-Z.

W: And [2]the age of your child?

M: [2]Just turned 10 about four months ago.

파트 1. 미술 학원에서 고객과 직원 간의 대화를 들으세요.

여: 안녕하세요. Ridley 미술 학원입니다. 들어오세요... 무엇을 도와드릴까요?

남: 네, 저는 최근 이 도시로 이사를 왔는데 제 아이를 미술 프로그램에 등록시키고 싶어요. 그래서, 어떤 종류의 수업을 제공하는지 알고 싶어요.

여: 좋아요. 학원에는 아이들을 위한 몇 가지 미술 수업이 있습니다. 몇 가지 세부 정보를 먼저 알려주신다면, 감사하겠습니다. [1]성함이 어떻게 되시나요?

남: [1]Pablo Marquez입니다. 철자는 M-A-R-Q-U-E-Z예요.

여: 그리고 [2]아이의 나이는요?

남: 4달 전에 [2]10살이 됐어요.

W: Well, we have a few different courses for that age group. One is Introduction to Art, which includes painting, drawing, and lots of fun activities. We also offer Sculpture Workshop, where the children work with different sculpting materials, and History of Art, where the children learn a bit about famous artists and art movements.

M: I think the introductory class would be best.

W: Good. Now, we currently have 16 children enrolled in that course. But we have a teacher and two assistants with them at all times.

M: Great. And how much do you charge?

W: Actually, we charge per month. The cost would be £160, and you pay at the beginning of each month. But ³if you enrol for a period of a full year, the rate is only £120 per month.

M: Really? Well, ³we planned to enrol for a year anyway. OK, I would like to go ahead if there is space.

W: Absolutely. ⁴The classes will start this coming Tuesday.

M: That's fine. So, ⁴that's February 2nd, right?

W: ⁴That's correct. And payment is accepted by cash, credit card, or cheque. Which do you prefer?

M: I'll pay with my credit card, thanks.

W: Sure. Now, if I could just get you to fill in this enrolment form, I'll go ahead and take care of your payment. And then I'll get you a brochure about the academy and a copy of your child's art class schedule. Also, there is a list of our policies, which you can look through and . . .

여: 음, 그 연령대를 위한 수업이 몇 가지 있어요. 하나는 미술 입문 수업인데, 색칠하기, 그림 그리기, 그리고 많은 재미있는 활동들이 포함되어 있어요. 저희는 조소 워크숍도 제공하는데, 이곳에서 아이들은 서로 다른 조각 재료들을 가지고 작업할 수 있고, 미술의 역사 수업에서는, 아이들이 유명한 미술가들과 미술 운동에 대해 좀 배울 수 있어요.

남: 입문 수업이 가장 좋을 것 같네요.

여: 좋아요. 자, 현재 그 수업에는 16명의 아이들이 등록되어 있어요. 하지만 선생님 한 분과 두 명의 보조교사가 항상 그들과 함께 있습니다.

남: 잘됐네요. 그럼 비용은 얼마인가요?

여: 사실, 저희는 1개월 단위로 금액을 받습니다. 160 파운드이고, 매달 초에 지불하시게 됩니다. 하지만 ³1년 치를 등록하신다면, 요금은 한 달에 120 파운드밖에 하지 않습니다.

남: 정말인가요? 음, 어차피 ³1년 동안 등록하려고 했어요. 좋아요, 자리가 있다면 등록을 하고 싶어요.

여: 물론이죠. ⁴수업은 돌아오는 이번 주 화요일부터 시작할 거예요.

남: 괜찮네요. 그러니까, ⁴2월 2일이죠, 맞나요?

여: ⁴맞습니다. 그리고 지불은 현금, 신용카드, 혹은 수표로 받습니다. 어떤 것을 선호하시나요?

남: 신용카드로 지불할게요, 감사해요.

여: 알겠습니다. 자, 이 등록 양식을 작성해주시면, 저는 가서 납입금을 처리하도록 하겠습니다. 그러고 나서 학원에 대한 안내 책자와 아이의 미술 수업 일정표 한 부를 가져다 드릴게요. 또, 저희의 정책 목록이 있는데, 이걸 살펴보실 수 있고...

어휘 enrol[미 inróul, 영 inrául] 등록시키다, 등록하다 appreciate[미 əprí:ʃièit, 영 əprí:ʃieit] 감사하다, 고마워하다
sculpture[미 skʌ́lptʃər, 영 skʌ́lptʃə] 조소, 조각품 at all times 항상, 언제나 cheque[tʃek] 수표 policy[미 pɑ́ləsi, 영 pɔ́ləsi] 정책, 방침

Questions 1-4

어린이 미술 수업 등록 양식

개인 정보
부모 이름: Pablo 1 ………
자녀 나이: 2 ……… 살

등록 정보
수업: 미술 입문
비용: 1년치 등록 시 1개월에 3 ……… 파운드
시작 날짜: 4 ………
지불 방식: 신용카드

1 **해설** 문제의 핵심어구(Name of parent)와 관련된 지문 내용 중 여자가 'Could I get your name?'이라며 이름을 묻자 남자가 'Pablo Marquez. That's spelled M-A-R-Q-U-E-Z.'라고 하였으므로, **Marquez**가 정답이다.

2 **해설** 문제의 핵심어구(Age of child)가 언급된 지문 내용 중 여자가 'the age of your child?'라며 아이의 나이를 묻자 남자가 'Just turned 10'이라며 10살이 됐다고 하였으므로, **10** 또는 **ten**이 정답이다.

3 **해설** 문제의 핵심어구(Cost ~ full year enrolment)와 관련된 지문 내용 중 여자가 'if you enrol for a period of a full year, the rate is only £120 per month'라며 1년 치를 등록한다면 요금은 한 달에 120파운드밖에 하지 않는다고 하자 남자가 'we planned to enrol for a year'라며 1년 동안 등록하려고 했다고 하였으므로, **120**가 정답이다.

4 **해설** 문제의 핵심어구(Starting date)와 관련된 지문 내용 중 여자가 'The classes will start this coming Tuesday.'라며 수업은 돌아오는 이번 주 화요일부터 시작할 거라고 하자 남자가 'that's February 2nd, right?'라며 2월 2일이 맞는지 물었고, 여자가 'That's correct.'라며 맞다고 하였으므로, **February 2(nd)**가 정답이다.

Questions 5-9 영국식 발음 → 영국식 발음

🎧 CH2_HP5-9.mp3

Part 1. You will hear a telephone conversation between a customer and a receptionist from an insurance company about medical coverage.	파트 1. 의료 혜택에 관한 고객과 보험 회사 접수원 간의 전화 통화를 들으세요.

W: Midlands Health Coverage Services. This is Melanie speaking. How can I help you?

M: Hi, I'm planning to study abroad in Spain for September and October this year, and I'll need medical insurance.

W: Certainly. I can help you. First, if you don't mind, I'll need to get some information from you. Could I first get your name and postal address, please?

M: Yes, it is Adam Harker. And ⁵I'm at 48 Bixteth Street in Liverpool. That's B-I-X-T-E-T-H.

W: Aha. ⁶What is your post code?

M: Um. ⁶It is L-3-4-E-W.

W: Oh, and I'll also need your home phone number.

M: Sure. That's 0151 555 0143.

W: Thanks. Got it. And could you tell me if you currently suffer from any medical conditions or diseases? Policy rates are a bit higher if you are already diagnosed with a medical problem.

M: No, nothing that I know of. I had a check-up last month and everything was okay.

W: Great. Well, we have a policy for those studying in continental Europe. ⁷It's a student policy for those aged 17 to 25 and it is for basic coverage and costs £88 per month. However, dental work and medication are not included. We also have comprehensive plans that cover everything, but they cost more.

M: ⁷I'm 27, so I am not eligible for the cheaper plan. How much are the other policies?

W: ⁸Regular plans are £112 per month, and the comprehensive ones are £158.

M: I have a limited budget, so ⁸I'd go for the less expensive option. I plan to travel around a few nearby countries in Europe as well, would that affect the price? And ⁹I might choose to stay

여: Midlands 건강 보험 서비스입니다. 저는 Melanie입니다. 무엇을 도와드릴까요?

남: 안녕하세요, 저는 올해 9월과 10월에 스페인에서 유학할 계획이어서, 건강 보험이 필요할 것 같아요.

여: 알겠습니다. 제가 도와드릴 수 있어요. 우선, 괜찮으시다면, 고객님의 몇몇 정보를 받아야 할 것 같습니다. 먼저 고객님의 이름과 우편주소를 알려주시겠습니까?

남: 네, Adam Harker입니다. 그리고 ⁵저는 리버풀의 Bixteth가 48번지에 살아요. B-I-X-T-E-T-H입니다.

여: 아하. ⁶고객님의 우편번호는 무엇인가요?

남: 음. ⁶L-3-4-E-W입니다.

여: 아, 그리고 고객님의 집 전화번호도 필요해요.

남: 물론이죠. 0151 555 0143번입니다.

여: 감사합니다. 됐습니다. 그리고 현재 고객님께서 어느 것이든 질병이나 질환을 겪고 계시는지 말씀해주시겠어요? 만약 고객님께서 건강상의 문제를 이미 진단받으셨다면 보험료가 약간 더 비쌉니다.

남: 아니요, 제가 알기로는 없습니다. 저는 지난달에 건강 검진을 받았고 모든 게 괜찮았어요.

여: 좋아요. 음, 유럽 대륙에서 공부하시는 분들을 위한 보험 정책이 있습니다. ⁷17세에서 25세까지의 사람들을 위한 학생 보험 정책이고 기본 보장을 위한 것이며 한 달에 88파운드입니다. 그렇지만, 치과 치료와 약물치료는 포함되어 있지 않습니다. 모든 것을 보장하는 종합 보험도 있지만, 비용이 더 많이 듭니다.

남: ⁷저는 27살이어서, 더 저렴한 보험은 자격이 안 되네요. 다른 보험 정책들은 얼마인가요?

여: ⁸일반 보험은 한 달에 112파운드이고, 종합 보험은 158파운드입니다.

남: 저는 예산이 한정되어 있어서, ⁸덜 비싼 것을 택해야 할 것 같아요. 또한 저는 유럽의 몇몇 인근

in Spain an extra month, so would the rate be the same if I stayed 3 months instead of 2?

W: Actually, no. There would be a 10% discount, and there would be no change to the policy if you traveled to neighbouring countries.

M: Well, that's good to know. Okay, so how do I make payment?

W: You can pay by credit card now. Or send us a direct deposit from your bank.

국가도 여행할 계획인데, 그것이 비용에 영향을 미칠까요? 그리고 ⁹저는 스페인에서 한 달을 더 머물기로 결정할 수도 있는데, 2달 대신 3달을 머물러도 가격은 같을까요?

여: 사실, 아니에요. 10%의 할인이 있을 것이고, 인근 국가들을 여행하신다면 보험 정책에 변화는 없을 것입니다.

남: 네, 알게 되어서 다행이군요. 좋아요, 그래서 어떻게 지불하면 되죠?

여: 지금 신용카드로 지불하실 수 있습니다. 아니면 고객님의 은행에서 바로 계좌 입금해 주세요.

어휘　suffer[미 sʌ́fər, 영 sʌ́fə] 겪다, 고통받다　diagnose[미 dáiəgnòus, 영 dáiəgnəuz] (병을) 진단하다　check-up 건강 검진
policy[미 páləsi, 영 pɔ́ləsi] 보험 정책, 보험 증권　continental[미 kàntənéntl, 영 kɔ̀ntinéntl] 대륙의, 대륙풍의　coverage[kʌ́vəridʒ] 보장
comprehensive[미 kàmprihénsiv, 영 kɔ̀mprihénsiv] 종합적인, 포괄적인　plan[plæn] 보험, 보험 제도
eligible[élidʒəbl] ~에 자격이 있는, 적합한　neighbouring[néibəriŋ] 인근의, 이웃한　direct deposit 계좌 입금

Questions 5-9

의료 보험 문의

고객 이름: Adam Harker

주소: 48번지, 5 .... 가, 리버풀

우편번호: 6 ....

전화번호: 0151 555 0143

메모:

· 27살로, 학생 보험 정책에 7 .... 하지 않는다.

· 8 ....으로 신청할 가능성이 가장 높다.

· 스페인에 9 ....까지 머무를 수도 있다.

---

5 **해설** 문제의 핵심어구(Address)와 관련된 지문 내용 중 남자가 'I'm at 48 Bixteth Street in Liverpool. That's B-I-X-T-E-T-H.'라고 하였으므로, **Bixteth**가 정답이다.

6 **해설** 문제의 핵심어구(Postal Code)와 관련된 지문 내용 중 여자가 'What is your post code?'라며 우편번호가 무엇인지 묻자 남자가 'It is L-3-4-E-W.'라고 하였으므로, **L34EW**가 정답이다.

7 **해설** 문제의 핵심어구(student policy)가 언급된 지문 내용 중 여자가 'It's a student policy for those aged 17 to 25'라며 17세에서 25세까지의 사람들을 위한 학생 보험 정책이라고 하자 남자가 'I'm 27, so I am not eligible for the cheaper plan.'이라며 자신은 27살이어서 더 저렴한 보험은 자격이 안 된다고 하였으므로, **eligible**이 정답이다.

8 **해설** 문제의 핵심어구(sign up for)와 관련된 지문 내용 중 여자가 'Regular plans are £112 per month, and the comprehensive ones are £158.'라며 일반 보험은 한 달에 112파운드이고 종합 보험은 158파운드라고 하자 남자가 'I'd go for the less expensive option'이라며 덜 비싼 것을 택해야 할 것 같다고 하였으므로, regular plan과 less expensive option이 답이 될 수 있다. 지시문에서 두 단어 이내로 답을 작성하라고 하였으므로, **regular plan**이 정답이다.

9 **해설** 문제의 핵심어구(stay in Spain)가 언급된 지문 내용 중 남자가 'I might choose to stay in Spain an extra month, so would the rate be the same if I stayed 3 months instead of 2?'라며 스페인에서 한 달을 더 머물기로 결정할 수도 있는데 2달 대신 3달을 머물러도 가격은 같은지 묻고 있으므로, **3 months** 또는 **three months**가 정답이다.

Part 2. You will hear a radio broadcast about a renovation project.

Welcome everyone. Thanks for tuning in to Arts National – the weekly news show focused on the arts community. I'm your host, Adam Easton. Our top story this week is that Auckland will be celebrating the reopening of one of its oldest theatres, widely seen as a push to revive stage entertainment in the city. After a nearly 20-year wait, the famed Queen's Theatre will once again open to audiences.

The entertainment structure was originally built in 1857. What was the purpose of the facility at that time? Well, it ran stage plays and, later, movies as well as live performance. But [10]the theatre was forced to close in 1972 when attendance started dropping. Audiences were staying home and watching television, and the theatre was unable to stay in business.

However, there was renewed interest in the historical structure nearly 25 years later when [11]the Auckland Theatre Association – an organisation consisting of Auckland's most renowned theatrical professionals – began petitioning the city to provide a permit for the theatre's renovations. It was granted in 1998, and a local construction crew began work to restore the theatre to its original condition. Progress stalled in 2000 due to a lack of funds, but in 2009 an anonymous donor provided the necessary money to complete the renovations. Efforts recommenced, and the restoration project was finally finished just last month.

According to Michelle McColl, director of the Auckland Theatre Association, their hope is that the reopened Queen's Theatre will provide a space for community, creativity, and youth engagement. [12]A special programme will be held to celebrate the reopening this coming Saturday including several short performances by theatrical troupes. And then our first scheduled show, a dramatic play entitled 'Clear Path Ahead', begins on Monday. Those from the general public who wish to attend the reopening performance may purchase tickets from the Auckland Theatre Association's website, or visit the Queen's Theatre box office between the hours of 11 am and 4 pm any weekday. Seating is limited, with a maximum capacity of 250 people, so a sold-out event is likely. [13]Advance booking is highly recommended.

Head down to the Queen's Theatre next week for one, or all, of these great events. And don't forget, you can find more about the other plays and performances that are scheduled to appear in the theatre programme or online.

파트 2. 수리 계획에 관한 라디오 방송을 들으세요.

환영합니다, 여러분. 예술계에 초점을 맞춘 주간 뉴스 방송 Arts National을 청취해주셔서 감사합니다. 저는 진행자, Adam Easton입니다. 이번 주의 첫 번째 소식은 오클랜드가 도시에서 가장 오래된 극장 중 하나의 재개관을 축하할 것이라는 소식인데, 이는 도시의 무대 엔터테인먼트를 부활시키기 위한 시도로 널리 여겨지고 있습니다. 거의 20년 동안의 기다림 끝에, 그 유명한 Queen's 극장이 다시 관객들에게 문을 열 것입니다.

이 엔터테인먼트 건물은 원래 1857년에 지어졌습니다. 그 당시 이 시설의 목적은 무엇이었을까요? 음, 그곳은 무대극을 상영했고, 나중에는, 라이브 공연뿐만 아니라 영화까지 상영했습니다. 하지만 [10]극장은 관객 수가 떨어지기 시작했던 1972년에 문을 닫아야만 했습니다. 관객들은 집에서 머무르며 텔레비전을 봤고, 극장은 영업을 계속할 수 없었죠.

하지만, 거의 25년 뒤에 [11]오클랜드의 가장 유명한 연극 전문가들로 구성된 기관인 오클랜드 극장 연합이 극장의 수리를 위한 허가를 내줄 것을 도시에 청원하기 시작하자 이 역사적인 건물에 대한 관심이 다시 생겨났습니다. 이 청원은 1998년에 승인되었고, 지역의 건설 인부들이 극장을 원래 상태로 되돌리기 위한 작업을 시작했습니다. 2000년에 자금 부족으로 인해 공사의 진행이 멈췄지만, 2009년에 익명의 기부자가 수리를 완료하는 데 필요한 돈을 제공하였습니다. 작업은 재개되었고, 복원 계획은 지난달에 마침내 완료되었습니다.

오클랜드 극장 연합의 책임자인 Michelle McColl에 따르면, 그들의 희망은 다시 문을 연 Queen's 극장이 지역 사회, 창의성, 그리고 젊은이들의 참여를 위한 공간을 제공하는 것입니다. [12]재개관을 축하하기 위해 돌아오는 이번 주 토요일에 공연 극단의 몇몇 짧은 공연을 포함한 특별 프로그램이 열릴 것입니다. 그러고 나서 첫 번째로 예정된 쇼인 'Clear Path Ahead'라는 연극이 월요일에 시작합니다. 재개관 공연에 참석하고 싶은 일반 대중분들은 오클랜드 극장 연합의 웹사이트에서 티켓을 구매하시거나, 주중 언제라도 오전 11시와 오후 4시 사이에 Queen's 극장 매표소를 방문하시면 됩니다. 좌석은 한정되어 있고, 최대 250명이 수용되므로, 행사는 매진될 수도 있습니다. [13]사전 예약이 적극적으로 추천됩니다.

다음 주에 이 훌륭한 행사들 중 하나, 또는 전부를 보러 Queen's 극장으로 가세요. 그리고 극장 프로그램이나 온라인에 올라오도록 예정되어 있는 다른 연극과 공연에 대해 더 많이 알 수 있다는 것을 잊지 마세요.

On our next scheduled show I will be reporting on a new exhibit at the Museum of Science. So, tune in next week for . . .	다음으로 예정된 쇼에서 저는 과학박물관의 새로운 전시에 대해 보도할 것입니다. 그러니, 다음 주에 채널을 고정하세요...

어휘   tune in 청취하다, 시청하다   revive[riváiv] 부활시키다, 소생시키다   attendance[əténdəns] 관객 수, 참석자 수
stay in business 영업을 계속하다, 사업을 유지하다   renowned[rináund] 유명한, 명성 있는   petition[pətíʃən] 청원하다, 탄원하다
recommence[ri:kəméns] 재개하다, 다시 시작하다   restoration[rèstəréiʃən] 복원, 복구   engagement[ingéidʒmənt] 참여, 연대
troupe[tru:p] 극단, 공연단

Questions 10-13

Queen's 극장의 수리

역사
· 낮은 10 ....으로 인해 1972년에 문을 닫았다.
· 1998년에 오클랜드 극장 연합이 수리 11 ....을 받았다.
· 익명의 기부자로부터 추가 자금이 들어왔다.

재개관 날에
· 극장은 12 ....에 축하 공연을 열 것이다.
· 사전 13 ....이 추천된다.

---

10   **해설** 문제의 핵심어구(Shut down in 1972)와 관련된 지문 내용 중 'the theatre was forced to close in 1972 when attendance started dropping'에서 극장은 관객 수가 떨어지기 시작했던 1972년에 문을 닫아야만 했다고 하였으므로, **attendance**가 정답이다. 'attendance started dropping'이 'low attendance'로 paraphrasing되었다.

11   **해설** 문제의 핵심어구(1998)가 언급된 지문 내용 중 'the Auckland Theatre Association ~ began petitioning the city to provide a permit for the theatre's renovations. It was granted in 1998'에서 오클랜드 극장 연합이 극장의 수리를 위한 허가를 내줄 것을 도시에 청원하기 시작했다고 한 뒤 이 청원은 1998년에 승인되었다고 하였으므로, **permit**이 정답이다.

12   **해설** 문제의 핵심어구(a celebratory performance)와 관련된 지문 내용 중 'A special programme will be held to celebrate the reopening this coming Saturday'에서 재개관을 축하하기 위해 돌아오는 이번 주 토요일에 특별 프로그램이 열릴 것이라고 하였으므로, **Saturday**가 정답이다. 'A special programme ~ to celebrate'가 'a celebratory performance'로 paraphrasing되었다.

13   **해설** 문제의 핵심어구(ahead of time)와 관련된 지문 내용 중 'Advance booking is highly recommended.'에서 사전 예약이 적극적으로 추천된다고 하였으므로, **Booking**이 정답이다. 또한 같은 의미의 단어인 **Reservation**도 정답이다. 'Advance booking'이 'Booking ahead of time'으로 paraphrasing되었다.

Questions 14-18 미국식 발음 → 영국식 발음   🎧 CH2_HP14-18.mp3

Part 3. You will hear a conversation between two students about a joint presentation of a case study. **M:** So, Kate, let's go over the content for our presentation on perceptions of women in executive roles. What will we do first? **W:** OK. Well, first why don't you introduce the main focus of the case study, James?	파트 3. 사례 연구의 공동 발표에 관한 두 학생 간의 대화를 들으세요. 남: 자, Kate, 관리직 여성들의 인식에 관한 발표 내용을 검토해 보자. 무엇을 먼저 할까? 여: 좋아. 음, 우선 James, 네가 이 사례 연구의 주된 초점을 소개해주는 게 어때?

M: Sure, that's fine. And maybe [14]I can also explain why we chose to do our research in only one city. What should I say about that?

W: Well, it was so that we can compare our study with those done in other locations. [14]We can see if the cultural differences in different places play a role in the outcome.

M: Yes, it seems that culture made a big difference. We can bring that up in the analysis part of the presentation. And once the introduction is done, [15]I will provide a sample of our survey so that people understand how we approached the topic of women in executive roles. I can offer an explanation of our research methods also.

W: Sounds good. And next . . . let's see . . . if you want, I can present the data we got from the survey. [16]I'll describe how female executives perceived their roles, and how other coworkers perceived them. I thought there weren't too many discrepancies between those two viewpoints.

M: No . . . I think there were some differences. But one similarity I thought was very interesting was how employees and colleagues of the women we surveyed were so uninterested in the importance – or should I say necessity – of the women's roles. I got the feeling from the data that [17]female executives were seen to have been given . . .

W: . . . just token positions, right? Rather than well-deserved roles? I agree. That was especially true among males surveyed. And that should be an important portion of the presentation. You could present the analysis of our findings and include that point. There's quite solid evidence that women are still not taken seriously in the workplace. We like to think that we treat men and women the same, but there certainly is evidence that there are very few female executives in comparison to males.

M: Right. The relevance of this study is that it gives tangible examples of how we haven't achieved fairness in terms of job opportunities or treatment in the workplace.

W: And it also points to the underlying social stigma around women and professionalism that society needs to overcome. We have to do a discussion part after the presentation as well, right? Perhaps [18]we can discuss ideas about how businesses can make efforts to create workplaces that promote equality for women.

M: No, we don't have to. The discussion portion is optional. But I think you're right . . . I think that would be an excellent topic for those attending the presentation to discuss. Could you be the facilitator for that?

W: I can do that. Well, it seems that we have everything . . .

남: 그래, 좋아. 그리고 아마도 [14]우리가 왜 한 군데의 도시에서만 조사를 진행하기로 했는지도 설명할 수 있을 것 같아. 그것에 관해 무엇을 말해야 할까?

여: 음, 그건 우리의 연구와 다른 지역에서 진행된 연구들을 비교하기 위한 거였어. [14]각기 다른 지역의 문화적 차이가 결과에 기여하는지 알아볼 수 있어.

남: 응, 문화가 큰 차이를 만든 것 같아. 발표의 분석 부분에서 그걸 얘기해볼 수 있어. 그리고 소개가 끝나면, 우리가 어떻게 관리직 여성들이라는 주제에 접근했는지 사람들이 이해할 수 있도록 [15]우리 설문 조사의 표본을 제시할게. 또한 우리 조사 방법에 관해 설명할 수도 있어.

여: 좋아. 그리고 다음으로... 그러니까... 네가 원한다면, 우리가 설문 조사에서 얻은 자료를 제시할 수 있어. [16]여성 관리자들이 그들의 역할을 어떻게 인식하는지, 그리고 다른 동료들이 그들을 어떻게 인식하는지 설명할게. 나는 이 두 가지 관점에 많은 차이가 없다고 생각했어.

남: 아니야... 나는 몇 가지 차이가 있었다고 생각해. 하지만 내가 매우 흥미롭다고 생각한 하나의 유사점은 직원들과 우리가 설문 조사를 한 여성의 동료들이 여성의 역할에 대한 중요성, 혹은 필요성이라고 해야 하는 것에 대해 너무나 무관심했다는 거야. 내가 자료에서 느낀 건 [17]마치 여성 관리자들에게 주어진 것이...

여: ... 그저 명목상의 직책이지, 그렇지? 충분히 자격이 있는 역할이라기보단 말이지? 나도 동의해. 그건 특히 설문 조사를 한 남성들에 해당했어. 그리고 그건 이 발표의 중요한 부분이어야 해. 우리 조사 결과에 대한 분석을 제시하면서 그 점을 포함할 수 있어. 여성들이 여전히 직장에서 진지하게 받아들여지지 않는다는 상당히 명백한 증거가 있어. 우리는 남자와 여자를 똑같이 대우한다고 생각하고 싶어 하지만, 남성과 비교해서 여성 관리자들이 매우 적다는 증거가 분명히 있어.

남: 맞아. 이 연구의 타당성은 우리가 취업 기회와 직장에서의 처우 면에서 공정성을 성취하지 못해 왔다는 명백한 예시들을 제시하고 있다는 거야.

여: 그리고 이는 또한 사회가 극복해야 하는 여성과 전문성을 둘러싼 근원적인 사회적 낙인을 암시하고 있어. 우리는 발표 이후에 토론도 해야 해, 그렇지? 아마도 [18]기업들이 여성 평등을 촉진하는 직장을 만들기 위해 어떤 노력을 할 수 있는지에 대한 아이디어를 토론할 수 있을 거야.

남: 아니야, 그럴 필요는 없어. 토론 시간은 선택사항이야. 하지만 네가 맞는 것 같아... 발표에 참여한 사람들이 논의할만한 훌륭한 주제가 될 것 같아. 토론의 진행자가 되어줄 수 있니?

여: 할 수 있어. 음, 그럼 모든 것을 갖춘 것 같아...

어휘   perception[미 pərsépʃən, 영 pəsépʃən] 인식, 자각, 지각   executive[미 igzékjutiv, 영 igzékjətiv] 관리의, 경영의
discrepancy[diskrépənsi] 차이, 불일치   necessity[nəsésəti] 필요(성), 필수품   token[미 tóukən, 영 tóukən] 명목상의, 이름뿐인
finding[fáindiŋ] 조사 결과, 발견물   tangible[tǽndʒəbl] 명백한, 확실한   in terms of ~ 면에서, ~에 관하여
underlying[미 ʌ̀ndərláiiŋ, 영 ʌ̀ndəláiiŋ] 근원적인, 잠재적인   stigma[stígmə] 낙인, 오명

Questions 14-18

여성 관리자에 대한 발표 계획

도입
- 사례 연구의 주된 초점에 대한 설명
- **14** .... 요소가 결과에 영향이 있는지 알아내기 위해 한 군데의 도시에서 진행된 조사

조사 방법
- 표본 **15** ....을 나누어 주고 조사 방법을 설명

조사 자료의 발표
- 여성 관리자의 역할에 대한 그들과 동료들의 **16** ....

분석과 토론
- 여성 관리자들이 **17** .... 역할을 갖고 있다는 것을 보여주는 자료를 제시
- 여성이 직장에서 겪는 성 편견과 사회적 낙인의 명백한 예시들을 포함
- 직장에서 **18** ....을 만들어내기 위한 아이디어 토론

---

14   **해설** 문제의 핵심어구(Research done in one city)와 관련된 지문 내용 중 남자가 'I can also explain why we chose to do our research in only one city'라며 왜 한 군데의 도시에서만 조사를 진행하기로 했는지도 설명할 수 있을 것 같다고 하자 여자가 'We can see if the cultural differences in different places play a role in the outcome.'이라며 각기 다른 지역의 문화적 차이가 결과에 기여하는지 알아볼 수 있다고 하였으므로, **cultural**이 정답이다. 'play a role in the outcome'이 'have an effect on results'로 paraphrasing되었다.

15   **해설** 문제의 핵심어구(sample)가 언급된 지문 내용 중 남자가 'I will provide a sample of our survey'라며 그들 설문 조사의 표본을 제시하겠다고 하였으므로, **survey**가 정답이다.

16   **해설** 문제의 핵심어구(female executives and their colleagues)와 관련된 지문 내용 중 여자가 'I'll describe how female executives perceived their roles, and how other coworkers perceived them. I thought there weren't too many discrepancies between those two viewpoints.'라며 여성 관리자들이 그들의 역할을 어떻게 인식하는지 그리고 다른 동료들이 그들을 어떻게 인식하는지 설명하겠다고 한 뒤 이 두 가지 관점에 많은 차이가 없다고 생각했다고 하였으므로, **viewpoint(s)**가 정답이다. 또한 지문에 쓰인 perceive의 명사형인 **perception**도 정답이다.

17   **해설** 문제의 핵심어구(female executives are seen to have)와 관련된 지문 내용 중 남자와 여자가 'female executives were seen to have been given ~ just token positions'라며 여성 관리자들에게 주어진 것이 그저 명목상의 직책이라고 하였으므로, **token**이 정답이다.

18   **해설** 문제의 핵심어구(Discussion of ideas)와 관련된 지문 내용 중 여자가 'we can discuss ideas about how businesses can make efforts to create workplaces that promote equality for women'이라며 기업들이 여성 평등을 촉진하는 직장을 만들기 위해 어떤 노력을 할 수 있는지에 대한 아이디어를 토론할 수 있을 거라고 하였으므로, equality for women이 답이 될 수 있다. 지시문에서 한 단어만으로만 답을 작성하라고 하였으므로, **equality**가 정답이다. 'workplaces'가 'places of employment'로 paraphrasing되었다.

Part 4. You will hear a seminar by a researcher on human longevity research.

Many people are not aware of the reasons for longevity, but recent studies have revealed that there are many things to consider. For this morning's seminar, I'm going to focus on human longevity.

Human longevity is a topic I've been involved with as a scientist for over 20 years. I'd like to share some of the key points of recent research with you and discuss some of the contributing factors to longevity.

There's been a battle amongst scientists over whether genes or environment and behaviour determine a person's lifespan. Do people live longer because of heredity or genes, or is longevity nurtured through healthy habits? We are finding that it's a combination of factors . . . some that are learned, and others are from nature.

First, I am going to discuss nature, or more specifically, genetic factors for longer lifespans. For a long while, researchers have been searching for what they call the longevity gene. A prevailing theory has been that longevity is predetermined by a person's genetics. So, have they discovered this gene yet? Well, no, but [19]biologists have recently identified a protein, SIRT3, as the possible key to slowing down the ageing process. What they found was that this protein helped stem cells cope with stress.

But just months after the results of this study were released, another group of researchers published an article revealing several flaws in the study. Their strongest critique was that [20]a molecular-level response doesn't necessarily translate into longer lives for people.

Now I'd like to talk about behavioural factors – or the 'nurture' aspect of longevity. Most researchers now agree that the causes of longevity are complex, and that even if there is a gene for longevity, other factors, both environmental and behavioural, can weigh in just as much. Take, for example, an 80-year study called 'The Longevity Project' that was conducted by a team of social psychologists in the US. [21]1,500 people took part in the experiment from the time they were kids in 1921, and it tracked every possible environmental and behavioural factor to determine the character traits, habits, and mindsets that make some people live longer. You might think that things like healthy habits would be more predictive of a long life. However, the study actually revealed that personality characteristics and social relationships from childhood are predictive of a person's lifespan. In other words, there were correlations between certain behavioural or environmental factors and longevity.

파트 4. 인간의 장수 연구에 관한 연구원의 세미나를 들으세요.

많은 사람들은 장수의 원인에 대해 알지 못하지만, 최근의 연구는 고려해야 할 것들이 많다는 것을 밝혀냈습니다. 오늘 아침 세미나에서는, 인간의 장수에 집중할 것입니다.

인간의 장수는 제가 과학자로서 20년 넘게 열중해온 주제입니다. 저는 최근 연구의 몇몇 주요 사항들을 여러분과 함께 나누고 장수에 기여하는 몇 가지 요소들에 대해 논의하고 싶습니다.

과학자들 사이에서 사람의 수명을 결정하는 것이 유전자인지 혹은 환경과 행동 방식인지를 둘러싼 논란이 있어 왔습니다. 사람들은 유전적 특징과 유전자 때문에 더 오래 살까요, 아니면 장수는 건강한 습관들을 통해 만들어질까요? 우리는 이것이 여러 요소들의 결합물이라는 것을 깨닫고 있습니다... 일부는 습득되고, 다른 것들은 선천적인 것이죠.

우선, 더 긴 수명을 위한 선천적, 혹은 더 구체적으로는, 유전적 요소들에 관해 이야기하겠습니다. 오랫동안, 연구자들은 그들이 장수 유전자라고 부르는 것을 찾아왔습니다. 장수는 사람의 유전적 특징에 의해 미리 결정된다는 것이 일반적인 이론이었습니다. 그래서, 그들이 이미 이 유전자를 발견했을까요? 음, 아니요, 하지만 [19]생물학자들은 최근 노화 과정을 늦출 가능성이 있는 요소로, SIRT3라는 단백질을 발견했습니다. 그들이 발견한 것은 이 단백질이 줄기 세포가 스트레스에 대처하는 것을 돕는다는 것이었습니다.

하지만 이 연구 결과가 발표되고 바로 몇 달 뒤에, 다른 연구자 단체가 이 연구의 몇 가지 결점을 드러내는 기사를 게재했어요. 그들의 가장 강한 비평은 [20]분자 수준의 반응이 꼭 사람들의 장수로 해석되는 것은 아니라는 것이었습니다.

이제 저는 행동적 요소들, 혹은 장수의 '후천적' 측면에 관해 이야기하고 싶습니다. 대부분의 연구원들은 이제 장수의 원인이 복잡하다는 것과, 만일 장수를 위한 유전자가 있다 하더라도, 환경적이고 행동적인 다른 요소들 모두가 유전자만큼 영향을 줄 수 있다는 것에 동의합니다. 예를 들어, 미국의 사회 심리학자 단체에 의해 진행된 '장수 프로젝트'라고 불리는 80년 된 연구를 살펴봅시다. [21]1,500명의 사람들이 그들이 어린아이였던 1921년부터 이 실험에 참여했고, 그것은 몇몇 사람들이 더 오래 살도록 만드는 성격 특성, 습관, 그리고 사고방식을 알아내기 위해 가능한 모든 환경적 그리고 행동적 요소를 추적했습니다. 여러분은 건강한 습관과 같은 것들이 더 장수를 예측하게 할 것이라고 생각할 수도 있습니다. 하지만, 사실 그 연구는 성격 특성과 유년 시절의 사회적 관계가 한 사람의 수명을 예측하게 한다는 것을 밝혀냈습니다. 다시 말해서, 특정한 행동적 또는 환경적인 요소들과 장수 사이에 상관관계가 있었던 겁니다.

One example from the study revealed that it is the most prudent and persistent individuals, not the most cheerful and humorous ones, who survive the longest. It also showed that [22]those who were hard workers and were most committed to their careers lived longer. We often associate a relaxed, stress-free attitude with a longer, healthier life. But that's not always the case.

And one final bit of information comes from another study conducted by a team at Brigham Young University; the results showed that people who maintained strong friendships and relationships tend to live longer.

이 연구의 한 가지 사례는 가장 오래 산 사람들이 가장 쾌활하고 유머가 있는 사람들이 아닌, 가장 신중하고 고집 센 사람들이라는 것을 밝혀냈습니다. 그것은 또한 [22]열심히 일했던 사람들과 자신의 직업에 가장 헌신했던 사람들이 더 오래 살았다는 것을 보여주었습니다. 우리는 보통 여유 있고, 스트레스 없는 마음가짐을 더 길고, 건강한 삶과 관련지어 생각합니다. 하지만 항상 그런 것만은 아닌 것이죠.

그리고 마지막으로 드릴 약간의 정보는 Brigham Young 대학 단체에 의해 진행된 또 다른 연구에서 비롯되는데, 그 결과는 강한 우정과 관계를 유지하는 사람들이 더 오래 사는 경향이 있다는 것을 보여주었습니다.

어휘 longevity[미 lɑndʒévəti, 영 lɔndʒévəti] 장수, 수명 contribute[kəntríbjuːt] 기여하다, 이바지하다 lifespan[láifspæn] 수명
heredity[미 hərédəti, 영 hirédəti] 유전(적 특징) gene[dʒiːn] 유전자 prevailing[privéiliŋ] 일반적인, 우세한, 유행하는
predetermine[미 prìːditə́ːrmin, 영 prìːditə́ːmin] 미리 결정하다, 예정하다 critique[kritíːk] 비평, 평론 character trait 성격 특성
predictive[pridíktiv] 예측의, 전조가 되는 prudent[prúːdnt] 신중한, 조심성 있는 persistent[pərsístənt] 고집 센, 끊임없는

Questions 19-22

인간의 장수에 대한 연구

선천적인 요소
· 장수 유전자를 찾는 과학자들
  – 19 .... 과정의 속도를 줄일 수도 있는 단백질을 발견함
  – 비평가들이 연구의 결점을 찾음 : 인간의 장수는 분자 수준의 20 ....에서 반드시 나타나는 것은 아님

후천적인 요소
· 행동적 요소를 발견한 과학자들
· 장수에 관한 80년 된 연구는 21 ....의 대상들의 환경적 그리고 행동적 요소를 추적했음
  – 성격과 관계가 수명을 예상하는 것을 도울 수 있음
  – 조심성 있고 단호한 피험자들은 더 긴 수명을 가짐
  – 22 ....인 사람들은 더 긴 수명을 가짐

19 해설 문제의 핵심어구(protein ~ reduce the speed)와 관련된 지문 내용 중 'biologists have recently identified a protein, SIRT3, as the possible key to slowing down the ageing process'에서 생물학자들은 최근 노화 과정을 늦출 가능성이 있는 요소로 SIRT3라는 단백질을 발견했다고 하였으므로, **ageing** 또는 **aging**이 정답이다. 'slowing down'이 'reduce the speed'로 paraphrasing되었다.

20 해설 문제의 핵심어구(a molecular-level)가 언급된 지문 내용 중 'a molecular-level response doesn't necessarily translate into longer lives for people'에서 분자 수준의 반응이 꼭 사람들의 장수로 해석되는 것은 아니라고 하였으므로, **response**가 정답이다. 'translate into'가 'indicated from'으로 paraphrasing되었다.

21 해설 문제의 핵심어구(80-year study)와 관련된 지문 내용 중 '1,500 people took part in the experiment ~ and it tracked every possible environmental and behavioural factor'에서 1,500명의 사람들이 80년 된 실험에 참여했고 그것은 가능한 모든 환경적 그리고 행동적 요소를 추적했다고 하였으므로, **1,500**이 정답이다.

해설 문제의 핵심어구(longer lifespan)와 관련된 지문 내용 중 'those who were hard workers and were most committed to their careers lived longer'에서 열심히 일했던 사람들과 자신의 직업에 가장 헌신했던 사람들이 더 오래 살았다고 하였으므로, hard workers와 most committed to their careers가 답이 될 수 있다. 지시문에서 두 단어 이내로 답을 작성하라고 하였으므로, **hard workers**가 정답이다. 'lived longer'가 'longer lifespan'으로 paraphrasing되었다.

Questions 23-28 영국식 발음

🎧 CH2_HP23-28.mp3

Part 4. You will hear a lecture by a psychology professor about the effects of meditation on the brain.

Today we're going to talk about the catalyst behind the recent trend in people taking up the practice of meditation. Now, this particular trend is tied directly to an increasing amount of scientific research which has shown the benefits of meditation. First, I'm going to explain how science measures meditation's effects on the brain, and then we'll look at some scientific studies.

To start, it's important to remember that scientific studies of meditation's effects on the central nervous system are broken down into two categories. [23]The first is the study of state changes, which are instant changes in brain activity that occur while meditating. The second involves looking for trait changes, which are more permanent changes resulting from long-term practice of meditation.

To perform studies, scientists use several technologies. The most common one is electroencephalography, or EEG, which measures the electrical activity of the outer layer of our brains. [24]EEG measures the duration of brain activity very effectively and precisely. However, it isn't as effective at locating the activity in the brain.

In contrast to the EEG is another method which is called neuroimaging. Scientists use neuroimaging to detect blood flow to areas of the brain, as blood flow indicates those areas are being used. Knowing this helps scientists understand which brain functions are affected during meditation. Thus, unlike EEG, neuroimaging is better at identifying location.

So let's look specifically into some recent findings. There have been studies of those practicing Vipassana, an ancient form of meditation from India. They indicated a lot of activity in areas of the cortex related to the ability to focus on an activity, and showed that [25]meditators have improved control over their attention levels. They were less prone to being affected by noises or other distractions. Later, [25]studies conducted on practitioners of ancient Japanese Zen meditation resulted in similar findings.

It's also been discovered that meditators experience emotional

파트 4. 뇌에 미치는 명상의 효과에 관한 심리학 교수의 강의를 들으세요.

오늘 우리는 사람들이 명상을 계속 실천하는 최근 경향의 이면에 있는 촉매제에 관해 이야기하려고 합니다. 자, 이 특정한 경향은 명상의 이점들을 보여주는 과학적 연구가 점점 늘어나는 것과 직접적으로 관련되어 있어요. 먼저, 과학이 어떻게 뇌에 미치는 명상의 효과를 측정하는지 설명할 것이고, 그러고 나서 몇몇 과학적 연구를 살펴볼 것입니다.

우선, 중앙 신경계에 미치는 명상의 효과와 관련된 과학적 연구는 두 개의 범주로 나누어진다는 것을 유념하는 것이 중요합니다. [23]첫 번째는 상태 변화에 관한 연구인데, 이는 명상 중에 일어나는 뇌 활동의 즉각적인 변화입니다. 두 번째는 특성 변화를 찾는 것을 포함하고, 이는 장기적인 명상을 하는 것에서 비롯되는 보다 영구적인 변화입니다.

연구를 수행하기 위해, 과학자들은 몇 가지 기술을 사용합니다. 가장 흔한 기술은 뇌파 검사, 또는 EEG인데, 이는 우리 뇌 바깥층의 전기적 활성을 측정합니다. [24]EEG는 뇌 활동의 지속 기간을 매우 효과적이고 정확하게 측정합니다. 하지만, 뇌 활동의 위치를 찾아내는 것에는 그렇게 효과적이지 않죠.

EEG와 대조적인 것은 신경 촬영법이라고 불리는 또 다른 방법입니다. 과학자들은 뇌의 부분들로 흘러가는 혈류를 감지하기 위해 신경촬영법을 사용하는데, 혈류가 뇌의 그 부분들이 사용되고 있다는 것을 보여주기 때문입니다. 이를 알고 있는 것은 과학자들이 명상 중에 어떤 뇌 기능들이 영향을 받는지를 이해하는 데 도움이 됩니다. 따라서, EEG와 달리, 신경 촬영법은 위치를 알아내는 데 더 뛰어나죠.

그럼, 최근의 몇몇 연구 결과를 구체적으로 살펴봅시다. 인도에서 온 오래된 형태의 명상인, 비파사나를 수행하는 사람들에 대한 연구가 진행되어 왔습니다. 그것들은 활동에 집중하도록 하는 능력과 관련된 대뇌 피질 부분이 많이 활성화된다는 것을 보여주었고, [25]명상가들이 그들의 집중도에 대한 통제력을 향상시켰음을 보여주었습니다. 그들은 소음이나 다른 집중을 방해하는 것들로부터 영향을 덜 받는 경향이 있었습니다. 이후에, [25]고대 일본의 선 명상의 수행자들에 대해 진행된 연구들도 비슷한 연구 결과를 냈습니다.

명상가들이 대부분의 사람보다 감정적인 상태를 더 강렬하게 겪는다는 것 또한 발견되었습니다. 2008

states more powerfully than most people. In 2008, Antoine Lutz, a neuroscientist at the University of Wisconsin-Madison, did a study of emotional response during meditation. He tested subjects' responses to emotionally charged sounds during meditation. By using neuroimaging, [26]he was able to see increased activity in areas of the brain related to emotional reaction.

Now that I've discussed findings related to state changes . . . what about the longer-term trait changes? Well, [27]there is evidence that meditation protects against the natural reduction in grey matter. That is, the volume of the brain doesn't shrink as much with age. So, though meditation does not actually increase brain size, long-term meditators have better attention in their later years.

So, there are definitely benefits for ageing, but there are also clinical applications of meditation that offer promising long-term results. An example of this is the effectiveness of regular meditation in treating depression, anxiety, and post-traumatic stress disorder. [28]Meditation also has some physiological applications in terms of dieting, where it is part of the 'mindfulness diet', and exercise, especially when combined with yoga.

In conclusion, there is evidence to show that there are both state and long-term benefits for those who practice meditation on a regular basis. And I believe this will help continue the trend of more people becoming regular practitioners.

년에, Wisconsin-Madison 대학의 신경 과학자인 Antoine Lutz는 명상 중의 감정적 반응에 대해 연구했어요. 그는 명상 동안에 감정이 고조되는 소리에 대한 피실험자들의 반응을 실험했습니다. 신경 촬영법을 이용하여, [26]그는 감정적 반응과 관련된 뇌의 부분이 더 많이 활성화되는 것을 확인할 수 있었습니다.

상태 변화와 관련된 연구 결과에 대해 논의했으니... 장기적인 특성 변화는 어떨까요? 음, [27]명상이 회백질의 자연적 감소를 막아준다는 증거가 있습니다. 즉, 뇌의 부피가 나이를 먹음에 따라 그만큼 줄어들지 않는 것입니다. 그러므로, 명상이 뇌의 크기를 사실상 늘리지는 못하지만, 장기 명상가들은 노후에 더 좋은 집중력을 가집니다.

자, 분명히 노화에 대해서 유익한 점들이 있지만, 전망 좋은 장기적 결과를 제공하는 명상의 임상 응용법도 있습니다. 이것의 한 가지 예는 우울증, 불안감, 그리고 외상 후 스트레스 장애를 치료하는 데 있어 정기적인 명상의 유효성입니다. [28]명상에는 '마음 챙김 식이요법'의 일부인 식이요법의 측면과, 운동의 측면에서, 특히 요가와 결합했을 때 몇 가지 생리학적인 응용법이 있습니다.

결론적으로, 정기적으로 명상을 하는 사람들에게는 상태적인 그리고 장기적인 유익함이 모두 있다는 것을 보여주는 증거가 있는 것이죠. 그리고 저는 이것이 더 많은 사람이 정기적인 수행가가 되는 경향이 계속되도록 도움을 줄 것으로 생각합니다.

어휘 catalyst[kǽtəlist] 촉매제, 기폭제 measure[미 méʒər, 영 méʒə] 측정하다, 재다 nervous system 신경계 trait[treit] 특성
electroencephalography[ilèktrəuenséfələgrɑ:fi] 뇌파 검사 duration[미 djuréiʃən, 영 djúəréiʃən] 지속 기간
locate[미 lóukeit, 영 ləukéit] ~의 위치를 찾아내다 cortex[미 kɔ́:rteks, 영 kɔ́:teks] 대뇌 피질 prone to ~의 경향이 있는, ~을 잘 하는
grey matter 회백질, 지능, 지성 post-traumatic stress disorder 외상 후 스트레스 장애
physiological[미 fìziəládʒikəl, 영 fìziəlɔ́dʒikəl] 생리학적인

Questions 23-28

명상:
유익한 결과에 대한 연구

뇌에 미치는 명상의 효과 측정
- 과학적 연구들은 뇌 활동의 23 .... 변화 또는 보다 장기적인 변화에 초점을 맞춘다.
- EEG는 뇌 활동의 24 ....을 측정하는 데 뛰어나다.
- 신경촬영법은 뇌 곳곳의 혈류를 추적한다.

명상의 유익함에 대한 최근의 연구
· 상태 변화
  - 비파사나와 선 명상의 명상가들은 그들의 25 ....에 대해 더욱 강한 통제력을 경험한다.
  - Antoine Lutz는 감정과 관련된 뇌의 부분에서 26 ....한 활성화를 인지했다.

· 장기적 특성 변화
  - 명상은 노화 과정에 의한 27 ....의 자연적 감소를 막아준다.

23 **해설** 문제의 핵심어구(Scientific studies)와 관련된 지문 내용 중 'The first is the study of state changes, which are instant changes in brain activity that occur while meditating.'에서 첫 번째는 상태 변화에 관한 연구인데 이는 명상 중에 일어나는 뇌 활동의 즉각적인 변화라고 하였으므로, **instant**가 정답이다.

24 **해설** 문제의 핵심어구(EEG)가 언급된 지문 내용 중 'EEG measures the duration of brain activity very effectively and precisely.'에서 EEG는 뇌 활동의 지속 기간을 매우 효과적이고 정확하게 측정한다고 하였으므로, **(the) duration**이 정답이다. 'measures ~ very effectively and precisely'가 'is good at measuring'으로 paraphrasing되었다.

25 **해설** 문제의 핵심어구(Meditators of Vipassana and Zen)와 관련된 지문 내용 중 'meditators have improved control over their attention levels'에서 비파사나를 하는 명상가들이 그들의 집중에 대한 통제력을 향상시켰다고 한 뒤 'studies conducted on practitioners of ancient Japanese Zen meditation resulted in similar findings'에서 고대 일본의 선 명상의 수행자들에 대해 진행된 연구들도 비슷한 연구 결과를 냈다고 하였으므로, **attention (levels)**이 정답이다. 'have improved control'이 'experience greater control'로 paraphrasing되었다.

26 **해설** 문제의 핵심어구(Antoine Lutz)와 관련된 지문 내용 중 'he was able to see increased activity in areas of the brain related to emotional reaction'에서 Antoine Lutz는 감정적 반응과 관련된 뇌의 부분이 더 많이 활성화되는 것을 확인할 수 있었다고 하였으므로, **increased**가 정답이다.

27 **해설** 문제의 핵심어구(Meditation defends against)와 관련된 지문 내용 중 'there is evidence that meditation protects against the natural reduction in grey matter. That is, the volume of the brain doesn't shrink as much with age.'에서 명상이 회백질의 자연적 감소를 막아준다는 증거가 있다고 한 뒤 즉 뇌의 부피가 나이를 먹음에 따라 그만큼 줄어들지 않는 것이라고 하였으므로, **grey matter**가 정답이다.

28 **해설** 문제의 핵심어구(physiological applications)가 언급된 지문 내용 중 'Meditation also has some physiological applications in terms of ~ exercise, especially when combined with yoga.'에서 명상에는 운동의 측면에서 특히 요가와 결합했을 때 몇 가지 생리학적인 응용법이 있다고 하였으므로, **exercise**가 정답이다.

HACKERS TEST

p.56

1 B	2 B	3 Hughes
4 07700 940281	5 1 night / one night	6 (about) 12 pm / 12 o'clock
7 4 / four	8 30	9 (in) cash
10 grill	11 B	12 A
13 B	14 A	15 B
16 Liver	17 nervous	18 national
19 dairy	20 governments	

Part 1. You will hear a telephone conversation between a customer and a camping site representative about reserving a campsite.

W: New Forest Campgrounds. This is Shelly speaking.

M: Hello. I am planning a trip with some friends for this weekend. Do you have space for a medium-sized recreational vehicle to park on your grounds?

W: Let me check our schedule. Ah, yes. We do have a space vacant.

M: OK, that's good. And we will have some additional cars too. Do you have extra parking spaces?

W: We have a few, but they are often filled up. However, there is parking available nearby at Exbury Gardens. You'll see it right next to the bus stop for the gardens.

M: What was the name of that again?

W: Exbury Gardens. [1]It is a 10-minute stroll from the camping site. Or if you're driving, it's under five minutes from our grounds to the garden's main gate.

M: Oh, yes. I've heard of those gardens.

W: They are quite popular. I'd highly recommend a visit there to see the floral displays. And you can also go boating on a lake there. You and your group may enjoy it.

M: Thanks for the tip, [2]I'm here with friends and we have already made plans to do some hiking. Anyway, could I go ahead and make the reservation?

W: Certainly. Let me get a reservation form . . . I'm going to need to take down some information from you.

M: Not a problem at all.

W: First, could I please get your full name?

M: Sure. My name's Ken White.

W: Good. Oh, and could I get your street address for our records?

M: Yeah. [3]It is 43 Hughes Street, that's H-U-G-H-E-S. And it is in Bracknell.

W: And could I get a number to contact you at?

M: [4]My mobile number is 07700 940281.

W: 07700 940381?

M: 940281.

W: Got it. Okay, and uh, what date do you plan to arrive?

M: I'll be there on Saturday, October 4th.

W: And [5]how many nights do you plan to stay?

M: [5]Just the one night. We're driving to the coast to spend two nights there after that.

W: OK, that's fine. So . . . uh, what time do you think you'll arrive?

M: [6]I'll be arriving there at about 12 pm.

파트 1. 야영장을 예약하는 것에 관한 고객과 캠핑장 직원 간의 전화 통화를 들으세요.

여: New Forest 캠핑장입니다. 저는 Shelly입니다.

남: 안녕하세요. 저는 이번 주말에 친구들 몇 명과 여행을 계획하고 있습니다. 귀사의 부지에 중간 사이즈의 레저 차량을 주차할 수 있는 공간이 있나요?

여: 일정을 확인해보겠습니다. 아, 네. 빈 곳이 있네요.

남: 네, 좋네요. 그리고 추가로 몇 대의 차가 더 있을 거예요. 여분의 주차 공간이 있나요?

여: 몇 개 있지만, 보통 가득 찹니다. 하지만, 근처 Exbury 정원에 이용 가능한 주차 공간이 있습니다. 정원의 버스 정류장 바로 옆에 보이실 겁니다.

남: 다시 이름이 뭐라고 하셨죠?

여: Exbury 정원이요. [1]캠핑장에서 걸어서 10분 거리예요. 아니면 고객님께서 운전을 하신다면, 저희 부지에서 정원의 정문까지 5분 내의 거리에 있습니다.

남: 아, 네. 그 정원에 대해 들어보았어요.

여: 꽤 유명해요. 그곳에 방문해서 꽃 전시를 구경하시는 것을 매우 추천해요. 그리고 고객님께서는 그곳 호수에서 보트를 타실 수도 있어요. 고객님과 고객님의 그룹은 아마 그곳을 좋아하실 거예요.

남: 조언해 줘서 고마워요. [2]저는 친구들이랑 와서 이미 도보 여행을 하기로 계획했어요. 어쨌든, 예약을 할 수 있을까요?

여: 물론이죠. 제가 예약서를 준비할게요... 고객님의 몇 가지 정보를 적어야 합니다.

남: 전혀 문제없어요.

여: 먼저, 고객님의 성함을 알 수 있을까요?

남: 물론이죠. 제 이름은 Ken White입니다.

여: 좋아요. 오, 그리고 기록을 위해 고객님의 번지 수를 알 수 있을까요?

남: 네. [3]43번지 Hughes가이고, H-U-G-H-E-S입니다. 그리고 그곳은 Bracknell에 있어요.

여: 그리고 고객님께 연락드릴 번호를 알 수 있을까요?

남: [4]제 휴대전화 번호는 07700 940281입니다.

여: 07700 940381이요?

남: 940281이요.

여: 알겠습니다. 좋아요, 그리고 어, 며칠에 도착할 계획이신가요?

남: 저는 10월 4일, 토요일에 갈 거예요.

여: 그리고 [5]며칠 밤을 머무를 계획이신가요?

남: [5]하룻밤만이요. 그 이후에 저희는 이틀 밤을 보내기 위해 해안가로 운전해 갈 겁니다.

여: 알겠습니다, 좋아요. 그럼... 어, 몇 시에 도착하실 것 같으세요?

남: [6]저는 오후 12시 정도에 그곳에 도착할 예정이에요.

W: OK, I am going to reserve space 27 for you, located in lot D. That's in the north-west corner of the grounds, so when you come in the gate go straight ahead for about five minutes and then turn left before you come to the main building. How many guests will there be in total?

M: [7]It'll just be me and three friends, so four altogether. Oh, could you tell me the cost? Do you charge per person or per space?

W: [8]We charge just for the space, and it would be £30 for the night. You can pay when you arrive, but I'll need your number now if you plan to pay by credit card.

M: Oh, [9]I'll be paying in cash. And we were hoping to do some grilling too. Are we allowed to do that?

W: Yes, but if you cook food at your campsite, there are a few things you should be aware of. We don't recommend cooking any food after it gets dark – that's usually around 8 pm. If you do that, then wild animals might be attracted to the smell. Also, [10]we do have a small supply of grills available, but there is a £5 charge for use. And we also rent out tents, but in both cases you need to let me know in advance.

M: My friends and I have been on camping trips like this before, and we're always cautious. But thanks for the warning. Yes, [10]we will want to use one of your grills for sure. But we won't be needing tents.

W: Perfect. Okay, the spot is now booked. Just check in at the campground's administration office and make your payment of £35 when you arrive.

M: Oh, could you give me . . .

여: 좋아요, 고객님께 D 부지에 위치한, 27번 공간을 예약해 드릴게요. 그건 부지의 북쪽 가장자리에 있어요, 그러니까 정문으로 오시면 약 5분 정도 직진하시고 본관에 닿기 전에 좌회전하세요. 총 몇 분의 손님이 오실 건가요?

남: [7]저와 3명의 친구들뿐이어서, 모두 합쳐 4명이요. 아, 비용을 알려주시겠어요? 인원별로 청구하나요 아니면 공간별로 청구하나요?

여: [8]저희는 공간에 대해서만 비용을 청구하고, 하룻밤에 30파운드입니다. 도착해서 지불하셔도 되지만, 만약 신용카드로 지불하실 계획이라면 지금 고객님의 번호가 필요해요.

남: 아, [9]저는 현금으로 지불할 거예요. 그리고 저희는 석쇠 구이도 하길 원했어요. 그것이 허용되나요?

여: 네, 하지만 고객님의 캠핑장에서 음식을 요리하시려면, 알아두셔야 할 것이 몇 가지 있어요. 어두워진 이후, 보통 오후 8시 정도 이후에는 어떠한 음식도 요리하는 것을 권하지 않아요. 만약 고객님께서 그렇게 하신다면, 야생 동물들이 그 냄새에 이끌려올 수도 있거든요. 또한, [10]이용 가능한 석쇠들이 조금 있기는 하지만, 5파운드의 사용 요금이 있어요. 그리고 저희는 텐트를 대여해드리기도 하는데, 두 가지 경우 모두 저에게 미리 알려주셔야 해요.

남: 제 친구들과 저는 전에 이런 캠핑 여행을 간 적이 있어서, 항상 조심하고 있어요. 하지만 알려주셔서 감사해요. 네, [10]저희는 확실히 석쇠 중 하나를 사용하고 싶을 거예요. 하지만 텐트는 필요하지 않을 거예요.

여: 좋아요. 자, 자리가 이제 예약되었어요. 도착하시면 야영장의 관리소에서 체크인하시고 35파운드를 지불해주세요.

남: 아, 저에게 주실 수 있으신지...

어휘 grounds[ɡráundz] 부지, 구내 nearby[미 nìərbái, 영 nìəbái] 근처에, 인근의 stroll[미 stroul, 영 strəul] 거닐기, 산책
floral[flɔ́:rəl] 꽃의, 꽃으로 만든 altogether[미 ɔ̀:ltəɡéðər, 영 ɔ̀:ltəɡéðə] 모두 합쳐, 총 in advance 미리, 사전에
cautious[kɔ́:ʃəs] 조심스러운, 신중한 administration office 관리소, 행정실

Questions 1-2

1 Exbury 정원은 −에서 걸어서 10분 거리에 있다.

  A 정문

  B 캠핑장

  C 버스 정류장

> **해설** 문제의 핵심어구(Exbury Gardens)와 관련된 지문 내용 중 여자가 'It is a 10-minute stroll from the camping site.' 라며 Exbury 정원은 캠핑장에서 걸어서 10분 거리라고 하였으므로, 보기 **B** a camping site가 정답이다.
>
> 🔍 **오답 확인하기**
> A, C는 지문의 'main gate'와 'bus stop'을 언급해 혼동하기 쉽지만, 문제에서 묻는 Exbury 정원이 걸어서 10분 거리에 있는 곳과 관련된 내용이 아니므로 오답이다.

2 남자는 친구들과 무엇을 할 계획인가?

    A   인근 정원에 방문한다.

    B   도보 여행을 한다.

    C   보트를 대여한다.

> **해설** 문제의 핵심어구(plan to do with his friends)와 관련된 지문 내용 중 남자가 'I'm here with friends and we have ~ made plans to do some hiking'이라며 친구들이랑 와서 이미 도보 여행을 하기로 계획했다고 하였으므로, 보기 **B** go on a hike가 정답이다.
>
> **Q 오답 확인하기**
> A, C는 지문에서 여자가 'I'd highly recommend a visit there to see the floral displays'와 'you can also go boating' 이라고 언급해 혼동하기 쉽지만, 남자가 'we have already made plans'라며 부정적인 의견을 말하고 있으므로 오답이다.

Questions 3-10

New Forest 캠핑장 – 예약서

이름: Ken White
주소: 43번지 3 .... 가, Bracknell
전화번호: 4 ....

예약 세부 사항
도착 요일/날짜: 토요일, 10월 4일
체류 기간: 5 ....
도착 시간: 6 ....
공간: D 부지에 위치한 27번
고객 수: 7 ....

지불 정보
공간 대여 비용: 8 .... 파운드
지불 방법: 9 ....
추가 요금: 10 ....을 위해 5파운드

---

3   **해설** 문제의 핵심어구(Address)와 관련된 지문 내용 중 남자가 'It is 43 Hughes Street, that's H-U-G-H-E-S.'라고 하였으므로, **Hughes**가 정답이다.

4   **해설** 문제의 핵심어구(Contact number)와 관련된 지문 내용 중 남자가 'My mobile number is 07700 940281.'이라고 하였으므로, **07700 940281**이 정답이다.

5   **해설** 문제의 핵심어구(Duration of stay)와 관련된 지문 내용 중 여자가 'how many nights do you plan to stay?'라며 며칠 밤을 머무를 계획인지 묻자, 남자가 'Just the one night.'이라며 하룻밤만이라고 하였으므로, **1 night** 또는 **one night**가 정답이다.

6   **해설** 문제의 핵심어구(Time of Arrival)와 관련된 지문 내용 중 남자가 'I'll be arriving there at about 12 pm.'이라며 오후 12시 정도에 그곳에 도착할 예정이라고 하였으므로, **(about) 12 pm** 또는 **(about) 12 o'clock**이 정답이다.

7   **해설** 문제의 핵심어구(Number of guests)와 관련된 지문 내용 중 남자가 'It'll just be me and three friends, so four altogether.'라며 그와 3명의 친구들뿐이어서 모두 합쳐 4명이라고 하였으므로, **4** 또는 **four**가 정답이다.

8 **해설** 문제의 핵심어구(Fee for Space rental)와 관련된 지문 내용 중 여자가 'We charge just for the space, and it would be £30 for the night.'라며 공간에 대해서만 비용을 청구하고 하룻밤에 30파운드라고 하였으므로, **30**이 정답이다.

9 **해설** 문제의 핵심어구(Payment method)와 관련된 지문 내용 중 남자가 'I'll be paying in cash'라며 현금으로 지불할 거라고 하였으므로, **(in) cash**가 정답이다.

10 **해설** 문제의 핵심어구(£5)가 언급된 지문 내용 중 여자가 'we do have a small supply of grills available, but there is a £5 charge for use'라며 이용 가능한 석쇠들이 조금 있기는 하지만 5파운드의 사용 요금이 있다고 하자, 남자가 'we will want to use one of your grills for sure'라며 확실히 석쇠 중 하나를 사용하고 싶을 거라고 하였으므로, **grill**이 정답이다.

Questions 11-20 미국식 발음

CH2_HT11-20.mp3

Part 4. You will hear a student presentation about chemicals called dioxins.

Good morning everyone. I'm going to present my research project about dioxins today. First, I'd like to offer a short explanation as to why I chose dioxins as my presentation topic. In the United States we hear a lot about dioxins but [11]not everybody understands where they come from or why they are harmful. I'd like to explain those two topics first, and then talk a little bit about how to avoid exposure to these harmful chemicals and what we can do to decrease the presence of dioxins in our land, air, and even food.

First of all, what are dioxins? Well, they are considered one of the [12]'Dirty Dozen', which is a group of organic pollutants that are extremely dangerous to nature and habitats. Researchers have identified about 419 different types of dioxin compounds in existence, but only about 30 of those are thought to contain a significant amount of toxicity.

Let's now discuss where they come from. Dioxins are produced from either industrial processes or natural processes. For instance, they form during the production of herbicides and pesticides sprayed on the ground. [13]They are also formed during combustion activity, such as trash burning. Garbage plays a large part in the creation of dioxins. The natural processes that would create dioxins include volcanic explosions and large forest fires.

Now, how are we exposed to dioxins? What most people don't know is that dioxins are found worldwide and we've all been exposed to them. The highest levels of dioxins are found in soil, sediments, dairy products, meat, and fish. In fact, [14]over 90% of human exposure to dioxin is through food or the ingredients in our food . . . the vast majority. This is because dioxins accumulate in the fatty tissue of animals that are later sold as food to humans. For example, [15]a study in Belgium from 1999 found high levels of

파트 4. 다이옥신이라고 불리는 화학 물질에 관한 학생의 발표를 들으세요.

여러분 좋은 아침입니다. 저는 오늘 다이옥신에 관한 연구 프로젝트를 발표할 것입니다. 우선, 제가 발표 주제로 다이옥신을 고른 이유에 대해 짧게 설명하고 싶습니다. 미국에서 우리는 다이옥신에 대해 많은 것을 듣지만 [11]그것들이 어디에서 생겨나고 왜 유해한지를 모두가 알고 있지는 않습니다. 저는 그 두 가지 주제를 먼저 설명하고 나서, 이 해로운 화학물질에의 노출을 피하는 방법과 우리의 토양, 공기, 그리고 심지어 음식에 있는 다이옥신을 줄이기 위해 무엇을 할 수 있는지 조금 이야기하려고 합니다.

우선, 다이옥신이 무엇일까요? 음, 그것들은 [12]자연과 서식지에 있어 극도로 위험한 유기 오염 물질군인 'Dirty Dozen' 중 하나로 여겨집니다. 연구자들은 현존하는 419개의 서로 다른 유형의 다이옥신 복합체를 발견했지만, 그중 단 30개 정도만이 상당한 양의 유독성을 가지고 있다고 여겨집니다.

이제 그것들이 어디에서 생겨나는지 논의해봅시다. 다이옥신은 산업적인 과정이나 자연적인 과정에서 만들어집니다. 예를 들어, 그것들은 땅에 뿌려지는 제초제나 살충제가 생산되는 도중에 형성됩니다. [13]그것들은 또한 쓰레기 소각 같은, 연소 활동 중에도 형성됩니다. 쓰레기는 다이옥신의 발생에 큰 역할을 합니다. 다이옥신을 만들어내는 자연적인 과정은 화산 폭발과 대규모 산불을 포함합니다.

이제, 우리는 어떻게 다이옥신에 노출될까요? 대부분의 사람이 모르는 것은 다이옥신이 전 세계적으로 발견되며 우리는 모두 그것들에 노출되었다는 점입니다. 가장 높은 수준의 다이옥신은 토양, 퇴적물, 유제품, 고기, 그리고 생선에서 발견됩니다. 사실, [14]다이옥신에 대한 인간의 노출은 90% 이상이 음식 또는 음식의 재료를 통한 것입니다... 대부분이 그렇죠. 이는 나중에 인간에게 음식으로 팔리는 동물의 지방 조직에 다이옥신이 쌓이기 때문입니다. 예를 들어, [15]1999년도에 벨기에에서 진행된 한 연구는 가금류의 고기와 달걀에서 높은 수준의 다이옥신을 발견했는데, 이는

dioxins in poultry and eggs, which was traced back to animal feed in particular locations. Furthermore, there are also subgroups of people that are particularly susceptible to dioxin exposure from other sources besides food. In particular, people who work at incineration plants or hazardous waste sites are definitely exposed to an abnormally high amount of dioxins.

Next, let's look at some of the negative health effects of dioxins. As I already said, dioxins are extremely toxic. However, the severity of health damage depends on the length of exposure to them. [16]Short-term exposure to extremely high levels of dioxins can affect liver functions. And this can result in lots of medical issues later in life. [17]Long-term exposure can result in an impaired nervous system and impaired reproductive functions. Dioxins may also cause cancer in humans as well as animals.

Studies have also shown that people exposed to high amounts of dioxins have an increased risk of diabetes and heart disease. For example, a recent study was conducted in Taiwan on a group of people that had been exposed to dioxins released from manufacturing processes in a nearby factory. [18]Findings showed that the prevalence of diabetes in this group was much higher than the national average. And another group of researchers has found that exposure to dioxins can be a major cause for heart disease. Several other medical institutions have also found definitive evidence that those exposed to dioxins have a much higher risk of developing heart disease in the future.

So, how do we reduce our exposure to harmful amounts of dioxins? Unfortunately, there's not a lot we can do on our own. Health professionals claim that small efforts can go a long way. [19]Removing excess fat from meat and cutting out dairy from your diet will significantly decrease the amount of dioxins you consume through food. In addition, it is good to limit the consumption of fish from certain areas of the world. Obviously, avoiding exposure to toxic chemicals from factories and other sources is helpful as well.

Finally, how do we prevent the production of more dioxins? Basically, the public can only influence this moderately. So, [20]it's really up to governments to change regulations for the production of food. Today, there are regulations for toxic waste disposal, but there is still a lot of work to do. Hopefully, in the future, dioxins will be a thing of the past.

So, if any of you have questions regarding the presentation, I would be . . .

특정 지역들의 동물 먹이로까지 역추적 되었습니다. 게다가, 음식을 제외한 다른 출처로부터 다이옥신 노출에 특히 영향을 받기 쉬운 사람들의 소집단도 있습니다. 특히, 소각장이나 위험한 쓰레기 처리장에서 일하는 사람들은 분명히 비정상적으로 높은 양의 다이옥신에 노출됩니다.

다음으로, 다이옥신이 주는 건강상의 부정적인 영향 몇 가지를 살펴보겠습니다. 이미 말했듯이, 다이옥신은 매우 유독합니다. 하지만, 건강을 해치는 것의 심각성은 그것들에 노출되는 시간에 좌우됩니다. [16]극도로 높은 수준의 다이옥신에 단기간 노출되는 것은 간 기능에 영향을 줄 수 있습니다. 그리고 이것은 노후에 많은 의학적 문제들을 야기할 수 있습니다. [17]장기간 노출되는 것은 신경계 손상과 생식 기능 손상을 야기할 수 있습니다. 다이옥신은 또한 동물뿐만 아니라 인간에게도 암을 야기할지도 모릅니다.

연구들은 또한 많은 양의 다이옥신에 노출된 사람들에게서 당뇨병과 심장 질환의 위험이 증가한다는 것을 보여주었습니다. 예를 들어, 타이완에서는 인근 공장의 생산 과정에서 방출된 다이옥신에 노출된 사람들의 그룹에 대해 최근 연구가 시행되었습니다. [18]연구 결과는 이 그룹의 당뇨병 발병률이 국가 평균보다 훨씬 더 높았다는 것을 보여주었습니다. 그리고 다른 연구자 그룹은 다이옥신에 노출되는 것이 심장 질환의 주요 원인이 될 수 있다는 것을 발견했습니다. 몇몇 다른 의료 기관들 또한 다이옥신에 노출된 사람들은 미래에 훨씬 더 높은 심장 질환 발병 위험이 있다는 결정적인 증거를 발견했습니다.

그래서, 우리는 어떻게 유해할 정도의 양의 다이옥신에 노출되는 것을 줄일 수 있을까요? 안타깝게도, 우리 스스로 할 수 있는 것은 많지 않습니다. 건강 전문가들은 작은 노력이 많은 도움이 될 수 있다고 주장합니다. [19]고기에서 과도한 지방을 제거하고 식단에서 유제품을 배제하는 것은 여러분이 음식을 통해 섭취하는 다이옥신의 양을 상당히 줄여줄 것입니다. 여기에 더해, 세계의 특정 지역들에서 온 생선의 소비는 제한하는 것이 좋습니다. 확실히, 공장들과 다른 출처로부터 오는 유해한 화학 물질에 대한 노출을 피하는 것도 도움이 됩니다.

마지막으로, 더 많은 다이옥신의 생산을 어떻게 막을까요? 기본적으로, 대중은 이것에 대해 일정 정도만 영향을 줄 수 있습니다. 그러니, [20]식품 생산에 대한 규제를 바꾸는 것은 사실상 정부에 달려 있습니다. 오늘날, 유독성 폐기물 처리를 위한 규제들이 있지만, 여전히 해야 할 일들이 많습니다. 바라건대, 미래에는, 다이옥신이 과거의 일이 되었으면 좋겠습니다.

자, 여러분 중 누구라도 발표에 대해 질문이 있다면, 제가...

어휘 dioxin[미 daiɑ́ksən, 영 daiɔ́ksin] 다이옥신(독성이 강한 유기염소 화합물) exposure[미 ikspóuʒər, 영 ikspóuʒə] 노출, 드러내 놓음
organic[미 ɔːrgǽnik, 영 ɔːgǽnik] 유기의, 유기적인, 생물의 pollutant[pəlúːtənt] 오염 물질, 오염원
compound[미 kámpaund, 영 kɔ́mpaund] 복합체, 화합물 toxicity[미 tɑksísəti, 영 tɔksísiti] 유독성, 독성 효과
herbicide[미 ə́ːrbəsàid, 영 hə́ːbisaid] 제초제 pesticide[미 péstisàid, 영 péstisaid] 살충제 combustion[kəmbʌ́stʃən] 연소, 불이 탐
sediment[미 sédəmənt, 영 sédimənt] 퇴적물, 침전물 accumulate[미 əkjúːmjulèit, 영 əkjúːmjəleit] 쌓이다, 축적하다
susceptible to ~의 영향을 받기 쉬운 incineration[insìnəréiʃən] 소각 impaired[impéərd] 손상된, 충분히 역할을 못 하는
reproductive[rìːprədʌ́ktiv] 생식의, 번식의 diabetes[미 dàiəbíːtəs, 영 dàiəbíːtiːz] 당뇨병 definitive[미 difínətiv, 영 difínitiv] 결정적인

Questions 11-15

11 화자가 먼저 이야기하겠다고 말한 주제는 무엇인가?

A 어떻게 우리가 소비하는 다이옥신을 제한하는지

B 다이옥신의 기원과 영향

C 왜 미국에서 사람들이 다이옥신에 대해 알지 못하는지

> 해설 문제의 핵심어구(talk about first)와 관련된 지문 내용 중 'not everybody understands where they come from or why they are harmful. I'd like to explain those two topics first'에서 그것들이 어디에서 생겨나고 왜 유해한지를 모두가 알고 있지는 않다고 한 뒤 그 두 가지 주제를 먼저 설명하겠다고 하였으므로, **B** the origin and effects of dioxins가 정답이다. 'where they come from ~ why they are harmful'이 'origin and effects'로 paraphrasing되었다.
>
> 🔍 오답 확인하기
> A는 지문에서 'what we can do to decrease the presence of dioxins'로 등장해 혼동하기 쉽지만, 문제에서 묻는 화자가 먼저 이야기하겠다고 말한 주제와 관련된 내용이 아니므로 오답이다.
> C는 지문에서 'In the United States ~ not everybody understands'로 등장해 혼동하기 쉽지만, 지문에서 왜 미국에서 사람들이 다이옥신에 대해 알지 못하는지에 대한 내용은 언급하지 않으므로 오답이다.

12 'Dirty Dozen'은 매우 -한 화학 물질군이다.

A 환경에 유해한

B 식품 생산에 해를 끼치는 데 중요한

C 자연에서 흔한

> 해설 문제의 핵심어구(Dirty Dozen)가 언급된 지문 내용 중 ''Dirty Dozen', which is a group of organic pollutants that are extremely dangerous to nature and habitats'에서 자연과 서식지에 있어 극도로 위험한 유기 오염 물질군이 'Dirty Dozen'이라고 하였으므로, 보기 **A** dangerous to the environment가 정답이다. 'nature and habitats'가 'environment'로 paraphrasing되었다.

13 다이옥신은 -을 포함해 많은 인간의 활동들에 의해 만들어질 수 있다.

A 농장에서 화학 살충제를 사용하는 것

B 쓰레기를 소각하는 것

C 쓰레기를 매장하는 것

> 해설 문제의 핵심어구(Dioxins can be created)와 관련된 지문 내용 중 'They are ~ formed during combustion activity, such as trash burning.'에서 다이옥신은 또한 쓰레기 소각 같은 연소 활동 중에도 형성된다고 하였으므로, 보기 **B** the burning of trash가 정답이다.
>
> 🔍 오답 확인하기
> A는 지문의 'pesticides'를 언급해 혼동하기 쉽지만, 지문에서 농장에서 화학 살충제를 사용하는 것에 대한 내용은 언급하지 않았으므로 오답이다.
> C는 지문의 'Garbage'를 언급해 혼동하기 쉽지만, 지문에서 쓰레기를 매장하는 것에 대한 내용은 언급하지 않았으므로 오답이다.

14 인간이 다이옥신에 노출되는 것은 대부분

A   그들이 먹는 음식으로부터 온다.

B   오염된 토양으로부터 온다.

C   살충제나 제초제를 다루는 것의 결과물이다.

> **해설** 문제의 핵심어구(human exposure to dioxins)가 언급된 지문 내용 중 'over 90% of human exposure to dioxin is through food or the ingredients in our food'에서 다이옥신에 대한 인간의 노출은 90% 이상이 음식 또는 음식의 재료를 통한 것이라고 하였으므로, 보기 A is from the food they consume이 정답이다.
>
> 🔍 **오답 확인하기**
> B는 지문에서 'The highest levels of dioxins are found in soil'로 등장해 혼동하기 쉽지만, 문제에서 묻는 인간이 대부분 다이옥신에 노출되는 것과 관련된 내용이 아니므로 오답이다.
> C는 지문의 'herbicides and pesticides'를 언급해 혼동하기 쉽지만, 지문에서 다이옥신에 대한 인간의 노출이 대부분 살충제나 제초제를 다루는 것에서 온다는 내용은 언급하지 않았으므로 오답이다.

15 가금류의 고기에 있는 높은 수준의 다이옥신은

A   벨기에로 역추적 되었다.

B   동물에게 준 먹이로 인해 초래되었다.

C   유해 폐기물로 인한 결과였다.

> **해설** 문제의 핵심어구(dioxins in poultry)가 언급된 지문 내용 중 'a study ~ found high levels of dioxins in poultry and eggs, which was traced back to animal feed in particular locations'에서 한 연구는 가금류의 고기와 달걀에서 높은 수준의 다이옥신을 발견했는데 이는 특정 지역들의 동물 먹이로까지 역추적 되었다고 하였으므로, 보기 B were caused by the food given to animals가 정답이다. 'animal feed'가 'food given to animals'로 paraphrasing되었다.
>
> 🔍 **오답 확인하기**
> A는 지문의 'Belgium'을 언급해 혼동하기 쉽지만, 지문에서 가금류의 고기에 있는 높은 수준의 다이옥신이 벨기에로 역추적 되었다는 내용은 언급하지 않았으므로 오답이다.
> C는 지문에서 언급하지 않은 내용이므로 오답이다.

Questions 16-20

다이옥신

다이옥신 노출:
· 단기간 노출에 의해 16 .... 기능이 영향을 받을 수 있다.
· 장기간 노출은 17 ....계와 생식 기능을 손상시킬 수 있다.
· 연구는 공장에서 나온 다이옥신에 노출된 그룹에서 당뇨병의 발병률이 18 .... 평균보다 높았다는 것을 보여주었다.
· 노후에 심장 질환으로 이어질 수 있다.

노출을 줄이는 방법:
· 고기와 19 ....이 더 적은 양으로 소비되어야 한다.
· 특정 지역들에서 온 생선을 덜 소비한다.
· 공장에서 생산된 유해한 화학 물질과의 접촉을 피한다.
· 20 ....은 규제를 통해 다이옥신의 발생을 막을 수 있다.

16　**해설** 문제의 핵심어구(short-term exposure)가 언급된 지문 내용 중 'Short-term exposure to extremely high levels of dioxins can affect liver functions.'에서 극도로 높은 수준의 다이옥신에 단기간 노출되는 것은 간 기능에 영향을 줄 수 있다고 하였으므로, **Liver**가 정답이다.

17 **해설** 문제의 핵심어구(Long-term exposure)가 언급된 지문 내용 중 'Long-term exposure can result in an impaired nervous system and impaired reproductive functions.'에서 장기간 노출되는 것은 신경계 손상과 생식 기능 손상을 야기할 수 있다고 하였으므로, **nervous**가 정답이다.

18 **해설** 문제의 핵심어구(diabetes rates higher than)와 관련된 지문 내용 중 'Findings showed that the prevalence of diabetes in this group was much higher than the national average.'에서 연구 결과는 인근 공장의 생산 과정에서 방출된 다이옥신에 노출된 사람들 그룹의 당뇨병 발병률이 국가 평균보다 훨씬 더 높았다는 것을 보여주었다고 하였으므로, **national**이 정답이다.

19 **해설** 문제의 핵심어구(Meat)가 등장한 지문 내용 중 'Removing excess fat from meat and cutting out dairy from your diet will significantly decrease the amount of dioxins'에서 고기에서 과도한 지방을 제거하고 식단에서 유제품을 배제하는 것은 다이옥신의 양을 상당히 줄여줄 것이라고 하였으므로, **dairy**가 정답이다. 'cutting out ~ from ~ diet'가 'should be consumed in smaller quantities'로 paraphrasing되었다.

20 **해설** 문제의 핵심어구(through restrictions)와 관련된 지문 내용 중 'it's really up to governments to change regulations for the production of food'에서 식품 생산에 대한 규제를 바꾸는 것은 사실상 정부에 달려 있다고 하였으므로, **governments**가 정답이다.

* 각 문제에 대한 정답의 단서는 지문에 문제 번호와 함께 별도의 색으로 표시되어 있습니다.

EXAMPLE

p.62

다음으로, Lawson 놀이공원이 이번 10월에 문을 열 것입니다. 놀이기구 구역에는 100미터 높이의 롤러코스터가 있습니다. 여러분은 지역 레저 센터에서 입장권을 구매하실 수 있습니다. ¹노인 입장권은 20파운드로, 일반 입장권의 절반 가격입니다. 학생들 또한 10파운드의 할인을 받을 거예요. 동물원에는 지역의 동식물상이 있을 것이며 모든 방문객들에게 무료입니다. 여러분은 또한 음식, 간식, 그리고 기념품을 구매하시거나 심지어 음식을 가지고 와서 공원의 피크닉장에 방문하실 수도 있어요.

HACKERS PRACTICE

p.66

유형 연습

1 single	**2** toilet(s)	**3** Hillyard	**4** bike
5 Adelburgh	**6** second	**7** October 31(st)	**8** free
9 motivation	**10** work-life / work life	**11** employers	**12** practical
13 recruitment staff	**14** colonised / colonized	**15** Silver	**16** (A) gold rush
17 steel	**18** shift	**19** 70% / 70 per cent / seventy per cent	

Questions 1-4 영국식 발음 → 미국식 발음

🎧 CH3_HP1-4.mp3

Part 1. You will hear a university representative speaking with an international student about accommodation.

M: Good morning. University Housing Services Office. What can I help you with?

W: Hi. I'm interested in getting some information about a room in university halls such as availability, cost, and so on.

M: Sure. Are you a full-time student here?

W: I am, yes. I'm actually on an exchange programme from the United States. I would like to be close to campus so I think staying in student halls would be perfect.

M: I have some options for you, then. But before we talk about that, may I ask for your name and contact number?

W: Stephanie Mills. My mobile number is 543 2928.

M: Thanks, Stephanie. So, let's talk about some of your preferences for the halls. First of all, how long would you like to stay for?

W: Just for six months. I'll be returning to United States for the summer holiday.

M: So, ¹one option I've found is on Canton Road. It's a single room on the second floor of West Gate House, which used to be a

파트 1. 숙소에 관해 대학 직원과 유학생이 이야기하는 것을 들으세요.

남: 안녕하세요. 대학 기숙사 서비스 사무실입니다. 무엇을 도와드릴까요?

여: 안녕하세요. 저는 대학 기숙사의 이용 가능성과 비용 같은 것들에 대한 정보를 좀 얻고 싶어요.

남: 물론이죠. 이곳의 정규 학생인가요?

여: 네, 맞아요. 사실 저는 미국에서 교환 학생 프로그램으로 와 있어요. 저는 캠퍼스와 가까이에 있고 싶어서 학생 기숙사에서 지내는 것이 좋을 것 같아요.

남: 그렇다면, 몇 가지 선택권이 있어요. 그런데 그것에 관해 이야기하기 전에, 이름과 전화번호를 알 수 있을까요?

여: Stephanie Mills예요. 제 휴대전화 번호는 543 2928이에요.

남: 고마워요, Stephanie. 자, 그럼 기숙사에 관해 선호하는 것들을 좀 이야기해봅시다. 먼저, 얼마 동안 머무를 건가요?

여: 6개월 동안만이요. 저는 여름방학에는 미국으로 돌아갈 거예요.

남: 그러면, ¹제가 찾은 한 가지 선택권은 Canton 로에 있어요. West Gate 하우스의 2층에 있는

shared room so is quite big. It is fully furnished and has a double bed and a desk. That costs £120 per week and is ten minutes walk from campus, just past the train station.

W: Does that include meals?

M: No, it doesn't I'm afraid, [2]there is a shared kitchen space where you can cook your own food. The toilets are also shared, but there is a private sink in your room.

W: That's a little bit expensive for me then, are there any other options?

M: Let me see . . . well, there is one space on Hillyard Street . . .

W: . . . Sorry, how do you spell that street?

M: ^{3}H-I-L-L-Y-A-R-D Street, Hillyard. That is a shared room in Strand House.

W: Thanks, and how much is that?

M: That is £130 a week but does include breakfast and lunch on weekdays. There is a canteen in the building which is open to all residents. The room has a desk and a bed, only a single. It does include an en suite toilet though, which you share with your roommate.

W: That sounds OK, I don't mind sharing. How far is that from campus?

M: It's a bit further, about 20 minutes by foot, so it would be hard to walk to school. Although [4]if you have a bike it would take about ten minutes – there is a bike shed next to the halls. Or there is a bus which takes about 5 minutes, so if you're running late you can jump on that.

W: That sounds great, I will probably cycle most days. When can I move in?

M: As soon as you're ready. Just come down to the office first and we'll sort out the relevant paperwork.

W: Wonderful, I'll be there later today. Thanks for your help!

M: No problem, see you later.

W: OK, bye.

M: Goodbye.

1인실이고, 예전에 공동으로 쓰던 방이어서 꽤 커요. 가구는 모두 딸려 있고 2인용 침대와 책상이 있어요. 비용은 일주일에 120파운드이고 캠퍼스에서 걸어서 10분 거리로, 기차역을 지나자마자 있어요.

여: 식사도 포함되어 있나요?

남: 아니요, 아쉽게도 포함되어 있지 않아요. [2]직접 음식을 할 수 있는 공용 주방 공간이 있어요. 화장실 또한 공용이지만, 방에 개인 세면대가 있어요.

여: 그렇다면 저에게는 조금 비싼데, 다른 선택권이 있나요?

남: 잠시만요... 음, Hillyard가에 한 곳이 있어요...

여: ... 죄송해요, 그 도로 철자가 어떻게 되죠?

남: ^{3}H-I-L-L-Y-A-R-D가, Hillyard에요. Strand 하우스에 있는 공용 방이에요.

여: 고마워요, 그건 얼마예요?

남: 일주일에 130파운드지만 주중에는 아침과 점심을 포함해요. 건물에는 모든 거주자들에게 개방된 식당이 있어요. 방에는 책상과 침대가 있는데, 1인용이죠. 그래도 화장실이 딸려 있는데, 룸메이트와 함께 써야 해요.

여: 괜찮아요, 전 함께 쓰는 건 개의치 않아요. 캠퍼스에서 거리가 얼마나 되나요?

남: 약간 더 먼데, 도보로 약 20분 정도 걸려서, 학교까지 걸어가기는 힘들 거예요. 하지만 [4]만약 자전거가 있다면 10분 정도 걸릴 것이고, 기숙사 옆에 자전거 보관소가 있어요. 아니면 5분 정도 걸리는 버스가 있어서, 만약 늦으면 그걸 타도 돼요.

여: 좋네요, 전 아마 대부분 자전거를 탈 거예요. 언제 이사할 수 있나요?

남: 준비되시면 바로요. 먼저 사무실로 오시면 저희가 관련 서류 작업을 처리할게요.

여: 좋아요, 오늘 오후에 그곳으로 갈게요. 도와주셔서 감사해요!

남: 그럼요, 이따 봐요.

여: 네, 안녕히 계세요.

남: 안녕히 계세요.

어휘   hall[hɔːl] (대학의) 기숙사   availability[əvèiləbíləti] 이용 가능성   furnished[미 fɔ́ːrniʃt, 영 fɔ́ːniʃt] 가구가 딸린   canteen[kæntíːn] 식당, 매점
en suite toilet 화장실이 딸려 있는   cycle[sáikl] 자전거를 타다   sort out ~을 처리하다, ~을 정리하다

Questions 1-4

위치	시설	숙소명	그 외 세부 정보
Canton로	1 ....실 1개	West Gate 하우스	· 일주일에 120파운드 · 캠퍼스에서 걸어서 10분 거리 · 공용 주방과 2 ....
3 ....가	공용 방 1개	Strand 하우스	· 일주일에 130파운드 · 아침과 점심 포함 · 4 ....으로 10분 거리

1 **해설** 문제의 첫 열(Canton Road)과 첫 행(Accommodation)을 통해 문제가 Canton로의 시설에 대한 내용임을 알 수 있다. 지문 내용 중 남자가 'one option I've found is on Canton Road. It's a single room'이라며 그가 찾은 한 가지 선택권은 Canton로에 있다고 한 뒤 1인실이라고 하였으므로, **single**이 정답이다.

2 **해설** 문제의 첫 열(Canton Road)과 첫 행(Other Details)을 통해 문제가 Canton로의 세부 정보에 대한 내용임을 알 수 있다. 문제의 핵심어구(Shared kitchen ~)가 언급된 지문 내용 중 남자가 'there is a shared kitchen space ~. The toilets are also shared'라며 공용 주방 공간이 있다고 한 뒤 화장실 또한 공용이라고 하였으므로, **toilet(s)**가 정답이다.

3 **해설** 문제의 첫 행(Location)과 빈칸 주변 내용(One shared room)을 통해 문제가 공용 방 1개가 있는 곳의 위치에 대한 내용임을 알 수 있다. 지문 내용 중 남자가 'H-I-L-L-Y-A-R-D Street, Hillyard. That is a shared room in Strand House.' 라며 Hillyard가의 Strand 하우스에 있는 공용 방이라고 하였으므로, **Hillyard**가 정답이다.

4 **해설** 문제의 첫 행(Other Details)과 빈칸 주변 내용(Strand House)을 통해 문제가 Strand 하우스의 세부 정보에 대한 내용임을 알 수 있다. 문제의 핵심어구(10 minutes by)와 관련된 지문 내용 중 남자가 'if you have a bike it would take about ten minutes'라며 만약 자전거가 있다면 10분 정도 걸릴 것이라고 하였으므로, **bike**가 정답이다.

Questions 5-8 영국식 발음 → 미국식 발음

🎧 CH3_HP5-8.mp3

Part 1. You will hear a telephone conversation between a sales agent for a ticketing office and a customer.

W: Hello. This is the Leeds Arts Centre ticketing office. This is Carol McIntyre speaking. How may I assist you today?

M: Yes, I'd like to enquire if you have any performances occurring at your facility in the month of October.

W: Do you have a particular type of performance in mind that you want to see?

M: I'm mostly fond of orchestra performances and ballets.

W: Well, ⁵we have a performance from the Adelburgh Symphony Orchestra.

M: Could you spell the name of the orchestra? I just want to jot it down.

W: Certainly. ⁵It's A-D-E-L-B-U-R-G-H and the performance is next Thursday, October the 3rd.

M: Thank you.

W: Are you interested in purchasing tickets for that performance?

M: I'm not sure. What time does it start, and what are the ticket prices?

W: That performance begins at 7 pm. ⁶There are only tickets remaining in the second level balcony's backmost rows. It's quite comfortable, certainly better than the back row seats on the first level. Those are priced at £50 per ticket.

M: Erm . . . I'd rather be a bit closer to the stage, actually. What about ballets in October?

W: Oh, ⁷there will be a splendid ballet rendition of *Romeo and Juliet* given by the Royal Ballet Company. I highly recommend that one. That show is on the Monday of the last week of October.

파트 1. 매표소 판매 직원과 고객 간의 전화 통화를 들으세요.

여: 안녕하세요. 리즈 예술 센터 매표소입니다. 저는 Carol McIntyre입니다. 오늘 무엇을 도와드릴까요?

남: 네, 저는 10월에 귀하의 시설에서 하는 공연이 있는지 문의하고 싶어요.

여: 보고 싶은 특정 종류의 공연에 대해 생각해 두신 것이 있나요?

남: 저는 주로 오케스트라 공연과 발레를 좋아해요.

여: 그럼, ⁵Adelburgh 교향악단의 공연이 있어요.

남: 오케스트라 이름의 철자를 말씀해주시겠어요? 적어두고 싶어서요.

여: 물론이죠. ⁵A-D-E-L-B-U-R-G-H이고 공연은 다음 주 목요일, 10월 3일이에요.

남: 감사합니다.

여: 그 공연의 표를 구매하시겠어요?

남: 잘 모르겠어요. 몇 시에 시작하고, 표 가격은 얼마인가요?

여: 공연은 오후 7시에 시작해요. ⁶2층 발코니의 맨 뒷줄에만 표가 남아 있어요. 꽤 편안하고, 1층의 뒷줄 좌석들보다 확실히 더 나아요. 표는 한 장당 50파운드예요.

남: 음... 사실, 저는 무대에 조금 더 가까이 있고 싶어요. 10월에 있는 발레는 어떤가요?

여: 아, ⁷왕립 발레단에서 하는 멋진 '로미오와 줄리엣' 발레 공연이 있을 거예요. 저는 그걸 적극적으로 추천해요. 그 공연은 10월 마지막 주 월요일에 있어요.

M:	That sounds divine! That's October 30th, right?	남:	멋지네요! 10월 30일이죠, 그렇죠?
W:	Actually ⁷that's October 31st.	여:	사실 ⁷10월 31일이에요.
M:	OK, which section is closest to the stage?	남:	좋아요, 어떤 구역이 무대에서 가장 가까운가요?
W:	That would be the central section, where tickets are £200 per person. Unfortunately, those tickets are sold out. But I'd recommend the mezzanine, as it's the next-nearest section to the stage.	여:	중앙 구역이고, 그곳은 한 사람당 200파운드예요. 공교롭게도, 그 표들은 매진되었어요. 하지만 저는 중이층을 추천하는데, 그곳이 그 다음으로 무대에서 가장 가까운 구역이거든요.
M:	And how much are those tickets?	남:	그 표들은 얼마인가요?
W:	They are £120 each. Oh, and I forgot to ask about one important thing. Would you happen to be a resident of Leeds?	여:	한 장에 120파운드요. 아, 그리고 한 가지 중요한 걸 물어보는 걸 깜빡했네요. 혹시 리즈의 주민이신가요?
M:	I am.	남:	그렇습니다.
W:	Then you should also note that we host several events especially for residents throughout the year, including performances by acclaimed opera singer Claudia Vento and the Leeds Boys Choir on the December 12th. We have all types of seats available for those. And we have less expensive drinks on those nights, and ⁸the performances are free of charge.	여:	그렇다면 저희가 1년 내내 특별히 주민들을 위한 몇 가지 행사를 연다는 것을 알아두셔야겠네요, 여기에는 12월 12일에 열리는 찬사를 받는 오페라 가수 Claudia Vento와 리즈 소년 합창단의 공연이 포함되어 있어요. 그 공연들에서는 모든 종류의 좌석이 이용 가능해요. 그리고 그날 밤에는 덜 비싼 음료도 있고, ⁸공연들은 무료예요.
M:	Oh, wonderful. But I still need to ask my friend if the ticket prices for the October ballet sound affordable for her. Can I call you back later to buy the tickets?	남:	아, 좋네요. 그래도 저는 여전히 친구에게 10월의 발레 표 가격이 적당한지 물어봐야 해요. 그 표를 구입하기 위해 나중에 다시 전화드려도 될까요?
W:	Absolutely. Our office is open daily from 8 am to 6 pm.	여:	물론이죠. 저희 사무실은 매일 오전 8시부터 오후 6시까지 열려 있어요.
M:	Great. Thanks for your help. Goodbye.	남:	좋아요. 도와주셔서 감사해요. 안녕히 계세요.
W:	Bye.	여:	안녕히 가세요.

어휘 in mind ~을 생각하다, 염두에 두다 symphony orchestra 교향악단 jot down 적다, 쓰다 level[lével] 층, 높이
backmost [미] bǽkmoust, [영] bǽkməust] 맨 뒤의 splendid[spléndid] 멋진, 화려한 rendition[rendíʃən] 공연, 연주
divine[diváin] 멋진, 신성한 mezzanine[mézəni:n] 중이층(극장의 2층 앞부분 좌석) host[미] houst, [영] həust] 열다, 주최하다
acclaimed[əkléimd] 찬사를 받는, 칭송을 받는 free of charge 무료의, 공짜의

Questions 5-8

리즈 예술 센터 – 다가오는 공연

공연자	날짜	좌석	가격
5 .... 교향악단	10월 3일	6 .... 층의 발코니 맨 뒷줄 좌석들만	50파운드
왕립 발레단	7	중이층 구역	120파운드
Claudia Vento와 리즈 소년 합창단	12월 12일	모든 종류의 좌석이 이용 가능함	8 ....

5　**해설** 문제의 첫 행(Performer)과 빈칸 주변 내용(October 3rd)을 통해 문제가 10월 3일의 공연자에 대한 내용임을 알 수 있다. 지문 내용 중 여자가 'we have a performance from the Adelburgh Symphony Orchestra'라며 Adelburgh 교향악단의 공연이 있다고 한 뒤 'It's A-D-E-L-B-U-R-G-H and the performance is ~ October the 3rd.'라며 공연은 10월 3일이라고 하였으므로, **Adelburgh**가 정답이다.

6 **해설** 문제의 첫 행(Seats)을 통해 문제가 좌석에 대한 내용임을 알 수 있다. 문제의 핵심어구(balcony back row seats)와 관련된 지문 내용 중 여자가 'There are only tickets remaining in the second level balcony's backmost rows.'라며 2층 발코니의 맨 뒷줄에만 표가 남아 있다고 하였으므로, **second**가 정답이다.

7 **해설** 문제의 첫 열(Royal Ballet Company)과 첫 행(Date)을 통해 문제가 왕립 발레단의 날짜에 대한 내용임을 알 수 있다. 지문 내용 중 여자가 'there will be a splendid ballet rendition ~ given by the Royal Ballet Company'라며 왕립 발레단에서 하는 멋진 발레 공연이 있을 것이라고 한 뒤 'that's October 31st'라며 공연이 10월 31일이라고 하였으므로, **October 31(st)**가 정답이다.

8 **해설** 문제의 첫 열(Claudia Vento and the Leeds Boys Choir)과 첫 행(Cost)을 통해 문제가 Claudia Vento와 리즈 소년 합창단 공연의 가격에 대한 내용임을 알 수 있다. 지문 내용 중 여자가 'the performances are free of charge'라며 Claudia Vento와 리즈 소년 합창단의 공연은 무료라고 하였으므로, free of charge가 답이 될 수 있다. 지시문에서 한 단어로 답을 작성하라고 하였으므로, **free**가 정답이다.

Questions 9-13 영국식 발음 → 미국식 발음 → 미국식 발음

🎧 CH3_HP9-13.mp3

Part 3. You will hear two business students talking to their tutor about a research project on flexible work policies.

M1: I'm interested in hearing how your research on alternative workplace policies is going, Aiko and Gary. The last time we talked, you said you were going to focus on flexplace and flextime.

W: Yes, that's right.

M1: So, what progress have you made?

M2: Well, I looked through some case studies I found in the library showing that [9]flextime policies, which basically let employees decide what hours they work, allow for less fatigue and illness. In addition, motivation among company workers was increased, and people were more enthusiastic about their work.

M1: What conclusion did the studies reach?

W: It seems flextime is really great for employees, actually. They can adapt their work hours to public transportation schedules and road traffic, and even more importantly, they have opportunities to spend more time with their children. So [10]their work-life balance is greatly improved. I've discovered that, with flextime, parents don't have to give up their jobs to raise their kids. This has been a great advantage for mothers and fathers with very young children.

M1: That's all good. [11]You should research more about how flextime has benefitted employers, since the project must cover that as well. I think you have enough material on employees' viewpoints. Could you add some details about that to your analysis?

M2: Absolutely. And I'll read through some other studies I found proving that flextime employees make fewer errors and are

파트 3. 유연 근무 정책과 관련된 연구 프로젝트에 관해 두 명의 경영학과 학생들이 지도 교수와 이야기하는 것을 들으세요.

남1: 너희들의 대안적인 직장 정책에 관한 연구가 어떻게 진행되고 있는지 듣고 싶구나, Aiko와 Gary야. 우리가 마지막으로 이야기했을 때, 너희들은 근무지 선택제와 선택적 근로 시간제에 집중하겠다고 했었지.

여 : 네, 맞아요.

남1: 그래서, 어떤 진전이 있었니?

남2: 음, 저는 도서관에서 찾은 몇몇 사례 연구를 검토했는데 [9]이는 기본적으로 직원들이 일하는 시간을 결정하게 하는 선택적 근로 시간제가 피로와 질환을 더 적어지게 한다는 것을 보여주었어요. 게다가, 회사 직원들 사이에서 동기부여가 증가했고, 사람들은 자신의 업무에 대해 더 열정적이게 되었어요.

남1: 그 연구들은 어떤 결론에 도달했니?

여 : 사실, 선택적 근로 시간제는 직원들에게 정말 좋은 것 같아요. 그들은 대중교통 일정과 도로 교통에 따라 업무 시간을 조정할 수 있고, 훨씬 더 중요하게는, 자녀들과 더 많은 시간을 보낼 기회를 가지게 돼요. 그래서 [10]그들의 일과 생활의 균형이 엄청나게 향상되었어요. 저는 선택적 근로 시간제를 이용하면, 부모들이 아이를 기르기 위해 그들의 직장을 그만두지 않아도 된다는 것을 알게 되었어요. 이는 아주 어린 자녀를 둔 어머니와 아버지들에게는 큰 이점이 되었어요.

남1: 다 좋구나. 프로젝트는 [11]선택적 근로 시간제가 어떻게 고용주들에게 득이 되었는지도 다루어야 하니, 그것에 대해 더 조사해야 한단다. 직원들의 견해에 대해서는 충분한 자료가 있는 것 같구나. 분석 자료에 그것에 대한 세부 정보를 좀 추가할 수 있겠니?

남2: 물론이죠. 그리고 선택적 근로 시간제를 하는 직

more effective.

M1: Great. Now, Aiko, to come back to you, have you found any similar results with regard to flexplace?

W: Well, there aren't as many case studies available about flexplace, as it's a more recent phenomenon. I thought flexplace would be inconvenient for workers, but [12]I found out that increases in both wireless Internet access and laptop affordability have made working from different locations more practical.

M1: Sure. But I want you to look a bit more deeply into flexplace than that. [13]I know there are several companies in London offering flexplace programmes. Since you don't have many previously conducted company studies to rely on, [13]how about interviewing some of their recruitment staff?

W: Oh, all right. That's an excellent idea. I'll do some research online and see what companies I can find.

M1: Sounds good. And can you both send me a draft of your research report this week? Then, let's meet again next Wednesday so I can give you some additional feedback . . .

원들이 더 적은 실수를 하고 더 효율적이라는 것을 증명하는 제가 찾은 다른 연구 결과들을 좀 읽어볼게요.

남1: 좋아. 자, Aiko, 네게로 돌아와서, 근무지 선택제에 관해 비슷한 결과를 찾았니?

여 : 음, 근무지 선택제는 더 최근의 현상이기 때문에, 이용할 수 있는 사례 연구가 많이 없었어요. 저는 근무지 선택제가 직원들에게 불편할 것으로 생각했지만, [12]무선 인터넷 접근과 노트북 가격의 적정성이 모두 증가한 것이 다른 장소에서 일하는 것을 더 현실적으로 만들었음을 알게 되었어요.

남1: 그래. 하지만 네가 근무지 선택제에 대해 그것보다 조금 더 깊이 살펴보았으면 좋겠구나. [13]런던에 근무지 선택제 프로그램을 제공하는 몇몇 기업이 있다고 알고 있어. 네게는 이전에 진행된 믿을 만한 기업 연구가 많지 않으니, [13]그곳의 채용 직원들 중 몇 명을 인터뷰해보면 어떠니?

여 : 아, 좋아요. 정말 좋은 생각이에요. 저는 온라인으로 조사해서 어떤 회사들을 찾을 수 있는지 알아볼게요.

남1: 좋아. 그리고 너희 모두 이번 주에 연구 보고서 초안을 보내주겠니? 그러면, 너희들에게 추가 의견을 줄 수 있도록 다음 수요일에 다시 만나도록 하자...

어휘　alternative[미 ɔːltɔ́ːrnətiv, 영 ɔltɔ́ːnətiv] 대안적인, 대체의　fatigue[fətíːg] 피로　motivation[미 mòutəvéiʃən, 영 mə̀utivéiʃən] 동기부여 phenomenon[미 finámənàn, 영 fənɔ́minən] 현상, 사건　practical[prǽktikəl] 현실적인, 실현 가능한　draft[미 dræft, 영 drɑːft] 초안, 원고

Questions 9-13

프로젝트 상황 기록:
Aiko Watanabe, Gary Marks

주제	완료된 연구	추가적인 제안
선택적 근로 시간제	– 더 적은 피로와 질환 그리고 증가한 9 ....으로 이어졌다 – 직원들이 더 나은 10 .... 균형을 갖도록 한다	– 선택적 근로 시간제가 어떻게 11 ....을 돕는지에 대한 정보를 추가한다
근무지 선택제	– 무선 인터넷 접속과 노트북 가격의 적정성으로 인해 더 12 ....하게 되었다	– 기업의 13 ....과 함께 근무지 선택제 프로그램에 대해 인터뷰한다

9　해설 문제의 첫 열(Flextime)과 첫 행(Research Completed)을 통해 문제가 선택적 근로 시간제에서 완료된 연구에 대한 내용임을 알 수 있다. 문제의 핵심어구(less fatigue and illness)와 관련된 지문 내용 중 남자2가 'flextime policies ~ allow for less fatigue and illness. In addition, motivation among company workers was increased'라며 선택적 근로 시간제가 피로와 질환을 더 적어지게 한다고 한 뒤 게다가 회사 직원들 사이에서 동기부여가 증가했다고 하였으므로, **motivation** 이 정답이다.

10　해설 문제의 첫 열(Flextime)과 첫 행(Research Completed)을 통해 문제가 선택적 근로 시간제에서 완료된 연구에 대한 내용임을 알 수 있다. 문제의 핵심어구(have better ~ balance)와 관련된 지문 내용 중 여자가 'their work-life balance is greatly improved'라며 직원들의 일과 생활의 균형이 엄청나게 향상되었다고 하였으므로, **work-life** 또는 **work life**가 정답이다. 'is greatly improved'가 'have better'로 paraphrasing되었다.

11 **해설** 문제의 첫 열(Flextime)과 첫 행(Further Suggestions)을 통해 문제가 선택적 근로 시간제와 관련한 추가적인 제안에 대한 내용임을 알 수 있다. 문제의 핵심어구(how flextime helps)와 관련된 지문 내용 중 남자1이 'You should research more about how flextime has benefitted employers'라며 선택적 근로 시간제가 어떻게 고용주들에게 득이 되었는지도 더 조사해야 한다고 하였으므로, **employers**가 정답이다. 'has benefitted'가 'helps'로 paraphrasing되었다.

12 **해설** 문제의 첫 열(Flexplace)과 첫 행(Research Completed)을 통해 문제가 근무지 선택제에서 완료된 연구에 대한 내용임을 알 수 있다. 문제의 핵심어구(wireless Internet access and laptop affordability)가 언급된 지문 내용 중 여자가 'I found out that ~ wireless Internet access and laptop affordability have made working from different locations more practical'이라며 무선 인터넷 접근과 노트북 가격의 적정성이 다른 장소에서 일하는 것을 더 현실적으로 만들었음을 알게 되었다고 하였으므로, **practical**이 정답이다.

13 **해설** 문제의 첫 열(Flexplace)과 첫 행(Further Suggestions)을 통해 문제가 근무지 선택제와 관련한 추가적인 제안에 대한 내용임을 알 수 있다. 문제의 핵심어구(Do interviews with)와 관련된 지문 내용 중 남자1이 'I know there are several companies ~ offering flexplace programmes.'라며 근무지 선택제 프로그램을 제공하는 몇몇 기업이 있음을 알고 있다고 한 뒤 'how about interviewing some of their recruitment staff?'라며 그곳의 채용 직원들 중 몇 명을 인터뷰해보면 어떤지 물었으므로, **recruitment staff**가 정답이다.

Questions 14-19 호주식 발음

🎧 CH3_HP14-19.mp3

Part 4. You will hear a talk given by a professor about the history of mines in Australia.

Today I'd like to explore a topic that is of increasing importance to the economy here in Australia – mining. I'll start by getting into how mining developed and look at how it's progressed into the multi-billion-dollar industry it is now.

In the late 1700s, as you know, [14]Australia was first colonised by the British. And life here was rough at first. There was no industry on the continent and very little in the way of agricultural production. Then, in the mid-1800s, everything changed. [15]Silver was the first precious metal discovered, and a few years later, lead deposits were found. In 1851, the real boom began because gold was found in New South Wales and Victoria. [16]A gold rush immediately followed which caused the Australian population to triple within a decade, and the country's economic fortunes would rely heavily on the mining industry thenceforth.

The mining boom of the 1900s – the one we're still currently experiencing – is a direct result of exploration in the Pilbara, a region in Western Australia. The resources in that area were first accessed by pioneering businessman Lang Hancock during the early 1950s. Hancock founded a company named Hancock Prospecting, which is now one of the major mining corporations in the Pilbara. [17]The main resource companies were mining in Pilbara was iron ore. And that's significant because that iron ore was used in the production of steel which is important for buildings, cars, roads, railways, and ships.

파트 4. 호주 광산의 역사에 관한 교수의 강연을 들으세요.

오늘 저는 이곳 호주 경제에서 중요성이 증가하고 있는 주제인, 광업에 대해 살펴보도록 하겠습니다. 저는 광업이 어떻게 발전했는지에 대한 이야기로 시작해 그것이 어떻게 지금처럼 수백만 달러 규모의 산업으로 발달했는지 살펴보겠습니다.

여러분도 아시다시피, 1700년대 후반에, [14]호주는 영국인들에 의해 처음으로 식민지화되었어요. 그리고 처음에 이곳에서의 삶은 힘들었습니다. 이 대륙에는 산업이 없었으며 농업 생산이라고 할 만한 것이 거의 없었습니다. 그러고 나서, 1800년대 중반에, 모든 것이 바뀌었죠. [15]은은 최초로 발견된 귀금속이었으며, 몇 년 후, 납 매장층이 발견되었습니다. 1851년에는, 뉴사우스웨일스 주와 빅토리아 주에서 금이 발견되었기 때문에 진정한 호황이 시작되었습니다. [16]호주 인구가 10년 안에 세 배가 되도록 만든 골드러시가 곧 뒤따랐고, 그때부터 국가의 경제적 자산이 광업에 매우 많이 의존하곤 했어요.

우리가 여전히 겪고 있는 1900년대의 광업 호황은 웨스턴 오스트레일리아 주에 있는 한 지역인 필바라 탐험의 직접적인 결과입니다. 그 지역의 자원은 개척 사업가인 Lang Hancock에 의해 1950년대 초에 처음으로 입수되었어요. Hancock은 Hancock Prospecting이라는 이름의 회사를 설립했고, 이는 현재 필바라의 주요 광업 회사 중 하나입니다. [17]회사들이 필바라에서 채굴했던 주요 자원은 철광석이었죠. 그리고 그 철광석은 건물, 자동차, 도로, 철도, 그리고 배에 긴요한 철의 생산을 위해 사용되었기 때문에 중요합니다.

At first, the vast majority of Australia's iron exports went to the West. But [18]in the 1990s, there was a shift in international trade. China began opening up its economy and becoming more capitalist, and its rapid industrial and manufacturing growth has created a huge demand for raw materials like iron. From the early 2000s onwards, it became the biggest importer of Australian iron in the world. In fact, [19]over the first ten years of the millennium, China's demand grew so much that 70% of Australia's iron ore is now sent there.

Now, before I talk about some of the other major industries integral to the Australian economy, let's look closer at the major mining companies that are found here.

처음에, 호주의 철 수출 중 막대한 대다수는 서양으로 보내졌습니다. 하지만 [18]1990년대에, 국제 무역에 변화가 있었습니다. 중국이 경제를 개방하여 더욱 자본주의적인 국가가 되기 시작했으며, 그곳의 산업과 제조업의 빠른 성장은 철과 같은 원자재에 대한 큰 수요를 창출했어요. 2000년대 초부터 계속해서, 그곳은 세계에서 가장 큰 호주 철의 수입국이 되었습니다. 사실, [19]새 천 년의 첫 10년 동안, 중국의 수요는 매우 커져서 이제 호주 철광석의 70%가 그곳으로 보내집니다.

자, 호주 경제에 필수적인 다른 몇몇 주요 산업들에 관해 이야기하기 전에, 이곳에 있는 주요한 광업 회사들에 대해 더 자세히 살펴봅시다.

어휘　mining[máiniŋ] 광업, 채굴　colonise[미 kálənàiz, 영 kɔ́lənaiz] 식민지로 만들다　in the way of ~라고 할 만한 것
precious metal 귀금속　lead[led] 납　deposit[미 dipázit, 영 dipɔ́zit] 매장층, 광상　triple[trípl] 세 배가 되다
fortune[미 fɔ́ːrtʃən, 영 fɔ́ːtʃuːn] 자산, 부　thenceforth[미 ðènsfɔ́ːrθ, 영 ðènsfɔ́ːθ] 그때부터　resource[미 ríːsɔːrs, 영 rizɔ́ːs] 자원, 재원
pioneering[pàiəníəriŋ] 개척의, 선구적인　found[faund] 설립하다　iron ore 철광석　shift[ʃift] 변화
capitalist[kǽpitlist] 자본주의적인; 자본주의자　raw material 원자재　importer[미 impɔ́ːrtər, 영 impɔ́ːtə] 수입국, 수입사

Questions 14-19

호주 광업의 역사

연대	사건
1700년대	· 영국인들에 의해 처음 14 ....되었을 때 호주에는 산업과 농업이 거의 없었다.
1800년대	· 15 ....이 최초로 발견된 귀금속이었다. · 1850년대의 16 ....은 인구 증가와 경제적 변화를 초래했다.
1900년대	· 1950년대 - 필바라의 철광석은 17 ....의 원료로 사용되었다. · 1990년대 - 아시아로 무역의 18 ....이 있었다.
2000년대	· 중국으로 가는 호주 철광석 수출량은 19 ....으로 증가했다.

14　**해설** 문제의 첫 열(1700s)과 첫 행(Events)을 통해 문제가 1700년대의 사건에 대한 내용임을 알 수 있다. 문제의 핵심어구(by the British)와 관련된 지문 내용 중 'Australia was first colonised by the British'에서 호주는 영국인들에 의해 처음으로 식민지화되었다고 하였으므로, **colonised** 또는 **colonized**가 정답이다.

15　**해설** 문제의 첫 열(1800s)과 첫 행(Events)을 통해 문제가 1800년대의 사건에 대한 내용임을 알 수 있다. 문제의 핵심어구(the first metal of value)와 관련된 지문 내용 중 'Silver was the first precious metal discovered'에서 은은 최초로 발견된 귀금속이었다고 하였으므로, **Silver**가 정답이다. 'precious metal discovered'가 'metal of value found'로 paraphrasing 되었다.

16　**해설** 문제의 첫 열(1800s)과 첫 행(Events)을 통해 문제가 1800년대의 사건에 대한 내용임을 알 수 있다. 문제의 핵심어구 (a population boom)와 관련된 지문 내용 중 'A gold rush immediately followed which caused the Australian population to triple within a decade'에서 호주 인구가 10년 안에 세 배가 되도록 만든 골드러시가 곧 뒤따랐다고 하였으므로, **(A) gold rush**가 정답이다. 'population to triple within a decade'가 'population boom'으로 paraphrasing되었다.

17 **해설** 문제의 첫 열(1900s)과 첫 행(Events)을 통해 문제가 1900년대의 사건에 대한 내용임을 알 수 있다. 문제의 핵심어구 (Iron ore from Pilbara)와 관련된 지문 내용 중 'The main resource companies were mining in Pilbara was iron ore. ~ iron ore was used in the production of steel'에서 회사들이 필바라에서 채굴했던 주요 자원은 철광석이었다고 한 뒤 철광석은 철의 생산을 위해 사용되었다고 하였으므로, **steel**이 정답이다. 'in the production of'가 'as a source of'로 paraphrasing되었다.

18 **해설** 문제의 첫 열(1900s)과 첫 행(Events)을 통해 문제가 1900년대의 사건에 대한 내용임을 알 수 있다. 문제의 핵심어구 (trade towards Asia)와 관련된 지문 내용 중 'in the 1990s, there was a shift in international trade. China began opening up ~ and ~ has created a huge demand for raw materials like iron.'에서 1990년대에 국제 무역에 변화가 있었다고 한 뒤 중국이 경제를 개방하기 시작했으며 철과 같은 원자재에 대한 큰 수요를 창출했다고 하였으므로, **shift**가 정답이다.

19 **해설** 문제의 첫 열(2000s)과 첫 행(Events)을 통해 문제가 2000년대의 사건에 대한 내용임을 알 수 있다. 문제의 핵심어구 (Australian iron ore exports going to China)와 관련된 지문 내용 중 'over the first ten years of the millennium, ~ 70% of Australia's iron ore is now sent there'에서 새 천 년의 첫 10년 동안 이제 호주 철광석의 70%가 중국으로 보내진다고 하였으므로, **70%**, **70 per cent** 또는 **seventy per cent**가 정답이다.

HACKERS TEST

1	guidelines	2	separation	3	die	4	double
5	inspections	6	Filtration	7	10%	8-10	C, E, F

Questions 1-10 영국식 발음

🎧 CH3_HT1-10.mp3

Part 4. You will hear a talk given by a professor in a class about food safety.

Last time, we discussed food-borne diseases and why they spread. And today, we'll delve more deeply into the ways that food safety has and can continue to be strengthened. You'll all remember that food can act as a place for bacteria to duplicate in, which often leads to food poisoning. But theoretically speaking, it's completely possible to prevent food poisoning. Accordingly, the World Health Organization, or the WHO, has set forth five standards that it recommends for the hygienic management of food products worldwide.

The first standard is the prevention of food contamination by human-, pet-, or pest-related bacteria. For many restaurants, this has been as simple as making sure sanitation and pest extermination standards are up-to-date. And [1]it also means ensuring that staff follow health guidelines to avoid any accidental bacterial contamination of food.

[2]The second standard is the separation of raw and cooked foods.

파트 4. 식품 안전에 관한 수업에서의 교수의 강연을 들으세요.

지난번에, 우리는 음식을 통해 전파되는 질병과 왜 그것들이 전파되는지에 대해 이야기했어요. 그리고 오늘, 우리는 식품 안전이 강화되어 온 방법과 이를 계속할 방법에 대해 더 깊이 파고들고자 합니다. 여러분 모두 식품이 박테리아가 복제되는 장소로서의 역할을 할 수 있으며, 이것이 종종 식중독으로 이어진다는 것을 기억할 거예요. 하지만 이론적으로 말하면, 식중독을 막는 것은 전적으로 가능합니다. 그래서, 세계 보건기구, 혹은 WHO는 전 세계적으로 식품의 위생 관리를 위해 권장하는 다섯 가지 기준을 제시했어요.

첫 번째 기준은 인간, 반려동물, 혹은 해충과 관련된 박테리아에 의한 식품 오염을 예방하는 것입니다. 많은 식당에서, 이것은 위생 설비와 해충 박멸 기준을 반드시 최신으로 유지하는 것만큼 간단했어요. 그리고 [1]이는 또한 식품의 어떠한 우발적인 박테리아 오염이라도 막기 위해 직원들이 반드시 보건 지침을 지키도록 하는 것을 의미합니다.

[2]두 번째 기준은 날음식과 조리된 음식을 분리하는 것입니다. 대장균과 살모넬라균은 식품 과학자들에 의

226 받아쓰기 워크북·단어암기자료·IELTS 인강 HackersIngang.com

E-coli and salmonella are frequently referenced by food scientists as some of the most harmful bacteria living in animal-produced raw foods. Moreover, parasites, worms, and mould can be found in many fish and dairy products. To stop cross-contamination from these nasty and potential infectious bugs, food storage standards are constantly evaluated by grocery stores and dining establishments across the globe.

The third standard addresses the adequate times and temperatures for cooking food products. [3]Dr Dawen Sun, a professor at the University of Dublin, has established the widely accepted claim that the majority of food-borne bacteria die when food reaches an internal temperature of about 60 degrees Centigrade. [4]Food, especially animal products, that remain at temperatures between 5 and 50 degrees Centigrade are within what the WHO considers the 'danger zone', where the number of food-borne bacteria can double in as little as 20 minutes.

So that brings me to the fourth standard, which is the storage of food at proper temperatures. The United States Department of Agriculture, or USDA, has defined proper food storage guidelines, including the storage of food products at temperatures of 30 degrees Centigrade or higher for no longer than one hour. Additionally, [5]industrial refrigerators at restaurants undergo inspections twice annually in most countries to ensure proper storage temperatures.

The WHO's final food safety standard deals with the use of safe water at food-related establishments. [6]There have been significant developments in the design of filtration systems for drinkable water and new systems have been put in place in many countries. [7]This has led to overall water quality improving worldwide by nearly 10% since 2014. Unfortunately, however, lesser developed countries still face many difficulties with access to safe water sources. Further problems also lie in the inconsistent health and safety standards for each country with relation to water filtering and food production.

That now leads me to the next part of my talk, which is about the effectiveness of food safety practices in our own country. Here in the UK, the Food Standards Agency oversees food safety and hygiene. In 2006, food sanitation legislation was modified and new mandates were passed. Restaurants nationwide now work toward meeting these updated regulations, which cover many elements of hygiene. Still there is a lot of room for improvement, for example [8]although many restaurants offer dietary details on their menus regarding food allergies, intolerance issues, or other dietary restrictions, it isn't mandatory.

해 동물로부터 생산된 날음식 안에 사는 가장 해로운 박테리아 중 몇 가지로 흔히 언급됩니다. 더욱이, 기생충, 벌레, 그리고 곰팡이는 많은 생선과 유제품에서 발견될 수 있어요. 이러한 끔찍하고 잠재적으로 전염성이 있는 세균으로부터의 교차 오염을 막기 위해, 식품 저장 기준은 전 세계의 식료품점과 식당에 의해 계속해서 평가되고 있습니다.

세 번째 기준은 식품 조리를 위한 적당한 시간과 온도에 대해 다룹니다. Dublin 대학의 교수 [3]Dawen Sun 박사는 음식을 통해 전파되는 박테리아의 대부분은 식품이 섭씨 60도 정도의 내부 온도에 달하면 죽는다는 널리 받아들여지는 주장을 확립했어요. [4]섭씨 5도에서 50도 사이의 온도를 유지하는 식품, 특히 동물성 식품은 WHO가 '위험 구역'이라고 여기는 범위 내에 있고, 여기서 음식을 통해 전파되는 박테리아의 수는 20분만큼이나 짧은 시간 안에 두 배가 될 수 있습니다.

이제 그것이 네 번째 기준인 적절한 온도에서 식품을 저장하는 것으로 넘어가게 하는군요. 미국 농무부, 혹은 USDA는 섭씨 30도 또는 그 이상에서 1시간 이내로 식품을 저장하는 것을 포함하는, 올바른 식품 저장 지침을 규정하였습니다. 덧붙여, [5]식당의 산업용 냉장고는 적절한 저장 온도를 지키기 위해 대부분 국가에서 한 해에 두 번씩 점검을 받습니다.

WHO의 마지막 식품 안전 기준은 식품과 관련된 시설들에서의 안전한 물 사용에 대해 다룹니다. [6]마실 수 있는 물을 위한 여과 장치 설계에서 상당한 발전이 있었고 많은 국가에서 새로운 시스템이 실행되고 있습니다. [7]이는 2014년 이래로 전 세계의 전반적인 수질이 거의 10% 가까이 개선되도록 이끌었죠. 하지만, 불행하게도, 저개발 국가들은 여전히 안전한 수원 이용에 많은 어려움을 겪고 있습니다. 또한 정수와 식품 생산에 관해 국가마다 서로 다른 보건과 안전 기준들에 있어 추가적인 문제도 있습니다.

이는 제 강의의 다음 부분인, 우리나라에서의 식품 안전 관행의 효과로 연결됩니다. 이곳 영국에서, 식품표준청은 식품 안전과 위생을 감독하죠. 2006년에, 식품 위생 법률이 개정되었고 새로운 명령이 통과되었습니다. 이제 전국의 식당들은 이 최신 규정을 맞추기 위해 노력하는데, 이는 위생의 많은 요소를 포함합니다. 그런데도 개선의 여지가 많이 있는데, 예를 들어 [8]많은 식당이 메뉴에 식품 알레르기, 과민증 문제, 또는 다른 식단 제한에 관한 식품 세부 사항들을 제공하지만, 이것이 의무적인 것은 아니에요.

정답·스크립트·해석·해설

HACKERS **IELTS** LISTENING

More transparency in general, so that food retailers and restaurants make it clear how much of each thing they are using in their products, is very important. While restaurants have to list all ingredients used, [9]they are not yet required to list other specific amounts of, well . . . things like fat, sugar, and sodium content. Once they do this will make customers aware of what they are eating so that they can make their own informed decisions about health and safety. [10]We should also have more information about the number of calories in each serving as well, both for customers and inspectors. Since such massive amounts of food are being shipped around the world, it's challenging to guarantee food safety even with regular inspections, so having more information is important.

For our next class, we'll look at the globalised food chain in more detail, but for now, I'll respond to your questions . . .

식품 소매업자들과 식당들이 그들의 제품에 각각의 것을 얼마만큼 사용하는지 분명히 하도록, 전반적으로 더 많은 투명성이 매우 중요합니다. 식당들은 사용한 모든 재료를 기재해야 하지만, [9]그들은 아직 다른 구체적인 양, 음... 지방, 설탕, 그리고 나트륨 함유량 같은 것들을 기재하도록 요구받지는 않아요. 그들이 그렇게 한다면 이는 소비자로 하여금 그들이 먹는 것에 대해 더 잘 알게 할 것이며 따라서 보건과 안전에 대한 현명한 결정을 스스로 내릴 수 있도록 할 것입니다. [10]우리는 또한 소비자와 검사관 모두를 위해, 한 끼 음식의 칼로리 양에 대해 더 많은 정보를 알고 있어야 해요. 대량의 음식이 전 세계로 운송되기 때문에, 정기적인 점검으로도 식품 안전을 보장하기는 힘들며, 그래서 더 많은 정보를 가지는 것이 중요합니다.

다음 수업에서, 우리는 세계화된 식품 체인점에 대해 더 상세히 알아볼 것이지만, 우선 지금은, 여러분의 질문에 답하도록 하겠습니다...

어휘 **food-borne** 음식을 통해 전파되는 **delve**[delv] 깊이 파고들다 **strengthen**[미 stréŋkθən, 영 stréŋθən] 강화되다, 튼튼하게 하다 **duplicate**[미 djúːplikət, 영 dʒúːplikeit] 복제하다 **food poisoning** 식중독 **theoretically**[미 θiːərétikəli, 영 θiərétikəli] 이론적으로는, 이론상 **set forth** 제시하다, 발표하다 **hygienic**[미 hàidʒiénik, 영 haidʒíːnik] 위생의 **sanitation**[sæ̀nitéiʃən] 위생 설비 **extermination**[미 ikstə̀ːrmənéiʃən, 영 ikstə̀ːminéiʃən] 박멸, 전멸 **up-to-date**[ʌ̀ptədéit] 최신의, 현대적인 **E-coli**[미 iːkóulai, 영 iːkáulai] 대장균 **salmonella**[sæ̀lmənélə] 살모넬라균 **parasite**[미 pǽrəsàit, 영 pǽrəsait] 기생충 **mould**[미 mould, 영 məuld] 곰팡이 **filtration**[filtréiʃən] 여과 **mandate**[mǽndeit] 명령, 지령 **transparency**[미 trænspéərənsi, 영 trænspǽrənsi] 투명성, 투명도 **sodium**[미 sóudiəm, 영 sɔ́udiəm] 나트륨

Questions 1-7

세계보건기구
세계 식품 안전 기준

기준	세부 정보
첫 번째 기준 인간, 반려동물, 그리고 해충에 의한 음식 세균 오염을 예방한다.	· 식당들은 최신 위생 설비와 박멸 기준을 따라야 한다. · 식당 직원들은 식품의 세균 오염을 막기 위해 1 ....을 따라야 한다.
두 번째 기준 요리되지 않은 재료와 요리된 재료 사이에 2 ....이 반드시 있도록 한다.	· 대장균과 살모넬라균은 가장 해로운 박테리아 중 몇 가지이다. · 식품을 저장하는 모든 시설은 그들의 식품 저장 기준을 계속해서 평가한다.
세 번째 기준 음식을 적절한 시간과 온도에서 요리한다.	· Dawen Sun 박사는 음식을 통해 전파되는 박테리아의 대부분은 섭씨 60도의 온도에서 3 ....하는 것을 발견했다. · '위험 구역'에 보관된 동물성 식품의 박테리아 성장은 20분 뒤에 4 ....할 것이다.
네 번째 기준 식품을 적당한 온도에 저장한다.	· USDA – 식품은 섭씨 30도 이상의 온도에서 1시간 혹은 그 이내의 시간 동안 저장되어야 한다. · 산업용 냉장고는 매해 두 번씩 5 ....을 거쳐야 한다.
다섯 번째 기준 안전하고 마실 수 있는 물을 사용한다.	· 6 .... 장치 설계가 매우 개선되었다. · 2014년보다 수질이 7 .... 더 개선되었다.

1 해설 문제의 첫 행(DETAILS)과 빈칸 주변 내용(First standard)을 통해 문제가 첫 번째 기준의 세부 정보에 대한 내용임을 알 수 있다. 문제의 핵심어구(avoid bacterial contamination)와 관련된 지문 내용 중 'it ~ means ensuring that staff follow health guidelines to avoid any accidental bacterial contamination of food'에서 두 번째 기준은 식품의 어떠한 우발적인 박테리아 오염이라도 막기 위해 직원들이 반드시 보건 지침을 지키도록 하는 것을 의미한다고 하였으므로, **guidelines** 가 정답이다. 'follow'가 'stick to'로 paraphrasing되었다.

2 해설 문제의 첫 행(STANDARDS)과 빈칸 주변 내용(Second standard)을 통해 문제가 두 번째 기준에 대한 내용임을 알 수 있다. 지문 내용 중 'The second standard is the separation of raw and cooked foods.'에서 두 번째 기준은 날음식과 조리된 음식을 분리하는 것이라고 하였으므로, **separation**이 정답이다. 'raw and cooked foods'가 'uncooked and cooked ingredients'로 paraphrasing되었다.

3 해설 문제의 첫 행(DETAILS)과 빈칸 주변 내용(Third standard)을 통해 문제가 세 번째 기준의 세부 정보에 대한 내용임을 알 수 있다. 문제의 핵심어구(Dr Dawen Sun)가 언급된 지문 내용 중 'Dr Dawen Sun ~ has established the ~ claim that the majority of food-borne bacteria die when food reaches an internal temperature of about 60 degrees Centigrade'에서 Dawen Sun 박사는 음식을 통해 전파되는 박테리아의 대부분은 식품이 섭씨 60도 정도의 내부 온도에 달하면 죽는다는 주장을 확립했다고 하였으므로, **die**가 정답이다.

4 해설 문제의 첫 행(DETAILS)과 빈칸 주변 내용(Third standard)을 통해 문제가 세 번째 기준의 세부 정보에 대한 내용임을 알 수 있다. 문제의 핵심어구(danger zone)가 언급된 지문 내용 중 'Food, ~ within what the WHO considers the 'danger zone', where the number of food-borne bacteria can double in as little as 20 minutes.'에서 WHO가 '위험 구역' 이라고 여기는 범위 내에 있는 식품에서 음식을 통해 전파되는 박테리아의 수는 20분만큼이나 짧은 시간 안에 두 배가 될 수 있다고 하였으므로, **double**이 정답이다.

5 해설 문제의 첫 행(DETAILS)과 빈칸 주변 내용(Fourth standard)을 통해 문제가 네 번째 기준의 세부 정보에 대한 내용임을 알 수 있다. 문제의 핵심어구(Industrial refrigerators)가 언급된 지문 내용 중 'industrial refrigerators at restaurants undergo inspections twice annually'에서 식당의 산업용 냉장고는 한 해에 두 번씩 점검을 받는다고 하였으므로, **inspections**가 정답이다. 'annually'가 'each year'로 paraphrasing되었다.

6 해설 문제의 첫 행(DETAILS)과 빈칸 주변 내용(Fifth standard)을 통해 문제가 다섯 번째 기준의 세부 정보에 대한 내용임을 알 수 있다. 문제의 핵심어구(system designs)와 관련된 지문 내용 중 'There have been significant developments in the design of filtration systems for drinkable water'에서 마실 수 있는 물을 위한 여과 장치 설계에서 상당한 발전이 있었다고 하였으므로, **Filtration**이 정답이다. 'significant developments'가 'greatly improved'로 paraphrasing되었다.

7 해설 문제의 첫 행(DETAILS)과 빈칸 주변 내용(Fifth standard)을 통해 문제가 다섯 번째 기준의 세부 정보에 대한 내용임을 알 수 있다. 문제의 핵심어구(water quality ~ in 2014)와 관련된 지문 내용 중 'This has led to overall water quality improving worldwide by nearly 10% since 2014.'에서 여과 장치 설계에서의 발전과 실행은 2014년 이래로 전 세계의 전반적인 수질이 거의 10% 가까이 개선되도록 이끌었다고 하였으므로, **10%**가 정답이다.

Questions 8-10

8-10 영국이 더 노력해야 하는 **세 가지** 식품 기준은 어떤 것인가?
- A 식당에서의 서비스 기준
- B 다른 목적지로 식품을 안전하게 배송하는 것
- C 제한된 식단을 가진 식사자들에게 정보를 제공하는 것
- D 고객들에게 음식의 재료를 알리는 것
- E 특정 재료의 양에 대해 기재하는 것
- F 메뉴 품목들의 칼로리 수치를 제공하는 것
- G 식품 내의 지방과 설탕량을 줄이는 것

해설 지문 내용 중 'although many restaurants offer dietary details ~ regarding ~ dietary restrictions, it isn't mandatory'에서 많은 식당이 식단 제한에 관한 식품 세부 사항들을 제공하지만 이것이 의무적인 것은 아니라고 하였으므로, 보기 **C** Providing information for diners with restricted diets가 정답이다. 'offer dietary details'가 'Providing information'으로 paraphrasing되었다.

또한 지문 내용 중 'they are not yet required to list other specific amounts of ~ things like fat, sugar, and sodium content'에서 그들은 아직 다른 구체적인 양, 지방, 설탕, 그리고 나트륨 함유량 같은 것들을 기재하도록 요구받지는 않는다고 하였으므로, 보기 **E** Listing of the specific ingredient amounts가 정답이다.

마지막으로 지문 내용 중 'We should also have more information about the number of calories in each serving as well'에서 또한 한 끼 음식의 칼로리 양에 대해 더 많은 정보를 알고 있어야 한다고 하였으므로, 보기 **F** Providing a calorie count for menu items가 정답이다. 'the number of calories in each serving'이 'calorie count for menu items'로 paraphrasing되었다.

🔍 **오답 확인하기**

A는 지문의 'restaurants'를 언급해 혼동하기 쉽지만, 지문에서 식당에서의 서비스 기준에 대한 내용은 언급하지 않았으므로 오답이다.

B는 지문에서 'such massive amounts of food are being shipped'로 등장해 혼동하기 쉽지만, 지문에서 식품을 안전하게 배송하는 것에 대한 내용은 언급하지 않았으므로 오답이다.

G는 지문의 'fat'과 'sugar'를 언급해 혼동하기 쉽지만, 지문에서 지방과 설탕량을 줄이는 것에 대한 내용은 언급하지 않았으므로 오답이다.

CHAPTER 04 | Sentence/Summary/Flow-chart/Diagram Completion

* 각 문제에 대한 정답의 단서는 지문에 문제 번호와 함께 별도의 색으로 표시되어 있습니다.

EXAMPLE
p.76

첫째로, 이산화탄소 배출은 북극 지방에서의 기후 변화의 주요 원인입니다. [1]기후와 온도의 변화는 심각한 영향을 미칩니다. 그것들은 서식지를 파괴할 수 있으며, 이는 현지 야생 동물들에게 파괴적인 영향을 줍니다. 북극 지방에 대한 이러한 영향을 멈추거나 되돌릴 유일한 방법은 우리가 대기로 내보내는 이산화탄소의 양을 줄이는 것입니다.

HACKERS PRACTICE
p.80

유형 연습

1	C	2	A	3	F
4	D	5	25% / 25 per cent	6	(local) schools
7	intense	8	outside	9	inside
10	resting	11	bacteria	12	scales
13	mouths	14	comparative	15	3 / three
16	Indian	17	research	18	local environment
19	0.1	20	converted	21	tourism
22	lever	23	20 / twenty	24	reacts
25	soil				

Questions 1-4 영국식 발음
🎧 CH4_HP1-4.mp3

Part 2. You will hear a talk by an organisation representative at a meeting about a charity event.

Good evening ladies and gentlemen, and thank you for coming to this Anne Marie Charity member meeting. I am so pleased to see so many members here tonight, and I always appreciate your generosity, compassion, and concern. I know you are eager to hear about our institution's progress.

Our Annual Charity Bicycle Tour raises money for medical research at the London Children's Hospital. Each year, a group of generous individuals dedicates 10 days to cycling around England to raise both funds and awareness. And might I say that it's a fun time as well!

Now, I know some of you are interested in participating and want to know how you can get involved. Well, it is fairly easy; [1]first, you must register for the event, which you can do on the charity's website.

파트 2. 자선 행사에 관한 모임에서 단체의 대표가 이야기하는 것을 들으세요.

안녕하세요 신사 숙녀 여러분, 이번 Anne Marie 자선 단체 회원 모임에 와주셔서 감사드립니다. 오늘 밤 이곳에서 이렇게 많은 회원분들을 뵙게 되어 매우 기쁘고, 항상 여러분의 관대함, 연민, 그리고 염려에 감사드립니다. 여러분이 저희 기관의 진전 상황에 대해 듣고 싶어 하시는 것을 알고 있습니다.

저희의 연례 자선 자전거 여행은 런던 어린이 병원의 의학 연구를 위한 기금을 마련합니다. 매년, 관대한 마음을 가진 사람들이 기금 마련과 인식 개선 모두를 위해 10일 동안 자전거를 타고 영국을 일주하는 데 전념하죠. 그리고 이는 또한 즐거운 시간이기도 하다는 걸 말씀드리고 싶네요!

자, 저는 여러분 중 몇몇 분들이 참여하는 데 관심이 있으며 어떻게 참가할 수 있는지 알고 싶으실 것이라고 생각합니다. 음, 그것은 꽤 쉽습니다. [1]우선, 행사에 등록해야 하는데, 이는 자선 단체의 웹사이트에서

You don't even have to visit our office! After that, you'll be asked to sign ²a form on which you will give us an estimate of how much money you plan to raise. We recommend our participants attempt to raise a minimum of £3,000. But we certainly encourage you to raise more than that.

Next, you will need to find sponsors who agree to donate a predetermined amount of money to you should you finish the tour. It's always a good idea to start with friends and family first, but many participants have also raised funds from local businesses.

And then ³you have to show up for the tour on June 12th at 6 am with your bicycle, gear, and equipment. You don't have to worry about bringing any documents, although something proving your identity might be helpful. I'll hand out a leaflet that will tell you everything you need to know. And you will also be given a number to pin onto the back of your shirt. This will allow us to track who successfully finishes. And once you've completed the tour, collect the donations from your various sponsors and give them to us by June 26th.

Finally, ⁴the charity will provide you with receipts by the end of June. You can give these to people who ask for them for tax purposes. It's mid-March now, so that means you have plenty of time to find sponsors. And we do offer support in the way of informational brochures, and of course, we will always be here to answer your questions or respond to your concerns.

Now before we go on to the next topic of discussion, are there any questions about this year's charity tour?

하실 수 있습니다. 저희 사무실을 방문하실 필요조차 없어요! 그 후, 여러분은 얼마나 많은 돈을 모금할 계획인지에 대한 ²추정치를 저희에게 알려줄 한 양식에 서명하도록 요청받으실 것입니다. 저희는 참가자분들에게 최소 3,000파운드를 모금하는 것을 시도하라고 권고합니다. 하지만 물론 여러분이 그 이상을 모금하는 것을 권장합니다.

다음으로, 여러분이 여행을 마친다면 예정된 금액을 기부하는 데 동의하는 후원자를 찾아야 할 것입니다. 먼저 친구들과 가족으로 시작하는 것이 언제나 좋은 생각이지만, 많은 참가자들이 지역 사업체들로부터 기금을 모금하기도 했습니다.

그리고 나서 ³여러분은 여행을 위해 6월 12일 오전 6시에 자전거, 복장, 그리고 장비를 가지고 나오셔야 합니다. 어떤 서류를 가져와야 하는지에 대해서는 걱정하지 않으셔도 되지만, 여러분의 신분을 증명하는 것이 있다면 도움이 될 것입니다. 제가 여러분이 아셔야 하는 모든 것들을 알려줄 인쇄물을 나누어 드릴 거예요. 그리고 또한 여러분은 셔츠 뒤에 핀으로 꽂을 번호도 받으실 것입니다. 이것은 누가 성공적으로 끝마치는지를 저희가 기록할 수 있도록 할 것입니다. 그리고 여행을 마치시면, 여러 후원자들의 기부금을 모아서 6월 26일까지 저희에게 주시면 됩니다.

마지막으로, ⁴자선 단체는 여러분에게 6월 말까지 영수증을 드릴 것입니다. 여러분은 이것을 세금 정산용으로 요청하는 사람들에게 주실 수 있습니다. 지금은 3월 중순이니, 이는 후원자를 찾는 데 많은 시간이 있다는 것을 의미하죠. 그리고 저희는 안내 책자를 통해 지원을 제공하며, 물론, 질문에 답하거나 우려하시는 점에 대응해드리기 위해 항상 이곳에 있을 것입니다.

이제 다음 논의 주제로 넘어가기 전에, 올해 자선 여행에 대해 질문이 있으신가요?

어휘 awareness[미 əwéərnis, 영 əwéənəs] 인식, 의식   estimate[éstəmət] 추정치, 견적   sponsor[미 spánsər, 영 spónsə] 후원자
predetermined[미 prì:ditə́:rmind, 영 prì:ditə́:mind] 예정된, 미리 결정된   gear[미 giər, 영 giə] 복장, 장비

Questions 1-4

A	추정치
B	사무실
C	웹사이트
D	영수증
E	서류
F	장비
G	계획

연례 자선 자전거 여행 등록 절차

```
┌─────────────────────────────────────────┐
│   자선 단체의 1 ........... 에서 행사에 등록한다.   │
└─────────────────────────────────────────┘
                    ↓
┌─────────────────────────────────────────┐
│        양식에서 2 ........... 을 제공한다.        │
└─────────────────────────────────────────┘
                    ↓
┌─────────────────────────────────────────┐
│  여행을 마치면 기금을 기부할 의향이 있는 후원자를 찾는다.  │
└─────────────────────────────────────────┘
                    ↓
┌─────────────────────────────────────────┐
│ 자전거와 필요한 3 ........... 을 6월 12일 행사에 가져온다. │
└─────────────────────────────────────────┘
                    ↓
┌─────────────────────────────────────────┐
│    여행을 마친 뒤 후원자들로부터 기부금을 모은다.     │
└─────────────────────────────────────────┘
                    ↓
┌─────────────────────────────────────────┐
│ 기부자들에게 세금 정산용의 4 ........... 을 나누어 준다. │
└─────────────────────────────────────────┘
```

1 **해설** 문제의 핵심어구(Register for the event)가 언급된 지문 내용 중 'first, you must register for the event, which you can do on the charity's website'에서 우선 행사에 등록해야 하는데 이는 자선 단체의 웹사이트에서 할 수 있다고 하였으므로, 보기 **C** website가 정답이다.

2 **해설** 문제의 핵심어구(Provide ~ on the form)와 관련된 지문 내용 중 'a form on which you will give us an estimate'에서 추정치를 알려줄 한 양식이라고 하였으므로, 보기 **A** estimate가 정답이다.

3 **해설** 문제의 핵심어구(Bring bicycle and necessary)와 관련된 지문 내용 중 'you have to show up for the tour on June 12th at 6 am with your bicycle, gear, and equipment'에서 여행을 위해 6월 12일 오전 6시에 자전거, 복장, 그리고 장비를 가지고 나와야 한다고 하였으므로, 보기 **F** equipment가 정답이다.

4 **해설** 문제의 핵심어구(tax reasons)와 관련된 지문 내용 중 'the charity will provide you with receipts ~. You can give these to people who ask ~ for tax purposes.'에서 자선 단체는 그들에게 영수증을 줄 것이라고 한 뒤 이것을 세금 정산용으로 요청하는 사람들에게 줄 수 있다고 하였으므로, 보기 **D** receipts가 정답이다.

Questions 5-8 영국식 발음 → 영국식 발음

🎧 CH4_HP5-8.mp3

Part 3. You will hear a conversation between a tutor and a graduate student at the College of Education.	파트 3. 사범 대학 대학원생과 지도 교수 간의 대화를 들으세요.
M: Hi Sarah, come on in. You said you wanted to discuss the research project you are working on? You know, the one on children's outdoor play.	**남:** 안녕 Sarah, 들어오너라. 네가 작업 중인 연구 프로젝트에 관해 이야기하고 싶다고 했었지? 그러니까, 아이들의 실외 놀이에 대한 것 말이다.
W: Ah yes, it's going well. I've put together a plan and have set myself some research goals.	**여:** 아 네, 잘 진행되고 있어요. 저는 계획을 세웠고 스스로 연구 목표를 몇 가지 세웠어요.
M: Great, what are they?	**남:** 잘했구나, 어떤 것들이니?
W: Well, I mostly want to find out what the benefits of outdoor play are. Then, I'd like to examine why it has decreased in recent years.	**여:** 음, 저는 주로 실외 놀이의 장점에 대해 알아보고 싶어요. 그러고 나서, 그것이 왜 최근 몇 년간 감소했는지 조사하고 싶어요.

M: That sounds good. Do you have evidence for the claim that children's play has decreased?

W: I do. I have government statistics showing that [5]playgrounds are used 25% less often than they were a decade ago.

M: OK, it sounds like you have some good research there.

W: Thanks, but the issue I'm having is how to find research on why children's outdoor play has decreased. There isn't much out there. What do you suggest?

M: Well, [6]the best thing to do is to conduct a survey of your own. You can ask parents with children at local schools to answer it. I can put you in touch with a few head teachers who could help.

W: Great, I'll start thinking about some questions!

M: Yes, that will be the first step. Try and test out a few hypotheses through your survey. So, have you got any ideas for why outdoor play is decreasing?

W: I have. I think that the increasing amount of media aimed at children, including television, apps, online games and so on, has something to do with it. And then, [7]other things, like children being expected to devote more time to intense academic work after school could be factors. Also, there may be fewer playgrounds or green spaces for children to use.

M: Those all sound like plausible reasons. I think parents may also have an effect on this issue.

W: That could be. [8]Perhaps parents are less willing to let children play alone outside than they once were.

M: Yes, that may be true.

W: OK, so for the first step, I think I should start writing the survey.

M: Yes, you can go ahead and begin that. When you're done, send it to me, and I'll give you some feedback. And after that, we can get in touch with some teachers that may be able to circulate it. The teachers would be interested in . . .

남: 그거 좋겠구나. 아이들의 놀이가 줄어들었다는 주장에 대한 근거가 있니?

여: 네. [5]놀이터가 10년 전에 비해 25% 덜 자주 사용된다는 것을 보여주는 정부의 통계 자료가 있어요.

남: 그래, 그 부분에서 괜찮은 연구를 좀 얻은 것 같구나.

여: 감사합니다, 하지만 어린이들의 실외 놀이가 감소한 이유에 대한 연구를 어떻게 찾을지가 문제예요. 연구가 충분하지 않거든요. 제안해 주실 것이 있으세요?

남: 글쎄, [6]가장 좋은 방법은 너 스스로 설문 조사를 진행하는 것이란다. 지역 학교에 아이를 둔 부모들에게 설문지에 응답하도록 요청할 수 있거든. 내가 네게 도움을 줄 수 있는 교장 선생님 몇 분과 연결해 줄 수 있단다.

여: 좋아요, 저는 몇 가지 질문을 떠올려 보기 시작할게요!

남: 그래, 그것이 첫 번째 단계가 될 거야. 설문 조사를 통해 몇 가지 가설들을 시도하고 시험해보렴. 그럼, 실외 놀이가 줄어들고 있는 이유에 대해 생각해 본 것이 있니?

여: 있어요. 저는 텔레비전, 앱, 온라인 게임 등을 포함해, 아이들을 겨냥한 매체의 수가 증가하고 있는 것이 관련이 있다고 생각해요. 그리고, [7]다른 것들, 아이들이 방과 후에 더 많은 시간을 과중한 학업에 전념할 것으로 기대받는 것 같은 일들이 원인이 될 수 있어요. 또한, 아이들이 이용할 수 있는 놀이터나 녹지 공간이 더 적어졌을 수도 있어요.

남: 모두 그럴듯한 원인처럼 들리는구나. 나는 부모들도 이 문제에 영향을 미쳤을 수 있다고 생각한단다.

여: 그럴 수도 있어요. [8]아마 부모들은 아이들이 야외에서 혼자 놀도록 허락하는 것을 이전보다 덜 내켜 할 거예요.

남: 그래, 그것이 사실일 수 있지.

여: 네, 그럼 첫 번째 단계를 위해서, 설문 조사를 작성하기 시작해야겠어요.

남: 그래, 그걸 시작하면 될 것 같구나. 완료하고 나서, 그것을 내게 보내면, 내가 의견을 좀 주마. 그리고 그런 다음, 그것을 배부할 수 있을 만한 선생님들 몇 명에게 연락을 취할 수 있을 거란다. 선생님들은 관심이 있을 거야...

어휘   statistics [stətístiks] 통계 (자료)   hypothesis [미 haipάθəsis, 영 haipɔ́θəsis] 가설   plausible [미 plɔ́ːzəbl, 영 plɔ́ːzəbl] 그럴듯한
circulate [미 sə́ːrkjulèit, 영 sə́ːkjəleit] 배부하다

Questions 5-8

실외 놀이의 감소

실외에서 노는 아이들의 수는 10년 전보다 5 .... 적은 놀이터 사용과 함께 꾸준히 감소하고 있다. 6 ....에 있는 사람들은 실외 놀이가 감소하는 이유를 알아내기 위한 설문지를 받을 것이다. 매체에 노출되는 수가 증가하는 것이 원인인 것으로 보인다. 더 7 ....한 학습과, 어린이들이 이용할 수 있는 녹지 공간이 전반적으로 부족한 것의 영향이 이러한 감소의 원인일 수 있다. 또한 부모들이 아이들을 관리 없이 혼자 8 .... 놀도록 허락하는 것을 더 조심하고 있을 수도 있다.

5 해설 문제의 핵심어구(less use of playgrounds)와 관련된 지문 내용 중 여자가 'playgrounds are used 25% less often than they were a decade ago'라며 놀이터가 10년 전에 비해 25% 덜 자주 사용된다고 하였으므로, **25%** 또는 **25 per cent** 가 정답이다. 'a decade ago'가 'ten years ago'로 paraphrasing되었다.

6 해설 문제의 핵심어구(a survey)와 관련된 지문 내용 중 남자가 'the best thing to do is to conduct a survey of your own. You can ask parents with children at local schools to answer it.'이라며 어린이들의 실외 놀이가 감소한 이유에 대한 연구를 찾는 가장 좋은 방법은 스스로 설문 조사를 진행하는 것이라고 한 뒤 지역 학교에 아이를 둔 부모들에게 설문지에 응답하도록 요청할 수 있다고 하였으므로, **(local) schools**가 정답이다.

7 해설 문제의 핵심어구(more ~ studying)와 관련된 지문 내용 중 여자가 'other things, like children being expected to devote more time to intense academic work after school could be factors'라며 다른 것들, 아이들이 방과 후에 더 많은 시간을 과중한 학업에 전념할 것으로 기대받는 것 같은 일들이 원인이 될 수 있다고 하였으므로, **intense**가 정답이다. 'academic work'가 'studying'으로 paraphrasing되었다.

8 해설 문제의 핵심어구(parents are more wary of letting)과 관련된 지문 내용 중 여자가 'Perhaps parents are less willing to let children play alone outside than they once were.'라며 아마 부모들은 아이들이 야외에서 혼자 놀도록 허락하는 것을 이전보다 덜 내켜 할 것이라고 하였으므로, **outside**가 정답이다. 'less willing to'가 'more wary of'로 paraphrasing 되었다.

Questions 9-13 호주식 발음 → 영국식 발음　　　　　🎧 CH4_HP9-13.mp3

Part 3. You will hear a conversation between two students about a biology assignment.	파트 3. 생물학 과제에 관한 두 학생 간의 대화를 들으세요.

M: Natalie, have you finished your outline for the report we've been assigned? You know, the one about the biology field trip to Hawthorne Oceanic Research Facility.

W: Hi, Greg. I'm still thinking about what topic to focus on. I thought maybe the subject of symbiosis.

M: Oh, yes. I remember that the chapter about it in our textbook was really fascinating. Particularly the symbiotic relationships involving cleaner fish. Like the wrasse fish we studied.

W: Mm-hmm. And there were moray eels at the Hawthorne facilities . . . as well as wrasse fish. I can describe in detail the cleaning process between those two species.

M: What did that involve again?

W: Well, the moray eels and wrasse fish were in the same tank living on a reef. [9]The wrasse fish gathered inside the reef and hung around until other fish showed up.

M: Ah, I remember . . . the eels went there to be cleaned!

W: Yes. Mr Horace explained that.

M: He did. He said they usually gathered together near the cleaning station.

W: Yeah, and then the [10]wrasse fish would approach the moray eels there while they were resting. And that's when they would start the cleaning process.

M: Right. I remember. First [11]they clean up the eels' gills by eating

남: Natalie, 우리가 맡은 보고서 개요 작성을 끝냈니? 그러니까, Hawthorne 해양 연구 시설로 갔던 생물학 현장 학습에 대한 것 말이야.

여: 안녕, Greg. 아직 어떤 주제에 초점을 맞추어야 할지 생각하고 있어. 나는 공생이라는 주제가 어떨까 싶어.

남: 아, 그래. 우리 교재에서 그것에 관한 챕터가 정말 흥미로웠던 것이 기억나. 특히 청소부 물고기와 관련된 공생 관계 말이야. 우리가 배웠던 놀래기처럼 말이지.

여: 응. 그리고 Hawthorne 시설에는 놀래기뿐만 아니라 곰치도 있었어... 이 두 가지 종 사이의 청소 과정을 상세하게 묘사할 수 있을 거야.

남: 어떤 관련이 있었는지 다시 말해줄래?

여: 음, 곰치들과 놀래기들은 같은 수조에서 산호초를 먹고 살고 있었어. [9]놀래기들은 산호초 안에 모여 다른 물고기가 나타날 때까지 기다렸지.

남: 아, 기억나... 곰치들이 깨끗해지기 위해 그곳으로 갔어!

여: 맞아. Horace 교수님이 그걸 설명했지.

남: 그랬어. 교수님은 그들이 보통 청소 기지 근처에 함께 모여 있다고 말해주셨어.

여: 응, 그러고 나서 [10]곰치들이 쉬고 있을 때 놀래기들이 그곳에 있는 곰치들에게 접근해. 그때 그들은 청소 과정을 시작하지.

남: 맞아. 기억이 나. 먼저 [11]그들은 기생충과 박테리아를 먹어서 곰치들의 아가미를 청소해.

parasites and bacteria.

W: Yes, they actually eat that stuff right off the eels. And [12]they pick away the dead scales as well.

M: Actually, you might also want to mention that the eels really rely on the fish because the parasites they eat are quite dangerous. Also at the end, [13]the moray eels would often open their mouths and let the wrasse fish swim inside to clean as well. I thought it was really fascinating to see that part of the process.

W: Now all I have to do is come up with some other examples of symbiotic relationships.

M: Check out the list of references on Mr Horace's course outline. I'm sure you can find something suitable on it.

여: 응, 실제로 놀래기들은 곰치들로부터 그런 것들을 즉각 먹어 치워. 그리고 [12]죽은 비늘 또한 제거하지.

남: 사실, 그 물고기들이 먹는 기생충이 꽤 위험해서 곰치들이 그들에게 매우 의존한다는 것도 언급하고 싶을 수도 있어. 또한 마지막에, [13]곰치들은 종종 입을 열어서 놀래기가 헤엄쳐 들어와 청소할 수 있도록 해주기도 해. 청소 과정에서 그 부분을 보는 것은 매우 흥미진진하다고 생각했어.

여: 이제 공생 관계의 다른 예시 몇 가지를 생각해 내기만 하면 돼.

남: Horace 교수님의 수업 개요에 있는 참고 자료 목록을 확인해 봐. 거기서 분명히 적합한 무언가를 찾을 수 있을 거야.

어휘　symbiosis[미 sìmbióusis, 영 sìmbaióusis] 공생　wrasse[ræs] 놀래기　moray eel 곰치　reef[riːf] 산호초, 암초
parasite[미 pǽrəsàit, 영 pǽrəsait] 기생충　rely on 의존하다　fascinating[미 fǽsənèitiŋ, 영 fǽsəneitiŋ] 흥미진진한, 멋진

Questions 9-13

놀래기가 곰치를 청소하는 과정

놀래기는 산호초 9 .... 모여서 다른 물고기를 기다린다.

⬇

놀래기는 곰치들이 10 ....할 때 그들에게 다가간다.

⬇

청소부 물고기는 곰치의 아가미로부터 기생충과 11 ....을 먹는다.

⬇

죽은 12 ....은 놀래기에 의해 곰치들로부터 제거된다.

⬇

곰치들은 놀래기가 그들의 13 .... 내부를 청소하도록 해 준다.

9　해설　문제의 핵심어구(get together ~ the reef)와 관련된 지문 내용 중 여자가 'The wrasse fish gathered inside the reef and hung around until other fish showed up.'이라며 놀래기들은 산호초 안에 모여 다른 물고기가 나타날 때까지 기다렸다고 하였으므로, **inside**가 정답이다.

10　해설　문제의 핵심어구(come towards the moray eels)와 관련된 지문 내용 중 여자가 'wrasse fish would approach the moray eels there while they were resting'이라며 곰치들이 쉬고 있을 때 놀래기들이 그곳에 있는 곰치들에게 접근한다고 하였으므로, **resting**이 정답이다. 'approach'가 'come towards'로 paraphrasing되었다.

11　해설　문제의 핵심어구(eat ~ from the eels' gills)와 관련된 지문 내용 중 남자가 'they clean up the eels' gills by eating parasites and bacteria'라며 놀래기는 기생충과 박테리아를 먹어서 곰치들의 아가미를 청소한다고 하였으므로, **bacteria**가 정답이다.

12　해설　문제의 핵심어구(Dead ~ are picked off)와 관련된 지문 내용 중 여자가 'they pick away the dead scales as well' 이라며 놀래기가 죽은 비늘 또한 제거한다고 하였으므로, **scales**가 정답이다.

13 해설 문제의 핵심어구(clean the interiors)와 관련된 지문 내용 중 남자가 'the moray eels would often open their mouths and let the wrasse fish swim inside to clean as well'이라며 곰치들은 종종 입을 열어서 놀래기가 헤엄쳐 들어와 청소할 수 있도록 해준다고 하였으므로, **mouths**가 정답이다. 'swim inside to clean'이 'clean the interiors'로 paraphrasing되었다.

Questions 14-17 영국식 발음 → 영국식 발음

CH4_HP14-17.mp3

Part 3. You will hear a conversation between a tutor and a student about a university course.

M: Hi, I've come to ask a few questions about the literature degree you offer.

W: Oh, yes. Well, I'm a tutor for undergraduate literature students here at Southampton University. My name is Joanna. Could you give me your name?

M: My name's Tom. Tom Atkins. I am hoping to enrol in a literature programme this coming term.

W: Oh, really? Are you working at the moment?

M: I am currently working part-time at a publishing company as an editing administrator for a monthly journal. But I work from home for only about 10 hours per week. So I have time to study. And [14]I am particularly interested in the comparative literature course, especially the elements related to post-colonial literature. I studied that a bit in a previous literature class I took and am curious to learn more.

W: That's my field of study, too. So are you interested in studying full-time?

M: Yes, I am. And I'd like to know a bit more about the other requirements for the course: how long it will take, and what are the required courses and alternative courses.

W: Of course. The degree takes three years to complete. [15]In the first year, there are three modules you have to take, which are introductory courses in literature and literary theory, in addition to one optional module within the department.

M: What are the subjects for the optional modules?

W: They change every year, but [16]past modules have been on topics like Indian literature . . . basically thematic courses.

M: And I can only take one optional module?

W: You won't have room in your schedule for any more during the first year, unfortunately. But in the second year, you have only one compulsory module and can take three optional ones. The second year's modules are much more specific, and they will allow you to focus your studies before the dissertation the following year. And then, [17]in your third year, the modules will help determine the kind of research you do for your dissertation.

M: That's very helpful, actually. Also, I'm wondering about . . .

파트 3. 대학 수업에 관한 지도 교수와 학생 간의 대화를 들으세요.

남: 안녕하세요, 저는 여기서 제공하는 문학 학부 과정에 대해 몇 가지 질문을 드리러 왔어요.

여: 아, 그래. 음, 나는 이곳 사우샘프턴 대학 문학 학부 생들의 지도 교수란다. 내 이름은 Joanna야. 네 이름을 알려주겠니?

남: 제 이름은 Tom이에요. Tom Atkins요. 저는 다가 오는 이번 학기에 문학 과정에 등록하고 싶어요.

여: 오, 정말이니? 지금은 일하고 있니?

남: 저는 지금 출판사에서 월간 잡지의 편집자로 시간 제 근무 중이에요. 하지만 저는 재택근무로 일주 일에 10시간 정도만 일해요. 그래서 공부할 시간 이 있어요. 그리고 [14]저는 비교 문학 과정, 특히 식 민지 독립 후의 문학과 관련된 부분에 특별히 관 심이 있어요. 제가 수강했던 지난 문학 수업에서 그걸 조금 공부했었는데 더 배우고 싶어요.

여: 그건 내 연구 분야이기도 하단다. 그러면 정규 과 정으로 공부하는 데 관심이 있는 거니?

남: 네, 맞아요. 그리고 그 과정의 다른 요건들에 대해 서도 조금 더 알고 싶어요. 기간이 얼마나 걸릴 것 인지, 그리고 필수 과목과 선택 과목이 무엇인지 같은 것들이요.

여: 물론이지. 과정을 마치는 데에는 3년이 걸린단 다. [15]1학년 때에는, 학과 내에 있는 한 개의 선 택 모듈에 더해서, 네가 들어야 하는 3개의 모듈 이 있는데, 그것들은 문학과 문학 이론의 입문 과 목이란다.

남: 선택 모듈에는 어떤 과목들이 있나요?

여: 매년 바뀌지만, [16]지난 모듈의 주제들은 인도 문 학 같은 것들이었단다... 기본적으로 주제에 관한 과목들이지.

남: 그럼 저는 한 개의 선택 모듈만 들을 수 있나요?

여: 유감스럽게도, 1학년 동안에는 네 일정에서 더 이 상 들을 시간이 없을 거란다. 하지만 2학년 때에 는, 필수 모듈은 한 개만 있고 3개의 선택 모듈을 수강할 수 있지. 2학년의 모듈은 훨씬 더 세부적 이고, 네가 다음 해에 학위 논문을 쓰기 전에 연구 의 초점을 맞출 수 있도록 해 줄 것이란다. 그러 고 나서, [17]3학년이 되면, 모듈은 네가 학위 논문 을 위해 어떤 종류의 연구를 할지 결정하는 데 도 움을 줄 것이란다.

남: 정말로, 많은 도움이 되었어요. 또, 궁금한 것이 있는데요...

어휘   work from home 재택근무하다   thematic[θimǽtik] 주제에 관한   compulsory[kəmpʌ́lsəri] 필수의
dissertation[圓 dìsərtéiʃən, 圓 dìsətéiʃən] 학위 논문

Questions 14-17

14 Tom은 주로 .... 문학 수업을 수강하는 데 관심이 있다.

해설 문제의 핵심어구(Tom ~ interested in taking)와 관련된 지문 내용 중 남자가 'I am particularly interested in the comparative literature course'라며 자신은 비교 문학 과정에 특별히 관심이 있다고 하였으므로, **comparative**가 정답이다.

15 학생들은 1학년 동안 ....의 입문 모듈을 수강하도록 요구된다.

해설 문제의 핵심어구(required ~ during the first year)와 관련된 지문 내용 중 여자가 'In the first year, there are three modules you have to take, which are introductory courses'라며 1학년 때에는 그가 들어야 하는 3개의 모듈이 있는데 그것들은 입문 과목이라고 하였으므로, **3** 또는 **three**가 정답이다.

16 .... 문학은 지난 선택 모듈 주제의 한 가지 예시이다.

해설 문제의 핵심어구(a prior optional module topic)와 관련된 지문 내용 중 여자가 'past modules have been on topics like Indian literature'라며 지난 모듈의 주제들은 인도 문학 같은 것들이었다고 하였으므로, **Indian**이 정답이다.

17 모듈은 마지막 해의 학위 논문을 위한 ....에 대한 학생들의 결정에 영향을 미친다.

해설 문제의 핵심어구(dissertations in the final year)와 관련된 지문 내용 중 여자가 'in your third year, the modules will help determine the kind of research you do for your dissertation'이라며 3학년이 되면 모듈은 학위 논문을 위해 어떤 종류의 연구를 할지 결정하는 데 도움을 줄 것이라고 하였으므로, the kind of research가 답이 될 수 있다. 지시문에서 한 단어로 답을 작성하라고 하였으므로, **research**가 정답이다.

Questions 18-21 미국식 발음

🎧 CH4_HP18-21.mp3

Part 4. You will hear part of a lecture about people living near active volcanoes.

All right now. Since we are talking this week about volcanoes, I thought it might be interesting to step away a bit from the geological analysis and look at what it would be like to live near an active volcano. It seems quite strange that someone would choose to live near something that could erupt at any time, right? Well, [18]there are actually some advantages to building a home near a volcano, and these advantages reveal a lot about how volcanoes impact the local environment.

One benefit of living near a volcano is that you have access to unlimited geothermal energy. Geothermal energy, as you may know, is energy that is generated and stored in the Earth. Heat that naturally occurs in the Earth's crust can be converted into energy that can be used for electricity. This energy is harnessed by utilising the underground steam that has been heated by the Earth's magma. This steam drives turbines in geothermal power stations to produce

파트 4. 화산 근처에 사는 사람들에 관한 강의의 일부를 들으세요.

좋아요. 이번 주에는 화산에 관해 이야기하고 있으니, 지질학적 분석에서 조금 떨어져서 활화산 근처에 사는 것은 어떤지에 대해 살펴보는 것이 흥미로울 것 같네요. 누군가가 언제든지 폭발할 수 있는 것의 근처에 살고 싶어 하는 것은 상당히 이상해 보입니다, 그렇죠? 음, [18]사실 화산 근처에 집을 짓는 것에는 몇 가지 장점이 있고, 이러한 장점들은 화산이 지역 환경에 어떻게 영향을 미치는지에 대해 많은 것을 보여줍니다.

화산 근처에 사는 것의 한 가지 이점은 무한한 지열 에너지를 이용할 수 있다는 것입니다. 지열 에너지는, 여러분도 아시다시피, 지구에서 생성되고 저장되는 에너지예요. 지각에서 자연적으로 발생하는 열기는 전기로 사용될 수 있는 에너지로 전환될 수 있습니다. 이 에너지는 지구의 마그마에 의해 가열된 지하의 증기를 이용함으로써 동력화됩니다. 이 증기는 지열 발전소의 터빈이 전기를 생성하도록 동력을 공급해요. 이것은 청정하며 지속 가능한 형태의 에너지이기 때문에, 화산이 많은 국가들은 이것을 이용하죠. 예를 들어,

electricity. It's a clean and sustainable form of energy, so countries with a lot of volcanoes take advantage of this. Look at, for example, Iceland. About 66% of its energy comes from these steam-powered turbines. In fact, [19]only 0.1% of all energy in the nation comes from fossil fuels.

So, not only can we harness energy from volcanoes, but there's also some of the most fertile soil in the world around volcanoes. You see, when a volcano erupts, it throws out ash. At first that ash can do some damage to nearby flora, fauna, and humans as well. But in the long term, [20]the ash layer that accumulates on the Earth's surface is converted into a very rich soil because the ash is loaded with minerals. So people who live off the land near volcanoes have abundant agricultural production, prompting them to return even after serious eruptions.

And lastly, [21]volcanoes help to create lots of tourism. Think about Hawaii. What is on the top of the list of attractions to do while on the islands? That's right . . . visiting a volcano. And there are often other natural wonders around that are created by volcanoes: hot springs, geysers, and interesting rock formations, just to name a few. These tourists need places to stay and eat and tour guides to show them around. And have I mentioned that tourists love to shop? So, living near a volcano practically guarantees that you'll be able to find employment. That's why there are generally large populations living . . .

아이슬란드를 보세요. 그곳의 에너지 중 약 66%가 이렇게 증기로 작동되는 터빈으로부터 생산됩니다. 사실, [19]이 나라에 있는 모든 에너지 중 0.1%만이 화석 연료로부터 생산됩니다.

이렇게, 화산으로부터 에너지를 이용할 수 있을 뿐만 아니라, 화산 근처에는 세계에서 가장 비옥한 토양의 일부도 있습니다. 아시겠지만, 화산이 폭발할 때, 그것은 화산재를 내뿜습니다. 처음에 그 화산재는 근처의 식물, 동물, 그리고 사람들에게도 일부 피해를 줄 수 있습니다. 하지만 장기적으로, 화산재는 미네랄로 가득 차 있으므로 [20]지표면에 축적되는 화산재층은 매우 비옥한 토양으로 바뀌죠. 그래서 화산 근처 지역에서 살아가는 사람들은 풍부한 농작물을 수확하며, 이는 심지어 위험한 폭발 뒤에도 그들이 돌아오게 해요.

그리고 마지막으로, [21]화산은 풍부한 관광 산업을 형성하는 데 도움이 됩니다. 하와이를 생각해 보세요. 그 섬에 머무는 동안 볼 관광지의 목록에서 맨 위에 있는 것이 무엇인가요? 맞습니다... 화산을 방문하는것입니다. 그리고 종종 그 주변에는 화산에 의해 만들어진 다른 기이한 자연경관들이 있는데, 그중 몇 가지를 대자면, 온천, 간헐천 그리고 흥미로운 암석층이 있어요. 이 관광객들은 숙식할 장소와 주변을 안내할 관광 가이드가 필요합니다. 그리고 제가 관광객들이 쇼핑을 좋아한다는 것을 언급했었나요? 그래서, 화산 근처에 사는 것은 사실상 여러분이 일자리를 찾을 수 있음을 보장합니다. 그것이 일반적으로 그곳에 많은 사람이 사는 이유죠...

어휘 geothermal[미 dʒì:ouθə́:rməl, 영 dʒì:əuθə́:məl] 지열의 crust[krʌst] 지각 harness[미 háːrnis, 영 háːnəs] 동력화하다, 활용하다
sustainable[səstéinəbl] 지속 가능한 flora[flɔ́:rə] 식물(군) fauna[fɔ́:nə] 동물(군) accumulate[미 əkjúːmjulèit, 영 əkjúːmjəleit] 축적하다
prompt[미 prɑmpt, 영 prɔmpt] (어떤 일이 일어나도록) 하다 geyser[미 gáizər, 영 gíːzə] 간헐천

Questions 18-21

활화산 근처에 사는 것의 장점

18 사람들이 화산 근처에 사는 이유는 화산이 어떻게 ....에 영향을 미치는지 보여준다.

> 해설 문제의 핵심어구(how volcanoes influence)와 관련된 지문 내용 중 'there are actually some advantages to building a home near a volcano, and these advantages reveal a lot about how volcanoes impact the local environment'에서 사실 화산 근처에 집을 짓는 것에는 몇 가지 장점이 있고 이러한 장점들은 화산이 지역 환경에 어떻게 영향을 미치는지에 대해 많은 것을 보여준다고 하였으므로, **local environment**가 정답이다. 'building a home near a volcano'가 'living near volcanoes'로 paraphrasing되었다.

19 화석 연료는 아이슬란드의 총 에너지 사용량의 ....%만을 구성한다.

> 해설 문제의 핵심어구(Fossil fuels)가 언급된 지문 내용 중 'only 0.1% of all energy in the nation comes from fossil fuels'에서 아이슬란드에 있는 모든 에너지 중 0.1%만이 화석 연료로부터 생산된다고 하였으므로, **0.1**이 정답이다. 'all energy'가 'total energy usage'로 paraphrasing되었다.

20 축적된 화산재는 농사를 위한 토양으로 ....한다.

> **해설** 문제의 핵심어구(Accumulated volcanic ash)가 언급된 지문 내용 중 'the ash layer that accumulates ~ is converted into a very rich soil'에서 축적되는 화산재층은 매우 비옥한 토양으로 바뀐다고 하였으므로, **converted**가 정답이다.

21 화산들은 또한 풍부한 ....을 형성할 수 있는 관광지이다.

> **해설** 문제의 핵심어구(attractions that can generate)와 관련된 지문 내용 중 'volcanoes help to create lots of tourism. ~ What is on the top of the list of attractions to do while on the islands? ~ visiting a volcano.'에서 화산은 풍부한 관광 산업을 형성하는 데 도움이 된다고 한 뒤 하와이에 머무는 동안 볼 관광지의 목록에서 맨 위에 있는 것은 화산을 방문하는 것이라고 하였으므로, 정답은 **tourism**이다.

Questions 22-25 영국식 발음

🎧 CH4_HP22-25.mp3

Part 4. You will hear a student giving a presentation on composting.

Hello, everyone. The topic that I chose to present on today is the composting of organic trash materials. Now, many of us probably place our food waste in bins so it can be picked up and brought to a waste management facility. In a survey that was conducted in my neighbourhood, over 90% of residents do this, but only about 20% of them know what happens to their waste at the facility. So, what I'll show you all today is a prototype miniaturised version of the machines used to compost organic materials at waste management facilities.

Now, here it is, and I can assure you that it's delightfully simple to use. The top of the device acts very similarly to a recycling bin. The food waste is placed in this bin before it is processed. ²²Once this lever on the side is pulled, the materials being processed then proceed into another chamber shaped like a drum, ²³which rotates for about 20 minutes for each cycle. This chamber churns the waste, breaking the organic materials down into a consistent size and shape.

After that, the organic materials that have been broken up are kept in the drum for six weeks. During this time, ²⁴the materials are exposed to oxygen, which reacts with organic components such as carbon, protein, nitrogen, and water molecules as well as microorganisms. This is actually a chemical reaction taking place, which produces two byproducts – carbon dioxide and heat.

When six weeks have passed, the finished compost is complete. By lifting this lid on the side here, ²⁵biodegradable matter is expelled. This, in turn, can be safely added to the soil. This is convenient for home use, since the spillage can immediately be spread onto your lawn or garden or stored in a separate bin for later use.

파트 4. 퇴비화에 관해 한 학생이 발표를 하는 것을 들으세요.

안녕하세요, 여러분. 제가 오늘 발표하기로 선택한 주제는 유기물 쓰레기 물질의 퇴비화입니다. 자, 여러분들 중 많은 분들은 아마 음식물 쓰레기가 치워져서 쓰레기 관리 시설로 갈 수 있도록 그것을 쓰레기통에 버리실 겁니다. 제 주변 지역에서 시행된 설문 조사에서는, 주민의 90% 이상이 이렇게 하지만, 그들 중 오직 약 20%만이 시설에서 쓰레기에 어떤 일이 일어나는지 알고 있어요. 그래서, 오늘 여러분 모두에게 보여드릴 것은 쓰레기 관리 시설에서 유기물로 퇴비를 만드는 데 사용되는 기계의 소형화된 시제품 형태입니다.

자, 여기 있네요, 유쾌할 정도로 사용하기 간단하다고 보장할 수 있습니다. 이 장치의 상단은 재활용 쓰레기통과 매우 유사하게 작동해요. 음식물 쓰레기는 처리되기 전에 이 쓰레기통 안에 놓입니다. ²²측면에 있는 이 레버가 잡아당겨지면, 처리되는 재료들은 드럼과 같은 모양의 다른 공간으로 가게 되며, ²³이것은 한 회에 약 20분 동안 회전하죠. 이 공간은 쓰레기를 휘저어, 유기물을 일관된 크기와 모양으로 분해합니다.

그 후, 분해된 유기물은 6주 동안 드럼 안에 보관됩니다. 이 기간 동안, ²⁴그 물질은 산소에 노출되고, 이는 미생물뿐만 아니라 탄소, 단백질, 질소, 그리고 물 분자와 같은 유기 성분들과 반응해요. 이것은 실제로 화학 반응이 발생하는 것으로, 두 가지 부산물, 이산화탄소와 열기를 생산합니다.

6주가 지나면, 마무리된 퇴비가 완성됩니다. 여기 옆쪽의 이 뚜껑을 들어 올리면, ²⁵생분해성 물질이 배출됩니다. 이것은, 결과적으로, 토양에 안전하게 첨가될 수 있습니다. 이 배출물은 바로 잔디밭이나 정원에 뿌려지거나 나중에 사용하기 위해 별도의 통에 보관될 수 있으므로, 가정용으로 사용하기에 편리합니다.

<table>
<tr><td>So, as you can see, this composting machine is small and simple enough for everyday use, and I hope this is what it is used for in the near future. So now, I'll take any questions that you have for me.</td><td>자, 보시다시피, 이 퇴비화 기계는 일상생활에서 사용하기 충분할 만큼 작고 단순하며, 저는 이것이 가까운 장래에 사용되기를 바랍니다. 자 이제, 여러분이 궁금해하시는 질문을 받겠습니다.</td></tr>
</table>

어휘   compost[미 kámpoust, 영 kɔ́mpɔst] 퇴비를 만들다   organic[미 ɔːrɡǽnik, 영 ɔːɡǽnik] 유기물의, 유기적인
prototype[미 próutətaip, 영 práutətaip] 시제품, 견본   chamber[미 tʃéimbər, 영 tʃéimbə] 공간, 방   churn[미 tʃəːrn, 영 tʃəːn] 휘젓다
carbon[미 káːrbən, 영 káːbən] 탄소   protein[미 próutiːn, 영 práutiːn] 단백질   nitrogen [náitrədʒən] 질소
molecule[미 máləkjùːl, 영 mɔ́likjuːl] 분자   microorganism [미 màikroóuɔ́ːrgənìzm, 영 màikrəuɔ́ːgənìzm] 미생물
biodegradable [미 bàioudiɡréidəbl, 영 bàiəudiɡréidəbl] 생분해성의   spillage[spíliʒ] 배출(물), 엎지른 양

Questions 22-25

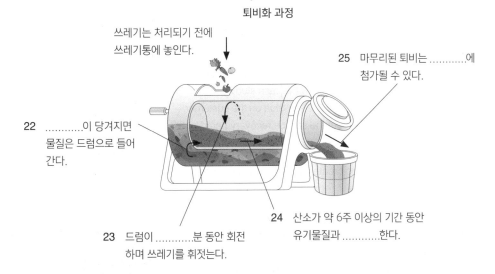

22   **해설** 문제의 핵심어구(materials are moved into the drum)와 관련된 지문 내용 중 'Once this lever on the side is pulled, the materials being processed then proceed into another chamber shaped like a drum'에서 측면에 있는 이 레버가 잡아당겨지면 처리되는 재료들은 드럼과 같은 모양의 다른 공간으로 가게 된다고 하였으므로, **lever**가 정답이다.

23   **해설** 문제의 핵심어구(Drum rotates and churns)가 언급된 지문 내용 중 'which rotates for about 20 minutes for each cycle'에서 드럼은 한 회에 약 20분 동안 회전한다고 하였으므로, **20** 또는 **twenty**가 정답이다.

24   **해설** 문제의 핵심어구(Oxygen ~ with organic materials)와 관련된 지문 내용 중 'the materials are exposed to oxygen, which reacts with organic components'에서 그 물질은 산소에 노출되고 이는 유기 성분들과 반응한다고 하였으므로, **reacts**가 정답이다.

25   **해설** 문제의 핵심어구(can be put into)와 관련된 지문 내용 중 'biodegradable matter is expelled. This, in turn, can be safely added to the soil.'에서 생분해성 물질이 배출된다고 한 뒤 이것은 결과적으로 토양에 안전하게 첨가될 수 있다고 하였으므로, **soil**이 정답이다. 'added to'가 'put into'로 paraphrasing되었다.

1	touchscreens	2	latest	3	opportunity
4	concern	5	unique	6	solution
7	high ratings	8	brand loyalty	9	competing
10	applicable				

Questions 1-10 미국식 발음

🎧 CH4_HT1-10.mp3

Part 4. You will hear a part of a lecture given by a professor in a business class about a form of effective customer service.

Good afternoon everyone. The last few lectures dealt with how important it is for businesses to maintain positive relationships with their customers. Today, we'll quickly review the case study you all read last week. Then, we'll continue our discussion on the customer service chapter of our textbook about the service recovery paradox.

First, what is service recovery paradox? Well, it is when a negative business situation can be used to create a positive opinion among consumers.

Now, [1]the company in the case study you've read about in the textbook ran into a major problem when the line of smartphones it manufactures was discovered to be largely defective immediately after its launch date. Nearly one million of the devices had touchscreens that were completely irresponsive. And how was the company able to turn this negative circumstance around? It promised to repair all of its defective phones for free. Additionally, [2]it allowed any customer who purchased one of the devices to get a complimentary upgrade to the latest model when it came out the following year.

Interestingly enough, consumer opinion of the company was better than it had ever been after the launch of the defective line. This swing in consumer opinion from negative to positive due to a company's efforts following a service failure is a good example of the service recovery paradox. Some studies even show that overall customer loyalty to a company increases after a negative event that is addressed successfully. The main point here is that [3]a good business knows that an issue with a service or a product is a great opportunity to increase customer loyalty.

There's significant empirical evidence showing that customers are generally more pleased when a company shows interest in accommodating their needs. This is mainly because customers believe the company has gone above and beyond to take care of them in a special way. And [4]displaying concern is an important

파트 4. 효과적인 고객 서비스의 유형에 관한 경영학 수업 교수의 강의 일부를 들으세요.

안녕하세요 여러분. 지난 몇 강의에서는 기업들이 고객과 긍정적인 관계를 유지하는 것이 얼마나 중요한지를 다루었습니다. 오늘은, 여러분 모두가 지난주에 읽은 사례 연구를 빠르게 복습할 거예요. 그러고 나서, 서비스 회복의 역설과 관련된 우리 교재의 고객 서비스 챕터에 대한 토론을 계속할 것입니다.

첫째로, 서비스 회복의 역설이란 무엇일까요? 음, 그것은 기업의 부정적인 상황이 소비자들 사이에서 긍정적인 의견을 만들어내는 데 사용될 수 있을 때입니다.

자, [1]여러분이 교재에서 읽은 사례 연구의 기업은 출시일 직후 그곳에서 제조하는 스마트폰 제품에 큰 결함이 있다는 사실이 발견되면서 중대한 문제에 봉착했습니다. 거의 백만 대의 기기에서 터치스크린이 전혀 응답하지 않았죠. 그럼 그 기업은 어떻게 이 부정적인 상황을 호전시킬 수 있었을까요? 그 기업은 결함이 있는 전화기들을 모두 무료로 수리해주겠다는 약속을 했습니다. 게다가, [2]그 기기 중 하나를 구입한 고객은 누구든지 다음 해에 최신 모델이 출시되었을 때 그것으로 무료 업그레이드를 받을 수 있도록 했어요.

흥미롭게도, 결함이 있는 제품의 출시 이후에 그 기업에 대한 소비자들의 의견은 그 어느 때보다 더 좋아졌어요. 서비스 실패에 뒤따른 기업의 노력으로 인해 소비자 의견이 부정적에서 긍정적으로 바뀐 이 변화는 서비스 회복의 역설에서 좋은 사례입니다. 몇몇 연구들은 심지어 부정적인 사건이 성공적으로 해결된 후에 기업에 대한 고객의 전반적인 충성도가 증가한다는 것을 보여주기도 합니다. 여기서의 요지는 [3]훌륭한 기업은 서비스나 제품에 대한 문제가 고객의 충성도를 증가시킬 수 있는 좋은 기회라는 사실을 알고 있다는 것이죠.

기업이 그들의 요구를 수용하는 데 관심을 보였을 때 고객들이 일반적으로 더 만족해한다는 점을 보여주는 상당한 실증적 증거가 있습니다. 이는 주로 고객들이 기업에서 그들에게 특별히 신경쓰기 위해 한계를 넘어섰다고 생각하기 때문입니다. 그리고 [4]배려를 보여주는 것은 고객 서비스 영역에 있는 어떤 전문가든지

technique for any professional in the customer service field to use.

Now that everyone seems to have a good understanding of what the service recovery paradox is, I want to look at the four factors that contribute to it.

First of all, there's the customer's perceived value of the service or product recovery to consider. [5]Customer needs are unique according to each individual's various desires. So, different solutions will satisfy different clients. In our case study, it's important to keep in mind that the free upgrade to the new phone model was sufficient to some customers but not to others. This is what is meant by a customer's perceived value of the recovery.

Second, we can also look at customers' levels of dissatisfaction as every business endeavours to decrease them overall. And [6]customer dissatisfaction, like a customer's perceived value of the service recovery, is always subjective. There isn't a definitive solution for any problem. In the case study, for example, the general opinion of the corporation's products immediately following the defective product launch was largely negative. This indicated a high level of customer dissatisfaction. But [7]high ratings from consumers resulted after the service recovery. This revealed the company's exceptional ability to minimise the number of dissatisfied customers.

Next, it's important to consider how much trust a customer places in a business. Although companies rely on growth and new consumers, [8]it is brand loyalty that is a more powerful asset to any company. And sometimes a customer will be less displeased with a company if they have long been loyal to it.

And lastly, there's the possibility of customers changing their service. What this means is that [9]customers might switch to a competing business in the event of a service failure. Therefore, companies feel the need to give disappointed customers something to convince them to stay. In the case study, the offer of a complimentary upgrade may have been enough to cause them to remain with their existing company . . . rather than switch to a competing brand.

However, [10]the service recovery paradox isn't applicable in every situation. Customers are typically content when a one-time problem is taken care of. But poor-quality products that fail repeatedly don't build consumer trust for companies. So obviously, if customers continue to run into trouble with a company, satisfaction levels will be lower. However, having service recovery in place guarantees that problems will be taken care of when they arise. Accordingly, service recovery is an essential backup plan for customer service

사용해야 하는 중요한 기술입니다.

이제 모두 서비스 회복의 역설이 무엇인지 잘 이해한 것처럼 보이니, 그에 기여하는 네 가지 요소들을 살펴보고자 해요.

우선, 서비스나 제품 회복에 대한 고객의 지각 가치를 고려해야 합니다. [5]고객의 요구는 각 개인의 다양한 요구에 따라 독자적입니다. 그래서, 서로 다른 해결책들이 서로 다른 고객들을 만족시킬 거예요. 사례 연구에서, 새 전화기 모델로의 무료 업그레이드가 몇몇 고객들에게는 충분했지만 다른 고객들에게는 그렇지 않았다는 것을 염두에 두는 것이 중요합니다. 이것이 회복에 대한 고객의 지각 가치가 의미하는 바입니다.

둘째로, 모든 기업은 전반적으로 불만족도를 줄이기 위해 노력하므로 고객 불만족도 또한 살펴볼 수 있습니다. 그리고 [6]서비스 회복에 대한 고객의 지각 가치처럼, 고객 불만족은 항상 주관적이죠. 어떤 문제에 대해서도 명확한 해결책은 없습니다. 예를 들면, 사례 연구에서, 결함이 있는 제품의 출시 직후 그 기업의 제품에 대한 일반적인 견해는 대체로 부정적이었습니다. 이는 높은 고객 불만족도를 나타냈어요. 하지만 [7]서비스 회복 이후 고객들로부터의 높은 평가라는 결과가 나타났습니다. 이는 불만족스러워하는 고객의 수를 최소화하려는 기업의 특출한 기량을 보여주었죠.

다음으로, 고객이 기업에 얼마나 많은 신뢰를 두고 있는지를 고려하는 것이 중요합니다. 기업은 성장과 신규 소비자들에 의존하지만, [8]어떤 기업에서든 더욱 강력한 자산은 브랜드 충성도입니다. 그리고 고객이 오랫동안 기업의 단골이었다면 때때로 그 기업에 대해 덜 불쾌하게 느낄 것입니다.

그리고 마지막으로, 고객들이 서비스를 바꿀 가능성이 있습니다. 이것이 의미하는 바는 [9]서비스 실패가 생길 때 고객들은 경쟁 기업으로 옮길지도 모른다는 것입니다. 따라서, 기업은 실망한 고객들이 남아있도록 설득하기 위해 그들에게 무언가를 제공해야 할 필요성을 느끼게 되죠. 사례 연구에서, 무료 업그레이드를 제공하는 것은 고객들이 기존 기업에 남아있도록 하기에 충분했을 수도 있습니다... 경쟁사로 옮기기보다는 말이죠.

하지만, [10]서비스 회복의 역설을 모든 상황에 적용할 수 있지는 않습니다. 고객들은 한 번의 문제가 해결되면 일반적으로 만족합니다. 하지만 반복적으로 고장 나는 낮은 품질의 제품은 그 기업에 대한 소비자의 신뢰를 형성하지 않습니다. 따라서 명백하게, 고객들이 기업과 지속적으로 문제에 부딪힌다면, 만족도는 더 낮아질 것입니다. 하지만, 서비스 회복을 준비해 두는 것은 문제가 발생할 때 그것들이 해결될 것임을 보장합니다. 그러므로, 서비스 회복은 고객 서비스 관리자들에게는 필수적인 대안책이죠. 그리고 그것이 제가 오늘의 강의에서 강조하고 싶은 점입니다. 좋습니다. 이제 여러분이 궁금해하는 어떤 질문이든 받아 보겠습니다.

managers. And that's what I want to emphasise for today's lecture.
All right. I'll take any questions that you might have at this time.

어휘 **defective**[difἑktiv] 결함이 있는 **irresponsive**[미 ìrispánsiv, 영 ìrispɔ́nsiv] 응답하지 않는 **empirical**[impírikəl] 실증적인, 경험에 의한 **endeavour**[미 indévər, 영 indévə] 노력하다 **subjective**[səbdʒéktiv] 주관적인 **definitive**[미 difínətiv, 영 difínitiv] 명확한 **asset**[ǽset] 자산

Questions 1-4

1 사례 연구의 기업은 응답하지 않는 ....이 있는 스마트폰을 생산했다.

> **해설** 문제의 핵심어구(smartphones with irresponsive)와 관련된 지문 내용 중 'the company in the case study ~ ran into a major problem ~. Nearly one million of the devices had touchscreens that were completely irresponsive.' 에서 사례 연구의 기업은 중대한 문제에 봉착했다고 한 뒤 거의 백만 대의 기기에서 터치스크린이 전혀 응답하지 않았다고 하였으므로, **touchscreens**가 정답이다.

2 기업은 결함이 있는 제품이 출시된 다음 해에 .... 모델로의 무료 업그레이드를 약속했다.

> **해설** 문제의 핵심어구(complimentary upgrades ~ the year after)와 관련된 지문 내용 중 'it allowed any customer who purchased one of the devices to get a complimentary upgrade to the latest model when it came out the following year'에서 결함이 있는 전화기 중 하나를 구입한 고객은 누구든지 다음 해에 최신 모델이 출시되었을 때 그것으로 무료 업그레이드를 받을 수 있도록 했다고 하였으므로, **latest**가 정답이다.

3 제품의 문제는 회사에 있어 고객과의 연결을 강화하는 ....이 될 수 있다.

> **해설** 문제의 핵심어구(to reinforce customer ties)와 관련된 지문 내용 중 'a good business knows that an issue with a service or a product is a great opportunity to increase customer loyalty'에서 훌륭한 기업은 서비스나 제품에 대한 문제가 고객의 충성도를 증가시킬 수 있는 좋은 기회라는 사실을 알고 있다고 하였으므로, **opportunity**가 정답이다. 'increase customer loyalty'가 'reinforce customer ties'로 paraphrasing되었다.

4 고객을 위한 ....을 내비치는 것은 고객 서비스 전문가들에게 필수적인 기술이다.

> **해설** 문제의 핵심어구(vital technique for customer service professionals)와 관련된 지문 내용 중 'displaying concern is an important technique for any professional in the customer service field to use'에서 배려를 보여주는 것은 고객 서비스 영역에 있는 어떤 전문가든지 사용해야 하는 중요한 기술이라고 하였으므로, **concern**이 정답이다.

Questions 5-10

서비스 회복의 역설

서비스 회복의 지각 가치
· 고객의 요구는 각 개인의 욕구에 따라 5 ....하다.
· 사례 연구의 기업에서 몇몇 고객들은 업그레이드가 충분하다고 보았지만, 다른 사람들을 그렇지 않았다.

고객 불만족
· 모든 기업은 불만족스러워하는 고객의 수를 줄이기 위해 노력한다.
· 고객 불만족은 항상 주관적이며, 이 문제에 대한 명확한 6 ....은 없다.
· 기업은 서비스 회복 이후 고객들로부터 7 ....을 받았으며, 이는 고객 불만족도를 낮게 유지하는 역량을 보여주었다.

고객 신뢰
· 기업의 강력한 자산은 8 ....이다.

행동 변화
· 고객들은 서비스가 장애를 겪을 때 9 .... 기업으로 옮길지도 모른다.

서비스 회복의 역설의 예외
· 서비스 회복의 역설은 모든 상황에서 10 ....하지는 않다.
· 낮은 품질의 제품이 자주 나오면 효과가 나지 않는다.

---

5 **해설** 문제의 핵심어구(Customer needs)가 언급된 지문 내용 중 'Customer needs are unique according to each individual's various desires.'에서 고객의 요구는 각 개인의 다양한 요구에 따라 독자적이라고 하였으므로, **unique**가 정답이다.

6 **해설** 문제의 핵심어구(Customer dissatisfaction is ~ subjective)가 언급된 지문 내용 중 'customer dissatisfaction ~ is always subjective. There isn't a definitive solution for any problem.'에서 고객 불만족은 항상 주관적이라고 한 뒤 어떤 문제에 대해서도 명확한 해결책은 없다고 하였으므로, **solution**이 정답이다.

7 **해설** 문제의 핵심어구(keep customer dissatisfaction levels low)와 관련된 지문 내용 중 'high ratings from consumers resulted after the service recovery. This revealed the company's exceptional ability to minimise the number of dissatisfied customers.'에서 서비스 회복 이후 고객들로부터의 높은 평가라는 결과가 나타났다고 한 뒤 이는 불만족스러워하는 고객의 수를 최소화하려는 기업의 특출한 기량을 보여주었다고 하였으므로, **high ratings**가 정답이다. 'ability to minimise the number of dissatisfied customers'가 'capacity to keep customer dissatisfaction levels low'로 paraphrasing 되었다.

8 **해설** 문제의 핵심어구(strong asset)와 관련된 지문 내용 중 'it is brand loyalty that is a more powerful asset to any company'에서 어떤 기업에서든 더욱 강력한 자산은 브랜드 충성도라고 하였으므로, **brand loyalty**가 정답이다.

9 **해설** 문제의 핵심어구(may switch)와 관련된 지문 내용 중 'customers might switch to a competing business in the event of a service failure'에서 서비스 실패가 생길 때 고객들은 경쟁 기업으로 옮길지도 모른다고 하였으므로, **competing**이 정답이다.

10 **해설** 문제의 핵심어구(not ~ in all situations)와 관련된 지문 내용 중 'the service recovery paradox isn't applicable in every situation'에서 서비스 회복의 역설을 모든 상황에 적용할 수 있지는 않다고 하였으므로, **applicable**이 정답이다.

* 각 문제에 대한 정답의 단서는 지문에 문제 번호와 함께 별도의 색으로 표시되어 있습니다.

EXAMPLE

p.90

자연사 박물관을 방문해 주셔서 감사합니다. 저희는 먼저 유명한 공룡 전시 구역으로 향할 거예요. 이곳에는 많은 사람이 모이는 경향이 있으니, 본인의 그룹과 함께 있으시기 바랍니다. 유감스럽게도, [1]저희의 귀중한 광물 및 원석 전시는 이번 주에 보수 작업을 위해 폐쇄되어 있습니다. 이후에는, 박물관의 실내 정원을 살펴볼 것인데, 이곳에서 여러분은 전 세계에서 온 희귀 식물들을 볼 수 있습니다. 실제로 이 정원이 사용된 것은 여러 가지로...

HACKERS PRACTICE

p.94

유형 연습

1	E	2	B	3	D	4	B	5	A
6	C	7	A	8	A	9	C	10	B
11	C	12	A	13	A	14	D	15	C
16	E	17	F							

Questions 1-3 미국식 발음

🎧 CH5_HP1-3.mp3

Part 2. You will hear the anchor of a radio programme discussing urban gardens.

It's a beautiful morning here in Vancouver, and we at Radio RZZT are pleased to give you an update on the city's Community Focus programme. Sue Butler, chairperson of the Urban Renewal Committee made an announcement this morning about an urban gardening initiative being launched by the British Columbia provincial government.

In order to promote a more sustainable urban lifestyle, the government has developed a plan to set up urban gardens in three different communities in the city. Each garden will consist of around 20 plots. Due to the varying composition of the soil, the type of plants grown in each garden will differ for each neighbourhood.

Firstly, the West End is adjacent to the harbour. The government has recognised that the soil here is poor. So they have decided that it is most suitable for growing herbs since these plants are very resilient. They plan to plant basil, thyme, coriander and a range of other herbs. [1]This neighborhood also has many residents who already pursue growing plants as a hobby. The government plans to provide a vacant lot so that these people can expand their interest by growing herbs.

파트 2. 도시 정원에 관해 라디오 프로그램 진행자가 이야기하는 것을 들으세요.

여기 밴쿠버의 아침은 아름답군요, 저희 라디오 RZZT는 여러분에게 지역 사회 중심 프로그램에 대한 최신 정보를 제공해 드릴 수 있어 기쁩니다. 도시 재개발 위원회의 위원장인 Sue Butler는 오늘 아침 브리티시 컬럼비아 지방 정부에 의해 개시되는 도시 원예 계획에 관해 발표했습니다.

보다 지속 가능한 도시적 생활방식을 활성화하기 위해, 정부는 이 도시에 있는 세 군데의 다른 지역 사회에 도시 정원을 마련하기 위한 계획을 발전시켜왔습니다. 각각의 정원은 약 20개의 터로 구성될 것입니다. 각기 다른 토양의 구성물로 인해, 각각의 정원에서 재배되는 식물의 종류는 지역마다 다를 것입니다.

먼저, West End는 항구에 인접해 있습니다. 정부는 이곳의 토양이 척박하다는 것을 인지했습니다. 그래서 그들은 이곳이 허브를 기르는 데 가장 적합할 것으로 결정했는데 이는 허브가 매우 튼튼하기 때문입니다. 그들은 바질, 백리향, 고수 그리고 다른 다양한 허브들을 심을 계획이에요. [1]또한 이 지역에는 이미 식물을 기르는 것을 취미로 하는 주민들이 많이 있습니다. 정부는 그들이 허브를 키움으로써 이 취미를 더욱 확장할 수 있도록 공터를 제공할 계획입니다.

Then, you have Mount Pleasant, which they have decided is the most suitable place for growing woodland wildflowers. This area is shady, so they think flowers will thrive here. Additionally, ²the area has a flower market near Vancouver Community College and the government intends to allow sellers to grow wildflowers in the Mount Pleasant plot.

And lastly, Ms Butler noted that East Hastings' wide open unused lots will be the most appropriate for growing produce. There is, unfortunately, a lack of affordable grocery stores within this section of our city, so ³the government believes that encouraging the growth of produce will provide residents in this neighbourhood with easier access to fresh fruits and vegetables.

Beyond the obvious benefit of having more greenery in each neighbourhood, the gardens can become spaces where the community gathers, increasing social interaction and encouraging a sense of shared responsibility among citizens.

For more information on the urban gardening project and details from Ms Butler's press release, you may go to the Urban Renewal Committee's website. Now for a short break before our next programme.

다음으로, Pleasant 산이 있는데, 이곳은 삼림 지대의 야생화를 키우기에 가장 적합한 장소로 결정되었어요. 이 지역은 그늘져 있기 때문에, 여기서는 꽃이 잘 자랄 것으로 예상합니다. 게다가, ²이 지역에는 밴쿠버 커뮤니티 대학 근처에 꽃 시장이 있고 정부는 판매자들이 Pleasant 산의 터에서 야생화들을 기를 수 있도록 할 계획입니다.

그리고 마지막으로, Butler씨는 East Hastings의 비어 있는 널따란 부지가 농작물을 재배하는 데 가장 적합할 것이라고 언급했습니다. 유감스럽게도, 우리 시의 이 구역 내에는 저렴한 식료품점이 부족해서, ³정부는 농작물 재배를 장려하는 것이 인근의 주민들에게 신선한 과일과 채소를 더 쉽게 이용하도록 할 수 있을 것으로 기대하고 있습니다.

각 지역에 더 많은 녹색식물이 생기는 명백한 이점 이상으로, 이 정원은 지역 사회가 모이는 장소가 될 수 있으며, 이는 사회적 상호 작용을 증가시키고 시민들 간의 공동 책임 의식을 장려할 거예요.

도시 원예 프로젝트에 대한 더 많은 정보와 Butler씨의 보도 자료에 대한 상세한 설명을 원하신다면, 도시 재개발 위원회의 웹사이트에 접속하시면 됩니다. 이제 다음 프로그램 전에 짧은 광고가 있겠습니다.

어휘   initiative[미 iníʃiətiv, 영 iníʃətiv] 계획   provincial[prəvínʃəl] 지방의   sustainable[səstéinəbl] 지속 가능한
composition[미 kàmpəzíʃən, 영 kɔ̀mpəzíʃən] 구성(물)   adjacent to ~에 인접한   resilient[rizíljənt] 튼튼한, 끈질긴
woodland[wúdlənd] 삼림 지대   produce[미 prádjuːs, 영 prɔ́dʒuːs] 농작물, 청과물

Questions 1-3

라디오 진행자에 의해 언급된 각각의 지역에 알맞은 설명은 무엇인가?

설명

A   지역에 식료품점이 많이 있다.
B   도시 계획으로부터 혜택을 얻을 시장이 있다.
C   삼림 지대의 야생화를 포함한 식물원이 있다.
D   주민들을 위한 또 다른 음식 공급원이 될 것으로 기대된다.
E   이미 원예를 하고 있는 주민들이 많다.

주변 지역들

1   West End   ....

2   Pleasant 산   ....

3   East Hastings   ....

1   **해설** 문제(West End)와 관련된 지문 내용 중 'This neighborhood also has many residents who already pursue growing plants as a hobby.'에서 또한 West End에는 이미 식물을 기르는 것을 취미로 하는 주민들이 많이 있다고 하였으므로, 보기 **E** has many residents already gardening이 정답이다. 'growing plants'가 'gardening'으로 paraphrasing되었다.

2 해설 문제(Mount Pleasant)가 언급된 지문 내용 중 'the area has a flower market ~ and the government intends to allow sellers to grow wildflowers in the Mount Pleasant plot'에서 Pleasant 산에는 꽃 시장이 있고 정부는 판매자들이 Pleasant 산의 터에서 야생화들을 기를 수 있도록 할 계획이라고 하였으므로, 보기 **B** has a market that will benefit from the urban plan이 정답이다. 'the government ~ allow sellers to grow wildflowers'가 'benefit from the urban plan' 으로 paraphrasing되었다.

3 해설 문제(East Hastings)와 관련된 지문 내용 중 'the government believes that encouraging the growth of produce will provide residents in this neighbourhood with easier access to fresh fruits and vegetables'에서 정부는 농작물 재배를 장려하는 것이 East Hastings 인근의 주민들에게 신선한 과일과 채소를 더 쉽게 이용하도록 할 수 있을 것으로 기대하고 있다고 하였으므로, 보기 **D** is expected to be another source of food for residents가 정답이다. 'easier access to fresh fruits and vegetables'가 'be another source of food'로 paraphrasing되었다.

🔍 **오답 확인하기**
A는 East Hastings가 언급된 지문 내용 중 'There is ~ a lack of affordable grocery stores within this section of our city'와 반대되는 내용이므로 오답이다.
C는 Mount Pleasant가 언급된 지문 내용 중 'woodland wildflowers'를 그대로 언급해 혼동하기 쉽지만, 지문에서 삼림 지대 의 야생화를 포함한 식물원이 있다는 내용은 언급하지 않았으므로 오답이다.

Questions 4-7 영국식 발음 → 영국식 발음

🎧 CH5_HP4-7.mp3

Part 2. You will hear a conversation between a radio host and a guest discussing new holiday resorts.

W: Good afternoon, and thanks for listening to Holiday Talk. Our guest today is travel journalist and reviewer, Simon Beatty. He will be discussing some of the new vacation resorts that will be opening this year in the UK, as many holidaymakers are looking to travel locally rather than heading to other destinations that cost more money. Thanks for joining us this afternoon, Simon.

M: And thank you for inviting me, Audrey.

W: So, I understand that there are several new holiday resorts that will be launching for the upcoming vacation season.

M: Yes, there are quite a few new establishments opening up. First, we have the Blue Sands Resort opening in Brighton. ⁴It's a great place for young kids as there are lots of activities for them to do . . . It even has a small amusement park. So if you prefer not being around children, it's probably not the best place for you. It opens in April. Also opening that month is Shores Resort near Bournemouth. ⁵This facility has a lot of nightlife and entertainment, so it is more geared to adult tourists. Kids are welcome, but it doesn't sound like there is much for them to do there. Now, Happyland Hotel and Resort has just opened to the public. ⁶It's got a massive water park and lots of fun activities just for children. However, the resort has specific areas reserved for adults only as well, so there's something for everyone . . .

W: . . . And there are lots of other amusement parks and outdoor

파트 2. 새로운 휴양 리조트에 관해 이야기하는 라디오 진행자와 게스트 간의 대화를 들으세요.

여: 안녕하세요, Holiday Talk를 청취해 주셔서 감사합니다. 오늘의 출연자는 여행 기자이자 평론가인 Simon Beatty입니다. 많은 휴가객들이 돈이 더 많이 드는 다른 여행지로 가기보다는 근처로 여행하는 것을 고려하는 만큼, Simon은 영국에서 올해 개방할 몇몇 새로운 휴가 리조트에 대해 이야기할 거예요. 오늘 오후에 함께 해 주셔서 감사합니다, Simon.

남: 초대해 주셔서 감사합니다, Audrey.

여: 자, 다가오는 휴가철에 개장할 여러 군데의 새로운 휴양 리조트가 있다고 알고 있는데요.

남: 네, 새로 개장하는 시설이 상당수 있습니다. 먼저, Brighton에 개업하는 Blue Sands 리조트가 있습니다. 이곳에는 아이들이 할만한 활동들이 많이 있어서 ⁴어린 아이들에게 훌륭한 장소죠... 심지어 작은 놀이공원도 있습니다. 따라서 만일 여러분이 아이들과 어울리기를 선호하지 않는다면, 아마 이곳은 최적의 장소가 아닐 것입니다. 이곳은 4월에 개업합니다. 또한 그 달에는 Bournemouth 근처의 Shores 리조트가 개업합니다. ⁵이 시설에는 야간의 유흥거리와 오락거리가 많아서, 성인 관광객들에게 더 적합하게 맞추어져 있어요. 어린이들은 환영이지만, 그곳에서 할 것이 많지는 않을 것 같네요. 이제, Happyland 호텔 앤드 리조트가 막 대중에게 개방했습니다. ⁶여기에는 거대한 워터파크와 아이들만을 위한 재미있는 활동들이 많이 있습니다. 하지만, 이 리조트에는 어른들만을 위한 제한된 특정 구역들 또한 있으니, 이곳에는 모두를 위한 것이 있군요...

activities in the area, too.

M: There are . . . including water sports, hiking trails, and beaches. And then we move on to the Zone-Fun Beach Resort in Salcombe. Now, ⁷that facility is geared to university-aged travellers. It's got a nightclub, an outdoor stage, and even a floating dance floor. So, it isn't particularly recommended for families. And it will be launching in May.

W: So, there are a lot of new options out there. Now, could you tell us a bit about costs?

여:	... 그리고 그 지역에는 다른 놀이공원들과 야외 활동들도 많이 있죠.
남:	그렇습니다... 수상 스포츠, 등산로, 그리고 해변을 포함해서요. 그리고 나서 Salcombe에 있는 Zone-Fun Beach 리조트로 넘어가겠습니다. 자, ⁷그 시설은 대학생 나이의 여행객들에게 맞추어져 있습니다. 그곳은 나이트클럽, 야외무대, 그리고 심지어 해상 댄스 플로어까지 갖추고 있어요. 따라서, 특히 가족을 위해서 추천되는 곳은 아닙니다. 그리고 이곳은 5월에 개장할 것입니다.
여:	자, 새로운 선택권들이 많이 있군요. 이제, 비용에 대해 조금 말해주시겠어요?

어휘 holidaymaker [미 hάlideimèikər, 영 hɔ́lədimèikə] 휴가객, 행락객 **gear to** ~에 적합하게 하다 **massive** [mǽsiv] 거대한

Questions 4-7

각 리조트의 시설은 누구에게 적합하게 맞추어져 있는가?

A	주로 성인들
B	주로 아이들
C	성인들과 아이들 모두

리조트들

4 Blue Sands 리조트 ....

5 Shores 리조트 ....

6 Happyland 호텔 앤드 리조트 ....

7 Zone-Fun Beach 리조트 ....

4 **해설** 문제(Blue Sands Resort)와 관련된 지문 내용 중 남자가 'It's a great place for young kids'라며 Blue Sands 리조트는 어린 아이들에게 훌륭한 장소라고 하였으므로, 보기 **B** primarily for children이 정답이다. 'great place for young kids'가 'primarily for children'으로 paraphrasing되었다.

5 **해설** 문제(Shores Resort)와 관련된 지문 내용 중 남자가 'This facility ~ is more geared to adult tourists.'라며 Shores 리조트 시설은 성인 관광객들에게 더 적합하게 맞추어져 있다고 하였으므로, **A** primarily for adults가 정답이다. 'more geared to adult tourists'가 'primarily for adults'로 paraphrasing되었다.

6 **해설** 문제(Happyland Hotel and Resort)와 관련된 지문 내용 중 남자가 'It's got a massive water park and ~ fun activities just for children. However, the resort has specific areas reserved for adults only ~ so there's something for everyone'이라며 Happyland 호텔 앤드 리조트에는 거대한 워터파크와 아이들만을 위한 재미있는 활동들이 있다고 한 뒤 하지만 이 리조트에는 어른들만을 위한 제한된 특정 구역들 또한 있으니 이곳에는 모두를 위한 것이 있다고 하였으므로, 보기 **C** for both adults and children이 정답이다. 'for everyone'이 'for both adults and children'으로 paraphrasing되었다.

7 **해설** 문제(Zone-Fun Beach Resort)와 관련된 지문 내용 중 남자가 'that facility is geared to university-aged travellers.'라며 Zone-Fun Beach 리조트 시설은 대학생 나이의 여행객들에게 맞추어져 있다고 하였으므로, 보기 **A** primarily for adults가 정답이다. 'geared to university-aged travellers'가 'primarily for adults'로 paraphrasing되었다.

Part 3. You will hear a conversation between a tutor and a student about a project on endangered languages.

M: Melissa, I've been going through your project proposal on endangered languages. I think it's a very interesting topic. Can you tell me why did you choose to focus on Native American languages? And what particular languages will you focus on?

W: Well, it was because they seemed to be languages in the most danger of disappearing. So far, [8]the only ones I want to include for sure are the Pawnee language and the Cherokee language.

M: Good, [8]there is lots of information out there about the Cherokee, so definitely use that. But keep in mind that Professor Johnson wants you to provide detailed graphs about the phonetics of the endangered languages you choose to research. [9]Because Pawnee only has nine different consonant sounds, it might not be the best candidate for such detail.

W: Ah . . . Right. I forgot about that. I thought it would be good to include Pawnee as there is so much reference material on it. OK. [9]I'll leave that one out.

M: [10]Another language I'd suggest is that of the Kashaya people of the American Pacific Coast. They have over 40 distinct consonants, if I remember correctly.

W: Hmm. Yes, I would have researched the Kashaya language, but I checked it out before and it has a very limited number of vowel sounds. But you're right . . . it might be a good one to study just because of sound variety. [10]If there isn't a better idea, I'll do it.

M: Ah, OK. What about the Menominee people's language? Their language had about 12 different vowels as well as a similar number of consonants.

W: [11]I don't think I'll use that one because I couldn't find enough data.

M: Well, another option is the Algonquin Native American tribe from northern Wisconsin and Michigan. Their language had about 12 different vowels as well as some diphthongs plus a similar number of consonants. It is very similar to the Menominee language, but [12]there's a lot more information on the Algonquin tongue out there.

W: Oh. Well, [12]it will be easier to research. I'll do that.

M: Good. Anyway, that will give you a good start. Now, what you need to do is revise your proposal.

파트 3. 사라질 위기에 처한 언어와 관련된 프로젝트에 관한 지도 교수와 학생의 대화를 들으세요.

남: Melissa, 나는 사라질 위기에 처한 언어에 대한 네 프로젝트 제안서를 살펴보고 있었단다. 나는 이것이 매우 흥미로운 주제라고 생각해. 네가 왜 북미 원주민 언어에 초점을 맞추기로 선택했는지 말해 줄 수 있겠니? 그리고 어떤 특정 언어에 초점을 맞추려고 하니?

여: 글쎄요, 그것들이 사라질 위험이 가장 큰 언어처럼 보였기 때문이에요. 지금까지, [8]확실하게 포함하고 싶은 것들은 오직 Pawnee 언어와 Cherokee 언어에요.

남: 좋아, [8]Cherokee에 대해서는 많은 자료가 있으니, 반드시 그것을 이용하렴. 하지만 Johnson 교수님은 네가 조사하기로 선택한 사라질 위기에 처한 언어의 음성 체계에 대해 상세한 그래프를 제공하기를 원하신다는 것을 명심하렴. [9]Pawnee 언어는 단지 9개의 서로 다른 자음만을 갖고 있어서, 그러한 세부 사항에 있어서 가장 좋은 후보는 아닌 것 같구나.

여: 아... 맞아요. 그걸 잊고 있었어요. Pawnee에 대한 참고자료가 매우 많아서 그걸 포함하는 것이 좋을 것으로 생각했어요. 네. [9]그것을 뺄게요.

남: [10]내가 제안하고 싶은 또 다른 언어는 아메리카 태평양 연안의 Kashaya 사람들의 언어란다. 그들은 40개 이상의 별개의 자음을 가지고 있어, 내가 올바르게 기억하고 있다면 말이야.

여: 음. 네, Kashaya 언어에 대해 조사할 수도 있었겠지만, 제가 전에 살펴봤었는데 그것은 매우 제한된 수의 모음을 가지고 있었어요. 하지만 교수님이 맞아요... 단지 소리의 다양함 때문이라도 연구하기에 좋은 것일 수도 있겠네요. [10]더 좋은 생각이 없다면, 그것을 사용할게요.

남: 아, 그래. Menominee 사람들의 언어는 어떠니? 그들의 언어는 약 12개의 서로 다른 모음뿐만 아니라 비슷한 수의 자음을 가지고 있었어.

여: [11]충분한 자료를 찾을 수 없었기 때문에 그것을 사용하지 않을 것 같아요.

남: 음, 다른 선택권은 위스콘신 북부와 미시간 주의 Algonquin 북미 원주민족이란다. 그들의 언어는 몇몇의 이중 모음뿐만 아니라 약 12개의 다른 모음들에 더해 비슷한 수의 자음들을 가지고 있었단다. 이는 Menominee 언어와 매우 유사하지만, [12]Algonquin 언어에 대한 정보는 훨씬 더 많이 있어.

여: 오. 음, [12]그건 연구하기가 더 쉽겠네요. 그걸 해야겠어요.

남: 좋아. 어쨌든, 그렇게 하면 시작이 순조로울 거야. 이제, 네가 해야 할 일은 제안서를 수정하는 거란다.

어휘 phonetics [fənétiks] 음성 체계, 음성학 consonant [圓 kánsənənt, 圀 kɔ́nsənənt] 자음 vowel [váuəl] 모음
diphthong [圓 dífθɔːŋ, 圀 dífθɔŋ] 이중 모음

Questions 8-12

Melissa가 그녀의 프로젝트에서 다음 각각의 사라질 위기에 처한 언어에 대해 결정한 것은 무엇인가?

> A 그녀는 그것을 사용할 것이다.
> B 그녀는 그것을 사용할지도 모른다.
> C 그녀는 그것을 사용하지 않을 것이다.

언어들

8 Cherokee ....

9 Pawnee ....

10 Kashaya ....

11 Menominee ....

12 Algonquin ....

8 해설 문제(Cherokee)가 언급된 지문 내용 중 여자가 'the only ones I want to include for sure are the Pawnee language and the Cherokee language'라며 확실하게 포함하고 싶은 것들은 오직 Pawnee 언어와 Cherokee 언어라고 하자, 남자가 'there is lots of information out there about the Cherokee, so definitely use that'이라며 Cherokee에 대해서는 많은 자료가 있으니 반드시 그것을 이용하라고 하였으므로, 보기 **A She will use it**이 정답이다.

9 해설 문제(Pawnee)가 언급된 지문 내용 중 남자가 'Because Pawnee only has nine different consonant sounds, it might not be the best candidate'이라며 Pawnee 언어는 단지 9개의 서로 다른 자음만을 갖고 있어서 가장 좋은 후보는 아닌 것 같다고 하자, 여자가 'I'll leave that one out.'이라며 그것을 빼겠다고 하였으므로, 보기 **C She won't use it**이 정답이다.

10 해설 문제(Kashaya)가 언급된 지문 내용 중 남자가 'Another language I'd suggest is that of the Kashaya people'이라며 그가 제안하고 싶은 또 다른 언어는 Kashaya 사람들의 언어라고 하자, 여자가 'If there isn't a better idea, I'll do it.'이라며 더 좋은 생각이 없다면 Kashaya를 사용하겠다고 하였으므로, 보기 **B She may use it**이 정답이다.

11 해설 문제(Menominee)와 관련된 지문 내용 중 여자가 'I don't think I'll use that one because I couldn't find enough data.'라며 충분한 자료를 찾을 수 없었기 때문에 그것을 사용하지 않을 것 같다고 하였으므로, 보기 **C She won't use it**이 정답이다.

12 해설 문제(Algonquin)가 언급된 지문 내용 중 남자가 'there's a lot more information on the Algonquin tongue out there'라며 Algonquin 언어에 대한 정보는 훨씬 더 많이 있다고 하자, 여자가 'it will be easier to research. I'll do that.'이라며 그건 연구하기가 더 쉽겠다고 한 뒤 그걸 해야겠다고 하였으므로, 보기 **A She will use it**이 정답이다.

Questions 13-17 영국식 발음

🎧 CH5_HP13-17.mp3

Part 4. You will hear a lecture given by a professor about the behavioural traits of primates.	파트 4. 영장류의 행동적 특성에 관한 교수의 강의를 들으세요.
Hello, everyone. Last class, we learned a bit about the evolution of the gorilla over time. For today's talk, I'll focus on other primates by looking at the behavioural traits of several individual species.	안녕하세요, 여러분. 지난 수업에서는, 시간의 흐름에 따른 고릴라의 진화에 대해 조금 배웠었죠. 오늘 강의에서는, 여러 개별 종들의 행동적 특성을 살펴봄으로써 다른 영장류들에 초점을 맞출 거예요.
First, let's look at the behaviour of different primate species in terms	먼저, 이용할 수 있는 식량의 측면에서 서로 다른 영장

of food availability. Now, all primates eat both insects and plants but some species have developed a strong preference for fruits and leaves. The chimpanzees of the Congo rainforests, for example, have an abundance of fruits and leaves to choose from. [13]These primates are interesting because they use rocks as tools to crack open nuts. Then they gather together in their nesting areas after collecting food. In contrast, baboons live in the savannah, or grassy flatlands, where fruits and other edible plants are rare. To compensate for a lack of edible plants, [14]baboons often use long blades of grass to catch ants as a food source.

So, climate can significantly affect the behaviour of primates. The orangutans of Sumatra, for example, spend long days gathering food in the jungle. And after that, [15]they spend nights cooling off, staying away from predators, and sleeping in the branches of trees. The bonobos of Central Africa also have to cope with the weather, and endure cool nights. [16]One way they do this is by sleeping together in nests to help keep one another warm. This is also a reason why they are known for being markedly social, along with their habit of helping one another out with the care of infants. Furthermore, squirrel monkeys are also known to use jungle canopy as shade when it's too hot to forage. The macaques of Japan and primates living in the mountains of North Africa, on the other hand, have the opposite problem to contend with; [17]fiercely cold winters mean they must regulate their metabolisms or gather together in hot springs for warmth.

So, as you can see, there is much diversity among primate species in terms of behavioural traits. However, there can be overlap as well, such as with their mating rituals, which we will look at in a moment. But before I move on to that topic, I'll take any questions you might have.

류 종들의 행동을 살펴봅시다. 자, 모든 영장류는 곤충과 식물 모두를 먹지만 일부 종들은 과일과 잎사귀에 대한 높은 선호도를 발달시켜 왔습니다. 예를 들어, 콩고 열대 우림의 침팬지들에게는 고를 수 있는 풍부한 과일과 잎사귀들이 있습니다. [13]이 영장류들이 흥미로운 이유는 견과를 깨뜨려 열기 위해 돌을 도구로 사용하기 때문이에요. 그런 다음 그들은 식량을 수집하고 나서 보금자리에 함께 모입니다. 반면, 개코원숭이들은 사바나, 또는 풀로 덮인 평지에 사는데, 이곳은 과일과 먹을 수 있는 식물이 희귀합니다. 먹을 수 있는 식물이 부족한 것을 보완하기 위해, [14]개코원숭이들은 종종 긴 풀잎을 이용해서 식량 공급원인 개미를 잡습니다.

그래서, 기후는 영장류의 행동에 크게 영향을 미칠 수 있어요. 예를 들어, 수마트라의 오랑우탄은 '밀림에서 식량을 채취하는 데 오랜 시간을 보냅니다. 그리고 그 후, [15]그들은 몸을 시원하게 하고, 포식자들로부터 떨어져서, 나뭇가지에서 잠을 자면서 밤을 보내죠. 중앙 아프리카의 난쟁이 침팬지들 또한 날씨에 대처해야 하고, 서늘한 밤을 견뎌야 합니다. [16]그들이 이를 수행하는 한 가지 방법은 서로 온기를 유지하는 것을 돕기 위해 보금자리에서 함께 자는 것입니다. 이는 젖먹이를 돌보는 것에서 서로를 도와주는 습관과 더불어, 그들이 몹시 사회적이라고 알려진 이유이기도 해요. 뿐만 아니라, 다람쥐원숭이들 또한 먹이를 찾기 너무 더울 때 밀림의 우거진 윗부분을 그늘로 사용하는 것으로 알려져 있습니다. 반면에, 일본의 짧은꼬리원숭이와 남아프리카의 산에 사는 영장류들은 정반대의 문제를 상대해야 하고, [17]지독하게 추운 겨울은 그들이 신진대사를 조절하거나 온기를 위해 온천에 모여 있어야 한다는 것을 의미합니다.

그래서, 보시는 것처럼, 행동적 특성과 관련해 영장류 종들 사이에는 많은 다양성이 있죠. 하지만, 그들의 짝짓기 의식과 같이, 공통된 부분 또한 있을 수 있고, 이는 우리가 곧 살펴볼 것이에요. 하지만 그 주제로 넘어가기 전에, 여러분이 가지고 계실지도 모르는 질문을 받겠습니다.

어휘   primates[미 praiméiti:z, 영 práimeitz] 영장류   trait[treit] 특성   abundance[əbʌ́ndəns] 풍부함
baboon[미 bæbú:n, 영 bəbú:n] 개코원숭이   edible[édəbl] 먹을 수 있는, 식용의   blade[bleid] 잎
bonobo[미 bá:nəbou, 영 bɔ́nəbeu] 난쟁이 침팬지   forage[미 fɔ́:ridʒ, 영 fɔ́ridʒ] 먹이를 찾다   contend[kənténd] 상대하다, 싸우다

Questions 13-17

교수는 각각의 영장류 종에 대해 어떤 행동적 특성을 밝혔는가?

영장류
A 침팬지
B 다람쥐 원숭이
C 오랑우탄
D 개코원숭이
E 난쟁이 침팬지
F 짧은꼬리원숭이

특성들

13 돌을 도구로 사용한다. ....

14 곤충을 잡기 위해 풀을 활용한다. ....

15 나뭇가지 사이에서 잔다. ....

16 온기를 위해 서식지에 함께 모인다. ....

17 온천에서 온기를 유지한다. ....

13 **해설** 지문 내용 중 'These primates are interesting because they use rocks as tools to crack open nuts.'에서 침팬지들이 흥미로운 이유는 견과를 깨뜨려 열기 위해 돌을 도구로 사용하기 때문이라고 하였으므로, 보기 **A** chimpanzees가 정답이다.

14 **해설** 지문 내용 중 'baboons often use long blades of grass to catch ants as a food source'에서 개코원숭이들은 종종 긴 풀잎을 이용해서 식량 공급원인 개미를 잡는다고 하였으므로 보기 **D** baboons가 정답이다. 'use ~ to catch'가 'utilise ~ to capture'로 paraphrasing되었다.

15 **해설** 지문 내용 중 'they spend nights ~ sleeping in the branches of trees'에서 오랑우탄들은 나뭇가지에서 잠을 자면서 밤을 보낸다고 하였으므로, 보기 **C** orangutans가 정답이다.

16 **해설** 지문 내용 중 'One way they do this is by sleeping together in nests to help keep one another warm.'에서 난쟁이 침팬지들이 이를 수행하는 한 가지 방법은 서로 온기를 유지하는 것을 돕기 위해 보금자리에서 함께 자는 것이라고 하였으므로, 보기 **E** bonobos가 정답이다. 'to help keep one another warm'이 'for warmth'로 paraphrasing되었다.

17 **해설** 지문 내용 중 'fiercely cold winters mean they must ~ gather together in hot springs for warmth'에서 지독하게 추운 겨울은 짧은꼬리원숭이들이 온기를 위해 온천에 모여 있어야 한다는 것을 의미한다고 하였으므로, **F** macaques가 정답이다.

HACKERS TEST

p.98

1 C	2 D	3 A	4 F	5 E
6 G	7 B	8 B	9 B	10 C

Questions 1-10 영국식 발음 → 영국식 발음   🎧 CH5_HT1-10.mp3

Part 3. You will hear a conversation between two students about a biology class field trip.

W: So, was there anything that stood out to you about the field trip to the Wharton Agricultural Research Centre? The introduction gave a good overall explanation of the facility and its purpose.

M: Yes, [1]I found that to be quite fascinating. Especially the experiments they are conducting. You know, the work that the employee mentioned they're doing **on natural pesticides, or**

파트 3. 생물학 수업 현장 학습에 관한 두 학생 간의 대화를 들으세요.

여: 자, Wharton 농업 연구 센터의 현장 학습에서 눈에 띄는 것이 있었니? 도입부에서는 시설과 그 목적에 대해서 종합적인 설명을 잘 해주었어.

남: 응, [1]상당히 흥미로웠어. 특히 그들이 진행하고 있는 실험이 그래. 너도 알다시피, 천연 살충제, 또는 곤충의 습격에 저항력이 있도록 개량된 식물에 대해 그들이 하고 있는 연구로 그 직원이 언급했던

plants that have been modified to be resistant to insect infestation. Those would be easy topics to research. But how about the talk given by the director of research? There was so much information that I felt overwhelmed. It was just too much to digest all at once!

W: Yes, that was way too complicated. I'm sure there was a lot of helpful information in her talk, but I couldn't understand much of it. [2]She tended to use a lot of technical language, which I found really difficult to follow.

M: I agree. But fortunately, I recorded it, so we can listen to it later and just look up anything we don't understand. The centre was actually much larger than I imagined it would be. It was huge! And the other scientist who led our tour of the laboratories was very nice.

W: For sure. I thought that area was especially impressive. The technology behind the centre's studies seems very advanced. Honestly, I had no idea agricultural research involves so much advanced machinery and equipment. And [3]it was great that we learned exactly how the equipment is used.

M: I know what you mean. I was quite surprised at the precision of the equipment. I don't know about you, but I really liked walking through the outdoor areas where they were growing plant specimens for their experiments . . . I can't believe how many plants they had!

W: Oh, there must have been thousands! I was really interested in the section on ancient plants. Remember? Where they were cultivating plant species that had been germinated from seeds found at archaeological sites?

M: Yes, the area where seeds from ancient food plants were growing. The pumpkins, potatoes, and carrots all looked so different from what we're accustomed to eating today. And the ancient corn plants they were growing were very small compared to what we're normally used to.

W: [4]Even the ancient grains looked very different. I hardly recognised the wheat and barley plants. [4]Unless the guide had told us, I wouldn't have known what they were.

M: Yes, that was a really fascinating aspect of the field trip for me too. I wish we could've spent more time there.

W: I feel the same way. What did you think of the talk by the plant genetics researcher? She seemed to really know what she was talking about.

M: Honestly, [5]I thought it was a bit disorganised. She could have explained things more clearly. But it wasn't as bad as that so-called discussion at the end of the field trip. I don't know about you, but I was very disappointed.

W: Oh, I know! [6]They told us we'd have a chance to ask questions. But that person just gave a couple of closing remarks, and that

작업 말이야. 그것들은 조사하기에 쉬운 주제들일 거야. 하지만 연구 책임자의 강연은 어때? 너무 많은 정보가 있어서 압도적이었어. 한 번에 모든 걸 이해하기에는 정말 너무 많았어!

여: 응, 그건 너무 복잡했어. 그분의 강연에 유용한 정보가 많았다고 확신하지만, 많은 부분을 이해할 수 없었어. [2]그분은 전문 용어를 많이 사용하는 경향이 있었고, 그건 내가 따라잡기 정말 힘들었어.

남: 동의해. 하지만 다행스럽게도, 내가 그걸 녹음했으니, 나중에 그걸 듣고 이해하지 못하는 것은 그저 찾아보면 될 거야. 센터는 사실 내가 상상했던 것보다 훨씬 더 컸어. 거대했지! 그리고 실험실 견학을 이끌었던 그 다른 과학자는 매우 친절했어.

여: 확실히 그래. 그 구역이 특히 인상적이었어. 센터의 연구를 지원하는 기술은 매우 선진적인 것 같아. 솔직히, 나는 농업 연구에 그렇게 많이 선진적인 기계장치와 장비가 관련되어 있다는 것을 전혀 모르고 있었어. 그리고 [3]정확히 장비가 어떻게 사용되는지 배우게 되어서 좋았어.

남: 무슨 뜻인지 알아. 난 장비의 정밀성에 상당히 놀랐어. 너는 어땠을지 모르지만, 그들이 실험을 위해 식물 표본을 재배하고 있는 야외 지역을 걷는 것이 정말 좋았어... 그들이 얼마나 많은 식물을 가지고 있었는지 믿을 수가 없어!

여: 오, 틀림없이 수천 개가 있었을 거야! 나는 고대 식물에 관한 부분이 정말로 흥미로웠어. 기억나니? 고고학 유적지에서 발견된 종자로부터 발아한 식물 종을 재배하고 있던 곳?

남: 응, 고대 식용 식물들의 씨앗이 자라고 있던 지역이지. 호박, 감자, 그리고 당근 모두 오늘날 평상시에 먹는 것과는 너무나 다르게 보였어. 그리고 그들이 재배하고 있던 고대의 옥수수 식물은 일반적으로 익숙한 것에 비해 매우 작았어.

여: [4]심지어 고대 곡물조차도 매우 다르게 보였어. 나는 밀과 보리를 거의 알아보지 못했어. [4]가이드가 말해주지 않았다면, 나는 그것들이 무엇인지 알지 못했을 거야.

남: 응, 그건 나에게도 현장 학습에서 매우 흥미로웠던 부분이었어. 그곳에서 더 많은 시간을 보낼 수 있었더라면 좋았을 텐데.

여: 동감이야. 식물 유전학 연구원의 강연에 대해서는 어떻게 생각하니? 그분은 정말로 전문가인 것처럼 보였어.

남: 솔직히, [5]나는 약간 혼란스럽다고 생각했어. 그분은 더 명확하게 설명할 수도 있었을 거야. 하지만 현장 학습 마지막의 이른바 토론만큼 나쁘지는 않았어. 너는 어땠을지 모르지만, 나는 매우 실망했거든.

여: 오, 맞아! [6]우리에게 질문을 할 기회가 있을 거라고 했었지. 하지만 그 사람이 몇 가지 마무리하는 말을 했고, 그게 다였어. 우리 모두에게 몇 가지 질문이 있었을 거라고 확신해. 나는 그랬어.

was it. I'm sure we all had some questions. I know I did.

M: So, we have to choose a topic discussed during the field trip to use during our presentation. What about focusing on ancient food plants? It seems we were both interested in it as a topic. And there was quite a bit of research data shared about it.

W: Sure, I'm fine with that. But there was such a vast variety of plants . . . even some fruit trees. [7]We should probably narrow down our focus. We only have a limited amount of time for the presentation. Maybe we need to just choose one plant variety.

M: Well, let's focus specifically on ancient grains. What do you think?

W: Okay. Yeah, I took quite a few notes while the guide was explaining them. [8]There aren't just physical differences between ancient grains and contemporary ones, but differences in their resistance to pests as well.

M: Well, [8]we will definitely want to include information on that. And maybe we could get our hands on some plant samples to show the class. Just so they can physically see how grains have changed since ancient times.

W: Wouldn't it be easier just to find some images online? I think we'll be able to use the projection system for our presentation. It would save us the time it would take to ask the centre if we could get a plant sample.

M: That's true. Let's go ahead with your idea. Oh, and I also remember that [9]the guide explained that the ancient grains are a bit more difficult to cultivate and grow than current grain plants, which have been significantly modified. Maybe we can give some details on that aspect.

W: I don't know if we should mention that. I think we are going to find enough information to share with the class with what we've selected already.

M: True enough. Okay, so maybe [10]we should go through our notes and recordings at this point and find information that would be pertinent to our presentation.

W: [10]Sure, that sounds like a good plan. We can find some pictures once we have sorted through our data.

남: 자, 우리 발표에 사용하기 위해 현장 학습에서 논의되었던 주제를 하나 선택해야 해. 고대 식용 식물에 초점을 맞추는 건 어때? 우리 둘 다 그걸 주제로 하는 데 관심을 두고 있었던 것 같아. 그리고 그것에 대해 꽤 많은 연구 자료가 공유되어 있어.

여: 그래, 나는 괜찮아. 그런데 어마어마하게 다양한 식물이 있었어... 심지어 몇몇 과일나무들도. [7]아마도 초점을 좁혀야 할 거야. 발표를 위한 시간은 제한되어 있어. 아마 오직 하나의 식물 품종을 선택해야 할 거야.

남: 음, 명확하게 고대 곡물에만 집중하자. 어떻게 생각해?

여: 좋아. 그래, 나는 가이드가 그것들을 설명하는 동안 필기를 꽤 많이 했어. [8]고대 곡물과 현대 곡물 간에는 그저 물리적인 차이만 있는 것이 아니라, 해충에 대한 저항성의 차이도 있어.

남: 음, [8]확실히 그 정보를 포함하고 싶을 거야. 그리고 아마 수업에서 그것을 보여주기 위해 일부 식물 표본을 손에 넣을 수 있을 거야. 고대 이래로 곡물이 어떻게 변해왔는지 물리적으로 볼 수 있도록 말이야.

여: 온라인으로 몇몇 이미지를 찾기가 더 쉽지 않을까? 발표를 위해 영사 시스템을 사용할 수 있을 거야. 식물 표본을 얻을 수 있을지 센터에 문의하는 데 걸리는 시간을 절약할 수 있을 것 같아.

남: 맞아. 네 생각대로 진행하자. 아, 그리고 [9]가이드가 고대 곡물이 현대 곡물, 그러니까 상당히 변형된 곡물보다 경작하고 재배하는 것이 조금 더 어렵다고 설명했던 것도 기억나. 아마 그런 측면에 대한 세부 사항을 좀 설명할 수 있을 거야.

여: 그걸 언급해야 하는지 모르겠다. 이미 선택한 것들에서 수업에서 공유할 만한 충분한 정보를 찾을 수 있을 것 같아.

남: 맞는 말이네. 좋아, 그러면 아마 [10]이 시점에서 필기와 녹음을 살펴보고 우리의 발표와 관련된 정보를 찾아야 할 거야.

여: [10]물론이지, 좋은 계획 같아. 일단 자료를 자세히 살펴보고 나면 사진들을 좀 찾을 수 있을 거야.

어휘   infestation[ìnfestéiʃən] 습격   precision[prisíʒən] 정밀성, 정확성   specimen[미 spésəmən, 영 spésəmin] 표본, 종
cultivate[미 kʌ́ltəvèit, 영 kʌ́ltiveit] 재배하다, 양성하다   germinate[미 dʒə́ːrmənèit, 영 dʒə́ːmineit] 발아하다   grain[grein] 곡물
barley[미 báːrli, 영 báːli] 보리   disorganised[미 disɔ́ːrgənaizd, 영 disɔ́ːgənaizd] 혼란스러운   variety[vəráiəti] 다양성, 품종, 변종
pertinent to ~과 관련된

Questions 1-6

다음과 같은 현장 학습 행사에 관해 학생들이 이야기한 의견은 무엇인가?

의견

A 장비에 대한 설명이 있었다.

B 센터 직원의 소개와 관련이 있었다.

C 현재의 연구에 대한 설명이 포함되었다.

D 전문 용어가 너무 많았다.

E 명확성이 부족하다.

F 고대 곡물에 대한 세부 설명을 포함했다.

G 질문의 기회가 없었다.

현장 학습 행사

1 센터 활동에 대한 도입부 …………

2 연구 책임자의 강연 …………

3 실험실 시설의 견학 …………

4 야외 경작 지역 방문 …………

5 유전학 연구원의 강연 …………

6 현장 학습의 결론 …………

---

1 **해설** 문제의 핵심어구(Introduction)가 언급된 지문 내용 중 남자가 'I found that to be quite fascinating. Especially the ~ work that the employee mentioned they're doing'이라며 도입부가 상당히 흥미로웠다고 한 뒤 특히 그들이 하고 있는 연구로 그 직원이 언급했던 작업이 그랬다고 하였으므로, 보기 **C** included descriptions of current studies가 정답이다. 'the work ~ they're doing'이 'current studies'로 paraphrasing되었다.

2 **해설** 문제(Director of research's talk)와 관련된 지문 내용 중 여자가 'She tended to use a lot of technical language'라며 연구 책임자는 전문 용어를 많이 사용하는 경향이 있었다고 하였으므로, 보기 **D** had too many technical terms가 정답이다.

3 **해설** 문제의 핵심어구(laboratory facilities)와 관련된 지문 내용 중 여자가 'it was great that we learned exactly how the equipment is used'라며 실험실에서 정확히 장비가 어떻게 사용되는지 배우게 되어서 좋았다고 하였으므로, 보기 **A** had explanations about equipment가 정답이다.

4 **해설** 문제(Outdoor visit to cultivation areas)와 관련된 지문 내용 중 여자가 'Even the ancient grains looked very different.'라며 심지어 고대 곡물조차도 매우 다르게 보였다고 한 뒤 'Unless the guide had told us, I wouldn't have known what they were.'라며 가이드가 말해주지 않았다면 그것들이 무엇인지 알지 못했을 거라고 하였으므로, 보기 **F** included details about ancient grains가 정답이다.

5 **해설** 문제(Genetics researcher's talk)와 관련된 지문 내용 중 남자가 'I thought it was a bit disorganised'라며 식물 유전학 연구원의 강연은 약간 혼란스럽다고 생각했다고 하였으므로, 보기 **E** lacking in clarity가 정답이다. 'disorganised'가 'lacking in clarity'로 paraphrasing되었다.

6 **해설** 문제의 핵심어구(Conclusion)와 관련된 지문 내용 중 여자가 'They told us we'd have a chance to ask questions. But that person just gave a couple of closing remarks, and that was it.'이라며 자신들에게 질문을 할 기회가 있을

거라고 했었다고 한 뒤 하지만 그 사람이 몇 가지 마무리하는 말을 했고 그게 다였다고 하였으므로, 보기 **G had no opportunity for inquiries**가 정답이다. 'chance to ask questions'가 'opportunity for inquiries'로 paraphrasing되었다.

Questions 7-10

7 학생들은 어떤 이유로 하나의 식물 품종을 발표 주제로 선택했는가?

   A 다른 고대 식물에 관심이 없었다.

   B 시간 제한으로 인해 구체적인 주제가 필요하다.

   C 이미 그 주제에 대해 연구를 해 왔다.

> **해설** 문제의 핵심어구(presentation topic)와 관련된 지문 내용 중 여자가 'We should probably narrow down our focus. We only have a limited amount of time for the presentation.'이라며 아마도 초점을 좁혀야 할 거라고 한 뒤 발표를 위한 시간은 제한되어 있다고 하였으므로, 보기 **B** They need a specific topic because of the time limit이 정답이다. 'limited amount of time'이 'time limit'으로 paraphrasing되었다.
>
> 🔍 **오답 확인하기**
> A는 지문의 'interested in'을 언급해 혼동하기 쉽지만 지문에서 다른 고대 식물에 관심이 없었다는 내용은 언급하지 않았으므로 오답이다.
> C는 지문의 'research'와 'topic'을 언급해 혼동하기 쉽지만, 지문에서 이미 그 주제에 대해 연구를 해 왔다는 내용은 언급하지 않았으므로 오답이다.

8 발표에 포함될 내용은 무엇인가?

   A 재배 과정에 대한 통계 연구

   B 식물의 해충 저항성에 관한 설명

   C 실제 품종의 표본 제시

> **해설** 문제의 핵심어구(included in the presentation)와 관련된 지문 내용 중 여자가 'There aren't just physical differences ~ but differences in their resistance to pests as well.'이라며 고대 곡물과 현대 곡물 간에는 그저 물리적인 차이만 있는 것이 아니라 해충에 대한 저항성의 차이도 있다고 하자, 남자가 'we will definitely want to include information on that'이라며 확실히 그 정보를 포함하고 싶을 거라고 하였으므로, 보기 **B** a description of pest resistance in plants가 정답이다.
>
> 🔍 **오답 확인하기**
> A는 지문에 언급되지 않은 내용이므로 오답이다.
> C는 지문에서 남자가 'we could get our hands on some plant samples to show the class'라고 언급해 혼동하기 쉽지만, 다음 문장에서 여자가 'Wouldn't it be easier just to find some images online?'이라며 부정적인 의견을 말하자 남자가 'That's true'라며 이에 동의하므로 오답이다.

9 가이드는 고대 곡물은 -라고 설명했다.

   A 유전적으로 변형하기 어렵다.

   B 현재의 식물보다 더 생산하기 어렵다.

   C 현대 식물보다 더 천천히 자란다.

> **해설** 문제의 핵심어구(ancient grains)가 언급된 지문 내용 중 남자가 'the guide explained that the ancient grains are a bit more difficult to cultivate and grow than current grain plants'라며 가이드가 고대 곡물이 현대 곡물보다 경작하고 재배하는 것이 조금 더 어렵다고 설명했다고 하였으므로, 보기 **B** are more challenging to produce than current plants가 정답이다. 'difficult to cultivate and grow'가 'challenging to produce'로 paraphrasing되었다.
>
> 🔍 **오답 확인하기**
> A는 지문의 'difficult'와 'modify'를 언급해 혼동하기 쉽지만, 지문에서 유전적으로 변형하기 어렵다는 내용은 언급하지 않았으므로 오답이다.

C는 지문의 'grow'와 'contemporary ones'를 언급해 혼동하기 쉽지만, 지문에서 현대 식물보다 더 천천히 자란다는 내용은 언급하지 않았으므로 오답이다.

10 학생들은 다음에 무엇을 할 것인가?

   A   식물의 사진을 찍는다.

   B   실험실 시설로 돌아간다.

   C   일부 기록 및 녹음을 검토한다.

해설 지문 내용 중 남자가 'we should go through our notes and recordings at this point'라며 이 시점에서 필기와 녹음을 살펴봐야 할 거라고 하자, 여자가 'Sure'라며 물론이라고 하였으므로, 보기 **C** review some notations and recordings가 정답이다. 'go through ~ notes'가 'review some notations'로 paraphrasing되었다.

🔍 **오답 확인하기**

A는 지문에서 'find some images'로 등장해 혼동하기 쉽지만, 지문에서 식물의 사진을 찍는다는 내용은 언급하지 않았으므로 오답이다.

B는 지문의 'laboratories'를 언급해 혼동하기 쉽지만, 지문에서 실험실 시설로 돌아간다는 내용은 언급하지 않았으므로 오답이다.

CHAPTER 06

Map/Plan/Diagram Labelling

* 각 문제에 대한 정답의 단서는 지문에 문제 번호와 함께 별도의 색으로 표시되어 있습니다.

EXAMPLE

p.102

저는 이 개선된 공원에 대해 저희가 계획한 배치도를 소개하고자 하며, 이는 내년에 마무리될 것입니다. 보시다시피, 저희는 여러 가지 새로운 특징을 추가하는 것을 포함해 몇 가지 상당한 변화들을 만들어 낼 것입니다. 이는 공원 중앙의 아름다운 분수와 북쪽 끝에 새로 지어지는 Park Gate 미술관을 포함합니다. ¹또한 Park Gate 미술관의 동쪽에는 화원도 생길 것입니다. 그곳에는 종자들뿐만 아니라, 매우 다양한 종류의 꽃, 실내 식물, 그리고 정원용품이 있을 것입니다. 화원에서 분수 쪽으로 길을 따라가시면, 갈림길에 도달하게 될 것입니다.

HACKERS PRACTICE

p.106

유형 연습

1	G	**2**	A	**3**	B
4	E	**5**	Bear Mountain	**6**	Elephant
7	Bird garden(s)	**8**	A	**9**	B
10.	D	**11**	F	**12**	E
13	D	**14**	A		

Questions 1-4 미국식 발음

🎧 CH6_HP1-4.mp3

Part 2. You will hear a tour guide speaking to a group of visitors about an amusement park.

I'm glad you could all join us today at Fun Fortress Theme Park! As you may have already heard, this facility recently reopened after undergoing big improvements.

So, first I'll begin by explaining what visitors can do here. We are at the main gate at the moment, and there is a route you can follow from here to ensure you see most things in the park.

After you enter the main gate, you will immediately see the Public Market on the right side of the road, where we sell a variety of souvenirs, snacks, and beverages. ¹Directly across the street from that is our spacious main stage. On the main stage, you can watch re-enactments of battles with knights, performances by medieval musicians, or comedy shows. And if you follow the side path to the west, you will see Bouncy Castle at the end on your right.

Now, if you're headed north from the main gate on the main route, and take the second left, you'll come to our large rides area. This is where our most popular ride, the Dungeon Discovery Ride, and our

파트 2. 놀이 공원에 관해 관광 가이드가 관광객 단체에게 이야기하는 것을 들으세요.

오늘 Fun Fortress 테마파크에 여러분 모두가 함께 하시게 되어 기쁩니다! 이미 들으셨을지도 모르지만, 이 시설은 상당한 개선을 거친 후 최근에 재개장했습니다.

그럼, 먼저 관람객들이 이곳에서 할 수 있는 것을 설명하는 것으로 시작할게요. 우리는 지금 정문에 있고, 이곳에는 여러분이 공원에 있는 것들 대부분을 확실히 볼 수 있도록 여기서부터 따라갈 수 있는 경로가 있습니다.

정문으로 들어가시면, 두로 오른쪽에 있는 공설 시장을 바로 보실 것인데, 이곳에서는 다양한 기념품, 간식, 그리고 음료를 판매해요. ¹그곳 바로 길 건너편에는 저희의 넓은 주 무대가 있습니다. 주 무대에서, 여러분은 기사들의 전투, 중세 음악가의 공연, 혹은 코미디 쇼의 재연을 보실 수 있을 겁니다. 그리고 서쪽으로 가는 곁길을 따라가면, 길 오른쪽 끝에서 Bouncy Castle을 보시게 될 거예요.

이제, 정문에서 주 경로를 따라 북쪽으로 향한 다음, 두 번째 왼쪽 길로 가시면, 거대한 놀이 기구 구역에 오시게 될 겁니다. 이곳은 저희의 가장 유명한 놀이 기

newest ride, Castle Tower, can be found. The Dungeon Discovery Ride is the first one you see on the left as you enter the rides area. But ²Castle Tower is located in the far northwest corner, so you'll have to walk a bit more in that direction to find it.

We also have a Miniature Village in the park. To get there, ³starting from the main entrance, take the same route north toward the rides area. Go past the turning to the forest pathway, and you will reach another path that turns to the right. Take that path, and it will bend to the left and come to the entrance of the Miniature Village, located between the pathway and Queen's Pond. It includes a complete town and a range of famous landmarks and structures, all miniaturised of course!

Now, if you're interested in watching a show or a movie, you can go to the park's Fun Fortress 3-D Theatre. ⁴To get there, you head north on the main route. Take the first right and head up the Forest Pathway. You'll eventually come to a small bridge that crosses the stream, and on the other side is the theatre. We have a wide selection of new releases and kid's classics, most of which are in 3-D.

Alright, those who would like to follow the route can come with me, and we will start at . . .

구인 Dungeon Discovery Ride와, 가장 최신 놀이 기구인 Castle Tower가 있는 곳입니다. Dungeon Discovery Ride는 여러분이 놀이 기구 구역에 들어서면 왼쪽에서 첫 번째로 보실 수 있는 곳입니다. 하지만 ²Castle Tower는 먼 북서쪽 가장자리에 있으니, 그것을 찾으려면 그 방향으로 좀 더 걸어가셔야 할 거예요.

또한 공원에는 미니어처 마을이 있습니다. 그곳에 가시려면, ³정문에서 시작해서, 놀이 기구 구역을 향하는 것과 같이 북쪽 경로를 따라가세요. 숲의 오솔길로 가는 갈림길을 지나면, 오른쪽으로 꺾어지는 또 다른 길에 도달하실 겁니다. 그 길을 따라가면, 그 길은 왼쪽으로 휘어져 미니어처 마을의 입구에 닿을 것인데, 이곳은 길과 퀸즈 연못 사이에 있어요. 그곳은 완전한 마을과 여러 유명한 역사적 건물들 그리고 건축물들을 포함하는데, 물론 모두 소형화되어 있습니다!

이제, 여러분이 쇼나 영화를 보는 데 관심이 있으시다면, 공원의 Fun Fortress 3D 영화관으로 가시면 됩니다. ⁴그곳에 가시려면, 주 경로를 따라 북쪽으로 가세요. 오른쪽 첫 번째 길로 가신 다음 숲의 오솔길을 따라 올라오세요. 그 끝에서 시내를 가로지르는 작은 다리에 오시게 될 것이고, 그 반대편이 영화관입니다. 저희에게는 다양한 신작들과 아이들을 위한 고전이 있고, 그것들 중 대부분이 입체입니다.

좋아요, 경로를 따라가고 싶으신 분들은 저와 함께 가시면 되고, 우리가 시작할 곳은...

어휘   facility[fəsíləti] 시설, 기관   souvenir[미 sùːvəníər, 영 sùːvəníə] 기념품   enactment[inǽktmənt] (연극 등의) 상연
pathway[미 pǽθwèi, 영 páːθwei] 오솔길, 진로

Questions 1-4

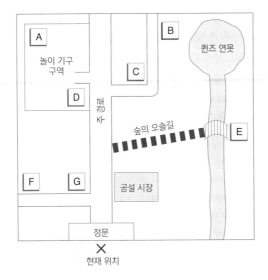

1   주 무대   ....

2   Castle Tower   ....

3 미니어처 마을 ....

4 Fun Fortress 영화관 ....

1 **해설** 문제(Main stage)가 언급된 지문 내용 중 'Directly across the street from that is our spacious main stage.'에서 공설 시장 바로 길 건너편에는 넓은 주 무대가 있다고 하였으므로, 보기 **G**가 정답이다.

2 **해설** 문제(Castle Tower)가 언급된 지문 내용 중 'Castle Tower is located in the far northwest corner'에서 Castle Tower는 먼 북서쪽 가장자리에 있다고 하였으므로, 보기 **A**가 정답이다.

3 **해설** 문제(Miniature Village)가 언급된 지문 내용 중 'starting from the main entrance, ~. Go past the turning to the forest pathway, and you will reach another path that turns to the right. Take that path, and it will bend to the left and come to the entrance of the Miniature Village, located between the pathway and Queen's Pond.' 에서 정문에서 시작해서 숲의 오솔길로 가는 갈림길을 지나면 오른쪽으로 꺾어지는 또 다른 길에 도달할 거라고 한 뒤 그 길을 따라가면 그 길은 왼쪽으로 휘어져 미니어처 마을의 입구에 닿을 것인데 이곳은 길과 퀸즈 연못 사이에 있다고 하였으므로, 보기 **B**가 정답이다.

4 **해설** 문제(Fun Fortress Theatre)와 관련된 지문 내용 중 'To get there, you head north on the main route. Take the first right and head up the Forest Pathway. You'll eventually come to a small bridge that crosses the stream, and on the other side is the theatre.'에서 Fun Fortress 3D 영화관에 가려면 주 경로를 따라 북쪽으로 가서 오른쪽 첫 번째 길로 간 다음 숲의 오솔길을 따라 올라가라고 한 뒤 그 끝에서 시내를 가로지르는 작은 다리에 오게 될 것이고 그 반대편이 영화관이라고 하였으므로, 보기 **E**가 정답이다.

Questions 5-7 영국식 발음

🎧 CH6_HP5-7.mp3

Part 2. You will hear a tour guide explaining the attractions of a wildlife park to visitors.

Before we begin, I'll give you a short explanation of our itinerary this morning. Please look at the park map on the wall, and you'll see that we are now at the main entrance. As we enter the park, we will follow the footpath which will lead us to all of Hemsworth Park's major attractions. At each attraction, we will view the animals in our care, and I'll offer you short explanations on some of the wildlife we have.

First, you'll see Big Cat Country on the right hand side, which is where we house a selection of wild cats including cougars, cheetahs, and panthers. Then, ⁵on the opposite side of the footpath from Big Cat Country is Bear Mountain. We currently have black, brown, and grizzly bears at this attraction. From there . . . walking east on the footpath . . . we will arrive at the African Zone, which is our smallest animal attraction. You'll be able to get up close to giraffes, zebras, and gazelles, at this location. At this point, the footpath splits into two directions. We will take the northern route and head to the Primates Zone, where you can observe chimps, monkeys, and baboons. ⁶After that, we will return to the split in the footpath and take the southern route. On the right hand side is the park's

파트 2. 투어 가이드가 관광객들에게 야생 동물 공원의 볼거리들을 설명하는 것을 들으세요.

시작하기 전에, 여러분에게 오늘 아침의 여정을 짧게 설명해드릴게요. 벽에 있는 공원의 지도를 봐 주시면, 우리가 지금 정문에 있다는 것을 보실 겁니다. 공원에 들어가서, 우리는 우리를 Hemsworth Park의 모든 주요 볼거리들로 이끌어주는 오솔길을 따라갈 거예요. 각각의 장소에서, 우리는 시설에 있는 동물들을 볼 것이고, 여기에 있는 몇몇 야생 동물들에 대해 제가 짧게 설명해 드릴 겁니다.

먼저, 오른편에 대형 고양잇과 구역을 보실 수 있는데, 이곳은 퓨마, 치타, 그리고 검은 표범을 포함해 다양한 야생 고양잇과 동물들을 수용하고 있는 곳입니다. 그리고, ⁵대형 고양잇과 구역에서 오솔길의 반대편에는 곰의 산이 있어요. 이 장소에는 지금 흑곰, 불곰, 그리고 회색곰이 있습니다. 그곳에서... 오솔길을 따라 동쪽으로 걸어가면... 아프리카 구역에 도착하게 될 텐데, 이곳은 가장 소규모의 동물 구역이에요. 이곳에서, 여러분은 기린, 얼룩말, 그리고 가젤에게 바로 가까이 갈 수 있으실 겁니다. 이 시점에서, 오솔길은 두 방향으로 갈라져요. 우리는 북쪽 경로를 따라 영장류 구역으로 향할 것이고, 이곳에서 여러분은 침팬지, 원숭이, 그리고 개코원숭이를 보실 수 있습니다. ⁶그 후에, 우리는 오솔길의 갈림길로 돌아와서 남쪽 경로를 따라

Elephant Zone. We currently have three of them in our care, and you can check out the audiovisual displays of them as well. Once we have finished there, you'll have some free time to explore for yourself. Now, over on the east side of the park you can see this circular shape, which is our large pond, and to its left is a small forest. There are lots of walking trails in this area that you can explore. And [7]these two triangular shapes here are the park's bird garden. There are two connected enclosures that contain a variety of tropical birds. And [7]it is also next to the park's exit, so it might be a good idea to make that your final destination. Naturally, you are also free to go back and explore all the other areas of the park following the tour.

갈 거예요. 오른편에 있는 것이 공원의 코끼리 구역입니다. 지금 저희 시설에는 그 세 마리의 코끼리가 있고, 여러분은 그들에 대한 시청각 전시도 살펴보실 수 있어요. 그곳에서 구경하는 것이 끝나면, 여러분은 스스로 탐험해보실 수 있는 자유 시간을 좀 갖게 되실 겁니다. 이제, 공원의 동쪽 저편에 이 둥근 모양을 보실 수 있는데, 이곳은 저희의 커다란 연못이고, 그 왼쪽으로는 작은 숲이 있습니다. 이 구역에는 여러분이 탐험할 수 있는 산책로가 많이 있어요. 그리고 [7]여기 이 두 개의 삼각형 모양은 공원의 새 정원입니다. 다양한 열대 새들이 있는 두 개의 서로 연결된 우리가 있죠. 그리고 [7]이곳은 또한 공원의 출구 옆에 있으니, 그곳을 여러분의 마지막 목적지로 삼는 것이 좋은 생각일 수도 있습니다. 당연히, 관광 이후에 여러분은 자유롭게 다시 돌아가서 공원의 다른 모든 구역을 탐험하실 수도 있습니다.

어휘 attraction[ətrǽkʃən] 볼거리, 명소 itinerary [미 aitínərèri, 영 aitínərəri] 여정, 일정표 footpath[미 fútpæθ, 영 fútpɑːθ] 오솔길, 보도
cougar[미 kúːgər, 영 kúːgə] 퓨마 panther[미 pǽnθər, 영 pǽnθə] 검은 표범 up close 바로 가까이에 primate[práimeit] 영장류
audiovisual[미 ɔːdiouvíʒuəl, 영 ɔːdiəuvíʒuəl] 시청각의 enclosure[미 inklóuʒər, 영 inklóuʒə] 우리, 울타리를 친 장소

Questions 5-7

Hemsworth 야생 동물 공원 지도

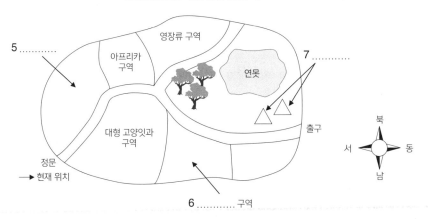

5 **해설** 문제 주변 내용(Big Cat Country)이 언급된 지문 내용 중 'on the opposite side of the footpath from Big Cat Country is Bear Mountain'에서 대형 고양잇과 구역에서 오솔길의 반대편에는 곰의 산이 있다고 하였으므로, **Bear Mountain**이 정답이다.

6 **해설** 문제 주변 내용(Primates Zone)과 관련된 지문 내용 중 'After that, we will return to the split in the footpath and take the southern route. On the right hand side is the park's Elephant Zone.'에서 영장류 구역을 본 후에, 오솔길의 갈림길로 돌아와서 남쪽 경로를 따라갈 거라고 한 뒤 오른편에 있는 것이 공원의 코끼리 구역이라고 하였으므로, **Elephant**가 정답이다.

7 **해설** 문제의 형태와 관련된 지문 내용 중 'these two triangular shapes here are the park's bird garden'에서 이 두 개의 삼각형 모양은 공원의 새 정원이라고 한 뒤 'it is also next to the park's exit'에서 이곳은 또한 공원의 출구 옆에 있다고 하였으므로, **Bird garden(s)**이 정답이다.

Part 2. You will hear a hotel clerk give a talk to some new employees about the hotel facilities.

Hello, there. Nice to meet you both! My name is William, and I'll be doing your training here at the Castle Hill Hotel for the next few days. Anyway, first I'll tell you a bit about the building and facilities, and then we will meet some of the other staff working here.

So, the hotel was constructed a century ago, but it has been through numerous renovations. We're outside the main entrance now, and if you go in, you will see the reception desk. Behind that, [8]on the left side of the lobby, you'll see the lifts which lead up to our other five floors. Right next to that is Ms Loblaw's office. She's the hotel manager, and if you ever need to speak with her, just go to reception to see if she is free.

Now, [9]if you turn right at the reception desk, there is a short corridor. If you go down the corridor, the entrance on the left leads to the hotel's restaurant. Inside, you'll see a stairway that leads up to the kitchen facilities. The restaurant is where you can eat your complimentary buffet breakfast.

[10]The hotel also has a hotel porter's office, which is the first door on the left hand side of the main entrance. Also, you'll see a second doorway once you're in the porter's office that leads to the baggage storage area. Guests arriving early or leaving late can store their belongings there for short periods.

One new addition to our hotel has been the event room. [11]If you just turn right from the reception desk, it's the first door on the right before you head down the corridor. It is opposite the lounge. We hold special events or meals for guests there, and that's where we also have staff meetings, readings or book club gatherings.

Now, if you follow me, we will first head to . . .

파트 2. 호텔 시설에 관해 호텔 직원이 몇몇 새로운 직원들에게 이야기하는 것을 들으세요.

안녕하세요. 둘 다 만나서 반가워요! 제 이름은 William이고, 앞으로 며칠 동안 여기 Castle Hill 호텔에서 여러분을 교육할 거예요. 어쨌든, 먼저 건물과 시설들에 대해 좀 말해 드릴 것이고, 그러고 나서 여기서 일하는 다른 직원 몇 명을 만날 겁니다.

자, 호텔은 100년 전에 세워졌지만, 수많은 보수를 거쳤어요. 우리는 지금 정문 밖에 있고, 들어가면 접수처를 보실 겁니다. 그곳의 뒤쪽인, [8]로비의 왼편에서, 여러분은 다섯 개의 다른 층으로 갈 수 있는 승강기를 보실 거예요. 그 바로 옆은 Loblaw씨의 사무실입니다. 그녀는 호텔의 관리자이고, 언제든 그녀와 이야기할 필요가 있다면, 접수처로 가서 그녀에게 다른 약속이 없는지 확인해보세요.

이제, [9]접수처에서 오른쪽으로 돌면, 짧은 복도가 있습니다. 그 복도를 따라가시면, 왼쪽에 있는 입구가 호텔의 식당으로 연결됩니다. 내부에서는, 부엌 시설로 이어지는 계단을 보실 수 있어요. 이 식당은 여러분이 무료 뷔페 조식을 드실 수 있는 곳입니다.

[10]호텔에는 수위 사무실도 있는데, 이곳은 정문에서 왼편에 있는 첫 번째 문이에요. 또한, 수위 사무실에 들어가면 수화물 보관 구역으로 이어지는 두 번째 입구를 보실 겁니다. 일찍 도착하거나 늦게 출발하는 손님들은 그들의 소지품을 거기에 잠시 보관할 수 있어요.

저희 호텔에 한 가지 새롭게 추가된 곳은 행사장입니다. [11]접수처에서 오른쪽으로 돌면, 복도를 따라가기 전에 오른쪽에 있는 첫 번째 문이 그곳이에요. 이곳은 라운지의 반대편입니다. 저희는 그곳에서 손님들을 위한 특별 행사나 식사를 여는데, 그곳은, 직원 회의, 낭독회 또는 독서 클럽 모임이 열리는 곳이기도 합니다.

이제, 저를 따라오시면, 먼저 가볼 곳은...

어휘 construct[kənstrʌ́kt] 세우다, 건설하다 numerous[njú:mərəs] 수많은, 다수의 corridor[미 kɔ́:ridər, 영 kɔ́ridɔ:] 복도
complimentary[미 kàmpləméntəri, 영 kɔ̀mpliméntəri] 무료의 belonging[미 bilɔ́:ŋiŋ, 영 bilɔ́ŋiŋ] 소지품, 소유물

Questions 8-11

Castle Hill 호텔 로비

8 호텔 관리자 사무실 …………

9 호텔 식당 …………

10 수화물 보관소 …………

11 행사장 …………

8 해설 문제(office of hotel manager)와 관련된 지문 내용 중 'on the left side of the lobby, you'll see the lifts ~. Right next to that is Ms Loblaw's office. She's the hotel manager'에서 로비의 왼편에서 승강기를 볼 것이라고 한 뒤 그 바로 옆은 Loblaw씨의 사무실이며 그녀는 호텔의 관리자라고 하였으므로, 보기 **A**가 정답이다.

9 해설 문제(hotel restaurant)가 언급된 지문 내용 중 'if you turn right at the reception desk, there is a short corridor. If you go down the corridor, the entrance on the left leads to the hotel's restaurant.'에서 접수처에서 오른쪽으로 돌면 짧은 복도가 있다고 한 뒤 그 복도를 따라가면 왼쪽에 있는 입구가 호텔의 식당으로 연결된다고 하였으므로, 보기 **B**가 정답이다.

10 해설 문제(baggage storage)가 언급된 지문 내용 중 'The hotel also has a hotel porter's office, which is the first door on the left hand side of the main entrance. Also, you'll see a second doorway once you're in the porter's office that leads to the baggage storage area.'에서 호텔에는 수위 사무실도 있는데 이곳은 정문에서 왼편에 있는 첫 번째 문이라고 한 뒤 또한 수위 사무실에 들어가면 수화물 보관 구역으로 이어지는 두 번째 입구를 볼 것이라고 하였으므로, 보기 **D**가 정답이다.

11 해설 문제(event room)와 관련된 지문 내용 중 'If you just turn right from the reception desk, it's the first door on the right before you head down the corridor.'에서 접수처에서 오른쪽으로 돌면 복도를 따라가기 전에 오른쪽에 있는 첫 번째 문이 행사장이라고 하였으므로, 보기 **F**가 정답이다.

Part 2. You will hear a telephone conversation between a hotel receptionist and a guest about laundry facilities.

W: You've reached the Ruby Hotel front desk. This is Camille speaking. How may I assist you this evening?

M: Hello. I'm staying in Room 310, but I'm making this call from the laundry room at the moment. I've been attempting to run the washing machine, but I can't seem to figure out how to operate it correctly. [12]I just put the coins into the rectangular slot on the left-side panel and pressed the 'start' button below it, but nothing happened after that. Can you tell me what I might have done wrong?

W: Well, first of all, have you checked if the power cord is plugged in? It should be right behind the machine. If it's plugged in, you should also be able to see the power light. Um, there are two lights in the top right corner next to the door. The bigger one is the power light. Assuming the power is on, the next thing to check are [13]the two rectangular buttons on the right panel. Those are for selecting water temperature and washing time before beginning the cycle. To start the machine, [13]you have to choose the temperature by pressing the smaller one to the right, and then select the time with the left-hand button.

M: Hmm . . . I've already checked all of that, but it's still not working. So, what should I do?

W: There isn't a red light in the top-right corner next to the door, is there? That's the smaller light below the power light. If that light is red, it means the door has not been secured. It has to be green. If it's not, then the machine won't run regardless of other inputs you may have made. You'll need to open and close the door again. Once you've done that, [14]you should press the button right underneath the temperature and time controls on the top right panel. This will lock the door. Oh, and you won't need to put money into the machine again, by the way, if you were fretting about that.

M: Right, that light is red, so that's what was causing the problem. Thanks. And just one other quick question – do you have a change machine anywhere? I need some for the dryer.

W: We don't. But we can certainly change money for you here at the desk.

M: Great. I'll be up in a few minutes for that, then. Thank you for your help!

파트 2. 세탁 시설에 관한 호텔 접수원과 고객 간의 전화 통화를 들으세요.

여: Ruby 호텔 안내 데스크입니다. 저는 Camille입니다. 오늘 저녁에 무엇을 도와드릴까요?

남: 안녕하세요. 저는 310호에 묵고 있는데, 지금은 세탁실에서 전화하고 있어요. 세탁기를 작동시키려고 시도하고 있었는데, 제대로 작동시키는 법을 알아낼 수가 없는 것 같아요. [12]동전을 왼쪽 판의 직사각형 투입구에 넣고 그 아래에 있는 '시작' 버튼을 눌렀지만, 그 후에 아무 일도 일어나지 않았어요. 제가 뭘 잘못했는지 말씀해 주실 수 있나요?

여: 음, 제일 먼저, 전원 전선이 연결되어 있는지 확인하셨나요? 기계 바로 뒤에 있을 거예요. 그게 연결되어 있다면, 전원 표시등도 볼 수 있으셔야 해요. 음, 문 옆의 오른쪽 상단 모서리에 두 개의 표시등이 있어요. 더 큰 것이 전원 표시등이에요. 전원이 켜져 있다고 가정하면, 다음으로 확인하셔야 할 것은 [13]오른쪽 판에 있는 두 개의 직사각형 버튼입니다. 그것들은 회전을 시작하기 전에 수온과 세탁 시간을 선택하기 위한 거예요. 기계를 가동하려면, [13]오른쪽의 작은 것을 눌러 온도를 선택하시고, 그런 다음 왼쪽의 버튼으로 시간을 선택하셔야 합니다.

남: 흠... 이미 그 모든 것을 점검했는데, 여전히 작동하지 않고 있어요. 그럼, 무엇을 해야 하나요?

여: 문 옆의 오른쪽 상단 모서리에 빨간색 표시등이 들어오지는 않았죠, 그렇지 않나요? 그건 전원 표시등 아래의 더 작은 표시등이에요. 그 표시등이 빨간색이라면, 문이 고정되지 않았다는 의미에요. 그것은 녹색이어야 해요. 그렇지 않다면, 고객님이 입력하셨을 수도 있는 다른 것들과 상관없이 기계가 작동하지 않을 겁니다. 문을 다시 열었다 닫으셔야 할 거예요. 그렇게 하시고 나면, [14]오른쪽 상단 판에서 온도와 시간 조절 버튼 바로 아래에 있는 버튼을 누르셔야 합니다. 이것이 문을 잠글 거예요. 아, 그건 그렇고, 다시 기계에 돈을 넣으실 필요는 없어요. 만약 그것 때문에 초조해하고 계셨다면요.

남: 알겠어요, 그 등이 빨간색이니까, 그게 문제를 일으키고 있었겠네요. 감사합니다. 그리고 한 가지만 더 빠르게 여쭤볼게요, 어딘가에 잔돈 교환기가 있나요? 건조기를 쓰려면 좀 필요해서요.

여: 아니오. 하지만 물론 여기 데스크에서 고객님을 위해 돈을 바꿔 드릴 수 있어요.

남: 좋네요. 그럼, 몇 분 안에 그렇게 하러 올라가겠습니다. 도와주셔서 감사합니다!

어휘   **figure out** 알아내다   **rectangular**[미 rektǽŋgjulər, 영 rektǽŋgjələ] 직사각형의   **secure**[미 sikjúər, 영 sikjúə] 고정시키다, 단단히 잠그다
regardless of 상관없이   **input**[미 ínpùt, 영 ínput] 입력, 투입   **underneath**[미 ʌ̀ndərníːθ, 영 ʌ̀ndəníːθ] 아래의   **fret**[fret] 초조해하다

Questions 12-14

A 잠금 버튼
B 문 잠금 표시등
C 시간 조절
D 온도 조절
E 시작 버튼

세탁기

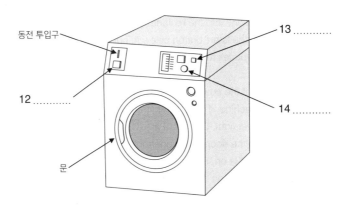

동전 투입구

13 ....

12 ....

14 ....

문

12 **해설** 문제 주변 내용(coin slot)과 관련된 지문 내용 중 남자가 'I just put the coins into the rectangular slot on the left-side panel and pressed the 'start' button below it'이라며 동전을 왼쪽 판의 직사각형 투입구에 넣고 그 아래에 있는 '시작' 버튼을 눌렀다고 하였으므로, 보기 **E** start button이 정답이다.

13 **해설** 문제의 위치 및 형태와 관련된 지문 내용 중 여자가 'the two rectangular buttons on the right panel'이라며 오른쪽 판에 있는 두 개의 직사각형 버튼이라고 한 뒤 'you have to choose the temperature by pressing the smaller one to the right'이라며 오른쪽의 작은 것을 눌러 온도를 선택해야 한다고 하였으므로, 보기 **D** temperature control이 정답이다.

14 **해설** 문제의 위치와 관련된 지문 내용 중 여자가 'you should press the button right underneath the temperature and time controls on the top right panel. This will lock the door.'라며 오른쪽 상단 판에서 온도와 시간 조절 버튼 바로 아래에 있는 버튼을 눌러야 한다고 한 뒤 이것이 문을 잠글 거라고 하였으므로, 보기 **A** lock button이 정답이다.

HACKERS TEST

p.110

1 ropes	2 remains	3 stones	4 A	5 B
6 C	7 C	8 D	9 G	10 A

Part 2. You will hear a tour guide describing the features of the Trentham Estate to visitors.

Good morning. I'm pleased to welcome you all to the Trentham Estate. Although much of the estate was destroyed in the early 20th century, the government was able to recover some areas of the structure, which we will be viewing today. However, before we get started, there are a few precautions I must make you aware of.

First of all, [1]we'd be grateful if you could not go into any areas, like the gallery, that are blocked off with red ropes. These act as barriers to restricted spaces that have not yet been fully restored and are unsafe for visitors to walk through. Secondly, here in Trentham Hall, [2]I caution you to refrain from touching any of the building remains. These are historical artefacts that need to be preserved, and touching these pieces can cause damage to them. And I can see that we have some children with us today, so I'd like to ask you kids to watch your step as we proceed up the clock tower stairway later. [3]The stairs are made of large stones, which are very uneven, so it's quite easy to trip and fall in the stairwell. Just make sure to hold onto the wooden railings as you go up and down.

Now, I'll take a moment to describe some details about the history of the Trentham Estate to you all. [4]The building originally served as a home for the royal family, and there are signs that it also had a church on the grounds at that time. It was then briefly used as a monastery for priests. After that, it was sold to wealthy businessman James Leveson in 1540. It stayed largely the same for several hundred years [5]before several important additions were made by 18th century architect Charles Barry. Mr Barry was very interested in the design of English country houses like this one. He was the designer of the clock tower, which was called the 'Riding School,' not to mention the entire right wing of the estate. This included a massive greenhouse, which is unfortunately no longer here.

Sadly, despite all of the additions made to the estate over the years, [6]it was destroyed by its owner in 1912 due to pollution from the River Trentham, which is next to the estate's grounds. There were attempts to sell the estate to the government but they didn't succeed. It was a great shame because the building was very well-constructed. So, all that remains of the structure now are just shadows of what it once was. In particular, the gardens, which you can wander around later this morning, were once the site of the building's ballroom.

Actually, I think I'll explain the layout of the gardens right now, seeing

---

파트 2. 관광 가이드가 방문객들에게 Trentham Estate의 특징을 설명하는 것을 들으세요.

좋은 아침입니다. 여러분 모두를 Trentham Estate에 맞이하게 되어 기쁩니다. 비록 부지의 많은 부분이 20세기 초에 파괴되었지만, 정부는 이 건축물의 일부 구역을 복원할 수 있었고, 이는 오늘 우리가 보게 될 곳입니다. 그런데, 시작하기 전에, 여러분들께 알려드려야 할 몇 가지 주의 사항이 있습니다.

가장 먼저, [1]미술관과 같이, 빨간색 줄로 차단된 구역에 들어가지 않아 주시면 감사하겠습니다. 이 줄들은 아직 완전히 복구되지 않았으며 방문객들이 걸어 다니기에 안전하지 않은 제한 구역들의 장벽 역할을 합니다. 두 번째로, 이곳 Trentham 홀에서는, [2]어떤 건물 유적도 만지는 것을 삼가시도록 주의를 드립니다. 이것들은 보존되어야 하는 역사적인 공예품이며, 이 작품들을 만지는 것은 그것들을 훼손할 수 있어요. 그리고 오늘 몇몇 어린이들이 함께 있는 것을 볼 수 있는데, 어린이 여러분은 이후에 시계탑 계단을 올라갈 때 발 밑을 조심해 주십시오. [3]계단은 커다란 돌로 만들어져 있는데, 매우 울퉁불퉁해서, 계단에서 걸려 넘어지기가 상당히 쉽습니다. 계단을 오르내리면서 반드시 나무 난간을 꼭 잡도록 해 주세요.

이제, 여러분 모두에게 Trentham Estate의 역사에 관한 몇 가지 세부 사항을 설명하는 시간을 가지도록 하겠습니다. [4]이 건물은 원래 왕실의 집으로 사용되었으며, 그 당시 이 부지에 교회 또한 있었음을 보여주는 흔적들이 있어요. 그런 다음에는 사제들을 위한 수도원으로 잠시 사용되었습니다. 그 후, 이곳은 1540년에 부유한 사업가 James Leveson에게 팔렸죠. [5]18세기 건축가 Charles Barry가 몇 가지 중요한 증축을 하기 전까지 이곳은 수백 년 동안 거의 동일하게 남아있었습니다. Barry씨는 이것과 같은 영국 시골 저택의 설계에 매우 관심이 있었습니다. 그는 부지의 오른쪽 부분 전체는 물론이고, 'Riding School'이라고 불리는 시계탑의 설계자였어요. 여기에는 거대한 온실이 포함되어 있었는데, 유감스럽게도 더는 여기에 존재하지 않습니다.

애석하게도, 수년간 부지에 추가된 모든 것들에도 불구하고, [6]그것은 부지 옆에 있는 Trentham 강의 오염으로 인해 1912년에 그 주인에 의해 파괴되었습니다. 이 부지를 정부에 팔려는 시도가 있었지만 성공하지는 못했습니다. 건물이 매우 잘 지어졌기 때문에 이는 굉장히 유감스러운 상황이었습니다. 그래서, 지금 이 건축물의 모든 잔해는 그저 한때 있었던 것의 그림자일 뿐입니다. 특히, 여러분이 오늘 늦은 오전에 거닐 수 있는 정원은, 한때 이 건물의 무도회장이 있던 자리였습니다.

실은, 여기 이 창문 바로 바깥으로 정원을 살짝 들여

as we can peek at them just outside this window here. They're rather beautiful, aren't they? The gardens are spread over one square kilometre of land and surrounded by a densely wooded forest. If everyone could take a look at the map, it will show you how to get around. As you can see, it includes the river and the car park as well as the gardens. **⁷In the middle of the grounds there is a magnificent fountain just off the East Path, along which you can also see some exotic Ethiopian roses growing. These flowers were imported by the Duke of Sutherland, who resided in the estate in the late 19th century.** Also of special note **⁸on the other side of the East Path is a small, circular path that goes around the fish pond.** This is just below the car park on the map. A Victorian-style bridge spans over this pond, making it an ideal spot to take a beautiful picture with the Trentham Estate in the background. You can even see what remains of some estate buildings on the opposite side of the river from that viewpoint.

Across the path from the roses is the clock tower, and **⁹if you head east from the tower, you will find a maze,** which is great fun for all the family. The entrance is on the southern side of the maze facing the River Trentham. And for those of you who enjoy viewing wild animals up close, you should definitely check out the Trentham Monkey forest before heading back home today. **¹⁰It is just beyond the car park, on the other side of the gardens from the clock tower, and that's where you can purchase admission tickets.** OK. If there are no questions at this time, let's begin our tour.

다볼 수 있는 것 같으니, 정원의 배치를 지금 바로 설명해 드릴까 합니다. 확실히 아름다워요, 그렇지 않나요? 정원은 1제곱킬로미터의 땅에 걸쳐 펼쳐져 있으며 수목이 울창한 숲으로 둘러싸여 있습니다. 모두 지도를 보시면, 주변을 둘러보는 방법을 보실 수 있을 거예요. 보시다시피, 지도는 정원뿐만 아니라 강과 주차장도 포함하고 있습니다. ⁷부지의 한가운데에는 동쪽 길 바로 바깥에 멋진 분수대가 있고, 이것을 따라 몇몇 이국적인 에티오피아 장미가 자라고 있는 것 또한 보실 수 있습니다. 이 꽃들은 Sutherland 공작에 의해 수입되었는데, 그는 19세기 후반에 이 부지에 거주했었죠. 또한 ⁸동쪽 길의 반대편에서 눈여겨볼 것은 물고기 연못을 동그랗게 도는 작은 원형 경로입니다. 이것은 지도에서 주차장 바로 아래에 있어요. 빅토리아 양식의 다리가 이 연못 위를 가로지르고 있어서, Trentham Estate를 배경으로 아름다운 사진을 찍을 수 있는 이상적인 자리를 만들어줍니다. 심지어 그 방향으로부터 반대편 강가에 있는 몇몇 부지 건물들의 유적도 볼 수 있습니다.

장미들로부터 길을 가로질러 시계탑이 있고, ⁹탑으로부터 동쪽으로 향하면, 미로를 발견하실 것인데, 이는 가족들 모두에게 아주 재미있을 거예요. 입구는 Trentham 강을 마주 보고 있는 미로의 남쪽에 있습니다. 그리고 야생 동물을 가까이서 보기를 즐기는 분들은, 오늘 집으로 돌아가기 전에 Trentham 원숭이 숲을 꼭 가 보셔야 해요. ¹⁰그곳은 주차장 바로 너머, 시계탑으로부터 정원의 반대편에 있고, 그곳에서 입장권을 구입할 수 있습니다. 네. 이제 질문이 없으시면, 관광을 시작해 봅시다.

어휘   estate[istéit] 부지, 사유지   precaution[prikɔ́ːʃən] 주의, 예방   restrict[ristríkt] 제한하다, 금지하다   refrain[rifréin] 삼가다, 자제하다
remains[riméinz] 유적, 유물   artefact[미 ɑ́ːrtəfækt, 영 ɑ́ːtəfækt] 공예품, 인공 유물   trip[trip] 걸려 넘어지다
monastery[미 mánəstèri. 영 mɔ́nəstri] 수도원   massive[mǽsiv] 거대한, 대규모의   in particular 특히, 특별히
wander[미 wándər, 영 wɔ́ndə] 거닐다, 배회하다   peek[piːk] 살짝 들여다보다, 엿보다
magnificent[미 mægnífəsnt, 영 mægnífisnt] 멋진, 훌륭한   span[spæn] 가로지르다, 이르다

Questions 1-3

Trentham Estate의 구역	주의 사항
미술관	빨간 1 ....이 있는 구역에는 들어가지 마시오.
Trentham 홀	역사적 유물이므로 어떤 건물의 2 ....도 만지지 마시오.
시계탑	발 밑을 조심하시오 – 계단은 울퉁불퉁한 3 ....으로 만들어져 있음.

1   **해설** 문제의 첫 열(Gallery)과 첫 행(Precaution)을 통해 문제가 미술관의 주의 사항에 대한 내용임을 알 수 있다. 문제의 핵심어구(not enter the areas)와 관련된 지문 내용 중 'we'd be grateful if you could not go into any areas, like the gallery, that are blocked off with red ropes'에서 미술관과 같이 빨간색 줄로 차단된 구역에 들어가지 않아 주시면 감사하겠다고 하였으므로, **ropes**가 정답이다.

2 **해설** 문제의 첫 열(Trentham Hall)과 첫 행(Precaution)을 통해 문제가 Trentham 홀의 주의 사항에 대한 내용임을 알 수 있다. 문제의 핵심어구(Do not touch)와 관련된 지문 내용 중 'I caution you to refrain from touching any of the building remains'에서 어떤 건물 유적도 만지는 것을 삼가도록 주의 드린다고 하였으므로, **remains**가 정답이다. 'refrain from touching'이 'Do not touch'로 paraphrasing되었다.

3 **해설** 문제의 첫 열(Clock Tower)과 첫 행(Precaution)을 통해 문제가 시계탑의 주의 사항에 대한 내용임을 알 수 있다. 문제의 핵심어구(stairs are made of)가 언급된 지문 내용 중 'The stairs are made of large stones, which are very uneven'에서 계단은 커다란 돌로 만들어져 있는데 매우 울퉁불퉁하다고 하였으므로, large stones가 답이 될 수 있다. 지시문에서 한 단어로만 답을 작성하라고 하였으므로, **stones**가 정답이다.

Questions 4-6

4 Trentham Estate는 처음에 무엇으로 이용되었는가?

  A 왕실의 거주지
  B 사제의 훈련을 위한 수도원
  C 지역 사회를 위한 교회

> **해설** 문제의 핵심어구(Trentham Estate first utilised for)와 관련된 지문 내용 중 'The building originally served as a home for the royal family'에서 Trentham Estate는 원래 왕실의 집으로 사용되었다고 하였으므로, 보기 **A** A residence for the royal family가 정답이다.
>
> 🔍 **오답 확인하기**
> B, C는 지문의 'monastery', 'church'를 언급해 혼동하기 쉽지만, 문제에서 묻는 Trentham Estate가 처음으로 이용된 것과 관련된 내용이 아니므로 오답이다.

5 Charles Barry는 18세기에 Trentham Estate에 무엇을 하였는가?

  A 온실을 철거하였다.
  B 그것을 확장하였다.
  C 건축물 내부의 많은 부분을 훼손하였다.

> **해설** 문제의 핵심어구(Charles Barry do)와 관련된 지문 내용 중 'before several important additions were made by 18th century architect Charles Barry'에서 18세기 건축가 Charles Barry가 몇 가지 중요한 증축을 하기 전까지라고 하였으므로, 보기 **B** He enlarged it이 정답이다. 'additions were made'가 'enlarged'로 paraphrasing되었다.
>
> 🔍 **오답 확인하기**
> A는 지문의 'greenhouse'를 언급해 혼동하기 쉽지만, 지문에서 온실을 철거하였다는 내용은 언급하지 않았으므로 오답이다.
> C는 지문에 언급되지 않은 내용이므로 오답이다.

6 무엇이 주인에 의한 Trentham Estate의 파괴로 이어졌는가?

  A 인근 공장으로부터의 오염
  B 원래 건물 건축의 실수
  C 인근 물줄기로부터의 오염

> **해설** 문제의 핵심어구(the owner's destruction)와 관련된 지문 내용 중 'it was destroyed by its owner ~ due to pollution from the River Trentham'에서 Trentham Estate는 Trentham 강의 오염으로 인해 그 주인에 의해 파괴되었다고 하였으므로, 보기 **C** Contamination from a nearby body of water가 정답이다.
>
> 🔍 **오답 확인하기**
> A는 지문의 'pollution'을 언급해 혼동하기 쉽지만, 지문에서 인근 공장으로부터의 오염에 대한 내용은 언급하지 않았으므로 오답이다.
> B는 지문의 'the building was very well-constructed'와 반대되는 내용이므로 오답이다.

Questions 7-10

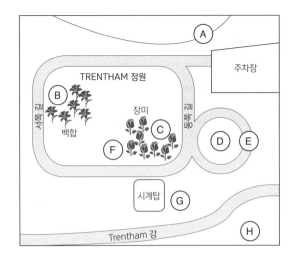

7 분수 …………

8 물고기 연못 …………

9 미로 …………

10 원숭이 숲 …………

---

7 **해설** 문제(Fountain)가 언급된 지문 내용 중 'In the middle of the grounds there is a magnificent fountain just off the East Path, along which you can also see ~ roses growing.'에서 부지의 한가운데에는 동쪽 길 바로 바깥에 멋진 분수대가 있고 이것을 따라 장미가 자라고 있는 것 또한 볼 수 있다고 하였으므로, **C**가 정답이다.

8 **해설** 문제(Fish pond)가 언급된 지문 내용 중 'on the other side of the East Path is a small, circular path that goes around the fish pond'에서 동쪽 길의 반대편에서 물고기 연못을 동그랗게 도는 작은 원형 경로라고 하였으므로, **D**가 정답이다.

9 **해설** 문제(Maze)가 언급된 지문 내용 중 'if you head east from the tower, you will find a maze'에서 탑으로부터 동쪽으로 향하면 미로를 발견할 것이라고 하였으므로, **G**가 정답이다.

10 **해설** 문제(Monkey forest)와 관련된 지문 내용 중 'It is just beyond the car park, on the other side of the gardens from the clock tower'에서 Trentham 원숭이 숲은 주차장 바로 너머 시계탑으로부터 정원의 반대편에 있다고 하였으므로, **A**가 정답이다.

CHAPTER 07 Short Answer

*각 문제에 대한 정답의 단서는 지문에 문제 번호와 함께 별도의 색으로 표시되어 있습니다.

EXAMPLE

p.114

남: 과제를 도와줘서 정말 고마워, Carol. 나는 그 DNA 부분에서 정말 어려움을 겪고 있었어. DNA와 RNA에 관한 모든 세부 사항을 완전히 이해했는지 아직도 잘 모르겠어.

여: 괜찮아 Ian, 그 자료를 다시 검토하는 건 좋은 일이야. 그것은 어렵지만 생물학과 학생으로서 네가 그것을 완전히 이해하는 것은 중요해. 다음에 수강할 강의에 대해서는 생각해보았니?

남: 음... 아마도 인간 생물학 입문 강좌인데, 내 친구가 그 수업이 어렵다고 했어. 나는 동식물 생물학도 고려하고 있었어, 그것에 대해서는 잘 모르겠지만 말야.

여: 음, ¹나는 미생물학으로 시작하는 것을 제안할게. 매우 작은 유기체를 공부하는데, 그건 나중에 동식물 생물학을 학습할 때 도움이 돼. 또한 굉장히 흥미로울 만한 박테리아와 바이러스에 대해서도 배울 거야.

HACKERS PRACTICE

p.118

유형 연습

1 8 days / eight days	2 local tours	3 $820 / 820 dollars
4 15 years (ago)	5 next month	6 home
7 (by) donations	8 comedy	9 100 (years)
10 simple	11 balcony	12 (quite) unusual
13 (modern) pop	14 media influence	15 statistics

Questions 1-3 호주식 발음 → 호주식 발음

🎧 CH7_HP1-3.mp3

Part 1. You will hear a conversation between a travel agent and a customer about a travel package.

M: Good morning. This is Euro-Travels. How can I help you?

W: Hi there. I'm interested in travelling to Spain this summer. I heard you have some specials on right now.

M: Yes, that is correct. Three of our travel packages to Spain are being offered at discount prices, but only for a limited time. The sale ends, erm . . . next week Wednesday, I believe.

W: Well, I think there was one package that focused on coastal areas, wasn't there?

M: Oh. Yes, that's our coastal package. It's one of our most popular packages to Spain. You'll get to visit a lot of nice beaches along the coast. ¹The length of the trip is 8 days.

W: That's fine. I can only get 10 days off work. So, what hotel would I be staying at?

M: Oh, it's a lovely facility located in Marbella on the Costa del Sol. It's called the Las Palmas Resort. It's got beautiful views and

파트 1. 여행 패키지에 관한 여행사 직원과 고객 간의 대화를 들으세요.

남: 안녕하세요. Euro-Travels사입니다. 무엇을 도와드릴까요?

여: 안녕하세요. 저는 이번 여름에 스페인으로 여행하는 것에 관심이 있는데요. 지금 진행하고 있는 특별 상품이 있다고 들었어요.

남: 네, 맞아요. 스페인으로 가는 저희 여행 패키지 세 개가 할인가에 제공되고 있는데, 한정된 기간만이에요. 할인은, 음... 제가 알기로는, 다음 주 수요일에 끝나요.

여: 음, 제 생각엔 해안 지역들에 중점을 둔 패키지가 하나 있었던 것 같은데, 맞나요?

남: 아. 네, 그건 저희의 해안 패키지입니다. 스페인으로 가는 가장 인기 있는 패키지 중 하나죠. 해안을 따라 여러 아름다운 해변을 방문하게 되실 겁니다. ¹여행 기간은 8일이에요.

여: 좋아요. 저는 직장에서 10일 동안만 휴가를 낼 수 있거든요. 그러면, 어느 호텔에 묵게 되나요?

남: 오, 코스타델솔 해안의 마르베야에 위치한 아름

beaches, excellent restaurants, and is nearby a lot of interesting sites.

W: And what is included in the package?

M: Accommodation, air travel, and meals and beverages are all-inclusive. And ²the hotel can arrange local tours to historic sites, nature preserves, and other beaches if you pay extra.

W: Do you happen to know how much they charge for those?

M: Well, they are relatively inexpensive. From what I remember, the hotel charges €40 for them.

W: That all sounds good to me.

M: Well, ³the total cost would be $820 and we require a $200 deposit to hold the booking. You can pay the rest two weeks before your departure. Would you like to make a booking?

W: Um, I'd like to think about it first.

M: OK. Not a problem. Call us back when you've made your decision.

다운 시설이에요. 라스팔마스 리조트라고 불리죠. 아름다운 경치와 해변, 훌륭한 식당들이 있고, 여러 흥미로운 장소들 근처에 있어요.

여: 그리고 패키지에는 무엇이 포함되어 있나요?

남: 숙박, 항공 여행, 그리고 식사와 음료가 모두 포함되어 있어요. 그리고 ²추가 비용을 지불하시면 호텔에서 역사 유적지, 자연 보호 구역, 그리고 다른 해변들로의 지역 관광을 마련해드릴 수 있어요.

여: 호텔에서 그것들에 얼마를 청구하는지 혹시 아시나요?

남: 음, 비교적 저렴해요. 제가 기억하기로는, 호텔은 그것에 40유로를 청구해요.

여: 다 좋은 것 같네요.

남: 음, ³총비용은 820달러이고 예약을 하시려면 200달러의 보증금이 필요해요. 잔금은 고객님의 출발 2주 전까지 지불하실 수 있어요. 예약하시겠어요?

여: 음, 우선 좀 생각해 볼게요.

남: 네. 문제없어요. 결정을 내리시면 다시 전화 주세요.

어휘   limited[límitid] 한정된, 제한된   accommodation[미 əkàmədéiʃən, 영 əkɔ̀mədéiʃən] 숙박   all-inclusive[ɔ̀ːlinklúːsiv] 모두를 포함한   preserve[미 prizə́ːrv, 영 prizə́ːv] 보호 구역   relatively[rélətivli] 비교적, 상대적으로   deposit[미 dipázit, 영 dipɔ́zit] 보증금   departure[미 dipáːrtʃər, 영 dipáːtʃə] 출발

Questions 1-3

1 해안 패키지는 얼마 동안 지속되는가?

> **해설** 문제의 핵심어구(How long ~ coastal package)와 관련된 지문 내용 중 남자가 'The length of the trip is 8 days.'라며 해안 패키지의 여행 기간은 8일이라고 하였으므로, **8 days** 또는 **eight days**가 정답이다.

2 호텔은 무엇에 추가 비용을 청구하는가?

> **해설** 문제의 핵심어구(What ~ hotel charge extra)와 관련된 지문 내용 중 남자가 'the hotel can arrange local tours ~ if you pay extra'라며 추가 비용을 지불하면 호텔에서 지역 관광을 마련해줄 수 있다고 하였으므로, **local tours**가 정답이다.

3 패키지의 총비용은 얼마인가?

> **해설** 문제의 핵심어구(How much ~ total cost of the package)와 관련된 지문 내용 중 남자가 'the total cost would be $820'라며 총비용은 820달러라고 하였으므로, **$820** 또는 **820 dollars**가 정답이다.

Questions 4-7 영국식 발음 → 영국식 발음

🎧 CH7_HP4-7.mp3

Part 2. You will hear a conversation between a radio host and a guest about an animal shelter.	파트 2. 동물 보호소에 관한 라디오 진행자와 출연자 간의 대화를 들으세요.
W: This afternoon we are very happy to welcome Paul Eckhart from animal shelter Pups for Pals to our show. So, tell me a little bit about Pups for Pals, Paul.	여: 오늘 오후에 동물 보호소 Pups for Pals의 Paul Eckhart를 저희 쇼에 맞이하게 되어 매우 기쁘네요. 자, Pups for Pals에 대해 조금 알려주세요, Paul.

M: Well, we are a group of volunteers that run a shelter for homeless animals in the heart of London. We attempt to place stray or abandoned pets into good homes with caring owners. ⁴The shelter is 15 years old now and during the past few years we were able to find homes for more than 250 pets. I started out with just myself and two other acquaintances. We now have our own facility and more than 30 volunteers. Actually, the shelter is completely run by volunteers. Last month we were awarded a grant from the government which will allow us to open a second branch. Right now our location is full to capacity and ⁵launching the new branch next month will give us space for far more animals. So, in the long run the other location will really help us a lot to save even more homeless animals.

W: Now, I'm certain that our listeners would be very eager to hear about the weekend programme you are planning. Could you give us some more details about that?

M: Sure. Well, what it is . . . previously, volunteers could only take care of pets in the shelter, but ⁶with our new programme they can take a pet home for the weekend. This both allows the dogs or cats some freedom from the shelter and also permits people to have a companion for those days. Those of us volunteering at the shelter try to interact with as many of the animals as possible, but pets also need more personal attention. This programme allows for more of that. And often we find that volunteers will keep the animals permanently. We've had dozens of animals adopted through this programme.
So, it's really easy to help out at the shelter. You can volunteer on a regular basis at our location, or sign up to take a pet home for the weekend. And, of course, giving money is always welcome. ⁷Our costs – power, gas, food, medication – are all covered by donations. It takes a lot of money to care for some of these animals so any financial help we get is always appreciated.

W: Thanks so much for that very informative . . .

남: 음, 저희는 런던 중심부에서 집이 없는 동물들을 위해 보호소를 운영하는 자원봉사자 단체입니다. 저희는 주인이 없거나 유기된 반려동물들에게 보살펴 주는 주인이 있는 좋은 집을 구해 주기 위해 노력하고 있어요. ⁴보호소는 이제 15년이 되었고 지난 몇 년 동안 저희는 250마리가 넘는 반려동물들에게 집을 찾아줄 수 있었어요. 저는 저 자신과 다른 두 명의 지인만으로 시작했습니다. 지금은 자체 시설과 30명이 넘는 자원봉사자가 있죠. 사실, 보호소는 완전히 자원봉사자들에 의해 운영됩니다. 지난달에 저희는 두 번째 지부를 열 수 있도록 해 줄 정부 보조금을 받았어요. 현재 저희 지점은 정원이 다 찼고 ⁵다음 달에 새 지부를 개시하는 것은 훨씬 더 많은 동물들을 위한 공간을 제공할 거예요. 그래서, 장기적으로 보면 다른 지점은 집 없는 동물들을 훨씬 더 많이 구하는 데 많은 도움이 될 겁니다.

여: 이제, 청취자들은 분명 귀하께서 계획하고 있는 주말 프로그램에 대해 매우 듣고 싶어하실 것 같아요. 그것에 대해 좀 더 많은 세부 정보를 주시겠어요?

남: 물론입니다. 음, 그건… 이전에는, 자원봉사자들이 보호소 안에서만 반려동물들을 돌볼 수 있었지만, ⁶새로운 프로그램에서 그들은 주말에 반려동물을 집에 데려갈 수 있어요. 이는 개와 고양이들에게 보호소로부터 얼마간의 자유를 줄 뿐만 아니라 사람들에게도 그 동안 친구를 얻을 수 있도록 할 겁니다. 보호소에서 자원봉사를 하는 사람들은 최대한 많은 동물들과 소통하려고 노력하지만, 반려동물들은 보다 개인적인 보살핌도 필요해요. 이 프로그램은 그것을 더욱 가능하게 합니다. 그리고 종종 그 자원봉사자들이 동물들을 영구적으로 키우게 되기도 합니다. 이 프로그램을 통해 많은 동물들이 입양되었어요.
자, 보호소를 돕는 것은 정말 쉬운 일입니다. 저희 지점에서 정기적으로 자원봉사를 하시거나, 주말에 반려동물을 집에 데려가는 것을 신청하실 수 있어요. 그리고, 물론, 자금 제공은 언제나 환영입니다. ⁷전기, 가스, 음식, 약품 등 저희의 비용은 모두 기부금에 의해 충당됩니다. 이 동물들 중 몇몇은 돌보는 데 많은 돈이 들기 때문에 저희가 받을 수 있는 어떤 금전적인 도움이든 항상 환영이에요.

여: 매우 유익한 정보를 주셔서 정말 감사드리고…

어휘   shelter[미 ʃéltər, 영 ʃéltə] 보호소 stray[strei] 주인이 없는, 길 잃은 abandoned[əbǽndənd] 유기된, 버려진
       acquaintance[əkwéintəns] 지인, 아는 사람 grant[미 grænt, 영 grɑːnt] 보조금 launch[lɔːntʃ] 개시하다, 시작하다
       companion[kəmpǽnjən] 친구, 동반자 permanently[미 pə́ːrmənəntli, 영 pə́ːmənəntli] 영구적으로, 영원히 dozens of 많은, 수십의

Questions 4-7

4 Pups for Pals 보호소는 얼마나 오래 전에 설립되었는가?

> 해설 문제의 핵심어구(How long ~ Pups for Pals shelter founded)와 관련된 지문 내용 중 남자가 'The shelter is 15 years old now'라며 보호소는 이제 15년이 되었다고 하였으므로, **15 years (ago)**가 정답이다.

5 보호소는 언제 새로운 지부를 열 것인가?

해설 문제의 핵심어구(When ~ open a new branch)와 관련된 지문 내용 중 남자가 'launching the new branch next month'라며 다음 달에 새 지부를 개시하는 것이라고 하였으므로, **next month**가 정답이다.

6 새로운 프로그램에서 자원봉사자들은 반려동물들을 어디로 데려갈 수 있는가?

해설 문제의 핵심어구(Where ~ volunteers take the pets)와 관련된 지문 내용 중 남자가 'with our new programme they can take a pet home for the weekend'라며 새로운 프로그램에서 자원봉사자들은 주말에 반려동물을 집에 데려갈 수 있다고 하였으므로, **home**이 정답이다.

7 보호소는 경비를 어떻게 지불하는가?

해설 문제의 핵심어구(How ~ shelter pay for its expenses)와 관련된 지문 내용 중 남자가 'Our costs ~ are all covered by donations.'라며 그들의 비용은 모두 기부금에 의해 충당된다고 하였으므로, **(by) donations**가 정답이다.

Questions 8-11 미국식 발음 → 미국식 발음

CH7_HP8-11.mp3

Part 3. You will hear a conversation between a professor and a student about a play direction project.

M: So, you've been working on your one-act play project assigned for your directing course. Tell me what you've done so far, Sarah.

W: Well, at first I thought about directing *A Kind of Alaska* by Harold Pinter. It has a small cast and wouldn't be too complicated to direct, so that would have been another advantage. But it is a very serious drama . . .

M: Why would that be a problem?

W: There are a lot of other students in our course doing serious dramas, and I wanted to do something which would stand out a bit, so ⁸I decided to do a comedy. I read through several scripts of contemporary one-act works, but, uh, I didn't find anything that really appealed to me.

M: Did you read any scripts that were older, you know, classic plays?

W: I did, and that's when I found a script called *Dark Lady of the Sonnets*, by George Bernard Shaw. ⁹It was written about 100 years ago, but the story is about William Shakespeare in Elizabethan England in the late 1500s, so it is set about 500 years ago. Anyway, I chose it in the end because it has a very classical feel, yet is still quite contemporary.

M: That sounds great, Sarah. I know the play well. Although it was written in the early 1900s, it does have a very contemporary point of view with regard to feminism. I think that would be very interesting, and it presents some exciting challenges in terms of direction. So now I guess you need to think about casting and

파트 3. 연극 연출 프로젝트에 관한 교수와 학생 간의 대화를 들으세요.

남: 그래, 연출 수업에서 맡은 네 단막극 프로젝트를 위해 작업하고 있었구나. 지금까지 무엇을 했는지 말해다오, Sarah.

여: 음, 처음에는 해럴드 핀터의 '일종의 알래스카'를 연출하려고 생각했어요. 소규모의 출연진이 있고 연출하기에 너무 복잡하지 않을 것이어서, 그게 또 다른 장점일 수도 있었어요. 하지만 그건 매우 진지한 드라마이고...

남: 왜 그게 문제가 되니?

여: 저희 수업에 진지한 드라마를 하는 다른 학생들이 많은데, 저는 조금 돋보일 수 있는 무언가를 하고 싶어서, ⁸코미디를 하기로 했어요. 현대 단막극 작품들의 각본을 여러 개 읽어 보았지만, 어, 정말로 제 마음에 드는 것은 아무것도 찾지 못했어요.

남: 더 오래된 각본들, 그러니까, 고전극들을 읽어보았니?

여: 네, 그리고 그때 조지 버나드 쇼의 '소네트의 흑부인'이라는 각본을 찾았어요. ⁹그건 약 100년 전에 쓰였지만, 1500년대 후반 엘리자베스 1세 시대 영국에서의 윌리엄 셰익스피어에 대한 이야기여서, 약 500년 전으로 설정되어 있어요. 어쨌든, 그것이 매우 고전적인 분위기를 가지고 있지만, 그런데도 상당히 현대적이기 때문에 저는 결국 그걸 선택했어요.

남: 훌륭하구나, Sarah. 나는 그 연극에 대해 잘 알고 있어. 비록 1900년대 초반에 쓰이긴 했지만, 페미니즘에 관해 아주 현대적인 관점을 가지고 있지. 내 생각엔 그것이 매우 흥미로울 것 같고, 연출 면에서 몇몇 흥미진진한 도전들을 제시한단다. 그럼 이제 출연진과 무대 장치에 대해 생각해보아야 할 것 같구나. 지금까지 그것들에 대해 생각해 본

set. Have you thought about those things yet?

W: A bit. The original script calls for a complicated set, but it would take too much time to build something like that. ¹⁰I think I will do a very simple set.

M: Yes, that's true, Sarah, but fortunately ¹¹the university has an old set from *Romeo and Juliet* in storage. It includes a balcony, which is a necessary component of the play you will be directing. It also features a fireplace which would be interesting to use. All you'd have to do is set it all up.

W: That may be true, but it is quite a large set. It would take a lot of time to assemble.

M: Okay, I understand. So, Sarah, what types of actors will you need for the play?

적이 있니?

여: 조금이요. 원작 각본은 복잡한 무대 장치를 필요로 하지만, 그런 걸 지으려면 너무 많은 시간이 걸릴 거예요. ¹⁰저는 아주 단순한 무대 장치를 만들 생각이에요.

남: 그래, 맞아, Sarah, 하지만 다행히도 ¹¹대학에서 '로미오와 줄리엣'의 오래된 무대 장치를 보관하고 있단다. 이 무대 장치는 발코니를 포함하는데, 그건 네가 연출할 연극에 필수적인 요소지. 거기엔 네가 사용하기에 흥미로울 만한 벽난로도 있단다. 네가 해야 할 일은 그걸 모두 설치하는 것뿐이야.

여: 그럴 수도 있지만, 그건 상당히 큰 무대 장치예요. 조립하려면 시간이 많이 들 거예요.

남: 좋아, 이해한단다. 그래서, Sarah, 연극을 위해 어떤 유형의 배우들이 필요하니?

어휘   **one-act play** 단막극   **direct**[미 dirékt, 영 dairékt] 연출하다, 감독하다   **complicated**[미 kámpləkèitid, 영 kɔ́mplikeitid] 복잡한, 어려운   **contemporary**[미 kəntémpərèri, 영 kəntémpərəri] 현대의, 동시대의   **appeal**[əpíːl] 마음에 들다   **call for** ~을 필요로 하다, 요구하다   **component**[미 kəmpóunənt, 영 kəmpóunənt] 요소, 부품   **assemble**[əsémbl] 조립하다, 모으다

Questions 8-11

8 Sarah는 어떤 종류의 연극을 연출하기로 선택했는가?

> **해설** 문제의 핵심어구(What type ~ Sarah chosen to direct)와 관련된 지문 내용 중 여자가 'I decided to do a comedy'라며 코미디를 하기로 했다고 하였으므로, **comedy**가 정답이다.

9 '소네트의 흑부인'은 몇 년 전에 쓰였는가?

> **해설** 문제의 핵심어구(How many years ~ *Dark Lady of the Sonnets* written)와 관련된 지문 내용 중 여자가 'It was written about 100 years ago'라며 '소네트의 흑부인'은 약 100년 전에 쓰였다고 하였으므로, **100 (years)**가 정답이다.

10 Sarah는 자신이 만들 무대 장치를 어떻게 묘사하는가?

> **해설** 문제의 핵심어구(How ~ Sarah describe the set)와 관련된 지문 내용 중 여자가 'I think I will do a very simple set.'라며 아주 단순한 무대 장치를 만들 생각이라고 하였으므로, very simple이 답이 될 수 있다. 지시문에서 한 단어로만 답을 작성하라고 하였으므로, **simple**이 정답이다.

11 오래된 무대 장치의 어떤 요소가 Sarah에게 필수적인가?

> **해설** 문제의 핵심어구(Which element ~ essential)와 관련된 지문 내용 중 남자가 'the university has an old set ~. It includes a balcony, which is a necessary component of the play you will be directing.'이라며 대학에서 오래된 무대 장치를 보관하고 있다고 한 뒤 이 무대 장치는 발코니를 포함하는데 그건 여자가 연출할 연극에 필수적인 요소라고 하였으므로, **balcony**가 정답이다.

Part 3. You will hear a conversation between two students about a report on tribal culture in Borneo.	파트 3. 보르네오의 부족 문화와 관련된 보고서에 관한 두 학생 간의 대화를 들으세요.

M: Let's get started then, shall we Alice? So the piece about contemporary Borneo's tribes was really interesting – the one about current lifestyles of the tribal people.

W: The article on the diversity of culture in tribal communities? Yeah, [12]anthropologists were discovering shifts in food, hunting, harvesting; even music, dance and community structures are changing. It's quite unusual, isn't it Gordon?

M: Yes, the article definitely has material we can include in our report. At first I was confused about which tribes were being studied – as the island of Borneo is the territory of Malaysia . . .

W: . . . and Indonesia. Yes, but it seems they studied tribes from all over the island.

M: That's right. But as I understand it, [13]the article focuses mostly on how tribal traditions are going through changes because of modern pop culture.

W: Didn't the article say that was because of television?

M: I think it was all media. Tribes in Indonesia, for example, would mostly get TV channels, radio stations, publications, and even web content from there. And many tribes had access to media from both countries and so [14]they were being persuaded by both to alter their traditional way of living.

W: Oh, yes. [14]The author uses the concept 'media influence' to describe this phenomenon.

M: Using this concept, I thought we could do a comparison study. Find research data on tribal culture from the past, and compare it to more current data.

W: OK, that sounds like a good approach. How should we start?

M: So, we'd need to first see how much other information is out there . . . other articles or reports . . . or we could just track down actual tribal members currently living in Borneo. You know . . . use social media sites to collect current data.

W: Or, do a bit of both. Not everyone will be able to access social media sites. So, [15]it would be good to include statistics from other studies that included a broader selection of tribal members.

M: [15]That's right. Then we might still need to gather older data regarding past traditions so that we can do the comparison. I did read another article about the tribal people in . . .

어휘 anthropologist[미 ænθrəpάlədʒist, 영 ænθrəpɔ́lədʒist] 인류학자 **shift**[ʃift] 변화 **structure**[미 strʌ́ktʃər, 영 strʌ́ktʃə] 구조, 조직, 구성 **territory**[미 térətɔ̀ːri, 영 téritəri] 영토 **have access to** ~에 접근할 수 있다 **alter**[미 ɔ́ːltər, 영 ɔ́ltə] 바꾸다, 변하다 **comparison**[kəmpǽrisn] 비교 **track down** ~을 찾아내다

12 Alice는 부족 내에서 일어난 변화들을 어떻게 묘사하는가?

해설 문제의 핵심어구(How ~ Alice describe the changes)와 관련된 지문 내용 중 여자가 'anthropologists were discovering shifts ~. It's quite unusual'이라며 인류학자들이 변화를 발견하고 있었다고 한 뒤 아주 특이한 일이라고 하였으므로, **(quite) unusual**이 정답이다.

13 기사는 부족의 전통이 변화한 이유로 어떤 유형의 문화에 초점을 맞추는가?

해설 문제의 핵심어구(Which type of culture ~ cause of the changes to tribal traditions)와 관련된 지문 내용 중 남자가 'the article focuses mostly on how tribal traditions are going through changes because of modern pop culture'라며 기사는 주로 부족의 전통이 어떻게 현대 대중문화로 인해 변화를 겪고 있는지에 초점을 맞추고 있다고 하였으므로, **(modern) pop**이 정답이다.

14 부족의 생활양식이 바뀐 이유로 기사의 저자가 사용하는 용어는 무엇인가?

해설 문제의 핵심어구(What term ~ the author of the article use)와 관련된 지문 내용 중 남자가 'they were being persuaded ~ to alter their traditional way of living'이라며 부족들은 전통적인 삶의 양식을 바꾸도록 설득당하고 있었다고 하자, 여자가 'The author uses the concept 'media influence' to describe this phenomenon.'이라며 저자는 이 현상을 설명하기 위해 '매체 영향'이라는 개념을 사용한다고 하였으므로, **media influence**가 정답이다.

15 Alice와 Gordon은 무엇을 포함하는 데 동의하는가?

해설 문제의 핵심어구(What ~ agree to include)와 관련된 지문 내용 중 여자가 'it would be good to include statistics from other studies'라며 다른 연구들의 통계 자료를 포함하는 것이 좋을 것 같다고 하자 남자가 'That's right.'이라며 동의하였으므로, **statistics**가 정답이다.

HACKERS TEST

p.122

1 A	**2** C	**3** written
4 ancient	**5** spoke	**6** (an) overview
7 (some / early) tablets	**8** (his) introduction	**9** British Museum
10 spades		

Questions 1-10 영국식 발음 → 영국식발음

🎧 CH7_HT1-10.mp3

Part 3. You will hear two archaeology students talking about a dissertation.

W: Hi, Wesley! It's been a while since I saw you last. How've you been?

M: Hi, Tara. Everything has been fine. I'm working on my archaeology dissertation. You wrote yours last year, right?

W: Yeah, on the Bronze Age.

파트 3. 학위 논문에 관해 두 명의 고고학 학생들이 이 야기하고 있는 것을 들으세요.

여: 안녕, Wesley! 지난번에 본 이후로 오랜만이네. 어떻게 지냈니?

남: 안녕, Tara. 잘 지냈어. 고고학 학위 논문을 쓰고 있어. 넌 작년에 썼지, 그렇지?

여: 응, 청동기 시대에 관해서.

M: Oh, really? That's the era I've chosen too.

W: Oh, great . . . Well, you might be interested in joining a dig we are going on with our professor at a quarry in Cambridgeshire . . . It's just a few hundred metres down the road from Kings Delph Forest. [1]We aim to find out more about the roots of Beaker culture in England.

M: I would love to. The Beaker people were famous for their copper and bronze bottles, right?

W: Yes. That's why they got the name 'beaker'. But [2]there's some argument among archaeologists about whether the Beaker people were originally English or were a foreign group whose products increasingly ended up here due to trade. Whichever is true, their products first appeared in England around 4,000 years ago, according to the archaeological record.

M: That's fascinating. Joining this dig could be helpful for my dissertation actually. [3]Hopefully there might be some clues about the written language of the Beaker culture that I could use, and seeing how they were influenced by earlier cultures would be interesting.

W: Sure. I'm so glad you'll be coming along. So is language in the Bronze Age what you are researching for your dissertation?

M: Well, [4]I'm taking a course in linguistics which involves looking at the roots of ancient languages. So, I'm particularly curious about Celtic languages during the Bronze Age. Unfortunately, [5]it's impossible to determine what the people spoke or whether there was a standard language used in the period. So I'm not sure if I'm on the right track.

W: Interesting. I'm sure that coming on the dig will help focus your research. There could be inscriptions on the artefacts, so you might be able to determine whether they are related to Celtic dialects.

M: True, something like that would be a huge help for my dissertation.

W: If you really want to offer an overview of the roots of Celtic languages, you should also look into the Hallstatt culture. I think that's generally considered to be the basis for Celtic culture and language, so it would be worthwhile to compare the Beaker culture and the Hallstatt culture in relation to Celtic languages. I think a comparative approach would be really interesting.

M: That would be good. I've been reading about the Hallstatt a lot, so I have some good material for that already.

W: [6]I would also suggest doing an overview of the existing archaeological record, since there would be a lot of artefacts related to the early growth of Celtic languages. In fact, I think [7]my professor has done some work in Wales which might be

---

남: 아, 정말? 내가 고른 시대도 그거야.

여: 오, 잘됐네... 음, 네가 우리 교수님과 함께 캠브리지셔에 있는 채석장으로 가는 발굴에 참여하고 싶을지도 모르겠다... 그곳은 Kings Delph 숲에서 단 몇백 미터만 가면 있어. [1]우리는 영국의 비커 문화의 기원에 관해 더 많이 알아내는 것을 목표로 하고 있어.

남: 나도 가고 싶어. 비커족은 구리와 청동 병으로 잘 알려져 있었어, 그렇지?

여: 그래. 그들이 '비커'라는 이름을 얻은 이유지. 하지만 [2]고고학자들 사이에서 비커족이 원래 영국인이었는지 아니면 교역으로 인해 그들의 물품이 점점 더 많이 이곳에 남게 된 외국인 집단인지에 대한 논쟁이 좀 있어. 어느 쪽이 사실이든 간에, 고고학적 기록에 따르면, 그들의 물품은 약 4,000년 전에 영국에 처음 출현했어.

남: 매우 흥미롭네. 정말로 이 발굴에 참여하는 것이 내 학위 논문에 도움이 될 것 같아. [3]내가 활용할 수 있는 비커 문화의 문자 언어에 관한 실마리들이 그곳에 좀 있으면 좋겠고, 그들이 앞선 문화들에게서 어떻게 영향을 받았는지 보는 것은 흥미로울 것 같아.

여: 물론이지. 네가 올 거라니 정말 기뻐. 그러니까 청동기 시대의 언어가 네가 학위 논문을 위해 연구하고 있는 것이니?

남: 음, [4]나는 고대 언어의 기원을 살펴보는 것을 포함하는 언어학 강좌를 듣고 있어. 그래서, 특히 청동기 시대 켈트족의 언어에 대해 알고 싶어. 유감스럽게도, [5]그 시기에 사람들이 어떤 언어로 말했는지 또는 사용되던 표준 언어가 있었는지 알아내기는 불가능해. 그래서 올바른 방향으로 나아가고 있는지 잘 모르겠어.

여: 흥미롭네. 발굴에 오는 것이 네 연구의 초점을 맞추는데 도움이 될 거라고 확신해. 공예품들에 적힌 글이 있을 수도 있으니, 그것들이 켈트족의 방언과 관련이 있는지 알아낼 수도 있을 거야.

남: 맞아, 그런 것들은 내 학위 논문에 큰 도움이 될 거야.

여: 네가 만약 정말 켈트족 언어의 기원에 대한 개요를 설명하고 싶다면, 할슈타트 문화도 조사해봐야할 거야. 그것이 일반적으로 켈트족 문화와 언어의 기반이 된다고 여겨지는 것 같으니, 켈트족 언어에 관해 비커 문화와 할슈타트 문화를 비교하는 것은 해볼만한 가치가 있을 거야. 나는 비교접근법이 매우 흥미로울 거라고 생각해.

남: 좋은 것 같아. 나는 할슈타트에 관해 많이 읽어보고 있었어서, 이미 그것에 대해 좋은 자료를 좀 가지고 있어.

여: [6]또한 기존 고고학적 기록의 개요를 설명하는 것도 제안하고 싶은데, 왜냐하면 거기엔 켈트족 언어의 초기 발달과 관련된 많은 공예품들이 있을 것이기 때문이야. 사실, 내 생각엔 [7]우리 교수님이

interesting for you; he discovered some very early tablets which were inscribed with a Celtic script, although he was actually looking for Beaker artefacts at the time. They dated them to just before the start of the Iron Age, in the very last decades of the Bronze Age.

M: Wow, that's really interesting, and definitely something I could write about in my dissertation.

W: You can talk to him on the dig then. I'm sure he has far more to say on the subject. How much have you written so far?

M: Not much. ⁸I've written an introduction but I think I'll have to go back and revise it. The only part which I've done and I'm happy with is the literature review.

W: Well, that's not too bad. I almost completely rewrote mine before handing in my dissertation. Also remember that primary sources are really important for an archaeological project. So ⁹I would try and find more artefacts you can write about. I'm sure there are some in the British Museum which could be relevant. Have you looked there yet?

M: Not yet, but that's a really good idea. I'll look into that this week. Thanks so much for your help, Tara.

W: No problem, and I'll see you at the dig on Wednesday. Remember to bring waterproof boots, gloves and, if you have one, a backpack. ¹⁰The team leader will bring spades which you can use on the site. I'll send you more details later.

M: OK, thanks. And I'll bring my camera so that I can take pictures of the dig. Hopefully we find some interesting stuff!

웨일스에서 네가 흥미를 가질 만한 몇몇 작업을 하셨던 것 같아. 교수님은 사실 그때 비커 공예품을 찾고 계셨는데, 켈트족 문자가 새겨진 아주 초기의 명판 몇 개를 발견하셨어. 그들은 그것들의 연대를 철기 시대가 시작하기 바로 전인, 청동기 시대의 가장 마지막 수십 년으로 추정했어.

남: 와, 그거 정말 흥미롭네, 그리고 확실히 내 학위 논문에서 쓸 수 있는 내용이야.

여: 그럼 발굴 작업 때 교수님과 이야기할 수 있을 거야. 그분이 이 주제에 대해 하실 말씀이 훨씬 많을 거라고 확신해. 지금까지 얼마나 썼니?

남: 많지 않아. ⁸서문을 작성했지만 다시 돌아가서 그걸 수정해야 할 것 같아. 내가 완성했고 만족하는 유일한 부분은 문헌 조사야.

여: 음, 그렇게 나빠지는 않네. 나는 학위 논문을 제출하기 전에 내 것을 거의 완전히 새로 썼어. 또한 고고학 프로젝트에서는 1차 자료가 매우 중요하다는 것을 기억해. 그러니 ⁹나라면 쓸 거리가 있는 공예품을 더 많이 찾아 보려고 하겠어. 대영 박물관에 분명 관련 있을 만한 것들이 몇 개 있을 거야. 그곳을 찾아보았니?

남: 아니 아직, 하지만 정말 좋은 생각이야. 이번 주에 그걸 조사할게. 도와줘서 정말 고마워, Tara.

여: 천만에, 그럼 수요일에 발굴에서 만나. 방수 장화, 장갑 그리고, 만약 있다면, 배낭도 가져오는 걸 잊지 마. ¹⁰팀의 리더가 현장에서 사용할 수 있는 삽을 가져올 거야. 나중에 더 많은 세부 사항을 보내줄게.

남: 오, 고마워. 그리고 발굴 사진을 찍을 수 있도록 내 카메라를 가져갈게. 흥미로운 것들을 좀 찾을 수 있으면 좋겠다!

어휘 archaeology[미 à:rkiɑ́lədʒi, 영 à:kiɔ́lədʒi] 고고학 bronze[미 brɑnz, 영 brɔnz] 청동 dig[dig] 발굴 quarry[미 kwɔ́:ri, 영 kwɔ́ri] 채석장 copper[미 kɑ́pər, 영 kɔ́pə] 구리, 동 linguistics[liŋgwístiks] 언어학 on the right track 올바른 방향으로 나아가는 inscription[inskrípʃən] 적힌 글, 새겨진 글 artefact[미 á:rtəfækt, 영 á:təfækt] 공예품, 인공 유물 dialect[미 dáiəlèkt, 영 dáiəlekt] 방언 overview[미 óuvərvjù:, 영 óuvəvju:] 개요, 개관 worthwhile[미 wə̀:rθhwáil, 영 wə̀:θwáil] ~할 가치가 있는 comparative[kəmpǽrətiv] 비교의, 비교를 통한 tablet[미 tǽblit, 영 tǽblət] 명판, 현판 date[deit] (사건·미술품에) 연대를 추정하다 spade[speid] 삽

Questions 1-2

1 발굴에서, 학생들은 -에 관해 더 많이 찾고자 한다.

   A 영국에서 비커 문화가 어떻게 생겨났는지

   B 비커족이 만든 병의 종류

   C 고대 영국 사람들의 일과

> 해설 문제의 핵심어구(At the dig ~ find out)와 관련된 지문 내용 중 여자가 'We aim to find out more about the roots of Beaker culture in England.'라며 영국의 비커 문화의 기원에 관해 더 많이 알아내는 것을 목표로 하고 있다고 하였으므로, 보기 A how Beaker culture emerged in England가 정답이다.
>
> 🔍 오답 확인하기
> B는 지문의 'bottles'와 'Beaker people'을 언급해 혼동하기 쉽지만, 지문에서 비커족이 만든 병의 종류에 대한 내용은 언급하지 않았으므로 오답이다.
> C는 지문의 'England'를 언급해 혼동하기 쉽지만, 지문에서 고대 영국 사람들의 일과에 대한 내용은 언급하지 않았으므로 오답이다.

2 고고학자들은 비커족이 −한지에 대해 의견이 다르다.
   A   4,000년 전에 영국으로 들어온 물품을 만들었는지
   B   영국 내에서 교역을 했는지 혹은 다른 나라들과 교역을 했는지
   C   영국에서 기원했는지 혹은 외국 어딘가에서 기원했는지

> **해설** 문제의 핵심어구(Archaeologists disagree)와 관련된 지문 내용 중 여자가 'there's some argument among archaeologists about whether the Beaker people were originally English or were a foreign group'이라며 고고학자들 사이에서 비커족이 원래 영국인이었는지 아니면 외국인 집단인지에 대한 논쟁이 좀 있다고 하였으므로, 보기 C originated in England or in some foreign land가 정답이다. 'were originally English or were a foreign group'이 'originated in England or in some foreign land'로 paraphrasing되었다.
>
> 🔍 **오답 확인하기**
> A는 지문의 'products'와 '4,000 years ago'를 언급해 혼동하기 쉽지만, 문제에서 묻는 고고학자들이 의견이 다른 것과 관련된 내용이 아니므로 오답이다.
> B는 지문의 'trade'를 언급해 혼동하기 쉽지만, 지문에서 비커족이 영국 내에서 교역을 했는지 혹은 다른 나라들과 교역을 했는지에 대한 내용은 언급하지 않았으므로 오답이다.

Questions 3-5

3 Wesley는 발굴에서 비커 문화의 .... 언어에 대한 몇 가지 실마리들을 찾기를 바란다.

> **해설** 문제의 핵심어구(find some clues)와 관련된 지문 내용 중 남자가 'Hopefully there might be some clues about the written language of the Beaker culture that I could use'라며 활용할 수 있는 비커 문화의 문자 언어에 관한 실마리들이 발굴에 좀 있으면 좋겠다고 하였으므로, **written**이 정답이다.

4 Wesley는 .... 언어의 기원에 초점을 맞춘 언어학 강좌를 듣고 있다.

> **해설** 문제의 핵심어구(linguistics course)와 관련된 지문 내용 중 남자가 'I'm taking a course in linguistics which involves looking at the roots of ancient languages'라며 고대 언어의 기원을 살펴보는 것을 포함하는 언어학 강좌를 듣고 있다고 하였으므로, **ancient**가 정답이다.

5 청동기 시대 사람들이 어떻게 .... 했는지를 아는 것은 매우 어렵다.

> **해설** 문제의 핵심어구(how Bronze Age people)와 관련된 지문 내용 중 남자가 'it's impossible to determine what the people spoke ~ in the period.'라며 청동기 시기에 사람들이 어떤 언어로 말했는지 알아내기는 불가능하다고 하였으므로, **spoke**가 정답이다.

Questions 6-10

6 Tara는 Wesley가 고고학적 기록에 관해 무엇을 포함해야 한다고 제안하는가?

> **해설** 문제의 핵심어구(What ~ Tara suggest ~ about the archaeological record)와 관련된 지문 내용 중 여자가 'I would also suggest doing an overview of the existing archaeological record'라며 또한 기존 고고학적 기록의 개요를 설명하는 것도 제안하고 싶다고 하였으므로, **(an) overview**가 정답이다.

7 Tara의 교수는 웨일스에서 무엇을 찾았는가?

> **해설** 문제의 핵심어구(What ~ Tara's professor find)와 관련된 지문 내용 중 여자가 'my professor has done some work in Wales ~ he discovered some very early tablets'라며 자신의 교수님이 웨일스에서 몇몇 작업을 하셨던 것 같다고 한 뒤 그는 아주 초기의 명판 몇 개를 발견했다고 하였으므로, some very early tablets가 답이 될 수 있다. 지시문에서 두 단어 이내로 답을 작성하라고 하였으므로, **(some) tablets** 또는 **(early) tablets**가 정답이다.

8 Wesley는 논문의 어떤 부분을 다시 하고 싶어하는가?

해설 문제의 핵심어구(Which part of his dissertation ~ want to redo)와 관련된 지문 내용 중 남자가 'I've written an introduction but I think I'll have to go back and revise it.'이라며 서문을 작성했지만 다시 돌아가서 그걸 수정해야 할 것 같다고 하였으므로, **(his) introduction**이 정답이다. 'go back and revise'가 'redo'로 paraphrasing되었다.

9 Tara는 Wesley가 더 많은 공예품을 찾기 위해 어떤 장소에 방문하기를 제안하는가?

해설 문제의 핵심어구(Which place ~ find more artefacts)와 관련된 지문 내용 중 여자가 'I would try and find more artefacts ~. I'm sure there are some in the British Museum'이라며 자신이라면 쓸 거리가 있는 공예품을 더 많이 찾아 보려고 하겠다고 한 뒤 대영 박물관에 분명 몇 개 있을 거라고 하였으므로, **British Museum**이 정답이다.

10 팀의 리더는 발굴에 무엇을 가져올 것인가?

해설 문제의 핵심어구(What will ~ team leader bring)와 관련된 지문 내용 중 여자가 'The team leader will bring spades'라며 팀의 리더가 삽을 가져올 거라고 하였으므로, **spades**가 정답이다.

1	Raleigh	2	full day	3	9 (o'clock) pm
4	£18 / 18 pounds	5	(6/six) microphones / mics	6	(advance) booking / reservation
7	(a) shuttle	8	10% / 10 per cent	9	outside
10	removed	11	B	12	B
13	C	14	B	15	C
16	A	17	C	18	A
19	B	20	E	21	road
22	photographs / photos	23	(the) mountains	24	permits
25	primary	26	(the) website	27	stone structures
28	mapping	29	contemporary	30	Friday
31	B	32	B	33	B
34	A	35	B	36	protective
37	attract / draw	38	dance	39	simple
40	effort / work				

Questions 1-10 영국식 발음 → 영국식 발음

🎧 AT1-10.mp3

Part 1. You will hear a conversation between a convention centre agent and a customer about hiring a venue.

M: Hello. This is the Worthington Convention Centre. Can I help you?

W: Hi there. My name is Samantha Harris, and I'm calling from Franklin Insurance. Yes, uh, I wanted to ask about hiring a venue for a conference in June. We are expecting about 60 participants. Have you got anything for that number?

M: Yes, we have the Wentworth Auditorium. It is 100 square metres so that will hold all of you. Oh, and the Raleigh Auditorium would also work. It is 80 square metres, which still is more than enough.

W: ¹Is that free on the 12th of June?

M: Let me check . . . ¹Yes it is.

W: Got it. And ¹what was the name of that one again?

M: The Raleigh Auditorium. ¹That's R-A-L-E-I-G-H.

W: Great, and how much is that?

M: ²For a full day, the price is £480, but a half day is £250. Costs are slightly higher for Saturdays and Sundays. If you book a full day, ³you can use the auditorium from 8 am to 9 pm.

W: OK. We'll only need it from 9 am to about 7 pm. And what about

파트 1. 장소 임대에 관해 컨벤션 센터 직원과 고객 간의 대화를 들으세요.

남: 안녕하세요. 워싱턴 컨벤션 센터입니다. 무엇을 도와 드릴까요?

여: 안녕하세요. 제 이름은 Samantha Harris이고, Franklin 보험사에서 전화 드렸어요. 네, 어, 저는 6월에 회의를 개최할 장소를 빌리는 것에 대해 문의하고 싶었어요. 참가자는 약 60명 정도로 예상하고 있어요. 그 정도의 인원수에 맞는 곳이 있나요?

남: 네, Wentworth 강당이 있네요. 100제곱미터니까 모두를 수용할 수 있을 겁니다. 오, 그리고 Raleigh 강당도 가능할 거예요. 그건 80제곱미터인데, 그래도 충분하고도 남을 겁니다.

여: ¹6월 12일에 비어있나요?

남: 확인해 보겠습니다... ¹네 그렇네요.

여: 알겠어요. 그리고 ¹그곳 이름이 뭐였는지 다시 말씀해주시겠어요?

남: Raleigh 강당입니다. ¹R-A-L-E-I-G-H에요.

여: 좋아요, 그리고 얼마인가요?

남: ²종일 가격은 480파운드이지만, 반나절은 250파운드입니다. 토요일과 일요일에는 비용이 약간 더 들고요. 종일 예약을 하시면, ³오전 8시부터 오후 9시까지 강당을 사용하실 수 있습니다.

meals? I was told that the centre has dining facilities. We will probably need lunches for everyone.

M: Yes, we have a good variety of menu options. We can cater meals especially for your group at £15 per person, and [4]our chefs can also prepare special meals – vegetarian, low-fat, low-sugar, and so on – for £18 apiece. Soft drinks, juice, coffee, and tea are included and can be requested from our waiters. And everything is served in Miller Hall . . . our dining area. Oh, and if you want, we can also do buffet-style service.

W: OK. That's good to know. Now, there are a couple things we will need for the conference. [5]We'll need some audiovisual equipment including a projector, six microphones, and a sound system.

M: [5]We can supply the microphones and sound system at no extra cost, but we don't have a projector at the moment, so you will have to supply that yourself. However, we do have a full-time staff member who deals with set up and equipment.

W: Great. Oh, and does your facility offer Internet access?

M: Certainly. A password is needed to log on and it is free for all guests attending events. We change it daily, for security reasons, but you can ask someone at the front desk for it and notify everyone else. But our staff will only give the password to those wearing their visitor passes.

W: Right. That's good to know.

M: How will your guests be travelling to the conference?

W: Most of them will be flying in from other locations, but there will be some guests that are driving. I'm not exactly sure how many yet, but I am guessing a maximum of 20.

M: Well, then [6]I recommend advance booking of the parking spaces as they can get full quickly. We charge just £5 per day, and I can reserve as many spaces as you need. [7]We also have a taxi service we work with. They can provide a shuttle bus from the airport that morning, if you'd like, which would be £30 an hour.

W: OK, let me get back to you on that. Is there anything else I should bear in mind at this point?

M: Let's see . . . Oh, will some of your guests need accommodation? We have a business partnership with Hotel Grand Regina located across the street. Those attending events at the convention centre get discounted rates. They offer different types of rooms, so prices will vary. You've just missed their spring discount, which was 15% off, but [8]they still offer 10% off for people using our facility. It's quite a nice place, and of course very conveniently located.

여: 좋아요. 저희는 오전 9시부터 오후 7시 정도까지만 필요할 거예요. 그리고 식사는 어떤가요? 센터에 식당 시설이 있다고 들었는데요. 아마 모든 참가자들을 위해 점심이 필요할 거예요.

남: 네, 상당히 다양한 메뉴 선택권이 있습니다. 특별히 고객님의 단체를 위해 일 인당 15파운드에 식사를 제공해 드릴 수 있고, [4]저희 요리사가 채식, 저지방, 저설탕 등 특별한 식사를 각각 18파운드에 준비해 드릴 수도 있어요. 청량음료, 주스, 커피 및 차가 포함되어 있으니 종업원에게 요청하실 수 있습니다. 그리고 모든 것은 Miller홀... 그러니까 저희 식당에서 제공됩니다. 아, 그리고 원하신다면, 뷔페 방식으로 서비스할 수도 있어요.

여: 알겠어요. 좋네요. 이제, 회의에 필요한 몇 가지가 있어요. 저희는 프로젝터, 6개의 마이크, 그리고 음향 시스템을 포함한 몇 가지 [5]시청각 장비가 필요할 것 같아요.

남: [5]마이크와 음향 시스템은 추가 비용 없이 제공해 드릴 수 있지만, 지금으로서는 프로젝터가 없어서, 그건 고객님께서 직접 준비하셔야 할 거예요. 하지만, 장비와 설치하는 것을 담당하는 상근 직원이 있어요.

여: 좋아요. 오, 그리고 귀하의 시설에서 인터넷 접속을 제공하나요?

남: 물론입니다. 로그온하시려면 암호가 필요한데 행사에 참석하시는 모든 고객님께는 무료입니다. 저희는 보안상의 이유로, 그것을 매일 변경하지만, 접수처에 있는 누군가에게 문의하신 후 다른 모든 사람들에게 알려주실 수 있을 거예요. 하지만 저희 직원은 방문자 출입증을 소지한 분들에게만 비밀번호를 제공합니다.

여: 알겠어요. 알아두면 좋겠네요.

남: 손님들은 어떻게 회의장으로 이동하실 건가요?

여: 대부분 다른 지역에서 비행기로 도착하지만, 운전해 오는 손님들도 일부 있을 거예요. 아직 몇 명인지 정확히 확신할 수는 없지만, 최대 20명으로 추측하고 있어요.

남: 음, 그럼 자리가 빠르게 찰 수 있으니 [6]주차 공간을 사전에 예약하시는 것을 추천해요. 저희는 하루에 5파운드를 청구하고, 제가 필요하신 만큼 많은 공간을 예약해 드릴 수 있습니다. [7]또한 저희와 함께 일하는 택시 회사도 있어요. 원하신다면, 그들이 그날 아침에 공항에서부터 셔틀버스를 제공할 수 있는데, 시간당 30파운드예요.

여: 네, 그것에 대해서는 다시 알려 드릴게요. 제가 지금 유념해 두어야 할 다른 것들이 있나요?

남: 글쎄요... 오, 손님 중 몇 분에게 숙소가 필요하실 수도 있을까요? 저희는 길 건너편에 위치한 Grand Regina 호텔과 업무 제휴를 맺고 있어요. 컨벤션 센터에서 행사에 참석하는 분들은 요금 할인을 받아요. 그들은 다양한 유형의 객실을 제공해서, 가격은 다양할 겁니다. 고객님께서는 지금 15% 할인되는 봄 할인을 놓치셨지만, [8]여전

정답·스크립트·해석·해설

HACKERS **IELTS** LISTENING

W: Oh really? I'll have to let everyone attending know about that deal.

M: One more thing; our staff will take care of clean up and putting everything away, but ⁹we ask that guests discard their trash and recyclables in the bins which are outside of the auditorium. And are you planning to hang up any banners or signs?

W: Yes. There are some posters we would want to put up . . .

M: That's fine. You can hang up what you want. But we just ask that you take them down once your event is concluded. ¹⁰We would like to have everything removed from the hall when you leave.

W: That won't be a problem. Thanks so much for the information. I have to discuss this with my boss first, but everything sounds perfect. I'll let you know by tomorrow afternoon if we'd like to make the booking.

히 저희 시설을 이용하시는 분들에게는 10% 할인을 제공해 드려요. 그곳은 꽤 좋은 장소이고, 물론 매우 편리한 위치에 있습니다.

여: 오 정말요? 참석하는 모든 분들에게 그 제휴를 알려드려야겠네요.

남: 한 가지 더 있어요. 저희 직원들이 청소와 모든 것을 치우는 일을 처리하겠지만, ⁹쓰레기와 재활용품은 손님들이 강당 밖에 있는 휴지통에 버리시도록 부탁드립니다. 그리고 현수막이나 간판을 걸 계획이신가요?

여: 네. 포스터를 몇 개 걸어두고 싶은데요...

남: 그건 괜찮습니다. 원하시는 것을 걸어두실 수 있어요. 하지만 행사가 끝나면 내려주시기를 부탁드립니다. ¹⁰떠나실 때 홀에서 모든 것이 제거되어 있으면 좋겠어요.

여: 문제없어요. 알려주셔서 정말 감사해요. 먼저 제 상사와 논의해야 하지만, 모든 것이 완벽한 것 같네요. 예약할 것인지 내일 오후까지 알려드리겠습니다.

어휘 hire [미] haiər, [영] haiə 빌리다 cater [미] kéitər, [영] kéitə 음식·서비스 등을 제공하다 apiece [əpíːs] 각각
audiovisual [미] ɔ̀ːdiouvíʒuəl, [영] ɔ̀ːdiəuvíʒuəl 시청각의 fly in 비행기로 도착하다 bear in mind 유념하다, 명심하다
discard [미] diskάːrd, [영] diskάːd 버리다, 폐기하다 recyclable [riːsáikləbl] 재활용품

Questions 1-4

Worthington 컨벤션 센터의 장소

1 .... 강당은 6월 12일에 비어 있음
크기: 80제곱미터
2 주중에는 ....에 480파운드의 비용이 듦
시간: 오전 8시부터 3 ....까지 이용 가능함
점심은 한 사람당 15파운드에 이용 가능하며, 특별한 식사는 4 ....

1 해설 문제의 핵심어구(vacant on June 12th)와 관련된 지문 내용 중 여자가 'Is that free on the 12th of June?'이라며 Raleigh 강당이 6월 12일에 비어있는지 묻자 남자가 'Yes it is.'라며 그렇다고 한 뒤 여자가 'What was the name of that one again?'이라며 그곳 이름이 뭐였는지 다시 말해주겠냐고 묻자 남자가 'That's R-A-L-E-I-G-H.'라고 하였으므로, **Raleigh**가 정답이다.

2 해설 문제의 핵심어구(£480)가 언급된 지문 내용 중 남자가 'For a full day, the price is £480'라며 종일 가격은 480파운드라고 하였으므로, **full day**가 정답이다.

3 해설 문제의 핵심어구(available from 8 am)와 관련된 지문 내용 중 남자가 'you can use the auditorium from 8 am to 9 pm'이라며 오전 8시부터 오후 9시까지 강당을 사용할 수 있다고 하였으므로, **9 (o'clock) pm**이 정답이다. 'can use'가 'available'로 paraphrasing되었다.

4 해설 문제의 핵심어구(special meals)가 언급된 지문 내용 중 남자가 'our chefs can also prepare special meals ~ for £18 apiece'라며 요리사가 특별한 식사를 각각 18파운드에 준비해 줄 수도 있다고 하였으므로, **£18** 또는 **18 pounds**가 정답이다.

Questions 5-8

Worthington 컨벤션 센터 서비스

서비스	관련 정보	상세 비용
시청각 장비	5 ....과 음향 시스템은 이용 가능함	무료
인터넷 접속	암호가 요구됨	고객들에게는 무료
주차	6 ....이 권장됨	하루에 공간당 5파운드
택시 회사	공항에서부터 7 ....버스	한 시간당 30파운드
숙소	근처 Grand Regina 호텔과 제휴 관계	8 .... 할인

5 **해설** 문제의 첫 열(Audiovisual Equipment)과 첫 행(NOTES)을 통해 문제가 시청각 장비의 관련 정보에 대한 내용임을 알 수 있다. 문제의 핵심어구(sound systems)가 언급된 지문 내용 중 여자가 'We'll need some audiovisual equipment'라며 시청각 장비가 필요할 것 같다고 하자, 남자가 'We can supply the microphones and sound system at no extra cost'라며 마이크와 음향 시스템은 추가 비용 없이 제공해 줄 수 있다고 하였으므로, **(6/six) microphones** 또는 **(6/six) mics**가 정답이다.

6 **해설** 문제의 첫 열(Parking)과 첫 행(NOTES)을 통해 문제가 주차의 관련 정보에 대한 내용임을 알 수 있다. 문제의 핵심어구(recommended)와 관련된 지문 내용 중 남자가 'I recommend advance booking of the parking spaces'라며 주차 공간을 사전에 예약하는 것을 추천한다고 하였으므로, **(advance) booking**이 정답이다. 또한, 같은 의미의 단어인 **reservation**도 정답이다.

7 **해설** 문제의 첫 열(Taxi service)과 첫 행(NOTES)을 통해 문제가 택시 회사의 관련 정보에 대한 내용임을 알 수 있다. 문제의 핵심어구(from the airport)가 언급된 지문 내용 중 남자가 'We also have a taxi service we work with. They can provide a shuttle bus from the airport that morning'이라며 또한 함께 일하는 택시 회사도 있다고 한 뒤 그들이 그날 아침에 공항에서부터 셔틀버스를 제공할 수 있다고 하였으므로, **(a) shuttle**이 정답이다.

8 **해설** 문제의 첫 열(Accommodation)과 첫 행(COST DETAILS)을 통해 문제가 숙소의 상세 비용에 대한 내용임을 알 수 있다. 문제의 핵심어구(off)가 언급된 지문 내용 중 남자가 'they still offer 10% off for people using our facility'라며 여전히 그들의 시설을 이용하는 사람들에게는 10% 할인을 제공해 준다고 하였으므로, **10%** 또는 **10 per cent**가 정답이다.

Questions 9-10

9 컨벤션 센터의 방문자들은 ....에 있는 휴지통에 쓰레기를 버려야 한다.

해설 문제의 핵심어구(throw away rubbish)와 관련된 지문 내용 중 남자가 'we ask that guests discard their trash and recyclables in the bins which are outside of the auditorium'이라며 쓰레기와 재활용품은 손님들이 강당 밖에 있는 휴지통에 버리도록 부탁한다고 하였으므로, **outside**가 정답이다. 'discard ~ trash'가 'throw away rubbish'로 paraphrasing되었다.

10 모든 자료들은 회의가 끝나면 .... 되어야 한다.

해설 문제의 핵심어구(All materials should be ~)와 관련된 지문 내용 중 남자가 'We would like to have everything removed from the hall when you leave.'라며 떠날 때 홀에서 모든 것이 제거되어 있으면 좋겠다고 하였으므로, **removed**가 정답이다.

Part 2. You will hear a talk given by a guide about an Asian ceramics exhibition.

Thank you all for coming to Birmingham's very first exhibition of Asian ceramics and pottery. There is a lot to see today, so I will quickly give you an explanation of what we have in store, and then I will lead you through the exhibition.

So, [11]we have separated the exhibit space into three main areas, with pieces from various eras on loan from museums across the Asian continent. In each area, we will stop and I'll give you an explanation of some of the items on display.

In addition, we have two areas for interactive displays. The first is near the exhibit hall's main entrance, and is where you can observe expert potters crafting vases or other vessels using traditional equipment. You can also go there at 2 pm to try creating a small ceramic cup or bowl for yourself during our interactive activity. The second interactive display is situated in the rear of the hall next to our snack bar. [12]There, you can paint and glaze your own teacup with the help of ceramic experts. These activities will not be part of our tour, but are things you can do afterwards.

First, we will head to the Korean ceramics area. Many believe that some of the more technical aspects of Asian ceramics originated in China or Japan. But historically Korean potters were renowned within the region as master ceramic artists. We have a range of stunning pieces from Korea, including some beautiful celadon vases which are around 1,000 years old, some lovely porcelain wine jars from the Joseon Dynasty, and [13]some small household pieces from the Goryeo Dynasty which are notable for their lovely bamboo patterns. We also have a small exhibit of exceptional pieces on loan from museums in Korea, so make sure to see those too.

Next, we will head to the Japanese exhibit. [14]We have samples from many major periods, including some glazed stoneware and earthenware cups. There are also several examples of Japanese banquet sets from different periods of the country's history, which were renowned in Asia for centuries. And, if you register for the audio guide, you can hear about the influence of trade on Japan's pottery, and how foreign influences were translated into ancient Japanese artistic style.

Now, following the Japanese exhibit, we will come to the largest exhibit at this exhibition; the one featuring objects from China. [15]We have a larger number of pieces in this exhibit than in any other, as China was the most influential nation in ancient ceramic commerce. It was able to manufacture ceramics on a large scale using

파트 2. 아시아 도자기 전시회에 관한 가이드의 이야기를 들으세요.

버밍엄 최초의 아시아 도자기 및 도기 전시회에 오신 여러분 모두 감사드립니다. 오늘 구경하실 것이 많으니, 저희가 준비한 것들에 대해 빠르게 설명해 드리고, 그런 다음 여러분을 전시로 모시겠습니다.

자, [11]저희는 전시 공간을 세 곳의 주요 구역으로 나누었고, 여기엔 아시아 대륙 전역의 박물관들로부터 대여한 다양한 시기의 작품들이 있어요. 각각의 구역에서는, 멈춰 서서 전시된 몇몇 물품들에 대해 설명해 드릴 겁니다.

덧붙여서, 상호 작용 전시를 위한 두 구역이 있어요. 첫 번째는 전시 홀의 정문 근처로, 전문 도예가들이 전통적인 장비를 사용하여 화병이나 다른 그릇들을 만드는 것을 보실 수 있는 곳입니다. 또한 오후 2시에 상호 활동 시간 동안 그곳에 가셔서 직접 작은 도자기 컵이나 그릇을 만들어보실 수도 있을 거예요. 두 번째 상호 작용 전시는 홀 뒤쪽 매점 옆에 자리 잡고 있습니다. [12]그곳에서는, 도예 전문가의 도움으로 여러분 본인의 찻잔에 그림을 그리고 유약을 바르실 수 있어요. 이 활동들은 저희 관광의 일부는 아니지만, 그 뒤에 하실 수 있는 것들입니다.

먼저, 우리는 한국 도자기 구역으로 향할 겁니다. 많은 사람이 아시아 도자기에서 더욱 전문적인 일부 측면은 중국이나 일본에서 기원했다고 생각해요. 하지만 역사적으로 한국 도공들은 그 지역에서 일류 도예가들로 명성이 높았습니다. 저희에게는 1,000년 정도 된 아름다운 청자 화병들 몇 점과, 조선 왕조의 매력적인 자기 술병 몇 점, 그리고 [13]매력적인 대나무 문양으로 잘 알려진 고려 왕조의 작은 가정용품 몇 점을 포함해 한국에서 온 다양하고 멋진 작품들이 있습니다. 또한 한국의 박물관들로부터 대여해 온 뛰어난 작품들에 대한 작은 전시도 있으니, 그것들도 반드시 보시기 바랍니다.

다음으로, 일본 전시로 가볼 거예요. [14]저희에게는 유약이 칠해진 사기 그릇과 질그릇 찻잔 몇 점을 포함해 여러 주요한 시기의 표본들이 있습니다. 또한 각각 다른 역사적 시기의 일본 만찬 세트 중 여러 표본이 있는데, 이들은 아시아에서 수백 년간 명성이 높았던 것들입니다. 그리고, 오디오 가이드를 신청하시면, 일본 도자기 무역의 영향과, 외국으로부터의 영향이 어떻게 고대 일본 예술 양식으로 변형되었는지 들으실 수 있어요.

이제, 일본 전시를 지나면, 이 전시회의 가장 큰 전시에 다다르는데, 이곳은 중국에서 온 작품들이 있는 곳입니다. [15]중국은 고대 도자기 무역에서 가장 영향력이 컸던 국가였으므로, 이 전시에는 다른 어떤 전시보다도 더 많은 작품들이 있습니다. 중국은 경쟁자들이 모르는 기술을 사용함으로써 대규모로 도자기를 생산할 수 있었죠. 여기엔 매우 멋진 몇몇 작품들이 있는

techniques unknown to its competitors. We have some fantastic works, including a [16]Ming dynasty vase which is a quite well-known piece, as it was an actual possession of the emperor.

To end our tour, we will check out an exhibit of ceramics from contemporary masters of the art. Works from more than 20 artists will be on display and available for purchase. Included will be an assortment of vases and other decorative vessels from renowned potter Kenichi Takagawa. Famous for his modern interpretation of traditional Japanese designs, Mr Takagawa will have dozens of items on display and for sale. [17]He has developed a global reputation for his bright, hand-painted, floral designs; Mr Takagawa's works always sell quickly.

Also, traditional serving dishes, plates, and bowls from Korean ceramicist Min Hee Jong will be exhibited and available for purchase. [18]Using traditional green glaze, Ms Jong's dishes are very sought after around the globe. Decorated in traditional Korean motifs of cranes and clouds, her dishes are very popular with visitors.

And then there will also be a large selection of ceramic works from Lilian Wong from Hong Kong. [19]The ceramics for sale from her include an assortment of traditional Chinese teapots and teacups. Known for their brilliant blue and white patterned glazes, Ms Wong's ceramics have been showcased in art capitals around the world.

And there will be a variety of different objects for sale from other ceramicists from around Asia. In addition, [20]we also have numerous ceramic sculptures on display in the lobby from Chinese artist Wei Lin Shen. However, [20]these large-scale works are only on loan and not available for sale. Purchases of any other items can be made by cash or credit card.

Anyway, we have a lot to see this morning, so if you'll follow me, we will get started with our first display area.

데, 이 중에는 [16]실제로 황제의 소유였기 때문에 꽤 잘 알려진 작품인 명나라 화병이 있어요.

마지막으로, 현대 미술 거장들의 도자기 전시를 살펴 볼 겁니다. 20명이 넘는 예술가들의 작품이 전시될 것 이고 구매도 가능합니다. 여기에 포함된 것에는 명성 있는 도예가인 Kenichi Takagawa의 여러 가지 화 병과 다른 장식용 그릇들이 있어요. 일본의 전통적 디 자인에 대한 현대적인 해석으로 잘 알려진 Takagawa 씨는 수십 점의 작품을 전시 및 판매할 겁니다. [17]그 는 선명한 수공예 꽃무늬로 세계적인 명성을 얻었죠. Takagawa씨의 작품은 언제나 빨리 팔립니다.

또한, 한국의 도예가인 Min Hee Jong의 전통 접시, 그릇, 그리고 공기들이 전시 및 판매될 겁니다. [18]전통 적인 녹색 유약을 사용하는 Jong씨의 접시는 전 세 계적으로 매우 인기가 있습니다. 한국의 전통 무늬인 학과 구름으로 장식된 그녀의 접시들은 관람객들 사 이에서 매우 유명해요.

그러고 나서 홍콩에서 온 Lilian Wong의 다양한 도 예 작품들도 있습니다. [19]그녀가 판매하는 도자기들 에는 여러 가지의 중국 전통 찻주전자와 찻잔이 포함 됩니다. 화려한 청색과 흰색의 유약 무늬로 유명해진 Wong씨의 도자기는 전 세계의 주요 예술 도시들에 서 진열되었어요.

그리고 아시아 전역에서 온 다른 도예가들이 판매 하는 서로 다른 다양한 물품들이 있습니다. 게다가, [20]로비에는 중국의 예술가 Wei Lin Shen의 수많은 도자기 조각들을 전시하고 있습니다. 하지만, [20]이 거 대한 작품들은 단지 임대된 것으로 판매를 위한 것은 아닙니다. 다른 품목들은 어떤 것이든 현금이나 신용 카드로 구매하실 수 있어요.

어쨌든, 오늘 오전에 구경할 것이 많이 있으니, 저를 따라오시면, 첫 번째 전시 구역부터 시작하겠습니다.

어휘 ceramics[səræmiks] 도자기(류) pottery[미 pátəri, 영 pɔ́təri] 도기(류) loan[미 loun, 영 ləun] (미술관 등에 작품을) 대여하다
  potter[미 pátər, 영 pɔ́tə] 도예가 vessel[vésəl] 그릇, 용기 glaze[gleiz] 유약을 바르다; 유약 stunning[stʌ́niŋ] 멋진
  celadon[미 sélədàn, 영 sélədən] 청자 stoneware[미 stóunwer, 영 stɔ́unweə] 사기 그릇 earthenware[미 ə́ːrθənwer, 영 ə́ːθənweə] 질그릇
  contemporary[미 kəntémpərèri, 영 kəntémpərəri] 현대의 an assortment of 여러 가지 motif[미 moutíːf, 영 məutíːf] 무늬

Questions 11-16

버밍엄 아시아 도자기 전시회

11 전시 공간은
  A 그들이 만들어진 시기에 따라 배치되어 있다.
  B 전시 장소에서 세 곳의 다른 구역으로 나누어져 있다.
  C 같은 박물관에서 온 다른 물품들과 함께 분류되어 있다.

해설 문제의 핵심어구(exhibit spaces)와 관련된 지문 내용 중 'we have separated the exhibit space into three main areas'에서 전시 공간을 세 곳의 주요 구역으로 나누었다고 하였으므로, 보기 **B** divided into three different zones in the venue가 정답이다.

🔍 오답 확인하기
A는 지문에서 'various eras'로 등장해 혼동하기 쉽지만, 지문에서 만들어진 시기에 따라 배치되어 있다는 내용은 언급하지 않았으므로 오답이다.
C는 지문의 'items'와 'museum'을 언급해 혼동하기 쉽지만, 지문에서 같은 박물관에서 온 다른 물품들과 함께 분류되어 있다는 내용은 언급하지 않았으므로 오답이다.

12 관람객들은 두 번째 상호 작용 전시에서 무엇을 할 수 있는가?
    A   전문 도예가들과 그들의 작업에 대해 이야기한다.
    B   물품에 그림을 그리고 유약을 바른다.
    C   도자기 한 점을 만든다.

해설 문제의 핵심어구(second interactive display)와 관련된 지문 내용 중 'There, you can paint and glaze your own teacup'에서 두 번째 상호 작용 전시에서는 그들 본인의 찻잔에 그림을 그리고 유약을 바를 수 있다고 하였으므로, 보기 **B** Paint an item and have it glazed가 정답이다.

🔍 오답 확인하기
A는 지문의 'expert potters'를 언급해 혼동하기 쉽지만, 지문에서 전문 도예가들과 이야기한다는 내용은 언급하지 않았으므로 오답이다.
C는 지문에서 'try creating a small ceramic cup or bowl'로 등장해 혼동하기 쉽지만, 문제에서 묻는 두 번째 상호 작용 전시가 아닌 첫 번째 상호 작용 전시에 대한 내용이므로 오답이다.

13 전시된 한국의 가정용품들은 무엇이 특별한가?
    A   1,000년이 넘었다.
    B   차를 내기 위해 사용되었다.
    C   특정한 무늬로 장식되었다.

해설 문제의 핵심어구(Korean household items)와 관련된 지문 내용 중 'some small household pieces from the Goryeo Dynasty which are notable for their lovely bamboo patterns'에서 매력적인 대나무 문양으로 잘 알려진 고려 왕조의 작은 가정용품 몇 점이라고 하였으므로, 보기 **C** They are decorated with particular patterns가 정답이다.

🔍 오답 확인하기
A는 지문에서 'around 1,000 years old'로 등장해 혼동하기 쉽지만, 문제에서 묻는 가정용품에 대한 내용이 아니므로 오답이다.
B는 지문에 언급되지 않은 내용이므로 오답이다.

14 일본 도자기 전시는 -을 포함한다.
    A   도자기 도구 전시
    B   먹고 마시는데 사용하는 물품
    C   번역이 가능한 가이드

해설 문제의 핵심어구(Japanese ceramics exhibit)와 관련된 지문 내용 중 'We have ~ some glazed stoneware and earthenware cups. There are also several examples of Japanese banquet sets'에서 유약이 칠해진 사기 그릇과 질그릇 찻잔 몇 점이 있다고 한 뒤 또한 일본 만찬 세트 중 여러 표본이 있다고 하였으므로, 보기 **B** items used for eating and drinking이 정답이다.

🔍 오답 확인하기
A는 지문의 'earthenware'를 언급해 혼동하기 쉽지만, 지문에서 도자기 도구에 대한 내용은 언급하지 않았으므로 오답이다.
C는 지문의 'guide'를 언급해 혼동하기 쉽지만, 지문에서 번역이 가능한 가이드에 대한 내용은 언급하지 않았으므로 오답이다.

15 왜 다른 지역에 비해 중국에서 온 작품이 더 많이 전시되었는가?

    A   다른 지역의 디자인을 모방했다.

    B   그곳의 도자기들이 가장 잘 보존되었다.

    C   도자기 무역에서 가장 영향력 있는 국가였다.

> **해설** 문제의 핵심어구(more pieces from China)와 관련된 지문 내용 중 'We have a larger number of pieces in this exhibit than in any other, as China was the most influential nation in ancient ceramic commerce.'에서 중국은 고대 도자기 무역에서 가장 영향력이 컸던 국가였으므로 이 전시에는 다른 어떤 전시보다도 더 많은 작품들이 있다고 하였으므로, 보기 **C** It was the most influential country in the ceramics trade가 정답이다.

16 전시의 명나라 화병은 왜 매우 유명한가?

    A   황제의 소유였다.

    B   유명한 박물관으로부터 빌려왔다.

    C   그것의 종류 중에서 가장 크다.

> **해설** 문제의 핵심어구(Ming vase ~ famous)와 관련된 지문 내용 중 'Ming dynasty vase which is a quite well-known piece, as it was an actual possession of the emperor'에서 실제로 황제의 소유였기 때문에 꽤 잘 알려진 작품인 명나라 화병이 있다고 하였으므로, 보기 **A** It was owned by an emperor가 정답이다.

Questions 17-20

화자는 다음 예술가들의 작품에 대해 무엇이라고 말하는가?

작품 묘사

A   전통적인 방식으로 녹색 접시류를 만든다.

B   푸른색과 흰색의 다기들을 만든다.

C   작품들을 꽃 문양으로 장식한다.

D   야외를 위한 수공예 조각상을 만든다.

E   큰 도자기 작품들을 제작한다.

예술가들

17 Kenichi Takagawa ....

> **해설** 문제(Kenichi Takagawa)와 관련된 지문 내용 중 'He has developed a global reputation for his bright, hand-painted, floral designs'에서 Kenichi Takagawa는 선명한 수공예 꽃무늬로 세계적인 명성을 얻었다고 하였으므로, 보기 **C** decorates items with flower patterns가 정답이다. 'floral designs'가 'flower patterns'로 paraphrasing되었다.

18 Min Hee Jong ....

> **해설** 문제(Min Hee Jong)와 관련된 지문 내용 중 'Using traditional green glaze, Ms Jong's dishes'에서 전통적인 녹색 유약을 사용하는 Jong씨의 접시라고 하였으므로, 보기 **A** makes green dishes in an old-fashioned style이 정답이다. 'traditional'이 'old-fashioned style'로 paraphrasing되었다.

19 Lilian Wong ....

> **해설** 문제(Lilian Wong)와 관련된 지문 내용 중 'The ceramics for sale from her include ~ traditional Chinese teapots and teacups. Known for their brilliant blue and white patterned glazes'에서 Lilian Wong이 판매하는 도자기들에는 중국 전통 찻주전자와 찻잔이 포함된다고 한 뒤 화려한 청색과 흰색의 유약 무늬로 유명해졌다고 하였으므로, 보기 **B** produces blue and white tea service items가 정답이다. ' teapots and teacups'가 'tea service items'로 paraphrasing되었다.

20 Wei Lin Shen ....

해설 문제(Wei Lin Shen)가 언급된 지문 내용 중 'we also have numerous ceramic sculptures ~ from Chinese artist Wei Lin Shen'에서 로비에는 중국의 예술가 Wei Lin Shen의 수많은 도자기 조각들을 전시하고 있다고 한 뒤 'these large-scale works'에서 이 거대한 작품들이라고 하였으므로, 보기 **E** creates large ceramic works가 정답이다.

Questions 21-30 호주식 발음 → 영국식 발음

🎧 AT21-30.mp3

Part 3. You will hear a conversation between two students discussing plans for an upcoming geology fieldtrip.	파트 3. 다가오는 지질학 현장 학습을 위한 계획에 관해 이야기하는 두 학생 간의 대화를 들으세요.

M: Good morning, Sharon.

W: Hi, Eric. I was thinking about where we should go to collect samples for our geology project.

M: Yes, we should start planning that field trip soon. Have you come up with any ideas?

W: I'm not sure about it, as I've not been there, but the Laxford Brae road section in Scotland would be a great place. ²¹I guess they were cutting through this hill to build a section of road in the past, and it revealed all these interesting, colourful layers of stone of all different types.

M: Yes, that's a good idea. I've been there, and it has some great examples of layering and the processes of rock formation. But unfortunately, they don't allow visitors to take samples, and that's something we will need to do. ²²We can certainly take some photographs of geological formations there, though.

W: Ah, I didn't realise they don't allow sampling at Laxford Brae. Hmm . . . Well, we could take a quick visit there and then go to another nearby location. I was thinking about Siccar Point. It has quite a lot of fantastic coastal rock formations. ²³You can actually see examples of the formation of mountains and other complex rock structures, all made in a variety of different stone. It was great to see all of them in just one location . . .

M: . . . And what about sampling there?

W: Yes, ²⁴they do allow collecting of samples from the site, but you have to buy special permits for school or research groups. I think it's only £20 per group, so that's definitely an advantage of that site.

M: Yes, I like that idea. I was at Siccar Point in the early 2000s, and again five years ago. Both times I was very impressed with the geological variety. I think we can get some fine specimens.

W: What should the focus be for the sampling?

M: Well, maybe ²⁵we can gather specimens of rock that have been formed through one or more of the three primary types of geological formation; erosion, deposit, and folding, which should all be available at Siccar Point.

W: Right. That should be straight forward enough.

남: 안녕, Sharon.

여: 안녕, Eric. 나는 우리의 지질학 프로젝트 표본을 수집하러 어디로 가야 할지 생각하고 있었어.

남: 맞아, 곧 현장 학습 계획을 시작해야겠네. 무언가 떠오르는 생각이 있니?

여: 내가 그곳에 가본 적이 없어서, 확신할 수는 없지만, 스코틀랜드의 Laxford Brae 도로 구간이 좋은 장소일 것 같아. ²¹과거에 도로의 한 구간을 건설하기 위해 이 언덕을 뚫고 있었던 것 같은데, 그것이 이 모든 서로 다른 종류의 흥미롭고, 다채로운 암석층을 드러냈어.

남: 그래, 좋은 생각이야. 나는 거기에 가본 적이 있는데, 거기엔 층 형성과 바위 형성 과정의 몇 가지 좋은 예시가 있어. 하지만 유감스럽게도, 그들은 방문자들이 표본을 채취하는 것을 허용하지 않는데, 그건 우리가 해야 하는 일이지. 그래도, ²²분명히 거기에서 지질학적 형성물의 사진들을 좀 찍을 수 있을 거야.

여: 아, Laxford Brae에서 표본 추출을 허용하지 않는다는 것을 몰랐어. 흠... 글쎄, 그곳을 빠르게 방문한 다음 근처에 있는 또 다른 장소로 갈 수도 있어. 난 Siccar Point도 생각하고 있었어. 그곳에는 굉장한 해안 암석층이 꽤 많이 있지. ²³실제로 산과 또 다른 복잡한 암석 구조물이 형성된 것의 예시를 볼 수 있고, 그것들은 모두 서로 다른 다양한 암석으로 만들어져 있어. 단 한 곳에서 그 모든 것을 볼 수 있어서 좋았지...

남: ... 그리고 그곳에서의 표본 추출은 어때?

여: 응, ²⁴그 장소에서 표본을 수집하는 것은 허용하지만, 학교나 연구 단체를 위한 특별 허가증을 구입해야 해. 한 단체에 단 20파운드인 것 같으니, 그건 분명히 그 장소의 이점이야.

남: 그래, 그 생각 마음에 든다. 나는 2000년대 초에, 그리고 다시 5년 전에 Siccar Point에 있었어. 나는 두 번 모두 지질학적 다양성에 매우 깊은 인상을 받았어. 내 생각엔 우리가 몇 가지 좋은 표본을 구할 수 있을 것 같아.

여: 표본 추출에서는 무엇에 초점을 두어야 할까?

남: 음, 아마도 ²⁵지질 형성의 3가지 주요한 유형인, 침식, 퇴적, 그리고 습곡 중에서 하나 또는 그 이상을 통해 형성된 암석 표본을 수집할 수 있을 것이고, 그 유형들을 모두 Siccar Point에서 이용 가능할 거야.

M: But we will have to be careful not to damage any formations or the natural surroundings when collecting samples.

W: Absolutely. I know there are certain areas that are off-limits for sample collecting, so we will need to find out where they are and avoid them. And I think there are also guidelines we need to follow with regard to the quantity of specimens we can take, and removal procedures as well. [26]We can probably find that information on their website.

W: And there is already quite a lot of research on the site that we can review before we go on the trip. I think it might be a good idea to review some of James Hutton's work and include some of his study findings in our project. He discovered Siccar Point's geological significance back in the 1700s.

M: That's right. He studied geological formations at the site. [27]He wrote a lot about folding and deposition processes and how they created the stone structures at Siccar Point. You know, we might want to focus on those processes for our project.

W: Yes, that would work. We can probably add the erosion process too. There are lots of examples of wind and water erosion there. It's fascinating to see how the elements have created so many interesting shapes.

M: In that case, we should probably include other academic sources in addition to James Hutton. What about the research of James Hall and John Playfair? [28]They worked directly with James Hutton and helped in mapping the area, focusing on specific types of formations, such as those created by erosion, because the variety at the site was so vast. I think we can include their findings in addition to Hutton's work.

W: Also, didn't Iain Stewart do research at Siccar Point?

M: You're right. Yes, [29]he's even made some documentary videos about the significance of the site.

W: Yes, I watched those. They were quite informative and included a lot of current geological information on the site, so [29]it might be good to include some of Stewart's research for a contemporary viewpoint.

M: Yes, we should do that. Anyway, I don't have anything to do tomorrow morning, so I can write up the plan summary. I know you're busy Monday, but maybe on Tuesday you can start collecting research data from other academic sources about the geological formations at the site. [30]I think Professor Franklin asked for the summary by Friday. And if she approves, we can go ahead and make the necessary arrangements for collecting specimens.

W: Sure, I can see what other sources I can find in addition to the ones we discussed.

여: 맞아. 그건 충분히 간단할 거야.

남: 하지만 표본을 채취할 때 형성물이나 자연환경을 훼손하지 않도록 조심해야 할 거야.

여: 물론이지. 내가 알기론 표본 채취에 있어서 출입 금지인 특정 구역이 있어서, 그게 어디에 있는지 찾아보고 그곳을 피할 필요가 있을 거야. 그리고 내 생각엔 우리가 채취할 수 있는 표본의 양이나, 적출 절차에 관해서도 따라야 할 지침이 있는 것 같아. [26]아마 그들의 웹사이트에서 그 정보를 찾을 수 있을 거야.

여: 그리고 현장 학습을 가기 전에 우리가 검토할 수 있는 그 장소에 대한 연구가 이미 꽤 많이 있어. James Hutton의 작업 중 일부를 검토하고 그의 연구 결과를 우리 프로젝트에 포함하는 게 좋을 것 같아. 그는 과거 1700년대에 Siccar Point의 지질학적 중요성을 발견했지.

남: 맞아. 그는 그곳에서 지질학적 형성물을 연구했지. [27]그는 습곡 및 퇴적 과정과 그것들이 Siccar Point에서 어떻게 암석 구조물을 형성했는지에 대해 많은 것을 기록했어. 너도 알다시피, 우리 프로젝트에서 그 과정들에 초점을 맞추고 싶을지도 몰라.

여: 응, 그거 좋겠다. 아마 침식 과정도 추가할 수 있을 거야. 그곳엔 바람과 물에 의한 침식의 예시가 많이 있어. 그 요소들이 어떻게 이렇게 많은 흥미로운 모양들을 만들어왔는지 보는 것은 대단히 흥미로워.

남: 그렇다면, 아마 James Hutton에 더해서 다른 학문적 자료들을 포함해야 할 거야. James Hall과 John Playfair의 연구는 어때? [28]그들은 James Hutton과 직접 함께 일하면서 그 지역의 지도 작성을 도왔고, 그 장소에서의 다양성이 워낙 방대해서, 침식으로 만들어진 것들 같은, 특정 유형의 암석층에 집중했어. Hutton의 연구에 더해서 그들의 발견도 포함할 수 있을 것 같아.

여: 또, Iain Stewart가 Siccar Point에서 연구하지 않았니?

남: 맞아. 그래, [29]그는 심지어 그 장소의 중요성에 대해 몇몇 다큐멘터리 영상을 만들었어.

여: 응, 봤어. 그것들은 꽤 유익했고 현재 그 장소에 있는 지질학적 정보를 많이 포함하고 있어서, [29]현대적인 관점을 위해 Stewart의 연구 중 일부를 포함하는 것이 좋을 수도 있어.

남: 응, 그렇게 해야겠다. 어쨌든, 난 내일 아침에는 할 일이 없으니까, 내가 계획안 개요를 작성할 수 있어. 네가 월요일에 바쁘다는 걸 알지만, 아마 화요일에는 그 장소의 지질학적 형성물에 관한 다른 학술 자료들로부터 조사 자료를 수집하는 걸 시작할 수 있을 거야. [30]Franklin 교수님이 금요일까지 개요를 요청하셨던 것 같아. 그리고 교수님이 승인해 주시면, 표본을 수집하는 데 필요한 조치를 취할 수 있을 거야.

여: 그래, 우리가 논의한 것에 더해서 내가 어떤 다른 자료들을 찾을 수 있을지도 볼 수 있을 거야.

M:	Ok, well . . . let's meet again tomorrow afternoon to get everything together before the deadline.	남:	좋아, 음... 마감일 전에 모든 것을 합치려면 내일 오후에 다시 만나자.
W:	That's fine with me. Just let me know when you're . . .	여:	난 괜찮아. 네가 언제인지 알려줘...

어휘   section[sékʃən] 구간, 구역, 부분   sampling[미 sǽmpliŋ, 영 sάːmpliŋ] 표본 추출   coastal[미 kóustəl, 영 kɔ́ustəl] 해안의
rock formation 암석층   specimen[미 spésəmən, 영 spésəmin] 표본   erosion[미 iróuʒən, 영 iróuʒən] 침식, 부식
deposit[미 dipάzit, 영 dipɔ́zit] 퇴적(물), 매장층   folding[미 fóuldiŋ, 영 fɔ́uldiŋ] 습곡   surrounding[səráundiŋ] 환경
off-limits 출입 금지 구역의   contemporary[미 kəntémpərèri, 영 kəntémpərəri] 현대의, 최신의

Questions 21-30

지질학 강좌 현장 학습 계획안

Laxford Brae
- 21 ....의 건설 중에 암석층이 발견되었다.
- 층 형성과 바위 형성의 증거를 포함한다.
- 어떤 암석도 적출은 허용되지 않는다.
- 암석층의 몇몇 22 ....을 얻을 수 있다.

Siccar Point
- 23 ....과 복잡한 암석 구조가 어떻게 형성되었는지 볼 수 있다.
- 표본을 채취하기 위해서는 특별 24 ....이 필요하다.
- 지질학적 형성의 모든 세 가지 25 .... 유형인, 침식, 퇴적, 습곡의 예시가 있다.
- 몇몇 구역은 수집가들이 접근할 수 없다.
- 채취 지침에 대한 정보를 위해 26 ....을 확인한다.

프로젝트 계획
- James Hutton의 자료를 포함한다:
  - 1700년대 Siccar Point에 대한 연구 결과들
  - 어떻게 27 ....이 습곡과 퇴적 과정에 의해 형성되었는지
- James Hall과 John Playfair의 연구 결과들을 넣는다:
  - 그들은 Siccar Point에서의 28 ....을 도왔다.
  - 침식을 통해 만들어진 형성물에 집중했다.
- 현대적인 29 ....을 위해 Iain Stewart 영상의 정보들을 사용한다.
- 승인을 위해 계획안 개요를 30 ....까지 교수님에게 제출한다.

21   해설   문제의 핵심어구(Layers of stones were found)와 관련된 지문 내용 중 여자가 'I guess they were cutting through this hill to build a section of road ~ and it revealed all these interesting, colourful layers of stone of all different types.'라며 도로의 한 구간을 건설하기 위해 이 언덕을 뚫고 있었던 것 같은데 그것이 이 모든 서로 다른 종류의 흥미롭고 다채로운 암석층을 드러냈다고 하였으므로, section of road가 답이 될 수 있다. 지시문에서 두 단어 이내로 답을 작성하라고 하였으므로, **road**가 정답이다.

22   해설   문제의 핵심어구(Can take some)가 언급된 지문 내용 중 남자가 'We can certainly take some photographs of geological formations there'라며 분명히 거기에서 지질학적 형성물의 사진들을 좀 찍을 수 있을 거라고 하였으므로, **photographs** 또는 **photos**가 정답이다.

23   해설   문제의 핵심어구(Can see how ~ were formed)와 관련된 지문 내용 중 여자가 'You can actually see examples of the formation of mountains and other complex rock structures'라며 실제로 산과 또 다른 복잡한 암석 구조물이 형성된 것의 예시를 볼 수 있다고 하였으므로, **(the) mountains**가 정답이다.

24 **해설** 문제의 핵심어구(Need special)와 관련된 지문 내용 중 여자가 'they do allow collecting of samples from the site, but you have to buy special permits'라며 그 장소에서 표본을 수집하는 것은 허용하지만 특별 허가증을 구입해야 한다고 하였으므로, **permits**가 정답이다.

25 **해설** 문제의 핵심어구(~ types of geological formation)가 언급된 지문 내용 중 남자가 'we can gather specimens of rock that have been formed through one or more of the three primary types of geological formation ~ which should all be available at Siccar Point.'라며 지질 형성의 3가지 주요한 유형 중 하나 또는 그 이상을 통해 형성된 암석 표본을 수집할 수 있을 것이고 그 유형들 모두 Siccar Point에서 이용 가능할 거라고 하였으므로, **primary**가 정답이다.

26 **해설** 문제의 핵심어구(information on collection guidelines)와 관련된 지문 내용 중 여자가 'We can probably find that information on their website.'라며 아마 웹사이트에서 지침에 관한 정보를 찾을 수 있을 거라고 하였으므로, **(the) website**가 정답이다.

27 **해설** 문제의 핵심어구(folding and deposition processes)와 관련된 지문 내용 중 남자가 'He wrote a lot about folding and deposition processes and how they created the stone structures at Siccar Point.'라며 James Hutton은 습곡 및 퇴적 과정과 그것들이 Siccar Point에서 어떻게 암석 구조물을 형성했는지에 대해 많은 것을 기록했다고 하였으므로, **stone structures**가 정답이다.

28 **해설** 문제의 핵심어구(helped in ~ Siccar Point)와 관련된 지문 내용 중 남자가 'They ~ helped in mapping the area'라며 James Hall과 John Playfair는 Siccar Point의 지도 작성을 도왔다고 하였으므로, **mapping**이 정답이다.

29 **해설** 문제의 핵심어구(Iain Stewart's videos)와 관련된 지문 내용 중 남자가 'he's even made some documentary videos'라며 Iain Stewart는 심지어 몇몇 다큐멘터리 영상을 만들었다고 하자 여자가 'it might be good to include some of Stewart's research for a contemporary viewpoint'라며 현대적인 관점을 위해 Stewart의 연구 중 일부를 포함하는 것이 좋을 수도 있다고 하였으므로, **contemporary**가 정답이다.

30 **해설** 문제의 핵심어구(Submit ~ by)와 관련된 지문 내용 중 남자가 'I think Professor Franklin asked for the summary by Friday.'라며 Franklin 교수님이 금요일까지 개요를 요청했던 것 같다고 하였으므로, **Friday**가 정답이다.

Questions 31-40 미국식 발음

🎧 AT31-40.mp3

Part 4. You will hear a lecture from a professor in a biology class about bowerbirds.

So today I'd like us to focus on birds that collect objects . . . sometimes referred to as collector birds. These include such species as ravens, crows, and magpies, but first I want to discuss bowerbirds. Male bowerbirds are very well-known for gathering objects such as coloured stones, feathers, shiny or metallic items, and even flowers and leaves. But ³¹unlike ravens, crows, and magpies, the male bowerbirds don't collect these objects just because they strike their fancy. Found in Australia and New Guinea, these "gardener birds" actually use the objects they collect for a specific purpose. The birds were given this name because of their habit of creating yards, gardens, or structures decorated with their collected items.

파트 4. 바워새에 관한 생물학 수업 교수의 강의를 들으세요.

그럼 오늘은 물건을 모으는 새에 초점을 맞추고자 합니다... 때로는 수집가 새라고 불리지요. 여기엔 큰까마귀, 까마귀, 그리고 까치와 같은 종들이 포함되지만, 저는 먼저 바워새에 대해 이야기하고 싶네요. 수컷 바워새들은 색깔 있는 돌, 깃털, 반짝이거나 금속으로 된 물품, 그리고 심지어는 꽃이나 잎사귀 같은 물건들을 모으는 것으로 매우 잘 알려져 있습니다. 하지만 ³¹큰까마귀, 까마귀, 그리고 까치와는 다르게, 수컷 바워새들은 이 물건들이 주의를 끈다는 이유만으로 이것들을 모으는 것은 아닙니다. 호주와 뉴기니에서 발견되는, 이 "정원사 새들"은 실제로 그들이 수집하는 물건들을 특정 목적을 위해 사용해요. 이 새들은 그들이 수집한 물건들로 장식된 앞마당, 정원, 또는 구조물을 만드는 습성으로 인해 그 이름이 지어졌습니다.

So the male bowerbirds construct shelters made of sticks, grass, leaves, twigs and other debris collected from nearby trees. These shelters are known as bowers and are then decorated with the collected objects, so they are usually very easily recognisable. [32]It's important to note that the bowerbirds' structures look nothing like nests. They are actually more like buildings than traditional birds' nests, many with walls, roofs, and pathways.

But there is variety in the types of shelters they build. Researchers studying bowerbirds have now categorised the bowers into three different classifications. First, erm . . . there is the mat or platform type of bower. It's usually an elevated pad, and the male bowerbirds put decorations on top of it or around it. [33]The platform bower's design is fairly simple, but it is often lavishly decorated to make up for a lack of structural complexity.

And then . . . the next type is the maypole bower. It is sort of a tower that's built around a small tree, but many have been known to reach heights of up to nine feet. So the scale and complexity of construction is quite a bit more impressive than, for example, the platform bower. [34]The maypole bower is also decorated with bits of collected treasure, although less extravagantly, as the structures themselves are quite attractive.

The third type of bower has two walls that run parallel and sort of create an archway. These are called avenue bowers, and [35]what makes them very striking is that the bowerbirds will even spread gravel around it to make a yard or a garden area. It is interesting to note that these particular types of bowers are often purposely located near attractive trees or shrubs so that they are in attractive surroundings. Avenue bowers are tent-like in structure, and like the other types, they too are decorated with feathers or other colourful debris.

But like other collector birds, the bowerbirds can be very aggressive when it comes to these collected treasures. Often male bowerbirds will attempt to steal attractive objects from other males in order to make their own structures more attractive. Naturally, [36]male bowerbirds are very protective of their bowers and become quite aggressive when thieves attempt to steal their treasures.

So let's look at the reason why the male bowerbirds go through all this trouble to build these structures and decorate them so elaborately. Well, it is all part of their mating ritual. [37]The little homes are decorated in order to attract female bowerbirds and convince them to move in and become a mate. The female birds will come and inspect the bowers, and if they like what they see on the first visit, they return a second time to see if the builder is home. They

그래서 수컷 바워새들은 막대기, 풀, 잎사귀, 잔가지 그리고 근처 나무들로부터 수집된 다른 조각들로 이루어진 주거지를 짓습니다. 이 주거지는 은둔처라고 알려져 있으며 이후에 수집된 물건들로 장식되므로, 그것들은 일반적으로 매우 쉽게 알아볼 수 있어요. [32]이 바워새의 건축물이 전혀 둥지처럼 보이지 않는다는 것에 주의하는 것이 중요합니다. 그것들은 사실 전통적인 새의 둥지보다는 건물과 같고, 대부분 벽, 지붕, 그리고 복도를 가지고 있어요.

하지만 그들이 짓는 주거지의 종류는 다양합니다. 바워새를 연구하는 연구자들은 현재 은둔처들을 세 개의 서로 다른 유형으로 분류해요. 먼저, 음... 받침이나 단 유형의 은둔처가 있습니다. 그것은 보통 높은 거주지이고, 수컷 바워새들은 그것의 꼭대기 또는 그 둘레에 장식품을 놓아요. [33]단 은둔처의 디자인은 꽤 단순하지만, 구조적인 복잡성이 부족한 것을 보완하기 위해 종종 호화롭게 꾸며집니다.

그러고 나서... 다음 유형은 메이폴 기둥 은둔처입니다. 작은 나무 주위에 지어지는 탑의 일종인데, 많은 경우 9피트의 높이에까지 이른다고 알려져 있죠. 따라서 구조물의 규모와 복잡성은, 예를 들면, 단 은둔처보다 상당히 더 인상적입니다. [34]메이폴 기둥 은둔처 또한 수집된 보물 조각들로 장식되지만, 구조물 자체가 상당히 매력적이기 때문에, 덜 화려하게 장식됩니다.

세 번째 유형의 은둔처는 평행으로 뻗어 있는 두 개의 벽을 가지고 있으며 일종의 아치형 입구를 만들어요. 이것들은 통로 은둔처라고 불리고, [35]이들을 매우 인상적으로 만드는 것은 바워새들이 앞마당이나 정원 구역을 만들기 위해 심지어 그 근처에 자갈을 펴놓는다는 것입니다. 이 특정한 유형의 은둔처가 매력적인 주변 환경을 가지도록 종종 의도적으로 멋진 나무나 관목들 근처에 자리 잡고 있다는 사실을 알아차리는 것은 매우 흥미로운 일이에요. 통로 은둔처는 텐트와 같은 구조물이고, 다른 유형들과 같이, 그것들 또한 깃털이나 다른 형형색색의 조각들로 장식됩니다.

하지만 다른 수집가 새들과 마찬가지로, 바워새는 이 수집된 보물들에 있어서는 매우 공격적일 수 있어요. 종종 수컷 바워새들은 그들의 구조물을 더 매력적으로 만들기 위해 다른 수컷들로부터 멋진 물건을 훔치는 것을 시도하죠. 자연적으로, [36]수컷 바워새들은 그들의 은둔처에 대해 매우 방어적이며 도둑들이 보물을 훔치려고 시도하면 상당히 공격적이 됩니다.

그럼 왜 수컷 바워새들이 이러한 구조물들을 짓고 그것들을 이렇게 정교하게 장식하기 위해 고생하는지를 살펴봅시다. 음, 이건 모두 그들의 짝짓기 의식의 일부예요. [37]이 작은 집들은 암컷 바워새들을 유혹하고 그들이 들어와 짝이 되도록 설득하기 위해 장식됩니다. 암컷 새들은 와서 은둔처를 점검하고, 첫 번째 방문에서 그들이 본 것이 마음에 들었다면, 집을 지은 새가 집에 있는지 보기 위해 두 번째로 돌아와요. 그들은 구혼자뿐만 아니라 은둔처도 다시 확인합니다.

check out the bowers again as well as their suitors. [38]Male bowerbirds often perform a dance of sorts and urge the females to move in to the well-decorated structures. And females will then decide whether or not they will mate with an interested male suitor.

However, at this point we come across a very interesting situation. [39]Some female bowerbirds are more drawn to an attractive male with lots of colourful plumage or feathers . . . but with a rather simple bower with minimal decoration. Others are drawn more to a fancier structure and, perhaps, a less-attractive mate. And so we do tend to see males that are less eye-catching build structures that are quite elaborate and intricately decorated. Attractive males, on the other hand, don't put as much work into their bowers. But then [40]we do occasionally see less-attractive males who don't put much effort into their bowers at all, and often they end up mate-less. And vice versa, we occasionally see attractive males building very well-decorated structures, and they can end up having several mates.

OK, now let's carry on with crows and ravens, which are . . .

[38]수컷 바워새들은 종종 일종의 춤을 추며 암컷들이 잘 꾸며진 구조물로 들어오도록 재촉하죠. 그러면 암컷들은 그때 관심 있는 수컷 구혼자와 짝짓기를 할 것인지 아닌지를 결정합니다.

하지만, 여기서 우리는 매우 흥미로운 상황을 발견하게 돼요. [39]일부 암컷 바워새들은 형형색색의 깃털이 많아 매력적인 수컷... 하지만 최소한의 장식으로 다소 단조로운 은둔처를 가진 수컷에게 끌립니다. 다른 암컷들은 더 화려한 구조물과, 아마도, 덜 매력적인 짝에 더 끌리죠. 그래서 덜 근사한 수컷들이 상당히 정교하고 복잡하게 꾸며진 구조물을 짓는 것을 보게 되는 경향이 있어요. 반면에, 매력적인 수컷들은 그들의 은둔처에 많은 공을 들이지 않습니다. 하지만 [40]때때로 그들의 은둔처에 전혀 노력을 기울이지 않는 덜 매력적인 수컷들도 있고, 그들은 종종 결국 짝이 없는 처지에 처하게 돼요. 그리고 반대로, 때때로 매력적인 수컷들이 매우 잘 꾸며진 구조물을 짓는 경우도 있고, 그들은 결국 여러 명의 짝짓기 상대를 둘 수 있죠.

좋아요, 이제 까마귀와 큰까마귀로 넘어가서...

어휘 raven[réivn] 큰까마귀 magpie[미 mǽgpài, 영 mǽgpai] 까치 strike[straik] (주의를) 끌다 twig[twig] (나무의) 잔가지
debris[미 dəbríː, 영 débriː] 조각 bower[미 báuər, 영 báuə] 은둔처 recognisable[미 rékəgnàizəbl, 영 rékəgnaizəbl] 알아볼 수 있는
lavishly[lǽviʃli] 호화롭게 striking[stráikiŋ] 인상적인 gravel[grǽvəl] 자갈 mating[méitiŋ] 짝짓기 suitor[미 súːtər, 영 súːtə] 구혼자
plumage[plúːmidʒ] 깃털 eye-catching[áikætʃiŋ] 근사한 intricately[íntrikətli] 복잡하게 vice versa 반대로

Questions 31-35

바워새

31 바워새들이 다른 수집가 새들과 다른 이유는 −이다.
A 그들은 나무 높이 살기 때문
B 그들은 수집품에 대해 특정한 이유가 있기 때문
C 그들은 보통 정원에 둥지를 짓기 때문

해설 문제의 핵심어구(different from other collector birds)와 관련된 지문 내용 중 'unlike ravens, crows, and magpies, the male bowerbirds don't collect these objects just because they strike their fancy. ~ these "gardener birds" actually use the objects they collect for a specific purpose.'에서 큰까마귀, 까마귀, 그리고 까치와는 다르게 수컷 바워새들은 이 물건들이 주의를 끈다는 이유만으로 이것들을 모으는 것은 아니라고 한 뒤 이 "정원사 새들"은 수집하는 물건들을 특정한 목적을 위해 사용한다고 하였으므로, 보기 B they have a specific reason for their collections가 정답이다.

32 수컷 바워새들에 의해 지어진 구조물들은
A 항상 매우 견고한 구조물이다.
B 일반적인 새의 둥지와 다르다.
C 때때로 알아채기 어렵다.

해설 문제의 핵심어구(structures built by ~ bowerbirds)와 관련된 지문 내용 중 'It's important to note that the bowerbirds' structures look nothing like nests.'에서 바워새의 건축물이 전혀 둥지처럼 보이지 않는다는 것에 주의하는 것이 중요하다고 하였으므로, 보기 B different from traditional birds' nests가 정답이다. 'look nothing like'이 'different from'으로 paraphrasing되었다.

A는 지문에 언급되지 않은 내용이므로 오답이다.
C는 지문의 'they are usually very easily recognisable'과 반대되는 내용이므로 오답이다.

33 단 형식의 은둔처는 왜 매우 화려하게 장식되는가?
   A   단이 위에서 보일 수 있도록 하기 위해
   B   그것들의 기본적인 구조를 보완하기 위해
   C   수컷의 사냥 능력을 보여주기 위해

   해설 문제의 핵심어구(platform bowers decorated ~ extravagantly)와 관련된 지문 내용 중 'The platform bower's design is fairly simple, but it is often lavishly decorated to make up for a lack of structural complexity.'에서 단 은둔처의 디자인은 꽤 단순하지만 구조적인 복잡성이 부족한 것을 보완하기 위해 종종 호화롭게 꾸며진다고 하였으므로, 보기 **B** to compensate for their basic structure가 정답이다. 'make up for'이 'compensate'로 paraphrasing되었다.

   🔍 오답 확인하기
   A는 지문에 언급되지 않은 내용이므로 오답이다.
   C는 지문의 'males'을 언급해 혼동하기 쉽지만, 지문에서 수컷의 사냥 능력에 대한 내용은 언급하지 않았으므로 오답이다.

34 메이폴 기둥 은둔처들이 장식이 더 적은 이유는 -때문이다.
   A   그것들의 인상적인 구조물
   B   그것들의 작은 규모
   C   그것들의 숨겨진 장소

   해설 문제의 핵심어구(Maypole bowers ~ fewer decorations)와 관련된 지문 내용 중 'The maypole bower is also decorated with bits of collected treasure, although less extravagantly, as the structures themselves are quite attractive.'에서 메이폴 기둥 은둔처 또한 수집된 보물 조각들로 장식되지만 구조물 자체가 상당히 매력적이기 때문에 덜 화려하게 장식된다고 하였으므로, 보기 **A** their impressive construction이 정답이다.

   🔍 오답 확인하기
   B their small scale은 지문의 'the scale ~ of construction is quite a bit ~ impressive'와 반대되는 내용이므로 오답이다.
   C는 지문에 언급되지 않은 내용이므로 오답이다.

35 통로 은둔처에 대해 무엇이 특별한가?
   A   그것들은 다른 종류보다 더 높다.
   B   그것들은 종종 자갈 앞마당을 가진다.
   C   그것들은 나무나 관목들 안에 지어진다.

   해설 문제의 핵심어구(avenue bowers)와 관련된 지문 내용 중 'what makes them very striking is that the bowerbirds will even spread gravel around it to make a yard or a garden area'에서 통로 은둔처들을 매우 인상적으로 만드는 것은 바워새들이 앞마당이나 정원 구역을 만들기 위해 심지어 그 근처에 자갈을 펴놓는다는 것이라고 하였으므로, 보기 **B** they often have gravel yards가 정답이다.

   🔍 오답 확인하기
   A는 지문에 언급되지 않은 내용이므로 오답이다.
   C는 지문의 'trees or shrubs'를 언급해 혼동하기 쉽지만, 지문에서 나무나 관목들 안에 지어진다는 내용은 언급하지 않았으므로 오답이다.

Questions 36-40

바워새의 짝짓기 습성

36 바워새들은 그들의 은둔처에 대해 ....인 방식으로 행동하며 다른 새들에게 공격적이 될 수 있다.

해설 문제의 핵심어구(act in a ~ towards their bowers)와 관련된 지문 내용 중 'male bowerbirds are very protective of their bowers and become quite aggressive when thieves attempt to steal their treasures'에서 수컷 바워새들은 그들의 은둔처에 대해 매우 방어적이며 도둑들이 보물을 훔치려고 시도하면 상당히 공격적이 된다고 하였으므로, very protective 가 답이 될 수 있다. 지시문에서 한 단어만으로 답을 작성하라고 하였으므로, **protective**가 정답이다.

37 장식된 은둔처의 목적은 가능성이 있는 짝짓기 상대를 ....하기 위함이다.

해설 문제의 핵심어구(purpose of ~ bowers)와 관련된 지문 내용 중 'The little homes are decorated in order to attract female bowerbirds'에서 이 작은 집들은 암컷 바워새들을 유혹하기 위해 장식된다고 하였으므로, **attract**가 정답이다. 또한, 같은 의미의 단어인 **draw**도 정답이다.

38 수컷들은 암컷들이 들어오도록 설득하기 위해 ....을 한다.

해설 문제의 핵심어구(persuade females to move in)와 관련된 지문 내용 중 'Male bowerbirds often perform a dance of sorts and urge the females to move in to the well-decorated structures.'에서 수컷 바워새들은 종종 일종의 춤을 추며 암컷들이 잘 꾸며진 구조물로 들어오도록 재촉한다고 하였으므로, dance of sorts가 답이 될 수 있다. 지시문에서 한 단어만으로 답을 작성하라고 하였으므로, **dance**가 정답이다.

39 암컷들은 최소한의 장식이 있고 상당히 ....한 은둔처를 가진 매력적인 수컷들을 선택할 수도 있는 반면, 다른 암컷들은 화려한 은둔처를 가진 덜 매력적인 짝을 선택한다.

해설 문제의 핵심어구(~ bower with minimal decoration)가 언급된 지문 내용 중 'Some female bowerbirds are more drawn to an attractive male ~ with a rather simple bower with minimal decoration.'에서 일부 암컷 바워새들은 최소한의 장식으로 다소 단조로운 은둔처를 가진 매력적인 수컷에게 끌린다고 하였으므로, **simple**이 정답이다.

40 덜 인상적인 수컷들이 때때로 그들의 은둔처 장식에 많은 ....을 들이지 않는 경우 결국 짝이 없는 처지에 처하게 된다.

해설 문제의 핵심어구(Less-striking males ~ don't put much ~ into their bower)와 관련된 지문 내용 중 'we do occasionally see less-attractive males who don't put much effort into their bowers at all, and often they end up mate-less'에서 때때로 그들의 은둔처에 전혀 노력을 기울이지 않는 덜 매력적인 수컷들도 있으며 그들은 종종 결국 짝이 없는 처지에 처하게 된다고 하였으므로, **effort**가 정답이다. 또한 같은 의미의 단어인 **work**도 정답이다.

IELTS 인강 · 교재 MP3 · 받아쓰기 워크북 · 들으면서 외우는 단어암기자료
해커스인강 HackersIngang.com

**IELTS 리딩/리스닝 무료 실전문제 ·
IELTS 라이팅/스피킹 무료 첨삭 게시판**
고우해커스 goHackers.com

IELTS/TOEFL/GRE/SAT/LSAT
모든 유학시험 **고득점의 꿀 Tip**을 담았다!

고우해커스

20일만에 아이엘츠	아이엘츠	아이엘츠
Overall 6.5+ 달성기	Reading/Listening	Writing/Speaking
	실전문제	첨삭 게시판

goHackers.com